MON BÉBÉ

Je l'attends, je l'élève

MON BÉBÉ

Je l'attends, je l'élève

Elizabeth FENWICK

Sélection
du Reader's Digest

MONTRÉAL

Mon bébé, je l'attends, je l'élève
est l'adaptation française de
**The complete Johnson & Johnson Book
of Mother & Baby Care**

Consultants
Gabrielle Valersteinas, gynécologue-obstétricienne,
diplômée en stérilité, attachée en premier
des hôpitaux de Paris, Service de maternité de la Pitié.
Étienne Giraud-L'Herbault, pédiatre,
ancien interne des hôpitaux privés de Paris,
attaché de pédiatrie au CHR de Perpignan.
Professeur R. W. Taylor, gynécologue.
Professeur Jon Scopes, pédiatre.
Suzanne Dupras-Gyger, B. Sc. Inf.
CLSC Saint-Louis-du-Parc, Montréal.

Coordination
Paule Meunier

Réalisation
Éditions Pierre Anglade
Traduction
Caroline Rivollier
Secrétariat de rédaction
Hélène Willerval
Mise en pages
Proverbe

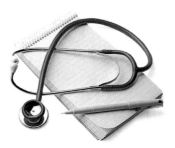

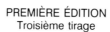

PREMIÈRE ÉDITION
Troisième tirage

Édition originale
© 1990, Dorling Kindersley Limited
et Elizabeth Fenwick pour le texte
Édition française
© 1990, Sélection du Reader's Digest, S.A.
212, boulevard St-Germain
75007 Paris
Édition canadienne
© 1991, Sélection du Reader's Digest
(Canada), Limitée
215, avenue Redfern, Montréal
Québec H3Z 2V9

ISBN : 0-88850-182-X

PRÉFACE

La plupart des futures mères montrent une grande ignorance en ce qui concerne tant la grossesse que les soins à apporter à l'enfant qui va naître. C'est la raison pour laquelle les premiers jours et mois de bébé sont pour elles, une fois les premiers instants d'exaltation passés, source d'angoisses et de découragement. Il leur suffirait pourtant de connaître un certain nombre de méthodes et de gestes efficaces pour vivre leur première maternité de façon plus détendue. Ce livre a été conçu pour répondre le mieux possible à ce besoin considérable de conseils pratiques.

Chaque grossesse se vit différemment, mais cette période revêt toujours une importance capitale, pour les deux parents comme pour l'enfant. Il est possible d'en faire un inoubliable moment de bonheur, à condition de disposer d'une information suffisante sur toutes les étapes de son déroulement. L'ensemble des modifications physiologiques et anatomiques du corps féminin au fil des mois ainsi que leurs répercussions sur le comportement et le caractère ont donc fait l'objet de larges développements dans cet ouvrage.

Chaque nouveau-né est unique et représente une personne à part entière, encore un peu étrangère à ses parents, presque inquiétante. C'est en apprenant à connaître cet enfant, mais aussi en s'occupant de lui à chaque instant, que l'on gagne confiance en soi et que se nouent des liens indéfectibles. Outre les solutions à toutes les questions pratiques que pose ce nouvel être, le livre vous donnera les moyens de mieux cerner sa personnalité, de comprendre son développement et d'établir, dans les meilleures conditions, un contact privilégié avec lui. Peu à peu, toutes les tâches que vous ressentiez au début comme contraignantes deviendront toutes naturelles, et vous n'aurez plus dès lors à vous inquiéter de votre compétence. Si vous apportez à votre enfant les soins et l'amour qui lui sont nécessaires, vous serez des parents parfaits.

Gabrielle VALERSTEINAS
Gynécologue-obstétricienne

Étienne GIRAUD-L'HERBAULT
Pédiatre

SOMMAIRE

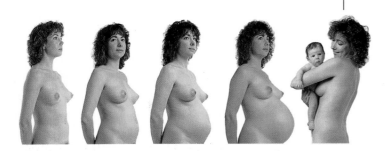

3
LA SANTÉ DE L'ENFANT
172–245

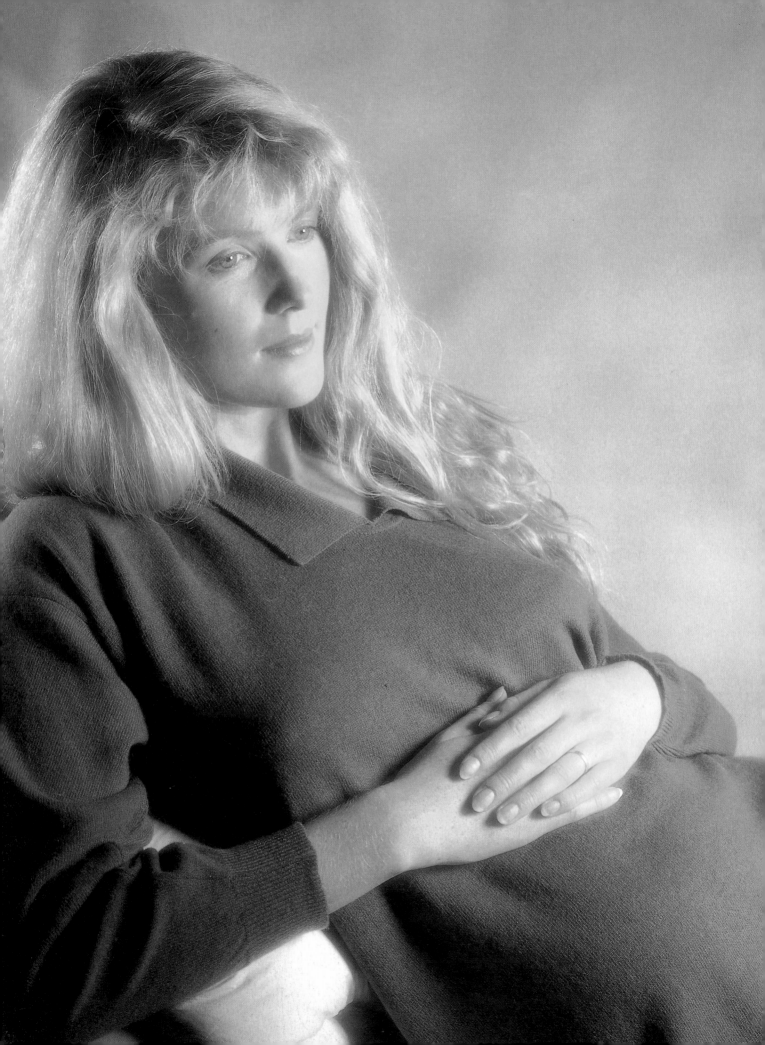

1

DE LA
CONCEPTION
À LA
NAISSANCE

■ ■ ■ ■ ■ ■

Guide illustré d'une grossesse heureuse,
accompagné de conseils pratiques
pour l'accouchement et la naissance

PRÉPARER SA GROSSESSE

Pour donner un bon départ à votre grossesse, il vaut mieux la prévoir. Vous pourrez ainsi prendre des mesures qui non seulement augmenteront vos chances de conception, mais offriront au bébé les meilleures garanties d'être en bonne santé et de ne souffrir d'aucune anomalie. L'idéal est de planifier la grossesse au moins 3 mois à l'avance avec le futur père, car c'est dans les premières semaines, alors que vous ignorez encore que vous êtes enceinte, que le développement de

l'enfant est le plus facilement perturbé. En vous maintenant en bonne santé, en suivant un régime alimentaire correct, vous donnerez au bébé toutes les chances d'être bien nourri et protégé dans l'utérus. Vous devez aussi penser à d'autres risques que peut courir l'enfant, à cause d'une rubéole par exemple, si vous n'êtes pas immunisée, ou de certains dangers liés à votre profession. Prévoir votre grossesse vous donne le temps de réfléchir et, si nécessaire, d'agir.

DIX QUESTIONS POUR UNE GROSSESSE

POSEZ-VOUS CES QUESTIONS si vous projetez d'avoir un bébé ou si vous venez d'apprendre que vous êtes enceinte. Certaines ne vous concernent sans doute pas, mais interrogez-vous quand même. Questionnez aussi votre conjoint, car certaines l'intéressent. Si l'un de ces points vous inquiète, consultez un médecin.

Êtes-vous immunisée contre la rubéole ?

La rubéole peut causer des malformations graves chez l'enfant si vous l'attrapez pendant la grossesse, surtout au début, alors que se développent les organes profonds du bébé. Demandez à votre médecin de vous prescrire un examen de sang pour confirmer votre immunité. Si le test est négatif, le médecin vous vaccinera. Vous devrez ensuite attendre 3 mois pour concevoir.

Y a-t-il dans votre famille ou celle du futur père une maladie héréditaire ?

L'hémophilie et la mucoviscidose sont héréditaires. Si vous ou votre conjoint avez un proche parent porteur d'une maladie héréditaire, il est possible que vous la transmettiez à votre enfant. Parlez-en à votre médecin avant d'envisager une grossesse; il pourra vous adresser à une consultation de conseil génétique, où le danger sera évalué. Dans la plupart des cas, l'enfant ne courra un risque d'être porteur de la maladie que si les deux parents sont porteurs du gène responsable.

Souffrez-vous d'une maladie chronique ?

Si vous souffrez d'une maladie chronique (diabète ou épilepsie, par exemple) il faut en parler à votre médecin avant d'envisager d'avoir un enfant. Le traitement que vous suivez devra peut-être subir quelques modifications, les médicaments pouvant affecter le bébé ou diminuer votre capacité de concevoir.

Prenez-vous, ou avez-vous pris, la « pilule » ?

Il vaut mieux arrêter toute contraception hormonale bien avant d'envisager une

QUESTION & RÉPONSE

« Quel est l'âge le plus favorable pour avoir un enfant ? »
Le meilleur âge se situe entre 20 et 25 ans. Les risques liés à la grossesse augmentent après 35 ans, mais ils sont moindres lorsque la future maman est en parfaite santé. A partir de 40 ans, les femmes sont susceptibles d'attendre un enfant atteint de trisomie ; alors qu'au-dessous de 18 ans, elles sont sont plus exposées à mettre au monde un bébé mort-né ou à petit poids de naissance. Mais, répétons-le, la bonne santé de la maman et une surveillance médicale prénatale étroite et régulière réduisent considérablement ces risques.

grossesse, pour laisser votre organisme retrouver ses cycles naturels et attendre d'avoir eu deux ou trois fois de suite des règles normales.

Pendant cette période, utilisez un diaphragme, un spermicide (ovule, crème) ou encore un préservatif. Si vous concevez avant que la régularité des cycles menstruels ne soit rétablie, la date de l'accouchement sera plus difficile à préciser.

Votre métier vous met-il en contact avec des agents à risque ?

Toute profession, exercée par vous ou par votre conjoint, qui comporte un contact avec des produits chimiques, le plomb, les rayons X, peut affecter la fécondité ou entraîner un risque pour l'enfant.

Si vous êtes déjà enceinte, prenez des précautions. Votre médecin peut aussi vous conseiller de changer de poste de travail si celui-ci implique que vous souleviez des poids lourds, ou que vous ayez une station debout prolongée, par exemple. Informez-vous également sur les possibilités de *retrait préventif* pour la femme enceinte ou allaitante.

Par ailleurs, on pense aujourd'hui que les métiers impliquant une présence devant un écran lumineux ne comportent aucun danger pour le bébé.

Quel poids pesez-vous ?

Vous devez vous trouver à votre poids idéal depuis au moins 6 mois au moment de la conception. Aussi, si vous pensez être trop grosse ou trop maigre, consultez votre médecin, qui vous prescrira un régime alimentaire. Sauf si vous avez un grave problème de poids, ne suivez jamais un régime amaigrissant pendant une grossesse.

Avez-vous une alimentation saine ?

Vos chances de concevoir et d'avoir un bébé en bonne santé seront accrues si vous suivez un régime varié, équilibré, riche en aliments frais.

Fumez-vous ? Buvez-vous ?

Vous devez absolument cesser de fumer et de consommer des boissons alcooliques dès que vous envisagez une grossesse, car le tabac et l'alcool affectent la fécondité, chez la femme aussi bien que chez l'homme, et ils ont tous deux un effet nocif sur le développement du bébé (voir p. 13).

Prenez-vous de l'exercice ?

Pour vous maintenir en forme, faites de l'exercice: marchez ou nagez au moins 20 minutes tous les jours.

« Cette grossesse, nous l'avons décidée ensemble, c'était normal. »

CALENDRIER DE LA GROSSESSE

Ce calendrier décrit mois par mois le déroulement d'une grossesse. Il expose les modifications qui vont sans doute vous affecter physiquement et moralement. Il suit le développement de l'enfant de la conception à la naissance. Pour chaque étape, vous trouverez des conseils, ainsi que des réponses rassurantes à vos interrogations ou à vos inquiétudes. Chaque mois, l'accent est mis sur un aspect de la grossesse, par exemple l'inscription à un cours de préparation à l'accouchement. Puisque chaque grossesse est unique, ne soyez pas surprise si vous n'observez pas un des aspects décrits au moment prévu: le gain de poids, par exemple, peut différer du cas présenté. Le calendrier de grossesse tient compte du premier jour des dernières règles, si bien que, 2 semaines après la conception, vous êtes à 4 semaines d'aménorrhée.

ÊTRE ENCEINTE ET LE SAVOIR

SI VOUS ENVISAGEZ de devenir enceinte, assurez-vous que votre mode de vie ne risque en rien de nuire au développement du bébé. Ses principaux organes se forment pendant les premiers mois, et c'est pendant cette période que sa santé peut être le plus facilement altérée. Si vous êtes enceinte, divers signes (lourdeur des seins, nausées) vont éveiller vos soupçons. La plupart de ces modifications sont provoquées par une élévation des taux hormonaux, car votre corps se prépare à nourrir le bébé. Ne vous inquiétez pas : ces désagréments vont s'atténuer ou disparaître vers la 12ᵉ semaine.

SIGNES PRÉCOCES DE LA GROSSESSE

La présence d'un ou de plusieurs de ces signes indique que vous êtes enceinte, mais vous pouvez n'en remarquer aucun, tout en sachant d'instinct que vous êtes enceinte, car vous vous sentez différente.

■ Absence de règles — mais si vos règles sont irrégulières d'habitude ou si vous êtes anxieuse, surmenée ou malade, ne vous fiez pas à ce signe. Même si vous êtes enceinte, vous pouvez observer un léger saignement à l'époque présumée des règles.

■ Seins gonflés, sensibles, qui picotent parfois.

■ Goût bizarre, un peu « métallique », dans la bouche.

■ Lassitude anormale, non seulement le soir, mais dans la journée.

■ Sensation de faiblesse, parfois étourdissements.

■ Augmentation des sécrétions vaginales.

■ Nausées, et parfois vomissements, à tout moment de la journée.

■ Dégoût de certaines choses (café, alcool, tabac...) et fringales d'autres.

■ Émotivité accrue due aux modifications hormonales.

■ Besoin fréquent d'uriner.

CONFIRMATION DE LA GROSSESSE

Faites confirmer votre état le plus tôt possible. L'analyse en laboratoire d'un échantillon d'urine ou de sang met en évidence la présence d'une hormone qui apparaît 15 jours environ après la conception. Vous pouvez aussi acheter en pharmacie des tests de grossesse à faire vous-même. Si vous n'avez pas eu vos règles deux fois de suite, un examen gynécologique peut confirmer la grossesse.

TESTS DE GROSSESSE

Les boîtes contiennent une solution chimique à mélanger à quelques gouttes des premières urines du matin. Divers indicateurs – un changement de couleur, par exemple – vous signalent que vous êtes ou n'êtes pas enceinte. Ces tests sont très fiables si vous suivez les instructions du fabricant, mais ils peuvent néanmoins donner de faux résultats, si bien qu'il faut toujours consulter un médecin pour confirmer votre état.

CALCUL DE LA DATE DE L'ACCOUCHEMENT

Une grossesse dure en moyenne 266 jours, de la conception à la naissance. La date la plus probable de la conception correspond à celle de l'ovulation, qui, dans un cycle normal de 28 jours, se produit 14 jours environ avant la date des futures règles. Pour connaître la date approximative de votre accouchement, comptez 280 jours (266 plus 14 à partir du premier jour de vos dernières règles). Mais ce n'est qu'une indication : si une grossesse dure en moyenne 40 semaines, une durée de 38 à 42 semaines reste tout à fait dans la norme.

CE QU'IL FAUT ÉVITER

Pendant votre grossesse, évitez de fumer, de boire de l'alcool, de prendre d'autres médicaments que ceux prescrits par votre médecin, surtout au cours des 3 premiers mois, durant lesquels les organes du bébé se forment.

Le tabac

En fumant, vous privez l'enfant d'oxygène. Les bébés des fumeuses sont plus souvent prématurés et ont un faible poids de naissance. Le tabac augmente les risques d'avortement (fausse couche), de naissance d'un enfant mort-né ou malformé, ainsi que le taux de morts post-natales. Plus vous fumez, plus les risques sont élevés. Si cesser totalement de fumer vous paraît impossible, réduisez votre consommation : ne fumez que des cigarettes à faible teneur en goudron, rationnez-vous, n'inhalez pas la fumée, jetez vos cigarettes à moitié fumées. Les médecins pensent que le fait que vous respiriez la fumée des cigarettes des autres nuit au bébé : demandez à votre conjoint de cesser de fumer.

L'alcool

Une forte consommation d'alcool pendant la grossesse peut affecter gravement un bébé. Comme on ignore où se situe précisément le niveau de consommation « sans risque », il vaut mieux ne pas boire du tout d'alcool. De toute façon, ne buvez jamais plus de deux verres de vin ou de bière une ou deux fois par semaine.

Les médicaments

De nombreux médicaments peuvent avoir sur le bébé des effets nocifs ou encore inconnus ; aussi, ne prenez que les médicaments prescrits par un médecin qui sait que vous êtes enceinte. N'ayez pas même recours à l'aspirine sans avis médical. Si vous suivez un traitement, pour un diabète par exemple, le médecin peut avoir à en modifier la prescription.

Les autres risques

Les excréments de chat ou de chien, la viande crue, ainsi que les fruits et légumes frais souillés par la terre, peuvent véhiculer un parasite appelé toxoplasme, qui risque d'affecter le fœtus. Ne changez pas vous-même la litière du chat et, si vous le faites, enfilez des gants et lavez-vous les mains ensuite. Portez des gants pour jardiner. Lavez-vous les mains après avoir manipulé de la viande crue. Lavez les légumes et fruits frais.

LE DÉBUT DE LA VIE

DURANT LES 8 PREMIÈRES SEMAINES, l'embryon se transforme : composé d'une seule cellule au moment de la conception, il devient un fœtus à l'aspect humain.

DE LA CONCEPTION À LA 4ᵉ SEMAINE

1 Ovulation

Aux environs du 14ᵉ jour du cycle menstruel, un ovule mûr est libéré par un des ovaires et la fécondation devient possible. Capté par les franges qui terminent la trompe de Fallope, l'ovule s'engage dans la trompe. Il peut y survivre 24 heures ; s'il n'est pas fécondé, il sera éliminé par voie vaginale, lors des prochaines règles, avec la muqueuse utérine.

Le parcours des spermatozoïdes

Un homme éjacule entre 200 et 400 millions de spermatozoïdes dans le vagin pendant l'orgasme. Un grand nombre s'écoulent à l'extérieur ou sont détruits en chemin, mais certains nagent dans le mucus sécrété par le col de l'utérus, plus fluide et élastique au moment de l'ovulation, et remontent dans les trompes de Fallope. Ils peuvent survivre jusqu'à 48 heures dans la trompe.

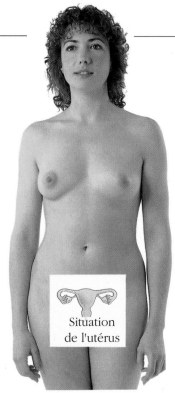

Situation de l'utérus

5 Nidation

Dès la fin de la 3ᵉ semaine, l'œuf fécondé s'implante dans la muqueuse molle et épaissie de l'utérus. Quand l'œuf est bien fixé dans la paroi, la conception est achevée. Les excroissances spongieuses en forme de doigt saillant de la couche externe des cellules embryonnaires s'enfoncent dans la muqueuse utérine, allant s'unir aux vaisseaux sanguins maternels. Ces cellules formeront le placenta. Certaines donneront le cordon ombilical et les membranes protégeant le fœtus. Les cellules de l'intérieur se divisent en couches qui deviendront les différentes parties du corps de l'enfant.

Trompe de Fallope

Le corps jaune
sécrète des hormones qui préparent le corps à la gestation.

Utérus

3

2

1

Ovaire

Ovocyte en croissance

Ovule atteignant la maturité

L'ovule est libéré

4

5

L'embryon
s'implante profondément dans la muqueuse.

2 Fécondation

Les spermatozoïdes sécrètent une substance qui dissout l'enveloppe externe de l'ovule et permet à l'un d'eux de pénétrer à l'intérieur. Dès qu'il est entré, aucun autre ne peut plus passer. Le spermatozoïde perd son flagelle, et sa tête gonfle. Elle fusionne avec l'ovule pour former une cellule.

3 La cellule se divise

Presque aussitôt, la cellule commence à se diviser. Les divisions se succèdent tandis qu'elle parcourt la trompe de Fallope.

4 Arrivée dans l'utérus

Le 4e jour après la fécondation, l'œuf atteint la cavité utérine. C'est maintenant une boule d'une centaine de cellules, dont le centre creux est rempli de liquide, mais qui est encore trop petite pour être visible à l'œil nu. Pendant quelques jours, elle se déplace dans la cavité utérine.

Le col utérin
s'ouvre et sécrète de la glaire dès l'ovulation pour faciliter le passage des spermatozoïdes.

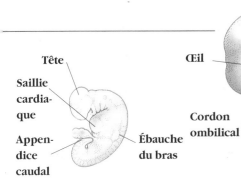

Tête
Saillie cardiaque
Appendice caudal
Ébauche du bras

Vers 6 semaines

Œil
Ébauche du bras
Cordon ombilical
Ébauche du membre inférieur

Vers 7 semaines

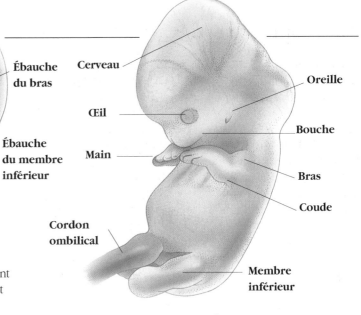

Cerveau
Œil
Main
Oreille
Bouche
Bras
Coude
Cordon ombilical
Membre inférieur

Vers 8 semaines

DE LA 5ᵉ À LA 6ᵉ SEMAINE

■ L'embryon flotte dans un sac rempli de liquide.

■ Il possède un cerveau élémentaire, une colonne vertébrale et un système nerveux central.

■ Sur sa tête apparaissent quatre fossettes, qui deviendront les yeux et les oreilles.

■ L'embryon possède une ébauche d'appareil digestif, de bouche et de mâchoire.

■ Le ventre et le thorax se développent : le cœur forme une saillie sur le devant de la poitrine et il commence à battre à la fin de la semaine.

■ Un réseau de vaisseaux sanguins se constitue.

■ Les quatre ébauches des membres sont visibles.

Longueur : l'embryon mesure 6 mm (la taille d'un pépin de pomme).

7ᵉ SEMAINE

■ La tête, fléchie sur la poitrine, paraît très grosse. Le visage se forme. Les yeux sont situés sur le côté de la tête et seul un pigment sombre transparaît sous la peau.

■ Bras et jambes sont nettement visibles, marqués à leurs extrémités de sillons qui sépareront les doigts et les orteils.

■ Le cœur commence à faire circuler le sang dans le corps de l'embryon.

■ Les éléments du système nerveux sont déjà presque au complet.

■ Les cellules osseuses commencent à se développer.

■ L'embryon a des poumons, un intestin, un foie, des reins, des organes génitaux internes, mais ils ne sont pas encore tout à fait formés.

Longueur : l'embryon mesure 1,3 cm (la taille d'un petit grain de raisin).

8ᵉ SEMAINE

■ L'embryon prend le nom de « fœtus », mot latin signifiant « produit de la conception ».

■ Ses principaux organes internes sont développés, bien que sous une forme simplifiée, et ils peuvent ne pas être encore à la bonne place.

■ On peut distinguer le visage : le bout du nez, les narines, les deux côtés des mâchoires soudés pour former la bouche. Il a déjà une langue.

■ Les organes de l'oreille interne, qui contrôlent l'équilibre, sont en formation.

■ Les doigts, les orteils deviennent distincts, bien qu'encore reliés par des replis de peau.

■ Bras et jambes s'allongent. Les épaules et les coudes, les hanches et les genoux sont reconnaissables.

■ Le fœtus remue, bien que vous ne puissiez pas encore le sentir bouger.

Longueur : le fœtus mesure 2,5 cm (environ la taille d'une fraise).

JUMEAUX

Une grossesse sur quatre-vingts aboutit à la naissance de jumeaux. Vos chances d'avoir des jumeaux sont plus grandes s'il y en a dans votre famille.

Les jumeaux bivitellins proviennent de deux ovules fécondés simultanément par deux spermatozoïdes différents. Ils peuvent être de même sexe ou de sexes différents. Chacun a son placenta. Ils ne se ressemblent pas plus que des frères ou des sœurs ordinaires.

Les jumeaux univitellins sont le produit d'un ovule fécondé qui se divise en deux. Les deux bébés partagent le même placenta, ils sont de même sexe, et présentent les mêmes caractéristiques physiques, le même patrimoine génétique.

QUESTION & RÉPONSE

« Puis-je choisir le sexe de mon bébé ? »

Le sexe d'un enfant est déterminé par le spermatozoïde. Il semblerait que le spermatozoïde mâle nage plus vite mais survit moins longtemps que le spermatozoïde femelle. Vous accroîtrez peut-être vos chances d'avoir un garçon en ayant des rapports sexuels quand vous êtes le plus fécondable (14 jours avant les prochaines règles), et celles d'avoir une fille en ayant des rapports sexuels jusqu'à 3 jours avant le moment présumé de l'ovulation.

12ᵉ SEMAINE

LE FŒTUS PREND de plus en plus forme humaine, bien que sa tête soit encore très grosse par rapport à son corps et que ses membres, quoique parfaitement formés, soient encore courts. Vos malaises des premiers temps commencent à s'atténuer.

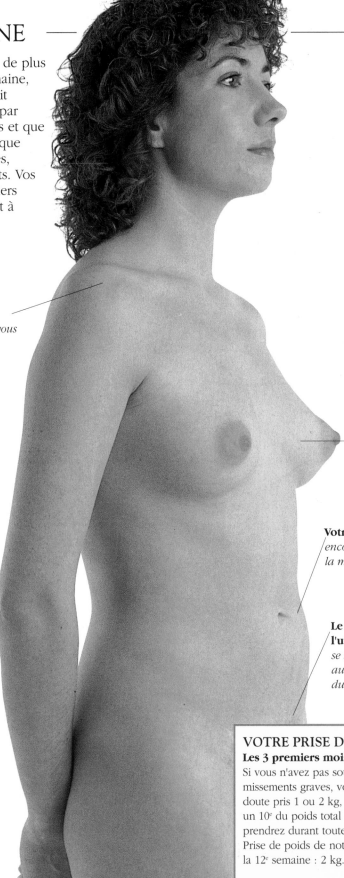

Prenez l'habitude *de vous tenir droite, cela vous aidera plus tard.*

Position du bébé dans l'utérus

VOIR AUSSI :
Surveillance prénatale,
p. 34 à 36
Gymnastique prénatale,
p. 45 à 47
Alimentation saine,
p. 50 à 53
Mictions fréquentes,
p. 41
Soutien-gorge de grossesse,
p. 23
Protéger votre dos,
p. 44

▪ CE QUI CHANGE EN VOUS ▪

■ Si vous aviez des nausées ou des vomissements le matin, ces malaises devraient commencer à s'estomper.
■ Vous n'avez sans doute plus besoin d'uriner aussi souvent que durant les premières semaines.
■ Vous êtes encore très sensible et facilement bouleversée par des petites choses, à cause des modifications hormonales.
■ La constipation peut devenir un problème parce que vos intestins sont plus paresseux.
■ Le volume de sang qui circule dans votre organisme est plus important : vos poumons, vos reins, votre cœur ont plus d'efforts à fournir.

Vos seins *sont plus lourds et peut-être sensibles.*

Votre silhouette *est encore pratiquement la même.*

L'oreille externe *est bien développée.*

Le fond de l'utérus *peut se trouver juste au-dessus du pubis.*

Les doigts et les orteils *sont formés.*

VOTRE PRISE DE POIDS
Les 3 premiers mois
Si vous n'avez pas souffert de vomissements graves, vous avez sans doute pris 1 ou 2 kg, c'est-à-dire un 10ᵉ du poids total que vous prendrez durant toute la grossesse. Prise de poids de notre modèle à la 12ᵉ semaine : 2 kg.

10%

VOTRE BÉBÉ
Longueur
6,5 cm
Poids
18 g

PRÉPARATION À L'ACCOUCHEMENT

COMMENCEZ À RÉFLÉCHIR au type de cours qui vous conviendra le mieux, à vous et à votre conjoint. Vous pouvez avoir envie dès à présent d'assister à des cours préparatoires (traitant de la santé pendant la grossesse, par exemple), les véritables cours de préparation à l'accouchement ne débutant en général que 8 à 10 semaines avant le terme. Vous pouvez suivre des cours de gymnastique prénatales tout au long de votre grossesse.

LE CHOIX D'UN COURS

La préparation à l'accouchement et à la venue du bébé est composée d'environ huit séances et commence généralement vers le 7e mois. Inscrivez-vous à votre CLSC (Centre local de services communautaires) dès la confirmation de votre grossesse. Ces cours sont généralement gratuits. Certains hôpitaux donnent aussi des cours qui délivrent une information sur les procédés et les usages en vigueur dans l'hôpital où vous devez accoucher. Vous visiterez d'ailleurs probablement les salles de travail et de naissance. Ces cours sont parfois très chargés ; ils prennent très souvent la forme

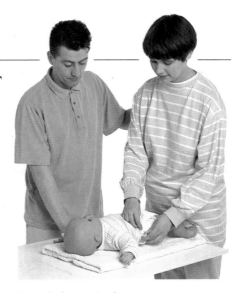

Bases de la puériculture
Il est agréable et utile d'apprendre à s'occuper de son bébé.

de conférences avec projection ; n'hésitez pas à poser des questions. En même temps que ce qu'il faut savoir sur le travail et la naissance, vous y apprendrez comment vous occuper de votre nouveau-né.

Autres cours

Il existe des cours payants, organisés à titre privé par des sages-femmes et des kinésithérapeutes. Les cours sont souvent centrés sur la gymnastique prénatale et diverses techniques, par exemple la relaxation, la sophrologie ou le hatha yoga, qui peuvent faciliter l'accouchement. Vous pourrez y rencontrer d'autres futures mères. Les futurs pères y sont les bienvenus.

Pour soulager les douleurs du travail : apprenez le massage avec votre conjoint.

QUE FAIRE ?

- Achetez un soutien-gorge maintenant bien votre poitrine.
- Suivez un régime alimentaire varié, riche en aliments frais.
- Luttez contre la constipation : buvez beaucoup d'eau et consommez des aliments riches en fibres.
- Subissez votre premier examen prénatal avant la fin du 3e mois.
- Mettez-vous en règle avec la Sécurité du revenu et l'assurance chômage.
- Prenez rendez-vous chez le dentiste pour faire vérifier l'état de vos dents.
- Prévenez votre employeur de façon à obtenir le temps nécessaire pour les visites médicales.
- Faites vos exercices de gymnastique prénatale régulièrement ; si vous ne parvenez pas à les faire seule, inscrivez-vous à un cours collectif. Nagez.
- Essayez de rencontrer d'autres femmes enceintes.

VOTRE BÉBÉ

- Ses organes internes sont formés, et la plupart fonctionnent déjà si bien qu'ils risquent moins d'être affectés par des infections ou les effets de certains médicaments.
- Les paupières sont développées et cachent les yeux.
- Le pavillon de l'oreille est apparu.
- Les membres sont formés, avec doigts et orteils, et ont déjà des ongles.
- Les muscles se développent et le bébé remue de plus en plus. Il peut crisper et étendre les orteils et fermer les poings.
- Il peut bouger les muscles de sa bouche pour faire la moue, pincer les lèvres, ouvrir et fermer la bouche.
- Il tète et avale le liquide amniotique. Il urine.

16e SEMAINE

VOUS AVEZ MAINTENANT bien entamé le 2e trimestre de votre grossesse et vous devez vous sentir en pleine forme. Votre grossesse commence à se voir, et vous avez peut-être besoin de vêtements plus amples. Votre bébé est complètement formé, il est nourri par le placenta depuis la 14e semaine. Au cours des semaines qui viennent, il va grossir et se développer de plus en plus.

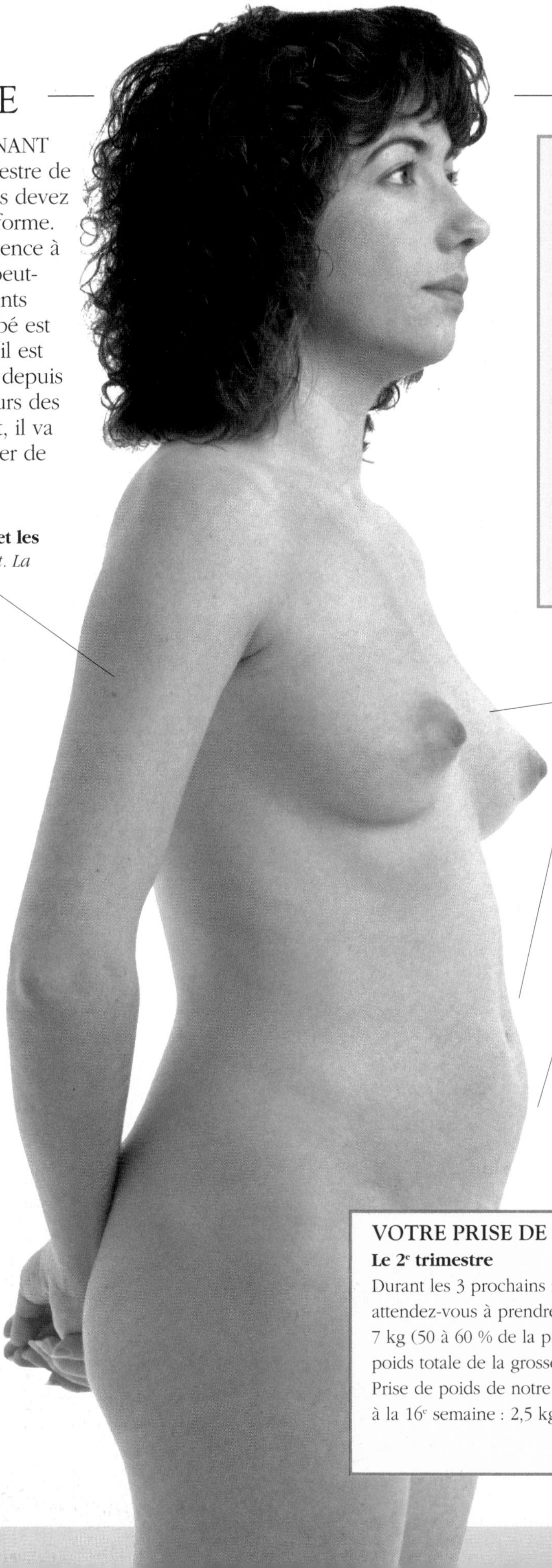

Les taches de rousseur et les grains de beauté *foncent. La pigmentation augmente.*

Position du bébé dans l'utérus

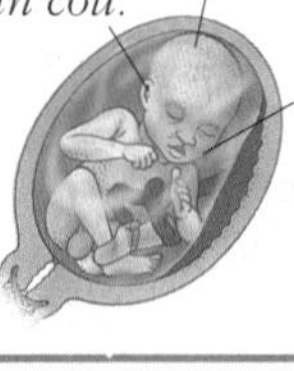

VOIR AUSSI :
Test de l'alpha-fœtoprotéine et de l'hormone gonado-trophine (H.C.G.), p. 37
Amniocentèse, p.37
Relaxation, respiration, p. 48 et 49
Couleur de la peau, p. 21
Tabac, p. 13
Suppléments nutritionnels, p. 52
Échographie, p. 37

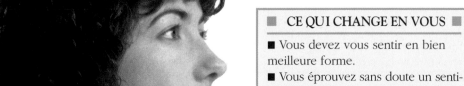

■ CE QUI CHANGE EN VOUS ■

■ Vous devez vous sentir en bien meilleure forme.

■ Vous éprouvez sans doute un sentiment croissant d'excitation et de plaisir.

■ Vous pouvez remarquer des modifications de la pigmentation de votre peau : vos mamelon et leur aréole foncent, une ligne verticale sombre apparaît sur votre abdomen, mais elle s'effacera peu après l'accouchement.

■ Votre appétit augmente.

■ Vos vêtements habituels deviennent trop justes, mais il se peut que vous n'éprouviez pas encore le besoin de porter des vêtements de grossesse.

Vos seins *peuvent encore avoir leur volume normal ; ils vont grossir au cours des prochaines semaines.*

Votre taille *va épaissir.*

Votre ventre *commence à s'arrondir.*

Sa tête *est encore trop grosse par rapport à son corps.*

Le bébé *a un cou.*

Ses doigts *ont déjà leurs empreintes digitales.*

VOTRE PRISE DE POIDS

Le 2e trimestre
Durant les 3 prochains mois, attendez-vous à prendre de 5 à 7 kg (50 à 60 % de la prise de poids totale de la grossesse). Prise de poids de notre modèle à la 16e semaine : 2,5 kg.

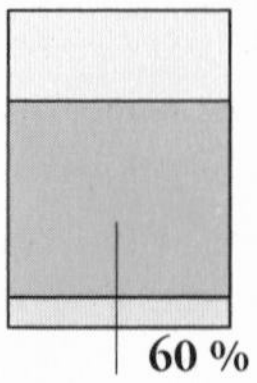

60 %

VOTRE BÉBÉ
Longueur
16 cm
Poids
135 g

QUE FAIRE ?

■ Si ce n'est déjà fait, cessez de fumer et incitez votre compagnon à en faire autant.

■ Ne prétextez pas l'augmentation de votre appétit pour manger des aliments non recommandés : mangez sainement, surveillez votre poids.

■ A la fin des repas, prenez des suppléments de fer et de vitamine B 12, si vous n'avez plus de nausées et si votre médecin vous les prescrit.

■ Vous avez peut-être subi une échographie, un dosage sanguin de l'alpha-fœtoprotéine et de l'hormone gonadotrophine. En cas de crainte d'une anomalie fœtale, une amniocentèse a été pratiquée.

VOTRE BÉBÉ

■ Ses cils et ses sourcils poussent, son corps et son visage sont recouverts d'un fin duvet (le lanugo).

■ Sa peau est fine et transparente ; le réseau des vaisseaux sanguins est très visible.

■ Les articulations de ses bras et de ses jambes se forment, et les os longs commencent à se développer.

■ Ses organes génitaux sont assez développés pour que son sexe soit visible, mais l'échographie ne permet pas toujours de le déceler.

■ Le bébé esquisse des mouvements thoraciques respiratoires.

■ Il peut sucer son pouce.

■ Il remue avec vivacité, mais vous ne percevez pas toujours ses mouvements.

■ Son cœur bat deux fois plus vite que le vôtre : le médecin et la sage-femme l'entendent au moyen d'un appareil à ultrasons dès la 12e semaine.

■ La croissance du bébé est rapide durant ce mois.

LA CONFUSION DES SENTIMENTS

VOUS ET VOTRE CONJOINT allez éprouver des sentiments très divers durant cette grossesse, et il se peut que le ravissement laisse la place à l'abattement. Efforcez-vous de comprendre ces sentiments ; ils s'évanouiront après la naissance. Le meilleur moyen de dissiper vos inquiétudes vis-à-vis du bébé et de votre rôle de futurs parents est d'en discuter avec franchise ensemble. Glanez le plus d'informations possibles au sujet de la grossesse. Ainsi, vous comprendrez mieux les changements qui se produisent en vous.

Vous

Il est normal que votre surexcitation à l'idée d'avoir un enfant soit parfois assombrie par des pensées négatives. Inutile de vous inquiéter de ne pas encore éprouver d'amour pour le bébé : il s'épanouira après la naissance. Vous pouvez aussi être déprimée par l'alourdissement de votre silhouette et en vouloir au bébé de vous infliger de telles épreuves. Mais la plupart de ces modifications disparaîtront après la naissance, grâce à quelques exercices de gymnastique.

Pour votre conjoint

Le bébé devient une réalité quand vous le voyez pour la première fois lors de l'échographie. Jusqu'alors, vous vous sentiez exclu, jaloux peut-être de toute l'attention que recevait l'enfant, mais vous devriez maintenant commencer à éprouver des sentiments de bonheur, de surexcitation. Si vous craignez que votre salaire soit insuffisant pour subvenir aux besoins de votre famille, établissez un budget.

Tous les deux

Il est normal que vous soyez enthousiasmés par l'arrivée prochaine du bébé et que vous vous inquiétiez en même temps de ne pas vous sentir prêts à jouer votre rôle de parents. Inscrivez-vous à un cours de préparation à l'accouchement.

QUESTION & RÉPONSE

« Comment être sûre que le bébé se développe normalement ? »
Les risques d'anomalies sont faibles. La plupart des malformations surviennent durant les premières semaines de la grossesse et provoquent un avortement précoce. Vers la 13e semaine, le bébé est complètement formé ; il y a ensuite peu de risques pour que surviennent de graves problèmes. Vous pouvez encore diminuer ces risques en menant une vie saine.

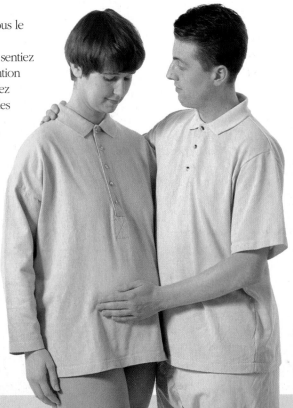

20ᵉ SEMAINE

A CE STADE de votre grossesse, vous éprouverez certainement un grand bien-être ; vous paraîtrez – et serez – radieuse, car votre peau et vos cheveux deviendront plus beaux. Si vous vous sentez bien, pourquoi ne pas prendre des vacances ? Maintenant, vous devez sentir le bébé bouger.

■ CE QUI CHANGE EN VOUS ■

■ La pigmentation de votre peau s'accentue, mais elle s'effacera après l'accouchement.

■ Vos seins peuvent sécréter du colostrum, une substance trouble et fluide qui nourrira le bébé les premiers jours, si vous l'allaitez. Ne pressez pas le mamelon pour en faire sortir davantage ; essuyez-le simplement avec une compresse.

■ Vous souffrez peut-être de petits maux banals liés à la grossesse (saignement des gencives ou abondance de pertes vaginales). Comme vos articulations et vos ligaments se détendent, vous risquez d'éprouver des douleurs dorsales.

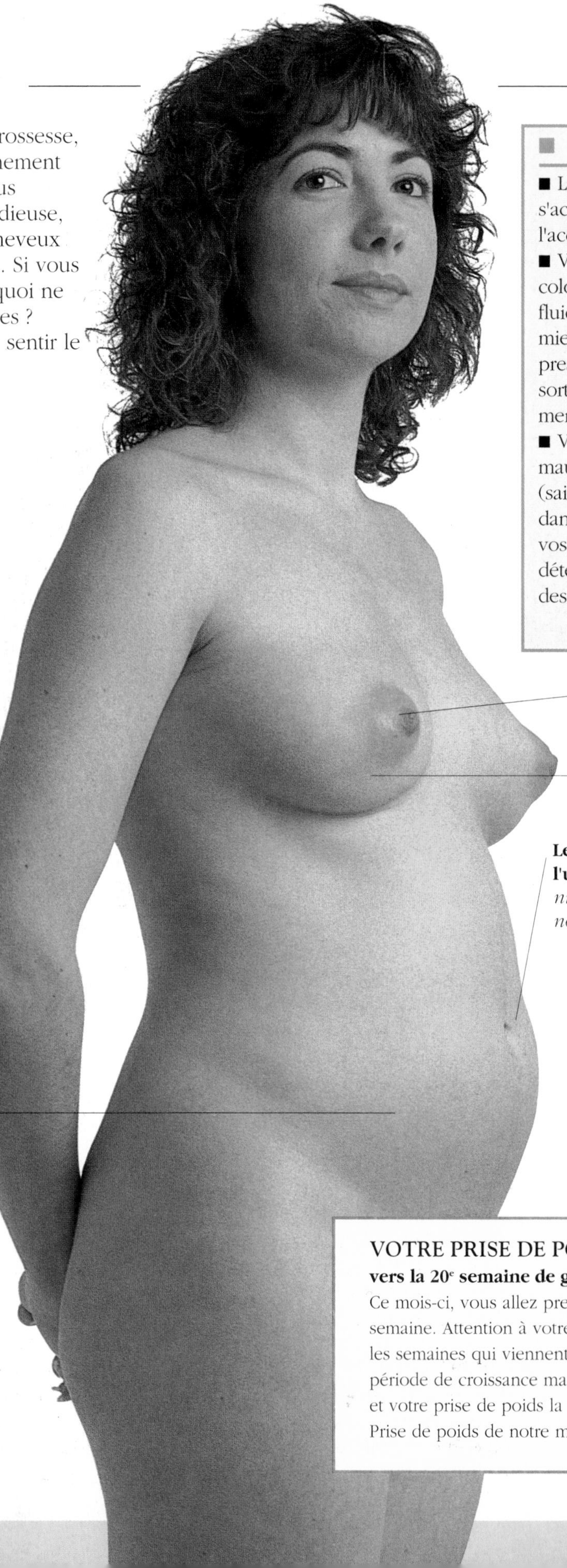

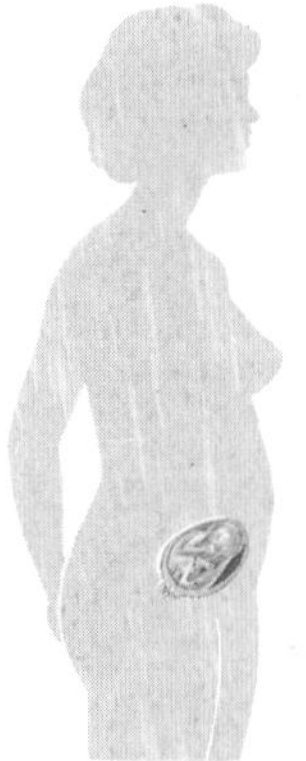

Vos mamelons *foncent.*

Vos seins *ont sans doute beaucoup grossi.*

Le fond de l'utérus *atteint le niveau du nombril.*

Le bébé *peut agripper fermement avec ses mains.*

Ses jambes *sont proportionnées par rapport au reste de son corps.*

Position du bébé dans l'utérus

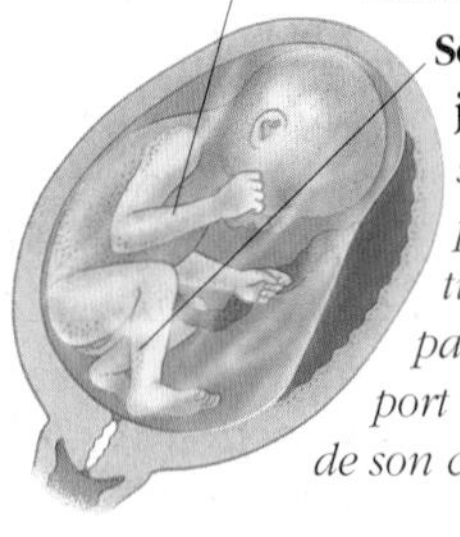

Vous sentez pour la première fois *votre bébé bouger ; au début, ce sont de faibles effleurements dans votre ventre, comme des bulles d'air.*

VOIR AUSSI :

Petits maux,
p. 40 à 42
Alimentation saine,
p. 50 à 53
Le nécessaire pour le bébé, p. 27
Protéger votre dos,
p. 44

VOTRE PRISE DE POIDS
vers la 20ᵉ semaine de grossesse
Ce mois-ci, vous allez prendre 0,5 kg par semaine. Attention à votre alimentation : les semaines qui viennent marquent la période de croissance maximale du bébé et votre prise de poids la plus importante. Prise de poids de notre modèle : 3 kg.

VOTRE BÉBÉ
Longueur
25 cm
Poids
340 g

ÊTRE BELLE

À CE STADE DE VOTRE GROSSESSE, vos cheveux sont brillants. Vous avez les joues roses, la peau lisse. Vous êtes resplendissante de santé. Dans certains cas, toutefois, les taux élevés d'hormones peuvent avoir des effets moins flatteurs sur la peau, les ongles et les cheveux. Rassurez-vous : ces changements désagréables disparaîtront après la naissance.

QUESTION & RÉPONSE

« *Puis-je entreprendre un long voyage ?* »

Oui, bien sûr, mais ne partez surtout pas seule. Cette précaution est d'autant plus impérative si vous devez effectuer un long trajet en voiture.
Portez des vêtements confortables et amples. Enfin, toutes les 2 heures au moins, il est indispensable de marcher quelques minutes pour activer la circulation du sang.

VOTRE BÉBÉ

■ Ses cheveux apparaissent.
■ Ses dents se développent.
■ Le vernix caseosa, une substance blanche et grasse qui protège la peau des bébés dans l'utérus, se forme.
■ Les jambes et les bras sont bien développés.
■ Des substances protectrices passent de votre sang dans le sien : elles le protégeront contre les maladies pendant ses premières semaines.
■ Le bébé remue. Vous sentez ses premiers mouvements comme de faibles effleurements. Il peut aussi réagir aux bruits extérieurs, mais ne vous inquiétez pas s'il ne bouge pas beaucoup : c'est une période durant laquelle les bébés sont souvent calmes.

CHEVEUX

Une chevelure épaisse et brillante va souvent de pair avec la grossesse. Mais, parfois, les cheveux gras peuvent devenir plus huileux, les cheveux secs plus cassants, vous avez l'impression de perdre plus de cheveux que d'habitude. La pilosité du visage et du corps fonce.

Faites-vous *faire une coupe facile à entretenir.*

TEXTURE DE LA PEAU

Votre peau sera sans doute plus belle : ses imperfections vont s'atténuer, elle va devenir douce et lisse. Mais peut-être aussi allez-vous la trouver très sèche, grasse ou tachée.
Que faire ? Nettoyez votre peau avec soin et, si elle est sèche, humidifiez-la avec un brumisateur. Ajoutez des huiles à votre bain. Utilisez le moins souvent possible le savon.

ONGLES

Vos ongles deviennent peut-être cassants et se fendent.
Que faire ? Portez des gants pour les travaux ménagers et le jardinage.

Que faire ? Si vos cheveux sont secs et fourchus, lavez-les avec un shampooing doux et une crème traitante, et s'ils sont gras, ne les brossez pas trop souvent ou trop énergiquement. Lavez-les souvent pour qu'ils restent brillants. Évitez les permanentes et les teintures.

Votre peau *peut devenir très douce et ses imperfections disparaître.*

COULEUR DE LA PEAU

La pigmentation cutanée augmente. Les taches de naissance, grains de beauté, cicatrices et taches de rousseur foncent et s'élargissent. Une ligne brune apparaît sur le ventre. Le visage et le cou prennent une teinte café au lait (masque de grossesse). Ces phénomènes disparaîtront après la naissance.
Que faire ? Évitez de vous exposer au soleil ; sinon, utilisez une crème écran à fort coefficient de protection. N'essayez pas de faire disparaître le masque de grossesse, mais appliquez un fond de teint coloré.

24e SEMAINE

VOUS ÊTES DANS LE MOIS le plus agréable de la grossesse. Vous vous sentez en pleine forme. Vous êtes heureuse et satisfaite. Si vous n'avez pas encore pris beaucoup de poids, c'est maintenant que vous allez grossir. Votre grossesse devient évidente.

Dans la partie supérieure *du corps, la prise de poids peut être due à la rétention d'eau et ne pas être permanente.*

Position du bébé dans l'utérus

■ CE QUI CHANGE EN VOUS ■

■ Une importante prise de poids est habituelle au cours de ce mois et du mois suivant.

■ A partir de maintenant, portez des vêtements très amples, ils seront plus confortables.

■ Vous êtes plus sensible à la chaleur, et la transpiration peut vous poser des problèmes. Buvez beaucoup d'eau, évitez les tissus synthétiques.

Votre visage
peut paraître bouffi, car votre organisme retient l'eau.

Les aréoles *de vos seins, zones sombres qui entourent les mamelons, peuvent devenir proéminentes.*

Votre ventre
grossit.

Sa peau
s'épaissit.

Ses yeux
saillent , car son visage est menu.

VOIR AUSSI :
Gymnastique prénatale,
p. 45 à 47
Vêtements de grossesse, p. 25
Relaxation, respiration,
p. 48 à 49

VOTRE PRISE DE POIDS
vers la 24e semaine de grossesse
Vous allez continuer à prendre environ 0,5 kg par semaine, voire plus si vous étiez très mince avant votre grossesse. Prise de poids de notre modèle à cette date : 4,5 kg.

VOTRE BÉBÉ
Longueur
33 cm
Poids
570 g

LE BÉBÉ DANS L'UTÉRUS

TOUT EN SE DÉVELOPPANT PHYSIQUEMENT, le bébé devient une personne consciente qui réagit et éprouve des sensations. Il est blotti dans l'utérus, protégé par le « matelas liquide » qui l'environne. Il dépend totalement du placenta pour se nourrir et respirer, ainsi que pour éliminer ses déchets. Il présente l'allure d'un nouveau-né, dont il a déjà en grande partie le comportement.

VISION
Ses paupières se séparent vers la 28ᵉ semaine : le bébé voit, il ouvre et ferme les yeux.

AUDITION
Il entend votre voix, et, s'il dort, une musique forte peut le réveiller. Il peut préférer une mélodie et il le montre par ses mouvements. Les bruits soudains le font sursauter.

EXPRESSIONS DU VISAGE
Il fronce les sourcils, louche, serre les lèvres, ouvre et ferme la bouche.

SYSTÈMES VITAUX
Le fœtus est nourri par le placenta et protégé par le tiède liquide amniotique, qui se renouvelle toutes les 4 heures. Celui-ci assure la régulation de la température du bébé, le protège contre les infections et les chocs.

MOUVEMENTS
Le bébé donne des coups de pied, des coups de poing. Il se retourne.

SOMMEIL
Il dort et veille de façon irrégulière. C'est quand vous cherchez à vous endormir qu'il remue sans doute le plus.

PERSONNALITÉ
La région du cerveau qui régit la personnalité et l'intelligence devient beaucoup plus complexe au cours du 7ᵉ mois. La personnalité du bébé commence à s'affirmer.

SUCCION, DÉGLUTITION, RESPIRATION
Il suce son pouce, avale le tiède liquide amniotique qui l'environne et l'élimine dans ses urines. Parfois, il boit trop et a le hoquet. Sa poitrine ébauche des mouvements respiratoires. Il s'exerce à la vie hors de l'utérus.

GOÛT
Ses pupilles gustatives se forment. Dès la 28ᵉ semaine, il distingue le sucré, l'acide, l'amer.

Le placenta *fournit tous les éléments nutritifs nécessaires ; presque tout ce que vous absorbez – bon ou mauvais – arrive jusqu'à lui.*

Le cordon *ombilical est un cordon formé par trois vaisseaux sanguins qui relient le placenta au fœtus.*

QUE FAIRE ?

■ Si vos mamelons sont aplatis ou rétractés et que vous vouliez allaiter votre bébé, signalez-le à la sage-femme ou au médecin.

■ Installez-vous les pieds surélevés le plus souvent possible.

■ Faites vos exercices de gymnastique régulièrement. Pratiquez la relaxation, les exercices respiratoires.

■ Si ce n'est déjà fait, inscrivez-vous au CLSC de votre quartier à un cours prénatal. Invitez votre conjoint à vous y accompagner.

QUESTION & RÉPONSE

« Quel est le meilleur soutien-gorge ? »
Vos seins doivent être soutenus. Achetez un soutien-gorge de coton dont la moitié inférieure des bonnets est renforcée et munie de larges bretelles et d'un dos réglable. Vérifiez régulièrement sa taille, car vous prendrez encore de la poitrine. Au terme de la grossesse, vous aurez besoin d'un soutien-gorge de deux tailles au-dessus de votre taille habituelle. Si vos seins sont très lourds, portez un soutien-gorge léger la nuit.

VOTRE BÉBÉ

■ Le bébé est encore mince, il n'a pas de réserve de graisse.

■ Des glandes sudoripares se forment dans sa peau.

■ Les muscles de ses membres sont bien développés, et il les exerce. Des périodes d'activité frénétique (vous le sentez remuer dans tous les sens) alternent avec des périodes de calme.

■ Le bébé peut tousser, avoir le hoquet. Vous percevez son hoquet comme s'il cognait légèrement l'intérieur de votre ventre.

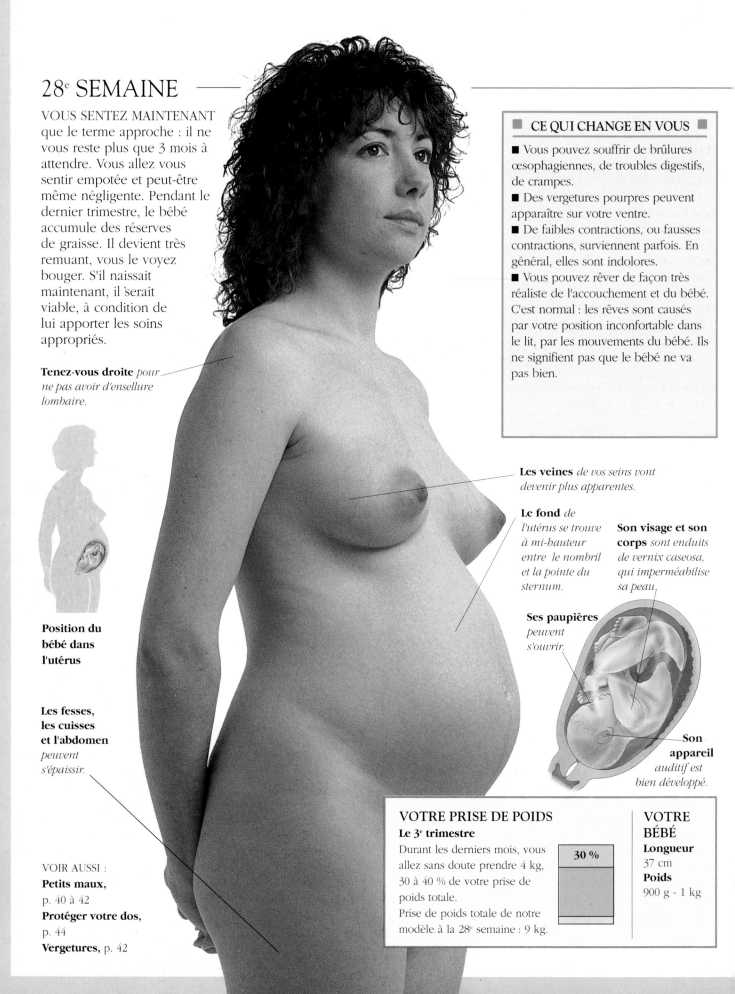

28ᵉ SEMAINE

VOUS SENTEZ MAINTENANT que le terme approche : il ne vous reste plus que 3 mois à attendre. Vous allez vous sentir empotée et peut-être même négligente. Pendant le dernier trimestre, le bébé accumule des réserves de graisse. Il devient très remuant, vous le voyez bouger. S'il naissait maintenant, il serait viable, à condition de lui apporter les soins appropriés.

Tenez-vous droite *pour ne pas avoir d'ensellure lombaire.*

Position du bébé dans l'utérus

Les fesses, les cuisses et l'abdomen *peuvent s'épaissir.*

VOIR AUSSI :
Petits maux, p. 40 à 42
Protéger votre dos, p. 44
Vergetures, p. 42

■ CE QUI CHANGE EN VOUS ■

■ Vous pouvez souffrir de brûlures œsophagiennes, de troubles digestifs, de crampes.

■ Des vergetures pourpres peuvent apparaître sur votre ventre.

■ De faibles contractions, ou fausses contractions, surviennent parfois. En général, elles sont indolores.

■ Vous pouvez rêver de façon très réaliste de l'accouchement et du bébé. C'est normal : les rêves sont causés par votre position inconfortable dans le lit, par les mouvements du bébé. Ils ne signifient pas que le bébé ne va pas bien.

Les veines *de vos seins vont devenir plus apparentes.*

Le fond *de l'utérus se trouve à mi-hauteur entre le nombril et la pointe du sternum.*

Son visage et son corps *sont enduits de vernix caseosa, qui imperméabilise sa peau.*

Ses paupières *peuvent s'ouvrir.*

Son appareil *auditif est bien développé.*

VOTRE PRISE DE POIDS

Le 3ᵉ trimestre

Durant les derniers mois, vous allez sans doute prendre 4 kg, 30 à 40 % de votre prise de poids totale.
Prise de poids totale de notre modèle à la 28ᵉ semaine : 9 kg.

30 %

VOTRE BÉBÉ

Longueur
37 cm
Poids
900 g - 1 kg

LES VÊTEMENTS DE GROSSESSE

■ Reposez-vous pendant la journée. Le soir, couchez-vous le plus tôt possible.

Si vous travaillez, installez-vous jambes surélevées pendant l'heure du déjeuner et reposez-vous en rentrant à la maison.

■ Que tout soit bien clair avec votre employeur : rappelez-lui que vous allez bientôt prendre votre congé de maternité.

Dites-lui si vous reprendrez le travail après celui-ci : au total, 15 semaines de prestation de maternité auxquelles s'ajoutent 10 semaines de prestations parentales – l'un des deux parents, au choix, peut bénéficier de ces dernières.

■ Rendez-vous aux consultations prénatales. Les bruits du cœur du bébé sont maintenant audibles avec l'aide d'un simple stéthoscope obstétrical.

■ Sa peau est rouge et fripée, mais la graisse commence à s'accumuler.

■ La partie du cerveau où siège la conscience a pris de l'importance et est devenue plus complexe. Un fœtus de 7 mois sent la douleur et réagit à peu près comme un bébé à terme.

■ Le fœtus a plus de pupilles gustatives qu'il n'en aura à la naissance. Son sens du goût est très fin.

■ Ses poumons n'ont pas atteint leur plein développement et manquent encore d'une substance, le « surfactant », nécessaire pour les empêcher de se friper entre deux respirations.

■ Quand votre conjoint pose la main sur votre ventre, il peut sentir le bébé bouger et même voir la forme d'un de ses pieds ou de son derrière se dessiner sur la paroi abdominale, quand il donne un coup de pied ou se retourne.

JUSQU'À 5 ou 6 mois, vous pouvez porter des vêtements normaux s'ils sont amples ou adaptables ; et n'hésitez pas à acheter quelques vêtements neufs pour garder un bon moral. Vous n'avez pas encore besoin de vêtements de maternité : choisissez de jolis vêtements confortables, faciles à entretenir.

« Hauts » amples
Tee-shirts amples, chemises, sweat-shirts, robes sont confortables et seront encore portables après l'accouchement. Il faut qu'ils soient longs et larges.

Relâchez *le cordon de la taille au fur et à mesure que le ventre s'arrondit.*

« Bas » élastiques
Les pantalons de style survêtement sont confortables et ne compriment pas. Remplacez l'élastique de la taille par un cordon ajustable.

Robes
Portez une robe tablier. S'il fait froid, mettez en dessous un tee-shirt ou un chemisier. Vérifiez avant l'achat que l'ourlet est assez grand pour pouvoir allonger la robe par-devant quand votre ventre grossira : le devant des robes de grossesse a 2,5 cm de plus que le dos.

QUE CHOISIR ?
Comme vous êtes sensible à la chaleur, achetez des vêtements légers, amples, en coton ou en d'autres fibres naturelles. S'il fait froid, superposez les vêtements. Évitez tout ce qui serre à la taille ou gêne la circulation du sang dans les jambes comme les mi-bas serrés au genou. Des chaussures confortables, à talons plats, sont indispensables, mais les ballerines sans talons sont déconseillées. Bientôt, vous ne pourrez plus porter de chaussures à lacets parce que vous ne pourrez plus les nouer.

Choisissez *un modèle ayant beaucoup d'ampleur sous les bras et sur la poitrine, car vos seins vont encore grossir.*

Le boutonnage *sur le devant sera très pratique pour allaiter.*

La ceinture *de la robe doit être lâche.*

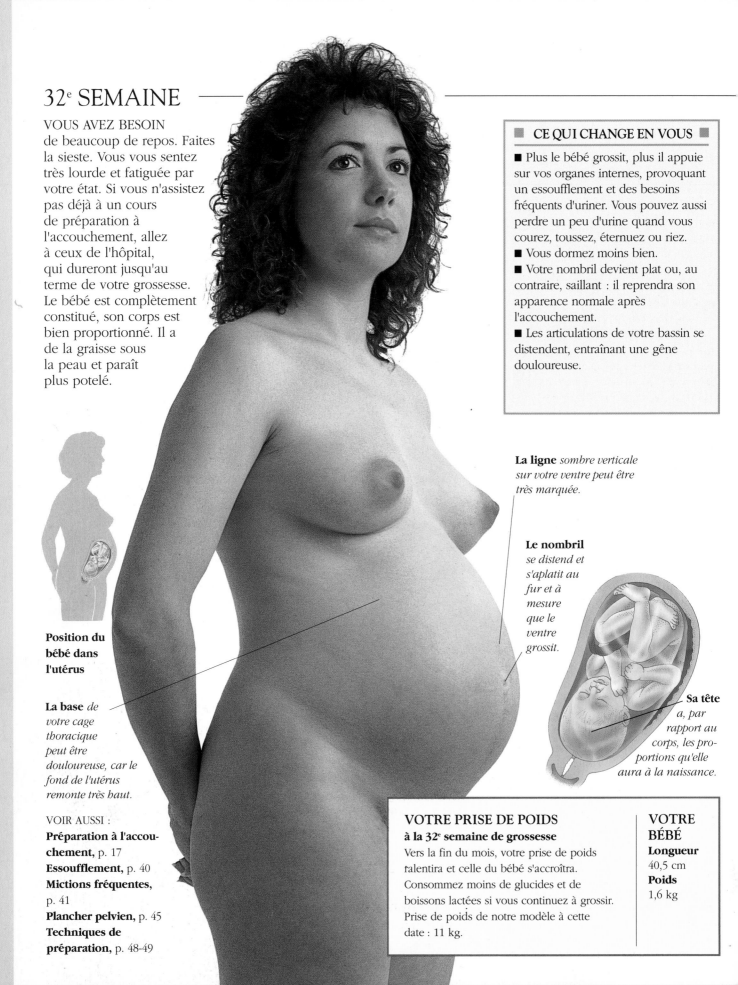

32ᵉ SEMAINE

VOUS AVEZ BESOIN de beaucoup de repos. Faites la sieste. Vous vous sentez très lourde et fatiguée par votre état. Si vous n'assistez pas déjà à un cours de préparation à l'accouchement, allez à ceux de l'hôpital, qui dureront jusqu'au terme de votre grossesse. Le bébé est complètement constitué, son corps est bien proportionné. Il a de la graisse sous la peau et paraît plus potelé.

■ CE QUI CHANGE EN VOUS ■

■ Plus le bébé grossit, plus il appuie sur vos organes internes, provoquant un essoufflement et des besoins fréquents d'uriner. Vous pouvez aussi perdre un peu d'urine quand vous courez, toussez, éternuez ou riez.
■ Vous dormez moins bien.
■ Votre nombril devient plat ou, au contraire, saillant : il reprendra son apparence normale après l'accouchement.
■ Les articulations de votre bassin se distendent, entraînant une gêne douloureuse.

La ligne *sombre verticale sur votre ventre peut être très marquée.*

Le nombril *se distend et s'aplatit au fur et à mesure que le ventre grossit.*

Position du bébé dans l'utérus

La base *de votre cage thoracique peut être douloureuse, car le fond de l'utérus remonte très haut.*

Sa tête *a, par rapport au corps, les proportions qu'elle aura à la naissance.*

VOIR AUSSI :
Préparation à l'accouchement, p. 17
Essoufflement, p. 40
Mictions fréquentes, p. 41
Plancher pelvien, p. 45
Techniques de préparation, p. 48-49

VOTRE PRISE DE POIDS
à la 32ᵉ semaine de grossesse
Vers la fin du mois, votre prise de poids ralentira et celle du bébé s'accroîtra. Consommez moins de glucides et de boissons lactées si vous continuez à grossir. Prise de poids de notre modèle à cette date : 11 kg.

VOTRE BÉBÉ
Longueur
40,5 cm
Poids
1,6 kg

QUE FAIRE ?

■ Coupez les journées par des pauses de 1 heure ou 2, jambes surélevées.
■ Si vous dormez mal, pratiquez des exercices de relaxation avant de vous coucher et essayez de dormir sur le côté, une jambe repliée et reposant sur un oreiller. À ce stade de la grossesse il est normal de ne pas passer des nuits complètes.
■ Continuez vos exercices de musculation du périnée, surtout si vous présentez une incontinence urinaire.
■ Soyez assidue à vos cours de préparation à l'accouchement.
■ Vérifiez que les analyses de sang ont bien été faites à la recherche d'une anémie et de la toxoplasmose, voire de problèmes liés au facteur Rhésus.

QUESTION & RÉPONSE

« Je m'inquiète à l'idée de blesser le bébé pendant les rapports sexuels. Y a-t-il un risque ? »
Il s'agit d'un souci fréquent mais injustifié si votre grossesse se déroule normalement. Le bébé est protégé par le liquide amniotique et il ne court aucun danger pendant les rapports sexuels. Le médecin vous préviendra s'il y a un risque, par exemple dans le cas d'une insertion basse du placenta.

VOTRE BÉBÉ

■ Le bébé a l'apparence qu'il aura à la naissance, en moins potelé.
■ Il perçoit la différence entre l'obscurité et la lumière.
■ Comme il a moins de place dans l'utérus, il s'est probablement placé la tête en bas, prêt pour la naissance.

LE NÉCESSAIRE POUR LE BÉBÉ

Choisissez des vêtements munis de pressions sur le devant, autour des cuisses et à l'entrejambe.

ACHETEZ LES OBJETS suivants dès maintenant. Vous vous procurerez le reste après la naissance.

MATÉRIEL
Il vous faudra :
■ un berceau ou un moïse ;
■ une literie adaptée ;
■ une couverture douce ;
■ un siège-auto de bébé ;
   ■ une baignoire pour bébé ;
   ■ deux serviettes de toilette moelleuses ;
   ■ un matelas à langer ;
   ■ des couches et un nécessaire pour changer le bébé ;
   ■ tout le matériel pour l'alimentation au biberon (si vous envisagez l'allaitement artificiel).

LAYETTE (3 à 6 mois)
■ Trois à six pyjamas.
■ Trois à six camisoles.
■ Deux paires de bas.
■ Un ou deux gilets.

■ Un bonnet de laine ou de coton, selon la saison.
■ Une enveloppe selon la saison.

LES RAPPORTS SEXUELS

PENDANT LA GROSSESSE, les rapports sexuels sont souvent très agréables parce qu'un taux hormonal élevé rend la femme très réceptive et qu'elle n'a aucun souci de contraception.

D'AUTRES FAÇONS D'AIMER
Surtout pendant les premières et les dernières semaines de votre grossesse, il est possible que vous vous désintéressiez totalement de votre vie sexuelle. Cela ne signifie pas que vous devez cesser de manifester votre amour à votre compagnon. Si vous vous sentez trop lourde ou trop fatiguée pour avoir des rapports sexuels, manifestez votre tendresse par des baisers et des caresses.

CHANGEMENT DE POSITION
Durant les dernières semaines de la grossesse, la position traditionnelle peut être très pénible. Essayez autrement : agenouillez-vous, allongez-vous sur le côté, asseyez-vous sur les genoux de votre partenaire…

36ᵉ SEMAINE

LES PRESTATIONS DE MATERNITÉ accordées par l'assurance chômage peuvent commencer 8 semaines avant la date présumée de l'accouchement. Maintenant, vous commencez à vous préparer avec joie à l'accouchement, tout en appréhendant les douleurs, l'accouchement, votre rôle de mère. Le bébé donne des coups de pied, des coups de poing au lieu de remuer tout son corps.

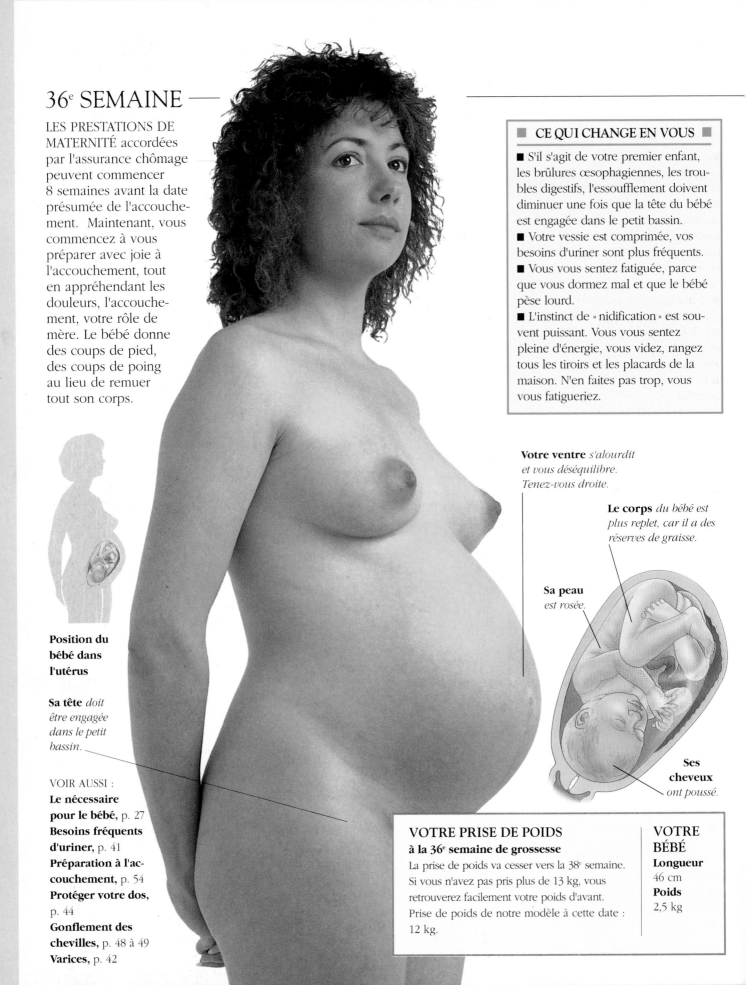

Position du bébé dans l'utérus

Sa tête *doit être engagée dans le petit bassin.*

VOIR AUSSI :
Le nécessaire pour le bébé, p. 27
Besoins fréquents d'uriner, p. 41
Préparation à l'accouchement, p. 54
Protéger votre dos, p. 44
Gonflement des chevilles, p. 48 à 49
Varices, p. 42

■ CE QUI CHANGE EN VOUS ■

■ S'il s'agit de votre premier enfant, les brûlures œsophagiennes, les troubles digestifs, l'essoufflement doivent diminuer une fois que la tête du bébé est engagée dans le petit bassin.
■ Votre vessie est comprimée, vos besoins d'uriner sont plus fréquents.
■ Vous vous sentez fatiguée, parce que vous dormez mal et que le bébé pèse lourd.
■ L'instinct de « nidification » est souvent puissant. Vous vous sentez pleine d'énergie, vous videz, rangez tous les tiroirs et les placards de la maison. N'en faites pas trop, vous vous fatigueriez.

Votre ventre *s'alourdit et vous déséquilibre. Tenez-vous droite.*

Le corps *du bébé est plus replet, car il a des réserves de graisse.*

Sa peau *est rosée.*

Ses cheveux *ont poussé.*

VOTRE PRISE DE POIDS
à la 36ᵉ semaine de grossesse
La prise de poids va cesser vers la 38ᵉ semaine. Si vous n'avez pas pris plus de 13 kg, vous retrouverez facilement votre poids d'avant. Prise de poids de notre modèle à cette date : 12 kg.

VOTRE BÉBÉ
Longueur 46 cm
Poids 2,5 kg

LE REPOS DES DERNIÈRES SEMAINES

DURANT les dernières semaines, vous vous fatiguez vite. Il se peut que vous ne dormiez pas bien et que le poids supplémentaire que vous avez à porter vous épuise. Ne luttez pas contre cette fatigue : reposez-vous, détendez-vous le plus possible.

POUR ÉVITER DE VOUS FATIGUER

Installez-vous, pieds surélevés, chaque fois que vous en éprouvez le besoin. Pendant que vous vous reposez, livrez-vous à des activités paisibles : faites vos exercices de relaxation, écoutez de la musique douce, lisez, tricotez pour le bébé. Essayez de faire les choses plus lentement que d'habitude pour ne pas vous fatiguer.

– LE SOUTIEN-GORGE D'ALLAITEMENT –

SI VOUS VOULEZ ALLAITER votre enfant, il vous faudra au moins deux soutiens-gorge qui s'ouvrent par-devant. Pour être sûre de prendre la bonne taille, attendez au moins la 36ᵉ semaine pour l'acheter.

QUE CHOISIR ?

Il y a deux sortes de soutiens-gorge : l'un a des volets qui se rabattent, découvrant le mamelon et une partie du sein ; l'autre se dégrafe par-devant, libérant complètement le sein. Le modèle à dégrafage complet est le mieux adapté, car le bébé aura un contact plus tendre et plus complet avec le sein pendant la tétée. Choisissez-en un en pur coton, avec des bretelles larges et une fermeture à glissière sous chaque sein.

PRENDRE VOS MESURES

Prenez vos mesures en portant votre soutien-gorge ordinaire. Si vous hésitez sur la taille à acheter, demandez à la vendeuse de prendre vos mesures.

1 Avec un mètre à ruban, mesurez votre tour de poitrine sous les seins.

2 Pour trouver la bonne taille de bonnets, mesurez votre tour de poitrine sur vos seins.

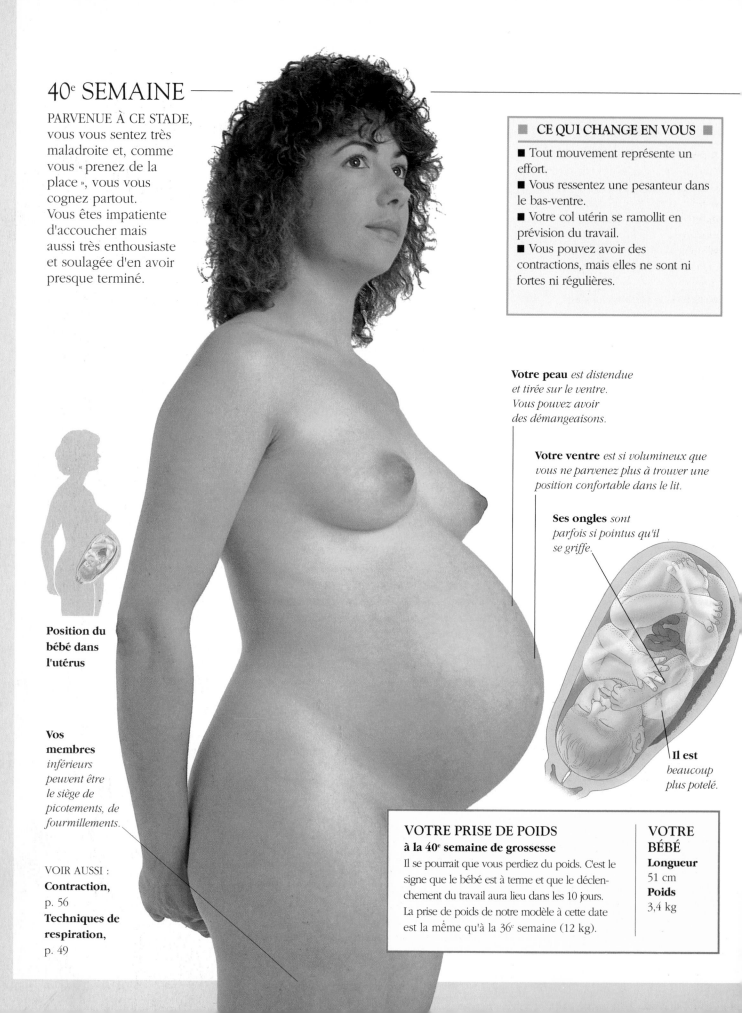

40ᵉ SEMAINE

PARVENUE À CE STADE, vous vous sentez très maladroite et, comme vous « prenez de la place », vous vous cognez partout. Vous êtes impatiente d'accoucher mais aussi très enthousiaste et soulagée d'en avoir presque terminé.

■ CE QUI CHANGE EN VOUS ■

- Tout mouvement représente un effort.
- Vous ressentez une pesanteur dans le bas-ventre.
- Votre col utérin se ramollit en prévision du travail.
- Vous pouvez avoir des contractions, mais elles ne sont ni fortes ni régulières.

Votre peau *est distendue et tirée sur le ventre. Vous pouvez avoir des démangeaisons.*

Votre ventre *est si volumineux que vous ne parvenez plus à trouver une position confortable dans le lit.*

Ses ongles *sont parfois si pointus qu'il se griffe.*

Position du bébé dans l'utérus

Vos membres *inférieurs peuvent être le siège de picotements, de fourmillements.*

Il est *beaucoup plus potelé.*

VOIR AUSSI :
Contraction,
p. 56
Techniques de respiration,
p. 49

VOTRE PRISE DE POIDS
à la 40ᵉ semaine de grossesse

Il se pourrait que vous perdiez du poids. C'est le signe que le bébé est à terme et que le déclenchement du travail aura lieu dans les 10 jours. La prise de poids de notre modèle à cette date est la même qu'à la 36ᵉ semaine (12 kg).

VOTRE BÉBÉ
Longueur
51 cm
Poids
3,4 kg

DEVENIR MÈRE

APRÈS TOUTES ces semaines passées à vous préparer et à vous organiser, vous allez enfin pouvoir tenir votre bébé dans vos bras. Vous vous montrerez sans doute hyperprotectrice envers ce tout-petit qui dépend de vous en toute chose.

PRISE TOTALE DE POIDS

La prise de poids totale moyenne pendant la grossesse varie de 10 à 12 kg, mais peut-être grossirez-vous davantage, ou moins. La prise totale se décompose de la façon suivante :

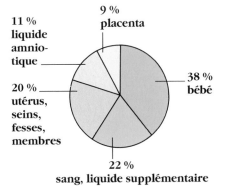

11 % liquide amnio-tique

9 % placenta

20 % utérus, seins, fesses, membres

38 % bébé

22 % sang, liquide supplémentaire

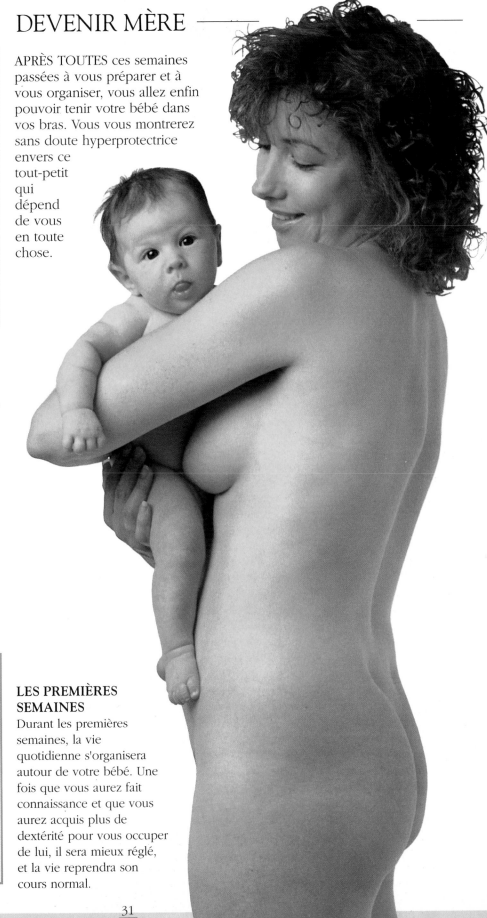

LES PREMIÈRES SEMAINES

Durant les premières semaines, la vie quotidienne s'organisera autour de votre bébé. Une fois que vous aurez fait connaissance et que vous aurez acquis plus de dextérité pour vous occuper de lui, il sera mieux réglé, et la vie reprendra son cours normal.

LA SURVEILLANCE PRÉNATALE

À notre époque, avoir un enfant ne présente aucun danger, en raison de la façon dont est organisée la surveillance prénatale. Elle comporte en effet des examens réguliers permettant de suivre le déroulement de la grossesse et de vérifier si tout se passe comme il faut pour la mère et pour l'enfant. Il est donc important de se soumettre à tous les examens prescrits, dès le début de la grossesse. Ils fournissent au médecin tous les éléments nécessaires pour juger de la suite des événements. Tout problème étant ainsi décelé et corrigé à temps, le travail et l'accouchement pourront se dérouler dans les meilleures conditions possibles. Votre médecin vous donnera tous les conseils et toutes les informations voulues.

OÙ VOULEZ-VOUS ACCOUCHER ?

UNE DES PREMIÈRES décisions à prendre concerne le lieu où vous souhaitez accoucher. De nos jours, la plupart des bébés naissent à l'hôpital. L'accouchement à domicile reste exceptionnel. Si vous devez accoucher à l'extérieur du pays, vous pourrez aussi choisir une clinique privée.

ACCOUCHEMENT À L'HÔPITAL

L'hôpital est l'endroit le mieux équipé en matériel et en personnel médical et paramédical, capable de soulager vos douleurs, de surveiller le travail, de vous porter assistance, à vous ou au bébé, et d'intervenir d'urgence si nécessaire. Après l'accouchement, vous ne resterez que quelques jours à l'hôpital. Le séjour dure en moyenne de 3 à 5 jours, mais vous pourrez rester davantage si les circonstances l'exigent. S'il s'agit de votre premier enfant, la présence du personnel hospitalier et d'autres jeunes mères peut avoir un effet réconfortant. Renseignez-vous s'il est possible de cohabiter avec votre bébé le temps de votre séjour à l'hôpital. Vous apprendrez ainsi à mieux le connaître avant de vous retrouver seule à la maison avec lui. Comme un hôpital fonctionne par équipes, vous ne pouvez être certaine d'être suivie d'un bout à l'autre de votre grossesse par le même médecin. Informez-vous auprès de lui dès votre première consultation prénatale. Une maternité hospitalière constitue parfois un environnement intimidant. Cependant, pendant les cours de préparation à l'accouchement (voir p. 17), vous serez sans doute familiarisée avec les salles de travail et de naissance ainsi qu'avec l'ensemble du service. Pour votre séjour à l'hôpital, après l'accouchement, vous aurez aussi un choix : chambre privée (un lit) ou semi-privée (deux lits), ou encore chambre à plus de deux lits. L'assurance-maladie ne couvre pas entièrement les frais d'une chambre privée ou semi-privée. Vous aurez par conséquent des frais à débourser. Cependant, si vous possédez une assurance privée, la majorité des frais pourront être couverts.

ACCOUCHEMENT À DOMICILE

Cette façon d'accoucher est devenue exceptionnelle. Il est en effet difficile d'aménager une maison pour un accouchement. Les médecins refusent maintenant de pratiquer les accouchements à domicile loin des équipements hospitaliers. Quelques rares sages-femmes indépendantes pratiquent encore l'accouchement à domicile. Elles sauront vous préparer vous et votre conjoint à un accouchement dans votre milieu familial. Cependant demeurez prêts à toute éventualité de transport à l'hôpital en cas d'urgence. Si vous décidez d'accoucher à la maison, c'est parce que vous faites confiance à votre sage-femme. Elle saura évaluer le degré d'urgence.

QUESTIONS À POSER

IL EST NORMAL d'avoir des idées préconçues sur le travail et l'accouchement, mais la réalité est bien souvent différente. Par exemple, même si vous êtes certaine maintenant de ne pas vouloir recevoir d'analgésiques ou d'anesthésie épidurale au moment de l'accouchement, gardez la possibilité de changer d'avis. Vous trouverez ci-après des exemples de questions qui vous tourmentent peut-être.

AU SUJET DU TRAVAIL

Mon mari ou une amie pourront-ils rester près de moi durant le travail ? Devront-ils sortir de la salle d'accouchement ? Pourrai-je me déplacer durant le travail ? Quelle est la politique de l'établissement en matière de soulagement de la douleur, de monitoring fœtal, de déclenchement de l'accouchement (voir p. 64, 65 et 66) ? Quel genre d'analgésie me sera proposée ? Une anesthésie épidurale est-elle possible (voir p. 64 et 65) ?

SUR L'ACCOUCHEMENT

Pourrai-je accoucher dans la position de mon choix ? Y a-t-il des chaises d'accouchement, des oreillers, des tables gynécologiques relevables ? Subirai-je une épisiotomie systématiquement ? Suis-je susceptible d'avoir une césarienne (voir p. 66, 67 et 68) ?

APRÈS L'ACCOUCHEMENT

Combien de temps resterai-je à l'hôpital ? Pourrai-je garder mon bébé près de moi, même la nuit ? Le père de mon enfant pourra-t-il me rendre visite librement ? Y a-t-il un service de néonatalogie ? Sinon, où mon bébé sera-t-il envoyé s'il a besoin d'un traitement ?

COMPRENDRE LES RÉSULTATS MÉDICAUX

Les résultats des examens cliniques et les informations concernant votre grossesse sont conservés dans un dossier médical. Si vous devez consulter un autre médecin, demandez votre dossier afin de lui fournir toutes les informations utiles. Certains laboratoires communiquent les résultats des analyses à leurs clients. Conservez-en un exemplaire. N'hésitez pas à demander des explications à votre médecin.

Agglu : recherche d'incompatibilité sanguine
Alb : albumine
α fœto prot : alpha fœtoprotéine
ATCD : antécédents
C : césarienne
CF : cœur fœtal
DDM : date des dernières menstruations
E : épisiotomie
Écho : échographie

Fe : supplémentation en fer
FSC : formule sanguine complète
GrRh : groupe sanguin facteur Rhésus
Hb : taux d'hémoglobine
HBS : recherche de l'hépatite virale B
HCG : hormone chorionique gonadotrophique
HIV : recherche du SIDA
HTA : hypertension artérielle
HU : hauteur utérine
I geste : première grossesse
I pare : premier accouchement
LA : liquide amniotique
MA + : mouvements du bébé présents
Présent. : pôle du fœtus qui se présente en premier
RCIU : ralentissement de la croissance du fœtus
S : recherche de sucre dans les urines
SDCN : suites de couches normales
Sp : examen du col au spéculum
TA : tension artérielle
Trur : troubles urinaires
TV : toucher vaginal

Tr : traces
>Ur : urines
VDRL : recherche de la syphilis
Western Blot : recherche du SIDA
X-pare : chiffre de la grossesse actuelle (2-pare, 3-pare, etc.)

Pour décrire la position du fœtus dans l'utérus pendant le travail, certaines abréviations sont utilisées.

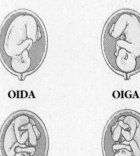

OIDA   **OIGA**

OIDP   **OIGP**

LES CONSULTATIONS PRÉNATALES

SI VOUS PENSEZ être enceinte, passez un test de grossesse au plus tôt afin de recevoir les conseils et les soins adéquats en périnatalité. Dès la confirmation de votre grossesse par votre médecin, passez au bureau de la Sécurité du revenu (si c'est votre cas) afin de bénéficier du supplément de revenu accordé durant la grossesse et la période d'allaitement.

TAILLE (première consultation)
On mesure votre tour de taille pour évaluer les dimensions de votre bassin, son étroitesse pouvant parfois entraîner un accouchement difficile. Si vous mesurez plus de 1,55 m, vous n'aurez sans doute aucun problème, sauf si le bébé est particulièrement gros.

ANALYSE D'URINE (à chaque consultation)
Recherche :
- du sucre (qui peut être un signe de diabète) ;
- de protéines (qui peuvent indiquer que vos reins ne fonctionnent pas parfaitement). La découverte ultérieure de protéines peut signaler une toxémie gravidique (voir p. 38).

POIDS (à chaque consultation)
Vous serez pesée à chaque consultation afin de vérifier si votre prise de poids est normale (voir p. 16 à 31). Ne vous inquiétez pas si vous maigrissez pendant les 3 premiers mois à cause des nausées matinales : c'est un fait habituel. En fin de grossesse, une prise de poids brusque et importante peut être le signe d'une toxémie gravidique ou d'un diabète (voir p. 38).

PREMIER EXAMEN MÉDICAL

Lors de la première consultation, le médecin ou la sage-femme vous posera des questions sur vous et votre conjoint, afin de déceler un problème éventuel pouvant avoir un impact sur votre grossesse ou sur la santé de votre bébé. Les questions sont à peu près les mêmes dans tous les établissements :

- Renseignements personnels : votre date de naissance, votre profession, celle de votre conjoint…
- Pays d'origine, car certaines formes d'anémie sont héréditaires et ne touchent que des groupes ethniques particuliers (voir « Examens de sang », page ci-contre).
- Votre santé : maladies graves ou interventions chirurgicales, traitements en cours pour une maladie, présence d'allergies, prise de médicaments (ou de drogue).
- Histoire médicale de votre famille et de celle de votre conjoint : naissance de jumeaux, présence d'une maladie héréditaire…
- Méthode de contraception suivie avant cette grossesse. Date à laquelle vous l'avez abandonnée.
- Vos règles : la date de vos premières règles, leur régularité, la date du premier jour de vos dernières règles, la durée de vos cycles.
- Vos grossesses antérieures, y compris les avortements, spontanés ou volontaires.

EXAMENS DE SANG

Un échantillon de sang est prélevé pour rechercher :
■ votre groupe sanguin complet y compris le facteur Rhésus (voir p. 38) ;
■ une anémie (voir p. 38) ; cette recherche sera renouvelée vers la 32e semaine ;
■ votre immunité contre la rubéole et la toxoplasmose (voir p. 10) ;
■ une maladie sexuellement transmissible, par exemple la syphilis, qu'on soigne pour préserver la vie du bébé ;
■ la drépanocytose si vous êtes d'ascendance antillaise ou africaine ; la thalassémie si votre famille provient du bassin méditerranéen, d'Extrême-Orient, du Moyen-Orient. Ces anémies sont héréditaires et mettent la vie du bébé en danger.

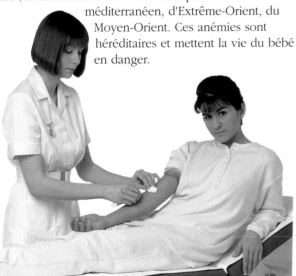

EXAMEN GÉNÉRAL

Le médecin ausculte vos poumons, votre cœur, examine vos seins à la recherche d'une grosseur ou d'une ombilication du mamelon (voir p. 23). Il vous interrogera sur l'état de votre dentition, vous conseillera sans doute de consulter votre dentiste.

QUESTIONS À POSER

Elles concernent tout ce qui peut vous embarrasser, vous inquiéter, vous intriguer. C'est le moment ou jamais de les poser. Vous pouvez les inscrire sur une feuille de papier avant de voir le médecin car, dans l'agitation et le stress de la consultation, il est facile de les oublier. Les médecins ne savent pas tous s'exprimer clairement en langage non médical : si vous ne comprenez pas ce que vous dit le vôtre, demandez-lui des explications ou posez les mêmes questions à la sage-femme ou à l'infirmière.

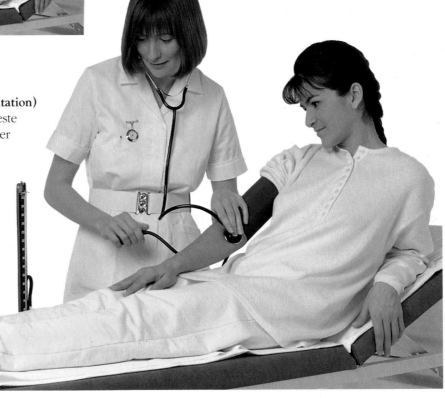

PRESSION SANGUINE (à chaque consultation)

Pendant la grossesse, la pression sanguine reste basse et doit être surveillée de façon à déceler toute élévation brutale. La tension artérielle normale est inférieure ou égale à 120-70 ; toute élévation au dessus de 130-80 doit attirer l'attention.

Une hypertension peut être le signe d'un grand nombre de problèmes médicaux, dont la toxémie gravidique (voir p. 38). Toutefois le stress que représente la consultation peut faire monter la pression sanguine, si bien qu'il faudra toujours recommencer la mesure. Demandez à connaître les chiffres de votre tension artérielle si on ne vous les communique pas spontanément. Ils doivent être inscrits dans votre dossier.

JAMBES, CHEVILLES, MAINS (à chaque consultation)

Le médecin ou la sage-femme examinent vos jambes, vos chevilles et vos mains, à la recherche d'un gonflement (œdème). Un léger œdème dans les derniers moments de la grossesse est normal, surtout en fin de journée, mais un œdème important peut être un signe de toxémie gravidique (voir p. 38). Vos jambes sont aussi examinées pour y déceler d'éventuelles varices (voir p. 42).

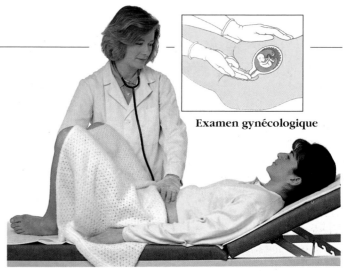

Examen gynécologique

EXAMEN GYNÉCOLOGIQUE (première consultation)

L'examen gynécologique permet de confirmer le stade de la grossesse, de vérifier la bonne fermeture du col de l'utérus. Un frottis vaginal peut être effectué pour dépister la présence de cellules anormales. Demandez toujours à en connaître les résultats.

L'examen n'est dangereux ni pour vous ni pour le bébé, et il ne sera pas désagréable si vous vous détendez bien. On vous fait allonger sur le dos, jambes pliées, genoux écartés. Le médecin introduit deux doigts d'une main dans le vagin tandis que, de l'autre main, il palpe le ventre.

AUSCULTATION DU CŒUR FŒTAL
(à chaque consultation, parfois dès la 12e semaine)

Au début de la grossesse, l'auscultation se fait avec un appareil à ultrasons (voir ci-dessous), qui amplifie les bruits du cœur et permet de vous les faire entendre. Après la 28e semaine, le médecin peut les entendre directement avec un stéthoscope obstétrical (en forme de trompette).

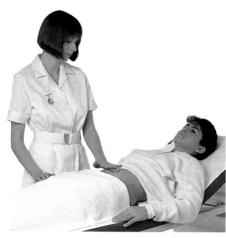

PALPATION DE L'ABDOMEN
(à chaque consultation)

Votre ventre est doucement palpé pour vérifier la situation du fond de l'utérus, ce qui donne une idée de la croissance du fœtus. Plus tard, la palpation permettra de savoir si le bébé est bien placé (tête en bas) et, durant les dernières semaines, si sa tête est bien descendue dans le petit bassin.

EXAMENS COMPLÉMENTAIRES

IL EST PROBABLE que deux examens complémentaires seront pratiqués : une échographie et des examens sanguins. D'autres examens ne sont effectués que dans des circonstances précises et, surtout, s'il existe des risques d'anomalie fœtale. Si l'anomalie est décelée assez tôt, vous pouvez alors, si vous le désirez, décider d'interrompre votre grossesse en toute sécurité.

ÉCHOGRAPHIE
(entre la 16ᵉ et la 22ᵉ semaine)
L'examen vous fascinera, car il vous permettra de « voir » votre bébé, souvent en mouvement. Une première échographie peut vous être proposée dès la 10ᵉ semaine. Demandez au médecin si votre conjoint peut rester avec vous : le bébé devient un personnage bien réel quand on le voit, à deux, sur un écran.

Une échographie est utile pour :
■ vérifier la position du bébé et du placenta, par exemple avant une amniocentèse, ou pour voir si le placenta ne chevauche pas le col de l'utérus ;
■ déterminer l'âge du bébé et la date de l'accouchement ;
■ savoir si vous attendez plus d'un enfant ;
■ déceler les anomalies fœtales au niveau du cerveau ou de la colonne vertébrale ;
■ vérifier si le bébé se développe normalement.

Si vous passez cet examen au début de la grossesse, on vous demandera de boire beaucoup d'eau de façon à avoir la vessie pleine, ce qui la rend plus visible sur l'écran. Une échographie dure de 5 à 10 minutes. Elle est sans danger et indolore pour vous et pour le bébé. Une mince couche de gel est étalée sur votre abdomen et un transducteur, guidé à la main, est promené à la surface. Il envoie et reçoit en écho des ondes sonores traduites en images sur l'écran.

TESTS BIOCHIMIQUES RÉVÉLATEURS D'ANOMALIES FŒTALES (15ᵉ à 17ᵉ semaine)
L'hormone chorionique gonadotrophique, ou HCG, est produite par le placenta. Une étude récente aurait révélé qu'une augmentation importante du taux de cette hormone pourrait laisser supposer l'existence d'une anomalie génétique. Votre médecin vous proposera cet examen si vous avez plus de 35 ans ou si vous présentez des facteurs de risque. Si le taux s'avérait trop élevé, une amniocentèse vous serait proposée.

L'alpha fœtoprotéine (AFP) est une protéine produite par le fœtus. Son taux est augmenté dans les anomalies du tube neural (spina-bifida par exemple), et abaissé (mais ce n'est pas certain) dans le cas d'anomalies génétiques. Votre médecin vous proposera cet examen si vous présentez des facteurs de risque. Une échographie minutieuse complétera cet examen.

AMNIOCENTÈSE
(14ᵉ à 18ᵉ semaine, parfois plus tard)
Une amniocentèse permet de confirmer un soupçon d'anomalie fœtale comme la trisomie 21 (enfant mongolien) ou la spina-bifida. Ce n'est pas un examen anodin : il peut provoquer une fausse couche dans un cas sur cent environ. Votre médecin peut le proposer si :
■ vous avez plus de 35 ans, car il existe un risque de trisomie 21 ;
■ il y a une maladie héréditaire dans votre famille ;
■ vous avez un taux d'HCG élevé dans le sang.

Une fois le bébé et le placenta localisés par l'échographie, une aiguille creuse est enfoncée à travers la paroi abdominale dans l'utérus, et un échantillon du liquide dans lequel baigne le fœtus et qui contient des cellules fœtales est prélevé. Les cellules sont mises en culture. Il faut attendre 3 semaines le résultat.

BIOPSIE DES VILLOSITÉS CHORIALES (6ᵉ à 8ᵉ semaine)
Certaines maladies héréditaires peuvent être diagnostiquées par l'analyse d'un échantillon du tissu qui deviendra le placenta. L'échantillon est prélevé en général en passant par le vagin et le col de l'utérus. Cet examen permet d'agir très tôt si le résultat est anormal et que les parents décident d'interrompre la grossesse. Le risque d'avortement est un peu plus élevé que pour l'amniocentèse.

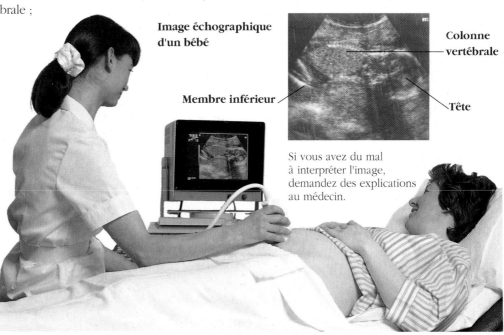

Image échographique d'un bébé

Colonne vertébrale

Membre inférieur

Tête

Si vous avez du mal à interpréter l'image, demandez des explications au médecin.

LES GROSSESSES À RISQUE

PRESQUE TOUTES les grossesses sont normales et menées à terme sans problème, mais il peut arriver que votre médecin redoute une complication et pense que vous devez être surveillée.

ANÉMIE

De nombreuses femmes présentent, avant d'être enceintes, une légère anémie due le plus souvent à une déficience en fer. Il est important de la corriger pour que les futures mères puissent faire face aux exigences de la grossesse et aux pertes de sang pendant l'accouchement.

Traitement : ayez une alimentation variée riche en fer (voir p. 52). Si vos analyses de sang révèlent une anémie, le médecin peut vous prescrire un supplément de fer. Certains médecins en prescrivent systématiquement à toutes leurs patientes enceintes. Prenez vos comprimés après les repas, avec un grand verre d'eau, car ils sont irritants pour l'estomac et peuvent entraîner constipation, diarrhée ou nausées.

Anémie : pour lutter contre l'anémie, mangez des aliments riches en fer (épinards, foie, viande rouge).

DIABÈTE

Le diabète doit être contrôlé avec soin durant la grossesse et peut même nécessiter une hospitalisation de courte durée. Si ce contrôle est régulièrement et bien effectué, il n'y a aucune raison pour que votre grossesse ne se poursuive pas sans problème.

Traitement : votre taux de sucre sanguin doit impérativement rester stable pour que le médecin puisse ajuster les doses d'insuline, et vous devez faire très attention à votre régime alimentaire. Vos consultations médicales prénatales seront aussi plus fréquentes. Il arrive parfois qu'un diabète léger apparaisse durant la grossesse : il disparaîtra peu après l'accouchement.

BÉANCE DU COL

Au cours d'une grossesse normale, le col de l'utérus reste fermé jusqu'au début du travail. Mais, quand une femme a subi à plusieurs reprises des fausses couches après le 3e mois, c'est peut-être parce que le col utérin s'est ouvert, entraînant l'expulsion du fœtus.

Traitement : le médecin peut conseiller une petite intervention, le cerclage du col, qui a pour but de maintenir celui-ci bien fermé dès le début de la grossesse. Le décerclage est effectué au début du 9e mois ou au début du travail.

TOXÉMIE GRAVIDIQUE

Il s'agit d'un des problèmes les plus graves de la dernière phase de la grossesse. Les symptômes en sont l'élévation de la tension artérielle à partir de 14-9 ; une prise de poids excessive ; un œdème des chevilles, des pieds ou des mains ; des traces de protéines dans les urines. Si l'un de ces symptômes se manifeste, votre médecin vous surveillera avec attention. Non traitée, l'hypertension artérielle peut aboutir à l'éclampsie, qui est caractérisée par des crises convulsives.

Traitement : votre médecin vous prescrira sans doute le repos au lit et, pour faire baisser votre pression artérielle, vous prescrira un médicament ou, parfois, un régime hyposodé. Si les signes sont graves, vous serez admise à l'hôpital, même si vous vous sentez bien, et le travail sera peut-être déclenché artificiellement (voir p. 66).

LE FACTEUR RHÉSUS

L'analyse de sang effectuée lors de la première consultation prénatale établit si vous êtes Rhésus positif (Rh+) ou négatif (Rh-). 15 % des gens sont Rh-. Si c'est votre cas et que vous donnez naissance à un bébé Rh+, vous recevrez un traitement approprié, car, bien que cette incompatibilité n'affecte pas la santé d'un premier enfant, vos groupes sanguins seront incompatibles. Des problèmes pourront surgir lors de grossesses ultérieures.

Traitement : si votre premier enfant est Rh+ et si vous êtes Rh-, vous recevrez par deux fois, à la 28e semaine de la grossesse et quelque temps après l'accouchement, une injection de sérum anti-Rh-. Ces injections empêchent l'immunisation anti-Rh de se produire et protègent ainsi presque à coup sûr des troubles lors d'une future grossesse.

SIGNES D'ALARME

Appelez d'urgence le médecin ou rendez-vous directement à l'hôpital si vous avez :
▲ un mal de tête intense qui ne cède pas ;
▲ la vue trouble ou brumeuse ;
▲ un mal de ventre qui dure ;
▲ un saignement vaginal abondant ;
▲ des difficultés à uriner, des douleurs (buvez beaucoup d'eau en attendant l'arrivée du médecin).
Voyez un médecin dans les 24 heures si vous avez :
▲ les mains, le visage, les chevilles enflés ;
▲ des vomissements fréquents et abondants ;
▲ une température à 38 °C ;
▲ si vous constatez une absence totale de mouvements du bébé, ou moins de 10 mouvements depuis 12 heures, après la 28e semaine.

AVORTEMENT SPONTANÉ

Il se produit à peu près dans un cas de grossesse sur cinq. La plupart des fausses couches interviennent très précocement avant 12 semaines d'aménorrhée. Le plus souvent, il s'agit d'œufs de mauvaise qualité qui ne pourront pas se développer ultérieurement. Le premier signe est souvent un saignement vaginal. L'échographie (voir p. 37) confirmera l'absence de développement de l'œuf et l'imminence de la fausse couche.

Menace d'avortement

Tous les saignements ne signifient pas que la grossesse est arrêtée. Si l'examen est normal et l'échographie rassurante, le médecin vous conseillera le repos. La grossesse pourra alors se poursuivre normalement sans rique d'anomalie fœtale.

Avortement confirmé

Si le saignement est abondant et si vous souffrez, il est probable que le bébé ne se développe plus. Vous devrez peut-être entrer à l'hôpital où une aspiration (élimination des débris restant dans l'utérus) sera effectuée sous anesthésie.

Vos sentiments

Si vous perdez un embryon, même au tout début d'une grossesse, vous serez très affectée. L'entourage ne comprend pas toujours que vous ayez besoin de pleurer votre bébé perdu. Vous pouvez aussi vous inquiéter et vous interroger sur votre capacité d'avoir un jour un bébé normal et en bonne santé. Peut-être vous sentirez-vous aussi coupable, bien que vous n'ayez rien à vous reprocher. Vous pourrez concevoir un nouvel enfant dès que vous en aurez envie. Certains médecins, toutefois, conseillent d'attendre le retour de 3 cycles menstruels successifs. Sauf si vous faites des fausses couches à répétition, il n'y a aucune raison pour que la prochaine fois vous ne réussissiez pas à mener une nouvelle grossesse à terme.

SAIGNEMENT VAGINAL

Si vous remarquez un saignement vaginal durant votre grossesse, surtout après la 28e semaine, prévenez aussitôt votre médecin et allongez-vous. Une hémorragie peut signifier que le placenta saigne. Cela peut se produire si le placenta a commencé à se séparer de la muqueuse utérine (décollement du placenta) ou s'il s'est inséré trop bas dans l'utérus et recouvre totalement ou en partie le col utérin (placenta praevia).

Traitement : le placenta est l'organe qui rattache le bébé à la vie et, si le médecin soupçonne sa défaillance, vous serez sans doute hospitalisée afin de préciser sa localisation. Il se peut que vous deviez rester à l'hôpital jusqu'à l'accouchement. Si vous avez perdu beaucoup de sang, vous recevrez une transfusion, et on déclenchera l'accouchement ou on pratiquera une césarienne dès que possible (voir p. 66 et 67). Si vous avez peu saigné et que l'accouchement n'est pas prévu avant plusieurs semaines, le médecin peut décider d'attendre le déclenchement naturel du travail, tout en vous gardant sous surveillance.

Jumeaux

Vous pouvez trouver cette position plus confortable si vous attendez des jumeaux.

UN BÉBÉ « PETIT POUR SON ÂGE »

Un bébé petit pour son âge est un bébé dont la croissance dans l'utérus n'est pas suffisante. Un tel phénomène tient parfois au fait que la mère fume, ou qu'elle se nourrit mal, ou que le placenta ne joue pas son rôle, ce qui arrive, par exemple, lorsque la mère souffre d'hypertension artérielle.

Traitement : si les examens prénatals montrent que votre bébé ne prend pas assez de poids, on suivra avec attention votre santé et la sienne et on surveillera la quantité de sang qui traverse le placenta. Si le bébé cesse de se développer ou paraît souffrir, on provoquera l'accouchement ou on pratiquera une césarienne (voir p. 66 et 67).

DES JUMEAUX

Si vous avez des jumeaux, votre grossesse et l'accouchement se dérouleront normalement, mais vous aurez à subir deux expulsions et le travail pourra se déclencher prématurément. Certaines complications sont plus fréquentes : anémie, toxémie gravidique, position anormale des bébés dans l'utérus. Les petits maux de la grossesse vous sembleront plus marqués, surtout au cours des derniers mois.

Traitement : il vous faudra subir des consultations prénatales régulières et fréquentes afin que toute complication puisse être immédiatement décelée. Une grossesse multiple est plus difficile à supporter pour l'organisme : surveillez davantage votre posture et prenez du repos, surtout durant les dernières semaines. Pour éviter les troubles digestifs, consommez des aliments frais, peu à la fois et souvent.

PETITS MAUX FRÉQUENTS

Une grossesse est ponctuée de petits maux qui, bien que désagréables, n'en sont pas moins normaux. Il sont causés par des modifications hormonales ou par la surcharge de travail imposée à l'organisme. Cependant, comme certains symptômes doivent être pris très au sérieux, il faut appeler le médecin si vous remarquez l'un des signes énumérés dans l'encadré de la page 38.

■ TROUBLES ■	■ SYMPTÔMES ■	■ QUE FAIRE ? ■
Saignement des gencives (1, 2, 3) Les gencives se fragilisent durant la grossesse. Elles peuvent être le siège d'une inflammation, favorisant la formation de la plaque dentaire au niveau du collet des dents.	Saignement des gencives, surtout après le brossage des dents.	▲ Passez un fil dentaire entre vos dents; brossez-les avec soin après chaque repas. ▲ Consultez votre dentiste. Vous ne devez subir ni radiographie ni anésthésie générale.
Essoufflement (3) Plus la grossesse approche du terme, plus le fœtus appuie sur le diaphragme et gêne la respiration. Le problème se résoud de lui-même un mois avant l'accouchement lorsque la tête du bébé s'engage. L'anémie peut aussi entraîner un essoufflement.	Essoufflement pendant l'exercice physique, parfois même simplement en parlant.	▲ Reposez-vous le plus possible. ▲ Accroupissez-vous s'il n'y a pas de siège disponible et si vous êtes essoufflée. ▲ La nuit, prenez un oreiller supplémentaire. ▲ Si le problème s'intensifie, consultez votre médecin.
Constipation (1, 2, 3) Une hormone de la grossesse (la progestérone) relâche la musculature intestinale, ce qui ralentit le transit et cause une constipation.	Selles dures et sèches, et moins fréquentes que d'habitude.	▲ Consommez beaucoup d'aliments riches en fibres et buvez beaucoup d'eau. Allez aux toilettes dès que le besoin s'en fait sentir. ▲ Faites de l'exercice régulièrement. ▲ Prenez les suppléments de fer qui vous ont été prescrits après le repas. ▲ Si le trouble persiste, consultez le médecin. Évitez les laxatifs.
Crampes (3) Elles peuvent être provoquées par une déficience en magnésium.	Contractures musculaires douloureuses, surtout au niveau des mollets et des pieds, et souvent la nuit. Elles sont déclenchées par l'extension de la jambe, orteils pointés.	▲ Massez le pied ou la jambe contracturée. ▲ Dès que la douleur cesse, marchez un moment pour rétablir la circulation. ▲ Consultez votre médecin, qui vous prescrira des suppléments de calcium ou de magnésium et de vitamine D.
Sensations de faiblesse (1, 3) La tension artérielle baisse pendant la grossesse, et vous avez tendance à vous sentir défaillir.	Sensation de vertige et de déséquilibre. Besoin de s'asseoir et de s'allonger.	▲ Ne restez pas longtemps debout. ▲ Si vous vous sentez défaillir, asseyez-vous et penchez-vous en avant, la tête entre les genoux. ▲ Après un bain chaud, si vous êtes restée longtemps assise ou allongée, levez-vous lentement.

Les chiffres en **gras** après les symptômes correspondent aux trimestres de la grossesse au cours desquels vous pouvez les remarquer.

Mal de dos, voir p. 44
Couleur de la peau, voir p. 21

Essoufflement
Si vous êtes essouflée en montant un escalier, accroupissez-vous en vous tenant à la rampe.

Crampes
Attrapez votre pied par les orteils, tirez-le vers vous tout en massant le mollet pour faire cesser la crampe.

■ TROUBLES ■	■ SYMPTÔMES ■	■ QUE FAIRE ? ■
Mictions fréquentes (1, 3) Il est causé par la pression qu'exerce l'utérus sur la vessie. Le problème s'atténue vers le milieu de la grossesse.	Vous avez souvent besoin d'uriner.	▲ Si vous êtes obligée de vous lever la nuit pour aller aux toilettes, buvez moins le soir. ▲ Consultez votre médecin si vous souffrez : vous avez peut-être une infection.
Brûlures œsophagiennes (3) L'anneau musculaire situé à l'entrée de l'estomac se relâche durant la grossesse pour des raisons hormonales, et le suc gastrique acide reflue dans l'œsophage.	Vous ressentez une brûlure au centre de la poitrine.	▲ Évitez les repas copieux, les plats épicés ou frits. ▲ Le soir au coucher, buvez un verre de lait tiède ; ajoutez un oreiller à votre lit. ▲ Consultez votre médecin, qui pourra vous prescrire un médicament anti-acide.
Incontinence urinaire (3) Elle est causée par l'affaiblissement de la musculature du périnée (voir p. 45) et la pression du fœtus sur la vessie.	Une fuite d'urine quand vous toussez, courez, éternuez ou riez.	▲ Urinez souvent. ▲ Faites votre gymnastique périnéale. ▲ Évitez la constipation. Ne portez pas de poids lourd.
Nausées matinales (1) C'est l'un des signes précoces de la grossesse. Elles peuvent survenir à tout moment de la journée. Les nausées disparaissent souvent vers la 12ᵉ semaine. Si elles apparaissent plus tard, elles doivent être signalées au médecin.	L'odeur de certains aliments, de la fumée de tabac, vous donne envie de vomir. Dans la plupart des cas, cet écœurement survient à un moment précis de la journée.	▲ Essayez de manger quelque chose pour éviter la nausée. ▲ Évitez les odeurs et les aliments qui vous écœurent. ▲ Prenez plusieurs petits repas au cours de la journée.
Hémorroïdes (2, 3) La pression exercée par la tête du bébé fait gonfler les veines de l'anus, tout comme les efforts pour aller à la selle. Les hémorroïdes peu importantes disparaissent d'ordinaire sans traitement après l'accouchement.	Des démangeaisons, une gêne et une douleur, parfois un saignement quand vous allez à la selle.	▲ Évitez la constipation. ▲ Ne restez pas trop longtemps debout. ▲ Un sac de glace appliqué sur les hémorroïdes calme les démangeaisons. ▲ Si les hémorroïdes persistent, consultez votre médecin.
Éruption localisée (3) Elle survient chez les femmes trop grosses qui transpirent beaucoup. Elle peut être favorisée par un diabète.	Rougeur de la peau, souvent dans les plis sous les seins, à l'aine ou au niveau de la vulve, et s'accompagnant de démangeaisons.	▲ Lavez souvent et séchez bien les zones affectées. Utilisez un savon non parfumé. ▲ Passez sur votre peau une lotion à la calamine.
Troubles du sommeil (1, 2, 3) Votre sommeil peut être dérangé par les coups de pied du bébé, par le besoin d'aller aux toilettes, par le volume de votre ventre. Votre médecin ne sera sans doute pas très disposé à vous prescrire des somnifères.	Vous avez du mal à vous endormir et à vous rendormir quand vous vous réveillez la nuit. Certaines femmes font des rêves effrayants concernant la naissance du bébé. Ne vous inquiétez pas, ces rêves ne reflètent en rien la réalité.	▲ La lecture, des exercices de relaxation, un bain chaud au coucher, peuvent vous soulager. ▲ Essayez d'ajouter des oreillers. Si vous dormez sur le côté, surélevez la cuisse qui se trouve sur le dessus avec un oreiller.

Brûlures œsophagiennes et insomnie
Cette façon de disposer les oreillers améliorera votre confort si vous souffrez de brûlures œsophagiennes ou d'insomnie.

Nausées matinales
Pour lutter contre la nausée, croquez un gâteau sec, une tranche de pain grillée, un fruit, mais attention à la prise de poids. L'eau minérale est souvent efficace.

■ TROUBLES ■	■ SYMPTÔMES ■	■ QUE FAIRE ? ■
Vergetures (2, 3) Elles se forment si votre peau s'est trop distendue. Une prise de poids excessive et rapide peut favoriser leur formation. Elles ne disparaissent pas, mais elles peuvent s'atténuer en minces lignes.	Des marques rouges apparaissent sur le ventre, les cuisses et les seins.	▲ Ne prenez pas de poids trop rapidement. ▲ Humidifiez votre peau pour la rafraîchir et l'adoucir, mais les crèmes ne peuvent ni empêcher ni éliminer les vergetures.
Transpiration (2, 3) Elle est due aux modifications hormonales et à un accroissement de l'irrigation sanguine.	Le moindre exercice vous fait transpirer, ou, la nuit, vous vous réveillez inondée de sueur.	▲ Portez des vêtements de coton ample. Évitez les tissus synthétiques. ▲ Buvez beaucoup d'eau. ▲ Laissez une fenêtre entrebâillée la nuit.
Enflure des chevilles et des doigts (3) Un certain degré de bouffissure (œdème) est normal durant la grossesse, car le corps retient davantage d'eau. Ne vous inquiétez pas.	Léger gonflement des chevilles, surtout par temps chaud et en fin de journée. Cela ne cause ni gêne ni douleur. Le matin, vos doigts sont raides et boudinés. Vous ne pouvez pas mettre vos bagues.	▲ Reposez-vous, pieds surélevés, au cours de la journée. Faites des exercices avec vos pieds. Levez les mains au-dessus de la tête et pliez puis étendez chaque doigt. ▲ Consultez le médecin si l'œdème vous paraît s'accentuer : ce peut être le signe d'une toxémie gravidique (voir p. 38).
Candidose vaginale (1, 2, 3) Il faut traiter la candidose vaginale avant l'accouchement, car elle peut être trans-mise à la bouche du bébé, y causant un muguet gênant pour téter. Se laver avec du savon peut aggraver le problème.	Écoulement blanchâtre et épais, accompagné par de fortes démangeai-sons. Vous pouvez ressentir une douleur en urinant.	▲ Consultez le médecin, qui vous prescrira sans doute une crème ou des ovules vaginaux.
Fatigue (1, 3) Elle est causée par le surcroît de travail imposé à l'organisme par la grossesse, ou par les soucis.	Vous vous sentez lasse, vous avez envie de dormir dans la journée et vous dormez plus longtemps la nuit.	▲ Reposez-vous le plus possible ; faites des exercices de relaxation. ▲ Couchez-vous de bonne heure. ▲ Ne vous surmenez pas.
Pertes vaginales (1, 2, 3) Vous pouvez remarquer une augmen-tation du mucus sécrété par le vagin, ce qui est dû aux modifications hormonales.	Légère augmentation de pertes blanches ou translucides, mais ne s'accompagnant d'aucune douleur.	▲ Supprimez les déodorants et les produits de toilette parfumés. ▲ Portez une petite garniture périodique. ▲ Consultez votre médecin si vous avez des démangeaisons ou si vous remarquez des pertes colorées ou malodorantes.
Varices (1, 2, 3) Elles apparaîtront surtout lors des futures grossesses, si vous avez trop grossi ou s'il y a un terrain familial. Rester debout longtemps ou croiser les jambes peut aggraver le problème.	Douleur des jambes ; les veines des mollets et des cuisses sont douloureuses et gonflées.	▲ Reposez-vous souvent dans la journée, pieds surélevés. Surélevez le pied de votre lit ou glissez un coussin sous le matelas. ▲ Portez des collants de maintien. ▲ Faites de la gymnastique des pieds.

Pieds enflés et varices
Décrivez des cercles avec les chevilles et les pieds pour améliorer la circulation.

Varices
Reposez-vous en surélevant vos pieds sur deux coussins au moins. Glissez-en un troisième derrière votre dos.

RESTER EN PLEINE FORME
ET DÉTENDUE

La grossesse, le travail, l'accouchement, imposent de gros efforts à l'organisme, et plus vous vous maintiendrez en forme, mieux vous vous porterez. Vous retrouverez aussi plus facilement votre silhouette initiale. Les exercices de relaxation sont très importants : ils vous aideront à vous calmer pendant le travail et l'accouchement. De plus, ils vous permettront d'atténuer le stress et d'augmenter l'irrigation sanguine du placenta. Même si toute idée d'activité physique vous répugne, essayez de faire les exercices expliqués plus loin. Ils ont été spécialement conçus pour assouplir vos articulations et vos muscles de façon à faciliter le travail et l'accouchement. Vous pouvez commencer à vous entraîner dès que vous êtes certaine d'être enceinte, et même avant, ou... plus tard, mais c'est impératif. Faites les exercices chez vous, ou inscrivez-vous à un cours pour femmes enceintes. Au début, faites de la gymnastique pendant quelques minutes puis allongez le temps d'exercice jusqu'à 20 minutes par jour.

UN EXERCICE ADAPTÉ

Si vous avez toujours pratiqué un sport, vous pourrez continuer pendant la grossesse, à quelques conditions près.
■ Ne vous lancez pas dans un programme intensif de mise en forme ; continuez à faire ce dont votre corps a l'habitude. Si vous poursuivez vos cours de danse ou de gymnastique, prévenez le professeur que vous êtes enceinte.
■ Ne vous épuisez pas, n'allez pas jusqu'à l'essoufflement.
■ Évitez tout sport qui comporte un risque de vous heurter le ventre (équitation, ski, ski nautique).

■ Prenez de grandes précautions car vous pourriez vous infliger une distension ligamentaire.

La natation
C'est un sport excellent et sans aucun danger. L'eau soutient votre corps.

PRENDRE SOIN DE SON CORPS

DURANT LA GROSSESSE, il est important d'avoir une bonne attitude et de ne pas fatiguer son dos. Vous allez sans doute avoir mal au niveau des reins : le poids du bébé vous déséquilibre vers l'avant, et, pour compenser, vous avez tendance à vous pencher un peu en arrière. Cette attitude impose un effort aux muscles des lombes et du bassin, surtout à la fin de la grossesse.

Soyez prudente, quoi que vous fassiez. Ne portez rien de lourd, étirez votre dos au maximum. Portez des talons plats, car les talons hauts projettent le poids du corps encore plus en avant.

PROTÉGER VOTRE DOS

Pour éviter les problèmes dorsaux, faites attention à la façon dont vous vous tenez tout au long de la journée, par exemple si vous jardinez, si vous portez un enfant, si vous soulevez des sacs lourds. Les hormones de la grossesse relâchent les muscles lombaires, et ils sont plus facilement lésés lorsque vous vous penchez en avant, vous vous levez trop brusquement ou soulevez un poids en vous y prenant mal.

Se tenir au niveau du plan de travail

Faites le maximum de choses au niveau du sol. Au lieu de vous pencher, agenouillez-vous pour jardiner, balayer, faire les lits, habiller un enfant.

Se lever

Si vous êtes dos à plat, tournez-vous d'abord sur le côté, puis mettez-vous à genoux. Utilisez la force de vos cuisses pour vous redresser ; gardez le dos droit.

Baissez *les épaules et rejetez-les en arrière.*

Gardez *le dos droit.*

Rentrez *les fesses.*

Gonflez *la poitrine.*

Contractez *les muscles du ventre.*

Pliez *légèrement les genoux.*

Écartez *un peu les pieds.*

UNE BONNE POSTURE

Vérifiez si vous vous tenez bien en vous regardant dans une glace. Grandissez-vous et redressez-vous bien pour que le poids du bébé repose et soit supporté par les muscles des cuisses, des fesses et du ventre. Vous éviterez les douleurs lombaires, consoliderez votre musculature abdominale et retrouverez ainsi plus facilement votre silhouette après l'accouchement.

Mauvaise posture

Plus le bébé grossit, plus son poids vous déséquilibre : vous cambrez les reins et poussez le ventre en avant.

Soulever et porter

Pour soulever un objet, pliez les genoux en gardant le dos droit et tenez l'objet tout contre vous. N'essayez pas d'attraper un objet lourd rangé dans le haut d'un placard, vous pourriez perdre l'équilibre. Si vous portez des sacs lourds, équilibrez la charge de chaque côté.

Gardez *le dos droit.*

Amenez *votre poids près de l'objet et placez-vous exactement face à lui.*

LE PÉRINÉE

C'EST UN PLANCHER musculaire (on le nomme plancher pelvien) qui soutient le gros intestin, la vessie et l'utérus. Pendant la grossesse, les muscles se détendent, et ce relâchement ajouté au poids du bébé les affaiblit : vous vous sentez lourde et mal à l'aise. Il se peut aussi que vous perdiez quelques gouttes d'urine quand vous courez, toussez, éternuez ou riez. C'est pour éviter ces problèmes que vous devez rééduquer votre périnée.

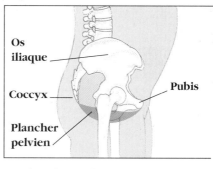

Os iliaque

Coccyx

Pubis

Plancher pelvien

Le plancher pelvien
Cette région du petit bassin sert de berceau protecteur au fœtus dans l'utérus. Pour naître, le bébé doit le traverser.

Position
debout pendant l'exercice.

RÉÉDUCATION PÉRINÉALE

Pratiquez souvent cet exercice – au moins trois ou quatre fois par jour. Quand vous l'aurez bien appris, vous pourrez le pratiquer n'importe quand et n'importe où, allongée, assise ou debout. Vous pourrez aussi le trouver très utile au cours du travail, car savoir relâcher ses muscles peut réduire le risque de déchirure en facilitant le passage du bébé dans le petit bassin.

   Allongez-vous sur le dos, genoux fléchis, pieds à plat sur le sol. Contractez les muscles comme si vous vouliez stopper un jet d'urine. Imaginez que vous essayez de faire remonter quelque chose dans votre vagin : faites-le monter un peu, arrêtez, reprenez, jusqu'à ce que vous ne puissiez plus aller plus loin. Tenez un moment, relâchez doucement. Répétez ce mouvement dix fois.

Position
assise pendant l'exercice.

FAITES L'EXERCICE :
■ en attendant l'autobus ou le métro ;
■ en repassant ou en faisant la cuisine ;
■ en regardant la télévision ;
■ pendant les rapports sexuels.

BASCULE DU BASSIN

CET EXERCICE VOUS apprend à bouger correctement le bassin et constitue une bonne préparation au travail. Il renforce la sangle abdominale et assouplit le dos. Il est particulièrement utile si vous souffrez du dos. Lorsque vous êtes dans la position à quatre pattes, une amie ou votre mari peuvent vous frotter le dos pour soulager la douleur. Vous pouvez faire l'exercice dans différentes positions, mais n'oubliez pas de garder les épaules immobiles.

1 A quatre pattes, mains à plat sur le sol (au début, contrôlez que votre dos est bien plat dans une glace).

FAITES L'EXERCICE :
■ allongée dos à plat ;
■ debout ;
■ assise ;
■ à genoux ;
■ en dansant.

2 En creusant le ventre et en contractant les fesses, basculez le bassin vers l'avant, tout en expirant. Votre dos s'arrondit (vous faites le « gros dos »). Maintenez la position quelques secondes, puis inspirez et décontractez-vous. Répétez le mouvement plusieurs fois. Déplacez bien le bassin en avant et en arrière.

LA POSITION EN TAILLEUR

CETTE POSITION RENFORCE le dos, et assouplit le bassin et les cuisses. Elle améliore l'irrigation sanguine de la partie inférieure du corps et facilite le maintien des jambes écartées lors de l'accouchement. La position ci-dessous est facile à prendre car les articulations d'une femme enceinte sont souples.

Redressez
le dos.

ASSISE SUR DES COUSSINS

Si vous avez du mal à vous asseoir en tailleur, placez un coussin sous chaque cuisse ou asseyez-vous le dos au mur. Gardez le dos droit.

Étirez
l'intérieur des cuisses en appuyant sur les coudes.

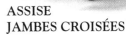

ASSISE JAMBES CROISÉES

Vous trouverez peut-être cette position plus confortable. Changez le sens du croisement de temps à autre.

DES CUISSES PLUS VIGOUREUSES

Asseyez-vous, le dos droit, les plantes des pieds appliquées l'une contre l'autre, les talons près du corps. Attrapez vos chevilles et appuyez sur les cuisses avec les coudes. Maintenez quelques secondes la position. Répétez plusieurs fois le mouvement.

Gardez
les talons près du corps.

■	ATTENTION	■

Quand vous faites votre gymnastique, rappelez-vous :
▲ de ne pas aller au-delà de vos limites ;
▲ de ne pas vous fatiguer ;
▲ d'arrêter immédiatement si vous sentez une douleur quelconque ;
▲ de ne jamais faire les mouvements allongée sur le dos à la fin de la grossesse.

L'ACCROUPISSEMENT

CET EXERCICE ASSOUPLIT les articulations du bassin et renforce les muscles du dos et des cuisses. Vous ménagerez votre dos si vous apprenez à vous accroupir au lieu de vous pencher en avant. De plus, si vous souffrez de douleurs lombaires, cette position est très confortable. On peut aussi accoucher accroupie.

Au début, il se peut que vous ayez quelque peine à prendre correctement cette position. Appuyez-vous sur une chaise ou sur le rebord d'une fenêtre et glissez sous vos talons un tapis ou une couverture pliés. Relevez-vous lentement, sinon la tête risque de vous tourner.

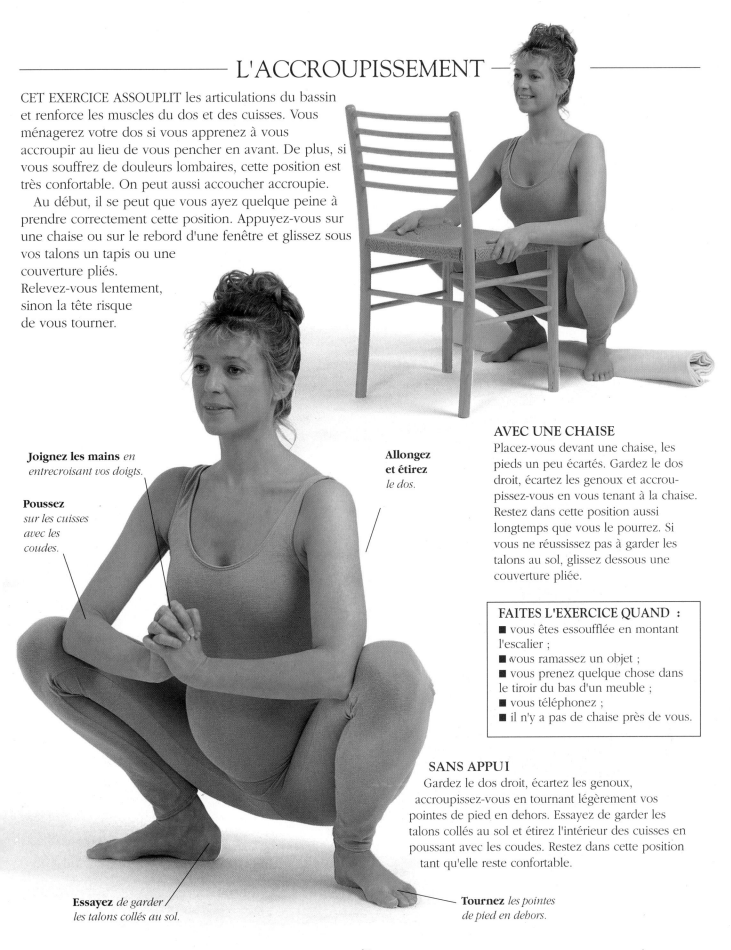

Joignez les mains *en entrecroisant vos doigts.*

Poussez *sur les cuisses avec les coudes.*

Allongez et étirez *le dos.*

Essayez *de garder les talons collés au sol.*

Tournez *les pointes de pied en dehors.*

AVEC UNE CHAISE

Placez-vous devant une chaise, les pieds un peu écartés. Gardez le dos droit, écartez les genoux et accroupissez-vous en vous tenant à la chaise. Restez dans cette position aussi longtemps que vous le pourrez. Si vous ne réussissez pas à garder les talons au sol, glissez dessous une couverture pliée.

FAITES L'EXERCICE QUAND :
■ vous êtes essoufflée en montant l'escalier ;
■ vous ramassez un objet ;
■ vous prenez quelque chose dans le tiroir du bas d'un meuble ;
■ vous téléphonez ;
■ il n'y a pas de chaise près de vous.

SANS APPUI

Gardez le dos droit, écartez les genoux, accroupissez-vous en tournant légèrement vos pointes de pied en dehors. Essayez de garder les talons collés au sol et étirez l'intérieur des cuisses en poussant avec les coudes. Restez dans cette position tant qu'elle reste confortable.

DÉTENTE ET RESPIRATION

CES EXERCICES comptent parmi les plus utiles, et ils vous seront précieux pendant le travail. Si vous savez comment respirer et détendre vos muscles, vous pourrez mieux affronter les contractions et économiser votre énergie. Pratiquez-les régulièrement : vous les exécuterez ainsi de façon automatique pendant le travail. De plus, il vous aideront à vous détendre chaque fois que vous vous sentirez anxieuse.

COMMENT SE DÉTENDRE

Au début, il vaut mieux vous installer dans une pièce bien chauffée où vous ne serez pas dérangée. Plus tard, vous saurez vous détendre n'importe où.

Détendez votre corps

Installez-vous confortablement sur le dos, le haut du corps soutenu par des oreillers, ou sur le côté, une jambe fléchie sur des coussins. Contractez et détendez tour à tour les muscles de tout le corps, en commençant par les orteils et en remontant. Après 8 à 10 minutes, rendez votre corps « flasque ». Essayez de vous sentir lourde, comme si vous vous enfonciez dans le sol.

Couchée sur le côté

La position couchée sur le côté, une jambe pliée supportée par des coussins, est parfois plus confortable, surtout vers la fin de la grossesse. Ne disposez pas trop d'oreillers sous votre tête, c'est mauvais pour la colonne vertébrale.

> ### ATTENTION
> Ne vous allongez jamais sur le dos pendant les derniers temps de la grossesse, car cette position peut diminuer l'alimentation en oxygène du bébé et vous causer un malaise.

Inclinez *la tête d'un côté et de l'autre, puis gardez-la immobile.*

Clignez *fortement les yeux.*

Contractez *les muscles comme pour rentrer le ventre, puis relâchez-les.*

Arquez *la chute des reins, puis relâchez.*

Fermez *les poings, puis relâchez-les.*

Contractez *les fesses, puis relâchez-les.*

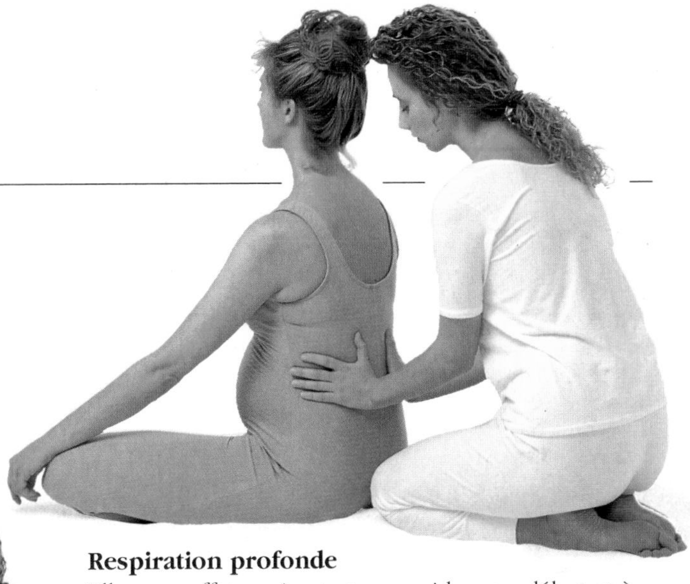

LA RESPIRATION POUR L'ACCOUCHEMENT

Pratiquez les différents modes de respiration avec votre conjoint ou une amie de façon à savoir vous détendre, à rester calme pendant le travail et à contrôler votre corps durant les contractions.

Respiration superficielle

Elle vous aidera pendant les contractions. Inspirez et expirez par la bouche en n'envoyant l'air que dans la partie supérieure des poumons. Une amie peut poser les mains sur vos omoplates pour vous indiquer si vous effectuez correctement l'exercice. Diminuez de plus en plus l'ampleur des mouvements, mais prenez une inspiration profonde quand vous en éprouvez le besoin.

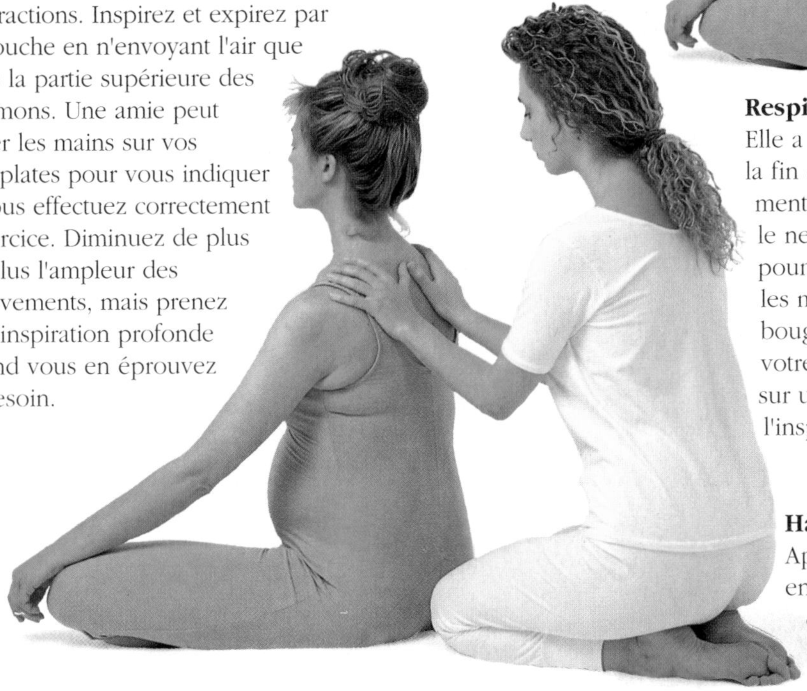

Respiration profonde

Elle a un effet apaisant et vous aidera au début et à la fin des contractions. Asseyez-vous confortablement et détendez-vous. Respirez profondément par le nez, comme pour envoyer l'air tout au fond des poumons. Votre mari ou une amie peuvent poser les mains juste au-dessus de votre taille pour sentir bouger votre cage thoracique et vous guider dans votre entraînement. Concentrez-vous maintenant sur une respiration ample et profonde. Laissez l'inspiration suivante survenir naturellement.

Halètement

Après le premier stade du travail, vous aurez envie de pousser même si le col n'est pas complètement dilaté. Vous pourrez résister à ce besoin en prenant deux courtes inspirations, puis en expirant lentement (« Ouh, ouh, ffouou… »).

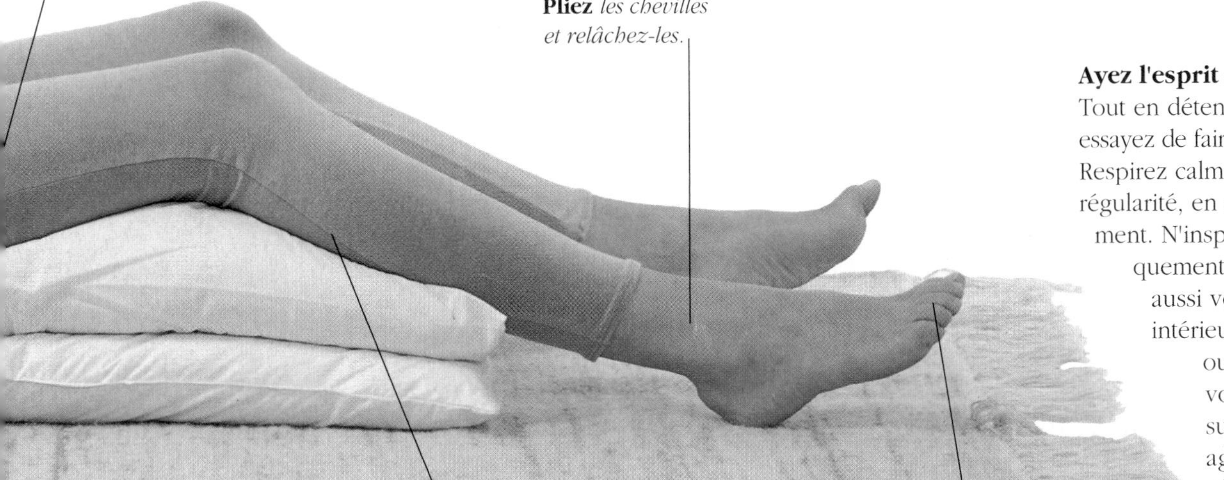

Contractez *les cuisses, puis détendez-les.*

Pliez *les chevilles et relâchez-les.*

Ayez l'esprit détendu

Tout en détendant votre corps, essayez de faire le vide en vous. Respirez calmement, avec régularité, en expirant doucement. N'inspirez pas brusquement. Vous pouvez aussi vous répéter intérieurement un mot ou un son, ou vous concentrer sur une image agréable ou paisible. Laissez filer les pensées qui surviennent.

Tendez *les muscles des mollets, puis détendez-les.*

Crispez *les orteils, puis relâchez-les.*

UNE ALIMENTATION SAINE

P endant la grossesse, plus encore qu'à tout autre moment, il est essentiel que votre régime alimentaire soit équilibré. Vous n'avez pas besoin de calculer les calories ou de peser les aliments, pas plus que vous ne devez manger pour deux. Il suffit que vous mangiez des aliments variés et frais en les choisissant parmi ceux qui sont représentés ci-après,

afin d'être sûre d'absorber tous les éléments nutritifs dont vous avez besoin. Dès que vous envisagez d'avoir un enfant ou que vous apprenez que vous êtes enceinte, demandez-vous si vous consommez des aliments ou des boissons qui pourraient nuire au bébé. Mangez plus de légumes crus et de fruits frais, réduisez les aliments sucrés, salés et les plats industriels.

LES ÉLÉMENTS NUTRITIFS INDISPENSABLES

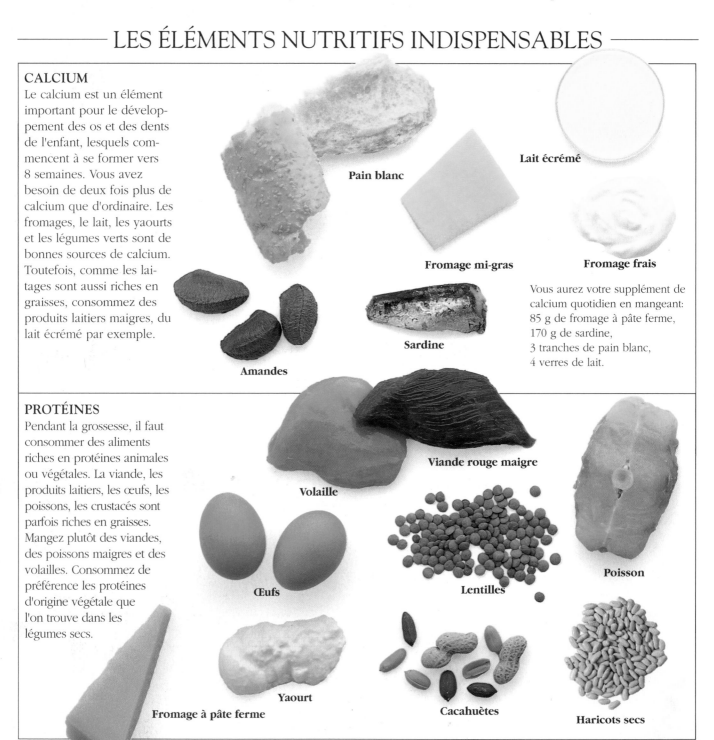

CALCIUM

Le calcium est un élément important pour le développement des os et des dents de l'enfant, lesquels commencent à se former vers 8 semaines. Vous avez besoin de deux fois plus de calcium que d'ordinaire. Les fromages, le lait, les yaourts et les légumes verts sont de bonnes sources de calcium. Toutefois, comme les laitages sont aussi riches en graisses, consommez des produits laitiers maigres, du lait écrémé par exemple.

Pain blanc

Lait écrémé

Fromage mi-gras

Fromage frais

Sardine

Amandes

Vous aurez votre supplément de calcium quotidien en mangeant:
85 g de fromage à pâte ferme,
170 g de sardine,
3 tranches de pain blanc,
4 verres de lait.

PROTÉINES

Pendant la grossesse, il faut consommer des aliments riches en protéines animales ou végétales. La viande, les produits laitiers, les œufs, les poissons, les crustacés sont parfois riches en graisses. Mangez plutôt des viandes, des poissons maigres et des volailles. Consommez de préférence les protéines d'origine végétale que l'on trouve dans les légumes secs.

Viande rouge maigre

Volaille

Poisson

Œufs

Lentilles

Fromage à pâte ferme

Yaourt

Cacahuètes

Haricots secs

VITAMINE C

Cette vitamine fortifie le placenta, aide votre organisme à combattre les infections et facilite l'absorption du fer. Elle se trouve dans les fruits et les légumes frais, et son apport est nécessaire chaque jour, car le corps ne la stocke pas. Une grande quantité de vitamine C est perdue au cours du stockage prolongé des aliments et de la préparation culinaire : mangez des produits frais, cuisez les légumes verts à la vapeur ou consommez-les crus.

Chou vert

Choux de Bruxelles

Pamplemousse

Poivron rouge et vert

Orange

Salades

Fraises

Tomates

LES FIBRES

L'alimentation quotidienne doit être riche en fibres car celles-ci combattent la constipation, si fréquente pendant la grossesse (voir p. 40). Les fruits et les légumes apportent beaucoup de fibres et vous devez en manger chaque jour. Ne vous fiez pas trop au son, qui peut gêner l'absorption d'autres éléments nutritifs ; il existe bien d'autres sources de fibres.

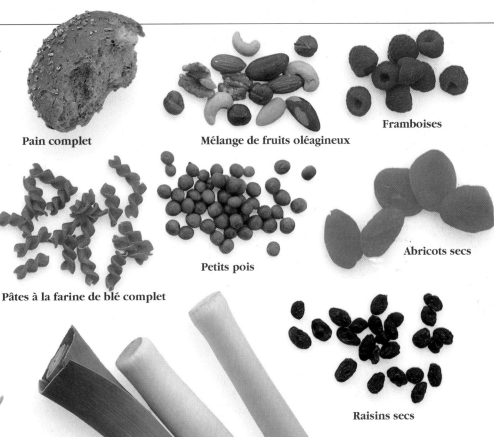

Pain complet

Mélange de fruits oléagineux

Framboises

Petits pois

Abricots secs

Pâtes à la farine de blé complet

Riz complet

Poireaux

Raisins secs

ACIDE FOLIQUE

Il est nécessaire au développement du système nerveux central du bébé, surtout pendant les premières semaines, et il lutte contre l'anémie de la mère. Comme l'organisme ne le stocke pas et l'excrète en grande quantité durant la grossesse, il faut en consommer chaque jour. Les végétaux à feuilles vert foncé apportent beaucoup d'acide folique, mais ils doivent être mangés crus ou cuits à la vapeur, car la cuisson à l'eau détruit cet acide en grande partie.

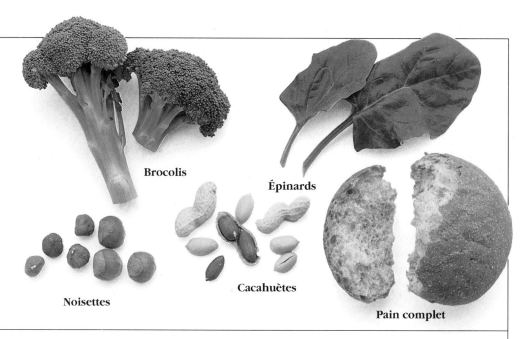

Brocolis

Épinards

Noisettes

Cacahuètes

Pain complet

FER

Une femme enceinte a besoin de beaucoup de fer. Le bébé doit en mettre en réserve pour son développement ultérieur et le sang supplémentaire que produit votre organisme a besoin de fer pour transporter l'oxygène. Le fer d'origine animale est plus facilement absorbé que le fer d'origine végétale (fruits secs, légumes), et, si vous ne mangez pas de viande, associez les aliments riches en fer à ceux qui sont riches en vitamine C pour faciliter leur absorption.

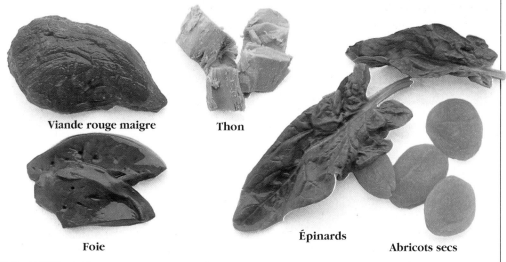

Viande rouge maigre

Thon

Foie

Épinards

Abricots secs

LE RÉGIME VÉGÉTARIEN

Si vous consommez chaque jour une grande quantité d'aliments frais riches en protéines, ainsi que des fruits et des légumes frais, vous fournirez au bébé tout ce dont il a besoin : le seul élément qui lui manquera est le fer, car l'organisme assimile difficilement le fer d'origine végétale, et vous devrez prendre des suppléments. Si vous êtes une végétarienne convaincue et ne consommez pas de produits laitiers, il vous faudra aussi prendre des suppléments de calcium et de vitamines D et B 12.

LE SEL

La plupart des gens salent trop leur nourriture. Le sel en excès peut favoriser les œdèmes et la toxémie gravidique. Cependant, une brutale suppression du sel peut également être néfaste (voir p. 38 et 42).

LES BOISSONS

Elles sont indispensables au bon fonctionnement des reins et pour combattre la constipation. La meilleure boisson est l'eau : buvez-en à volonté. De plus, elle est excellente pour le teint !

DIX ALIMENTS ESSENTIELS

Ces dix aliments constituent d'excellentes sources d'au moins un élément indispensable. Consommez-en plusieurs chaque jour.

- Fromage, lait, yaourt : calcium, protéines.
- Végétaux à feuilles vert foncé : vitamine C, fibres, acide folique.
- Viande rouge maigre: protéines, fer.
- Foie: protéines, fer.
- Orange: vitamine C, fibres.
- Volailles: protéines, fer.
- Sardines: calcium, protéines, fer.
- Poisson maigre : protéines.
- Pain complet : protéines, fibres, acide folique.
- Pâtes à la farine de blé complète, riz complet : fibres.

LES SUPPLÉMENTS

Si votre régime alimentaire est équilibré et riche en aliments frais, vous n'aurez sans doute pas besoin de suppléments. Toutefois, certains vous seront peut-être prescrits si vous êtes anémique. Des médecins prescrivent systématiquement des suppléments de fer et d'acide folique à toutes leurs patientes enceintes.

PROTÉGER LE BÉBÉ

LES ÉLÉMENTS NUTRITIFS que vous absorbez, qu'ils soient nocifs ou bénéfiques, passent dans votre sang et, en traversant le placenta, parviennent au bébé.

LES ALIMENTS INDUSTRIELS
Évitez les aliments traités industriellement en conserve, en sachet ou en emballage cartonné, car ils contiennent souvent du sucre ou du sel ajoutés et beaucoup trop de graisses, ainsi que des conservateurs, des colorants et des éléments de sapidité. Lisez les étiquettes avec soin, n'achetez pas, ou très peu, de produits contenant des substances artificielles.

Consommez
des aliments frais,
non industriels.

LES PLATS CUISINÉS
Évitez les plats chauds dans les cantines et les snacks, les plats précuits des grandes surfaces, les poulets prêts à consommer (sauf s'ils sortent de la rôtisserie). Tous ces mets peuvent contenir des bactéries qui, transmises au bébé, sont un facteur de risque.

LES FROMAGES À PÂTE MOLLE
Les fromages faits, comme le brie, fabriqué avec des laits crus et d'autres produits laitiers non pasteurisés, peuvent être dangereux. Il vaut mieux vous en passer.

LES BOISSONS NON ALCOOLIQUES
L'alcool que vous buvez passe dans votre sang, traverse le placenta et parvient au bébé. Il peut lui nuire. Il vaut mieux carrément supprimer l'alcool sous toutes ses formes et confectionner vous-même vos cocktails de jus de fruits frais, vos milk-shakes, vos boissons à l'eau gazeuse.

Même les bières et les vins dits « sans alcool » ou « à faible teneur en alcool » ne sont pas toujours dépourvus d'additifs chimiques nocifs ; ces substances ont peut-être un effet encore inconnu sur la santé des bébés.

LE CAFÉ, LE THÉ, LE CHOCOLAT CHAUD
La caféine présente dans ces boissons a un effet nocif sur le système cardiaque de la mère et du bébé. Réduisez votre consommation à une tasse par jour, et, si possible, abstenez-vous. Remplacez-les par de l'eau minérale.

LES TISANES
Si vous voulez boire des infusions pendant votre grossesse, achetez vos plantes en vrac chez un herboriste. La plupart des tisanes en sachet ne font pas de mal au bébé, mais certaines peuvent avoir un effet indésirable. L'infusion de feuilles de framboisier est un remède traditionnel pour faciliter le travail.

LE SUCRE
Les aliments sucrés (gâteaux, biscuits, confitures, boissons sucrées) contiennent peu d'éléments nutritifs indispensables et vous font grossir. Tirez votre énergie des glucides dits « lents », du pain complet, par exemple, et supprimez les sucreries.

LES FRINGALES
Pendant la grossesse, il est courant d'avoir des envies folles de certains aliments, comme les fraises ou les bananes. Si vous êtes tentée, faites-vous plaisir, dans les limites du raisonnable, pourvu que cela ne vous fasse pas grossir et ne se termine pas par une indigestion.

Le jus d'orange
Le jus d'orange additionné d'eau gazeuse est une boisson rafraîchissante. Pour varier, prenez un autre fruit, par exemple un pamplemousse.

Le milk-shake à la banane
Mélanger au mixer une banane et un quart de lait. C'est une délicieuse boisson, riche en calcium et en protéines, nutriments indispensables.

Le cocktail de fruits
Mélangez au mixer différents jus de fruits. Garnissez avec une rondelle d'orange ou des morceaux de fruits enfilés sur un bâtonnet à cocktail. C'est une boisson saine et désaltérante.

LES DISPOSITIONS PRATIQUES

Un mois avant la date prévue pour l'accouchement, vérifiez que tout est prêt pour recevoir le bébé. Faites les provisions d'épicerie, garnissez le congélateur, achetez tout ce qui vous facilitera la vie après la naissance. Le moment est venu de préparer votre valise. N'emportez pas trop de choses à l'hôpital : vous n'aurez pas beaucoup de place pour les ranger. Certains hôpitaux donnent une liste des objets utiles et fournissent parfois une partie du nécessaire. Renseignez-vous à l'avance auprès de l'infirmière.

LE NÉCESSAIRE POUR LE TRAVAIL

LES OBJETS représentés ci-dessous sont utiles pendant le travail ou tout de suite après la naissance. Emballez-les séparément, vous en aurez besoin très rapidement.

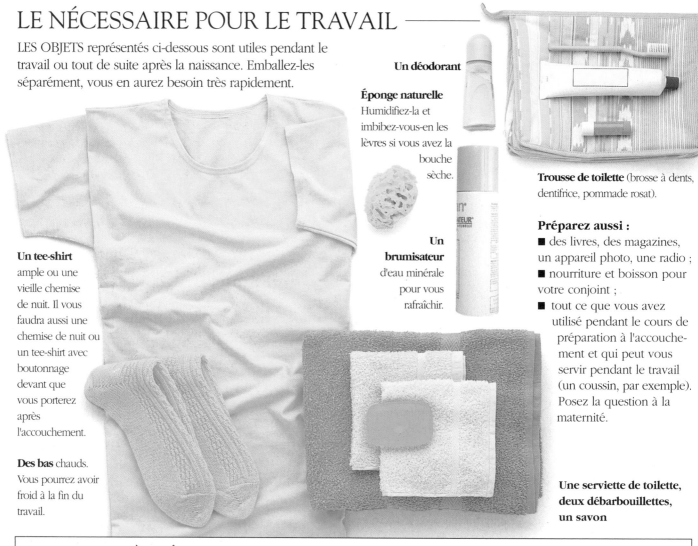

Un déodorant

Éponge naturelle
Humidifiez-la et imbibez-vous-en les lèvres si vous avez la bouche sèche.

Un brumisateur
d'eau minérale pour vous rafraîchir.

Trousse de toilette (brosse à dents, dentifrice, pommade rosat).

Préparez aussi :
■ des livres, des magazines, un appareil photo, une radio ;
■ nourriture et boisson pour votre conjoint ;
■ tout ce que vous avez utilisé pendant le cours de préparation à l'accouchement et qui peut vous servir pendant le travail (un coussin, par exemple). Posez la question à la maternité.

Un tee-shirt
ample ou une vieille chemise de nuit. Il vous faudra aussi une chemise de nuit ou un tee-shirt avec boutonnage devant que vous porterez après l'accouchement.

Des bas chauds. Vous pourrez avoir froid à la fin du travail.

Une serviette de toilette, deux débarbouillettes, un savon

QUAND PARTIR À L'HÔPITAL ?

Vous êtes à terme ou près du terme
■ La perte du bouchon muqueux : vous constatez un écoulement blanchâtre, épais, visqueux, mêlé d'un peu de sang. Il provient du début de l'ouverture du col de l'utérus. Le travail s'annonce. D'ici quelques jours ou quelques heures, vous allez accoucher.
■ Les contractions utérines : vous constatez un durcissement du ventre en totalité, les contractions utérines sont plus intenses qu'en cours de grossesse. Elles sont douloureuses, répétitives et régulières (toutes les dix minutes).

Si vos contractions ne vous semblent pas typiques, prenez un bain pour relaxer. Les contractions cessent, vous avez « le temps ». Les contractions persistent, c'est le moment !
■ La rupture de la poche des eaux : vous constatez l'émission de liquide clair au moment d'une contraction.

Mettez une serviette sanitaire. Évitez de marcher et rendez-vous à l'hôpital.

Vous n'êtes pas à terme.
Si vous avez des contractions intenses et rapprochées, consultez votre médecin.

Vous avez dépassé le terme prévu.
Si vous n'avez pas de contractions régulières, et que le bébé bouge bien, il n'y a pas d'urgence. Voyez votre médecin.

APRÈS LA NAISSANCE

VOTRE CONJOINT pourra vous apporter ces objets plus tard, si le travail se déclenche de façon inopinée. L'hôpital vous fournira sans doute le nécessaire pour le bébé pendant votre séjour.

Ouverture *sur le devant, pour que le bébé soit en contact avec le sein ; chaque bonnet a une fermeture à glissière.*

Bretelles *larges*

Coussinets d'allaitement *à glisser dans le soutien-gorge pour absorber les fuites de lait. Les meilleurs sont coniques.*

Pommade *pour calmer la douleur des mamelons.*

Deux ou trois soutiens-gorge d'allaitement. Si vous n'avez pas l'intention d'allaiter, emportez le soutien-gorge que vous avez porté pendant votre grossesse.

Brosse, peigne, shampoing, serviette

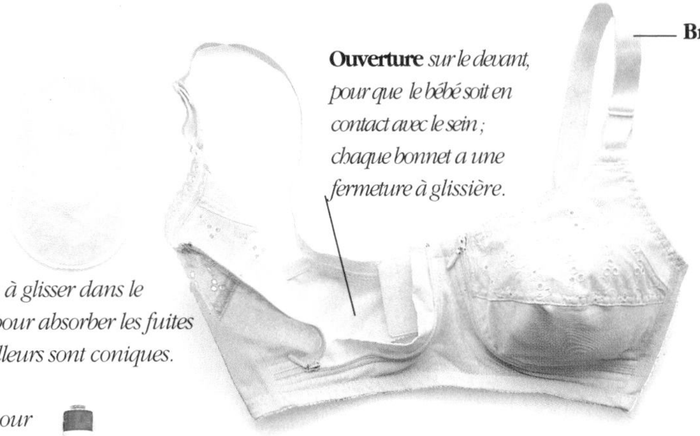

Préparez aussi :
■ des mouchoirs en papier ;
■ un séchoir à cheveux pour sécher vos points de suture aussi bien que vos cheveux ;
■ des grands sacs en plastique pour le linge sale.

Un paquet *de qualité « maternité », très absorbante, pour les premiers jours.*

Choisissez-*les très larges avec beaucoup de trous d'aération.*

Six slips
Achetez-les en coton ou, mieux, utilisez des slips jetables.

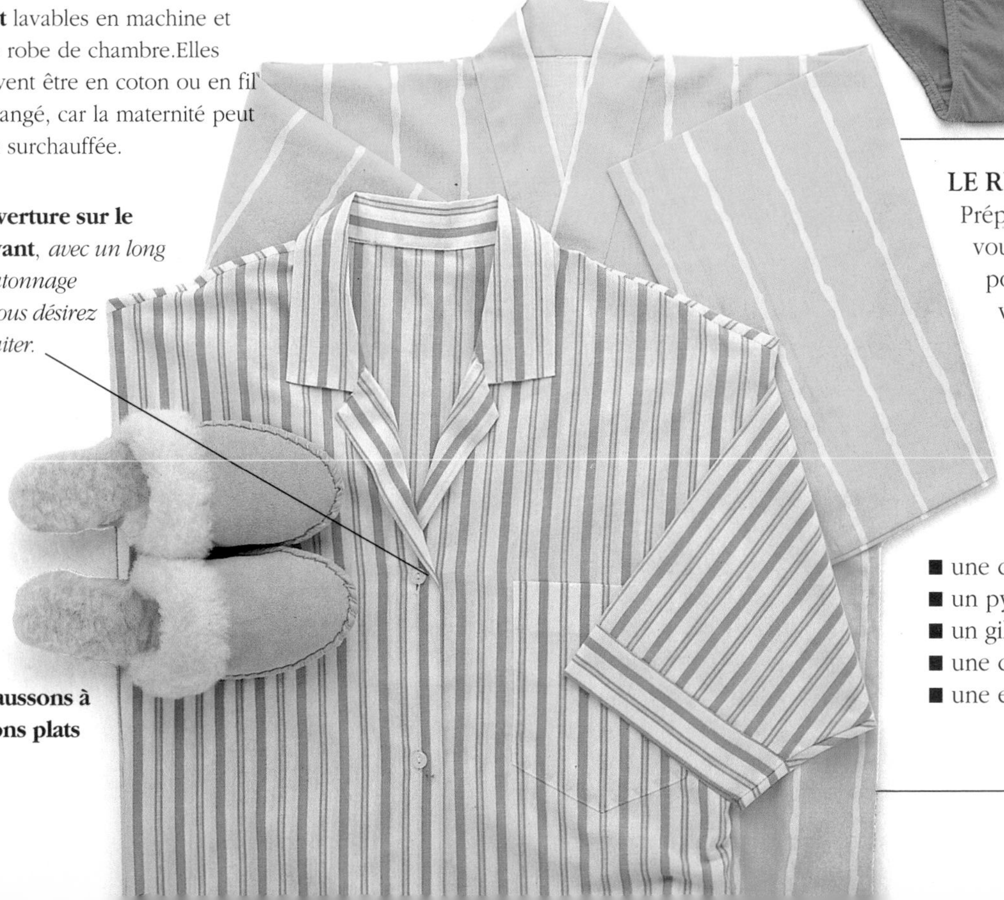

Deux ou trois chemises de nuit lavables en machine et une robe de chambre. Elles doivent être en coton ou en fil mélangé, car la maternité peut être surchauffée.

Deux paquets de serviettes sanitaires à bande adhésive

Ouverture sur le devant, *avec un long boutonnage si vous désirez allaiter.*

Chaussons à talons plats

LE RETOUR À LA MAISON
Préparez les vêtements que vous apportera votre conjoint pour vous habiller le jour de votre sortie de l'hôpital. Ne choisissez rien d'ajusté : vous n'aurez pas retrouvé votre ligne. Il faudra aussi de la layette pour le bébé.
Préparez :
■ des couches jetables ;
■ une camisole ;
■ un pyjama ;
■ un gilet de laine, un bonnet ;
■ une couverture (s'il fait froid) ;
■ une enveloppe selon la saison.

LE TRAVAIL ET LA NAISSANCE

Après ces longues semaines d'attente, le travail commence enfin. C'est le moment culminant de la grossesse, car vous savez que, maintenant, ce n'est plus qu'une question d'heures : vous allez enfin voir votre bébé. Vous allez connaître un grand bonheur, mais, peut-être, éprouvez-vous aussi une certaine appréhension. Si vous vous êtes bien préparée, vous comprendrez mieux ce qui se passe dans votre corps à chaque étape du travail, et, sachant à quoi vous en tenir, votre confiance se raffermira. Donner la vie est une expérience extraordinaire et, si vous restez calme et détendue, vous l'apprécierez certainement davantage. Pratiquez vos exercices de détente et de respiration à l'avance pour vous aider à garder votre calme durant les contractions, et à faire face à la douleur, si le travail n'évolue pas tout à fait comme vous l'aviez imaginé.

LE TRAVAIL

VOUS CRAIGNEZ peut-être de ne pas reconnaître le travail quand il se déclenchera : c'est improbable, bien qu'il soit possible de confondre les premières contractions de travail avec celles des dernières semaines de la grossesse.

LES SYMPTÔMES
L'expulsion du bouchon muqueux

Le bouchon muqueux, teinté de sang, qui bloquait le col de l'utérus est expulsé par le vagin avant ou durant le premier stade du travail.

Que faire ? Comme cette expulsion peut précéder de quelques jours le déclenchement du travail, attendez d'avoir des douleurs régulières dans le ventre ou le dos, ou la rupture de la poche des eaux, pour prévenir votre médecin ou aller à la maternité.

La rupture de la poche des eaux

La poche de liquide dans lequel baigne l'enfant peut se rompre à tout moment pendant le travail. Cette rupture se traduit parfois par un flot de liquide, mais, le plus souvent, par un suintement.

Que faire ? Appelez la maternité ou votre médecin accoucheur tout de suite. Même si vous n'avez pas de contractions, il faut vous rendre à la maternité pour éviter tout risque d'infection. Mettez une garniture périodique.

Les contractions

Elles peuvent commencer par un sourd mal aux reins, ou par des élancements dans les cuisses, s'étendre à l'abdomen. Elles ressemblent un peu à de fortes douleurs menstruelles.

Que faire ? Quand les contractions paraissent régulières, notez leur durée et leur espacement. Si vous avez l'impression d'être en travail, prévenez l'hôpital ou la sage-femme. Sauf si les contractions sont très fréquentes (toutes les 5 minutes), ou très douloureuses, ne vous précipitez pas à la maternité. Pour un premier bébé, le travail dure en moyenne de 12 à 14 heures, et il vaut mieux passer chez vous une partie de ce temps. Allez et venez avec calme, reposez-vous. Détendez-vous dans un bain tiède (si la poche des eaux est intacte), mangez quelque chose de léger. L'équipe hospitalière vous conseillera sans doute d'attendre que les contractions s'intensifient et reviennent toutes les 5 minutes pour quitter votre domicile .

Fausses alertes

L'utérus se contracte tout au long de la grossesse. Durant les dernières semaines, les contractions s'intensifient, et l'on peut croire que le travail commence. En fait, les contractions du travail sont très régulières, de plus en plus fortes et de plus en plus rapprochées si bien qu'il est facile de savoir quand le travail a commencé réellement. Il peut arriver que les contractions commencent, puis cessent. Marchez, bougez : elles reprendront.

CHRONOMÉTRAGE DES CONTRACTIONS

10 minutes ······ Contraction

20 minutes

15 minutes

Intervalle entre deux contractions

15 minutes

Chronométrez le début et la fin des contractions pendant 1 heure. Elles doivent devenir de plus en plus fréquentes et durer au moins 40 secondes quand le travail est bien entamé. Le dessin montre l'intervalle entre les contractions au début du travail.

LE PREMIER STADE

DURANT CETTE PÉRIODE, la musculature de l'utérus se contracte, dilatant le col utérin pour que le bébé puisse passer. S'il s'agit d'un premier enfant, il faut compter 10 à 12 heures pour que le col se dilate.

Ne soyez pas surprise si, à ce moment, vous êtes saisie de panique. Même si vous êtes bien préparée, vous pouvez vous sentir effrayée de voir votre corps emporté dans un processus que vous ne contrôlez pas. Restez aussi calme que vous le pouvez et essayez de ne faire qu'un avec votre corps. Dans de telles circonstances, vous apprécierez plus la présence de votre conjoint ou d'une amie intime, surtout s'ils savent ce qu'est le travail et ont eux aussi suivi les cours de préparation à l'accouchement.

Après l'admission
Quand les examens sont achevés, vous pouvez parfois prendre un bain ou une douche.

L'ADMISSION À L'HÔPITAL

À l'hôpital, une infirmière vous soumettra à certains examens de routine durant lesquels la personne qui vous accompagne pourra rester à vos côtés.

Les questions de l'infirmière

L'infirmière consultera votre dossier, vous demandera si vous avez perdu les eaux, si vous avez expulsé le bouchon muqueux. Elle voudra aussi savoir quand les contractions ont commencé, leur fréquence, leur durée, leurs caractéristiques.

L'examen

Maintenant vous vous déshabillez et passez les vêtements de l'hôpital ou ceux que vous avez apportés pour l'accouchement. L'infirmière prend votre tension artérielle, votre température, votre pouls et peut effectuer un examen gynécologique pour savoir à quel stade est parvenue la dilatation du col.

L'examen du bébé

L'infirmière vérifie la présentation de l'enfant en palpant votre abdomen et écoute son cœur avec un stéthoscope obstétrical ou en plaçant des capteurs électroniques externes. Elle pourra rester à l'écoute des battements de son cœur pendant une vingtaine de minutes, afin de s'assurer qu'il reçoit assez d'oxygène pendant les contractions.

Autres examens de routine

On vous demandera peut-être de fournir un échantillon d'urine qui sera aussitôt analysé à la recherche de protéines (albumine) et de sucre. Vous pourrez demeurer dans la chambre des naissances ou la salle de travail ou vous serez conduite directement à la salle d'accouchement.

LES EXAMENS GYNÉCOLOGIQUES

Régulièrement, l'infirmière effectue des examens gynécologiques pour vérifier la position du bébé et la progression de la dilatation du col utérin. Interrogez-la si elle ne vous dit rien spontanément.

Vous serez réconfortée de savoir que le col se dilate, mais la dilatation peut ne pas progresser très rapidement. Comme l'examen est effectué en général entre deux contractions, vous devez prévenir l'infirmière lorsque vous sentez une contraction commencer.

Elle vous demandera de vous allonger, adossée aux oreillers, mais si vous trouvez la position inconfortable, il vous est possible de vous allonger sur le côté.

Essayez de vous détendre le plus possible, d'éliminer toute cause de gêne. Respirez lentement et profondément comme vous l'avez appris.

LE COL UTÉRIN PENDANT LE TRAVAIL

Normalement, le col est tenu fermé par un anneau musculaire. D'autres fibres musculaires, partant du col et se dirigeant vers le fond de l'utérus, se contractent pendant le travail, effaçant le col, puis l'élargissant jusqu'à ce qu'il soit assez dilaté pour livrer passage à la tête de l'enfant.

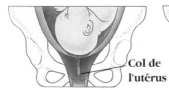

Col de l'utérus

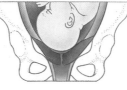

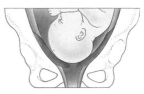

1 Le col se ramollit sous l'influence d'une hormone.

2 De petites contractions commencent à effacer le col.

3 Une fois effacé, il se dilate sous l'effet de fortes contractions.

LES ATTITUDES À ADOPTER PENDANT LE PREMIER STADE

Au début du travail, essayez différentes positions, car certaines sont plus confortables que d'autres selon le moment. Expérimentez-les à l'avance : il sera plus facile alors d'obéir aux indications de votre corps.

Parfois, vous aurez envie de vous allonger : couchez-vous sur le côté, la tête et les cuisses calées par des coussins et non sur le dos.

Tenir le haut du corps droit

Pendant les premières contractions, appuyez-vous contre un mur, un siège ou un lit. Agenouillez-vous si nécessaire.

Prendre appui sur son compagnon

Au début du travail, quand vous marchez dans la pièce, vous pourrez avoir envie de vous appuyer contre votre conjoint pendant les contractions. Il peut vous masser le dos, vous caresser les épaules.

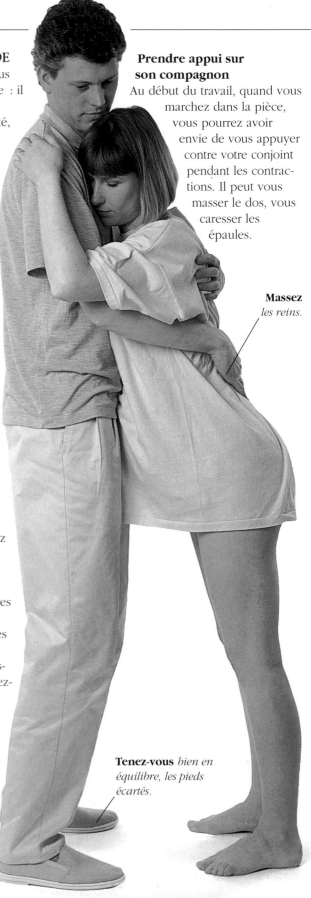

Massez *les reins.*

CE QUE PEUT FAIRE LE CONJOINT

■ Pendant les contractions, offrez soutien, éloges et réconfort. Ne vous inquiétez pas si elle se montre désagréable : vous êtes très important pour elle.

■ Rappelez-lui les techniques de relaxation et de respiration qu'elle a apprises (voir pp. 48 et 49).

■ Essuyez-lui le front, faites-lui boire un peu d'eau, tenez-lui la main, massez-lui le dos, suggérez-lui un changement de position, faites tout pour l'aider. Sachez à l'avance quels massages, quelles caresses elle aime.

■ Jouez le rôle d'intermédiaire entre votre compagne et le personnel de la maternité. Soyez son porte-parole, par exemple si elle demande qu'on soulage sa douleur.

Tenez-vous *bien en équilibre, les pieds écartés.*

S'asseoir, penchée en avant

Asseyez-vous à cheval sur une chaise et appuyez-vous au dossier garni d'un oreiller ou d'un coussin, tête posée sur les bras repliés. Gardez les genoux écartés. Vous pouvez aussi mettre un coussin sur le siège de la chaise.

À genoux et penchée en avant

Agenouillez-vous, jambes écartées, et laissez-vous aller sur une pile d'oreillers. Essayez de garder le dos aussi droit que possible. Asseyez-vous sur le côté entre les contractions.

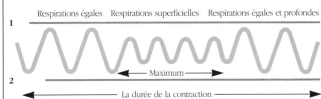

LA RESPIRATION PENDANT LE PREMIER STADE

Respirations égales   Respirations superficielles   Respirations égales et profondes

1

← Maximum →

2

← La durée de la contraction →

Au début et à la fin d'une contraction, respirez régulièrement et profondément : inspirez par le nez (1), expirez par la bouche (2). Au maximum de la contraction, pratiquez une respiration légère, superficielle, en aspirant et en soufflant par la bouche. Ne le faites pas trop longtemps, la tête pourrait vous tourner.

À quatre pattes

Prenez appui sur les genoux et sur les mains, par terre ou sur un matelas. Faites basculer votre bassin en avant et en arrière. Ne cambrez pas le dos. Entre les contractions, détendez-vous en posant la tête sur les avant-bras.

ACCOUCHEMENT DIT « PAR LES REINS »

Quand la tête du bébé est tournée vers votre abdomen, elle appuie sur votre colonne vertébrale, causant une douleur lombaire. Pour soulager cette douleur :

■ pendant les contractions, adoptez la position à quatre pattes, pour éloigner le bébé de la colonne vertébrale et faites faire à votre bassin des mouvements de bascule entre deux contractions ;

■ demandez à votre conjoint de vous masser le dos ou de tenir une bouillotte d'eau chaude contre votre colonne vertébrale entre les contractions.

AIDEZ-VOUS VOUS-MÊME

■ Déplacez-vous, marchez entre les contractions : vous supporterez mieux la douleur. Pendant les contractions, adoptez une position confortable.

■ Tenez-vous le plus droite possible, pour que la tête du bébé appuie bien sur le col, accroissant la force des contractions et leur efficacité.

■ Concentrez-vous sur la respiration pour vous calmer.

■ Entre les contractions, détendez-vous (voir p. 48 et 49) pour économiser votre énergie.

■ Chantez, ou même grognez, ou gémissez, pour alléger la douleur.

■ Fixez votre regard sur un objet ou un endroit précis pour détourner votre esprit des contractions.

■ Considérez chaque contraction comme un tout, ne pensez pas à la suivante. Vous pouvez imaginer que vous devez surmonter une vague pour atteindre le bébé.

■ Urinez souvent pour que votre vessie ne gêne pas le passage de l'enfant.

Le massage des reins

Il soulage les maux de reins et vous calme. Votre compagnon peut masser le bas de la colonne vertébrale en décrivant de petits mouvements circulaires, appuyés, avec la paume de la main. Talquez la zone de massage pour ne pas l'irriter.

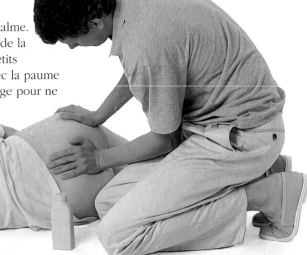

LA PHASE DE TRANSITION

LE MOMENT le plus pénible du travail se situe souvent à la fin du premier stade, quand les contractions sont les plus fortes. Elles durent environ 1 minute et peuvent se reproduire toutes les 2 à 3 minutes, ce qui laisse bien peu de temps pour se reposer. Cette phase, dite de transition, dure souvent 1/2 heure. Vous serez fatiguée, parfois découragée et en larmes, énervée, ou tout simplement à bout de nerfs. Vous allez perdre tout sens du temps et somnoler entre les contractions. Nausées, vomissements et frissons sont alors fréquents.

Finalement, vous allez éprouver un impérieux besoin de pousser, mais, si vous poussez trop tôt, le col peut s'œdématiser. Prévenez l'infirmière que vous avez envie de pousser. Elle vous examinera et vous dira si le col est à dilatation complète.

Pour vous empêcher de pousser

Si l'infirmière vous déclare que le col n'est pas complètement dilaté, respirez bien (voir encadré) en vous mettant dans la position décrite ci-dessous.

Vous pouvez aussi utiliser le masque à anesthésie (voir p. 64). Agenouillez-vous, penchez-vous en avant, la tête sur les avant-bras. Cette position diminue l'envie de pousser.

LA RESPIRATION PENDANT CETTE PHASE

Inspirations courtes   Inspirations courtes   Inspirations courtes

1

2

Souffler   Souffler   Souffler doucement

Si vous voulez pousser trop tôt, prenez deux courtes inspirations et expirations (« ouh, ouh, ffouou »), et expirez plus longuement. Quand le besoin de pousser se calme, expirez lentement et régulièrement.

CE QUE PEUT FAIRE LE CONJOINT

■ Encouragez-la, essayez de l'apaiser, essuyez son front et, si elle ne veut pas qu'on la touche, restez en retrait.
■ Respirez avec elle au rythme des contractions.
■ Enfilez-lui des chaussettes de laine et maintenez-lui les jambes si celles-ci tremblent.
■ Si elle veut pousser, appelez l'infirmière tout de suite.

LE COL UTÉRIN PENDANT LE TRAVAIL

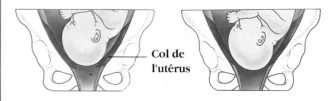

Col de l'utérus

A 7 cm (grande paume), l'infirmière sent le col bien dilaté autour de la tête du bébé.

Quand l'infirmière ne sent plus du tout le col (au-delà de 10 cm), la dilatation est complète.

LE SECOND STADE DU TRAVAIL

UNE FOIS le col dilaté, vous pouvez pousser, la seconde phase du travail commence. C'est une étape beaucoup plus agréable que la précédente parce que vous pouvez maintenant joindre vos efforts aux puissantes contractions utérines et participer à l'expulsion du bébé.

Même si les contractions sont plus fortes, elles paraissent moins insupportables. Il est difficile de pousser, mais l'infirmière et votre compagnon vous aideront à trouver la position la plus confortable. L'infirmière va aussi vous guider, vous encourager, pour que vous poussiez au moment où il le faut. Prenez votre temps ; appréciez le fait de pousser. Cette seconde phase dure environ 1/2 heure s'il s'agit d'un premier enfant.

LA RESPIRATION POUR LE SECOND STADE

Respiration profonde   Respirations régulières et profondes   Respirations régulières

1

Poussée   Poussée

2

Quand vous avez envie de pousser (cela peut se produire à plusieurs reprises au cours d'une contraction), inspirez profondément et retenez votre respiration pendant que vous poussez, si cela vous aide. Laissez-vous guider par votre corps. Entre les poussées, prenez quelques inspirations.

POSITIONS PENDANT L'EXPULSION

Certains médecins vous laissent choisir la position : accroupie, assise, etc.

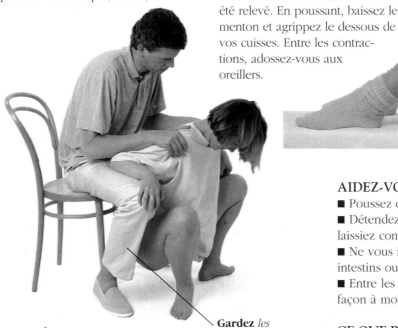

Gardez *les jambes bien écartées.*

L'accroupissement

C'est une excellente position pour accoucher, car elle ouvre le bassin et utilise la pesanteur pour expulser le bébé. Mais, sauf si vous vous y êtes déjà exercée (voir p. 47), vous la trouverez peut-être vite fatigante.

Votre conjoint peut s'asseoir tout au bord d'une chaise, jambes écartées : accroupissez-vous entre ses genoux, en appuyant vos avant-bras sur ses cuisses pour vous soutenir.

L'accouchement médicalisé classique

La femme est installée, en position gynécologique sur une table dite « d'accouchement ». Elle est assistée pendant le travail par une infirmière et un médecin obstétricien, qui prend en charge l'accouchement.
Comme dans toutes les autres façons d'accoucher, la présence du conjoint est importante. Il doit réellement « participer » à l'accouchement.

Cette position permet un contrôle aisé de l'expulsion de l'enfant.

Pendant toute la durée de l'accouchement, le rythme cardiaque du bébé est surveillé par monitoring.

Assise, le dos droit

C'est une position plus courante : assise dans un lit, le dos soutenu par des oreillers, ou sur la table d'accouchement, dont le dossier a été relevé. En poussant, baissez le menton et agrippez le dessous de vos cuisses. Entre les contractions, adossez-vous aux oreillers.

AIDEZ-VOUS VOUS-MÊME

■ Poussez doucement, régulièrement, pendant la contraction.
■ Détendez la musculature du périnée, comme si vous vous laissiez complètement aller.
■ Ne vous inquiétez pas à l'idée de ne pas maîtriser vos intestins ou votre vessie.
■ Entre les contractions, reposez-vous le plus possible de façon à mobiliser toute votre énergie pour pousser.

CE QUE PEUT FAIRE LE CONJOINT

■ Aidez-la à se détendre entre les contractions, encouragez-la, soutenez-la.
■ Prévenez-la quand vous voyez la tête du bébé apparaître, mais ne vous étonnez pas si elle ne tient aucun compte de votre présence durant l'accouchement.

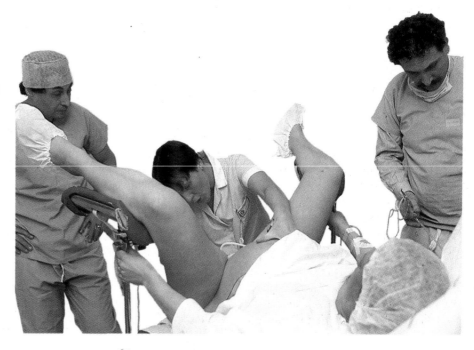

LA NAISSANCE

VOTRE BÉBÉ est sur le point de naître. C'est un moment exaltant, car dans quelques instants, vous allez pouvoir le tenir dans vos bras et le serrer sur votre cœur. Vous ressentez sans doute un grand soulagement d'être délivrée mais, dans le même temps, vous êtes agitée de sentiments divers : émerveillement, joie intense.

Détendez-vous en compagnie du père
Votre conjoint vous calmera et vous aidera à supporter les longues heures passées en salle de travail.

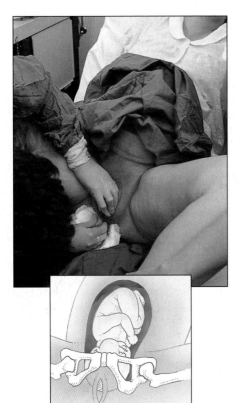

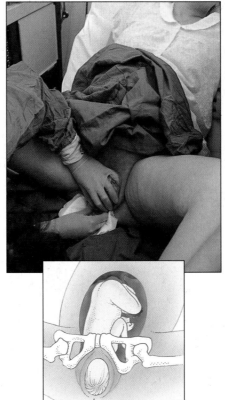

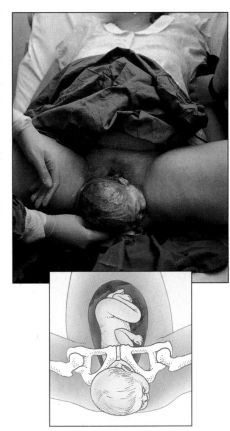

1 La tête du bébé approche de l'orifice vaginal, et votre compagnon peut voir le périnée bomber à l'endroit où elle appuie. Peu après, la tête devient visible : elle avance lors de chaque contraction. Si elle recule quand la contraction s'apaise, ne perdez pas courage : c'est tout à fait normal.

2 Quand la tête parvient à la vulve (stade du grand couronnement), le médecin vous dit : « Ne poussez plus ! », car si la tête sortait trop vite, vous risqueriez une déchirure. Détendez-vous, haletez – comme le ferait un chien – pendant quelques secondes. Si le risque de déchirure se précise, ou si le bébé souffre, une épisiotomie est effectuée (voir p. 66). Au moment où la tête distend l'orifice vaginal, la sensation est cuisante, mais brève, et bientôt suivie d'un engourdissement des tissus distendus.

3 La tête sort, le visage tourné vers le sol. Le médecin va chercher le cordon ombilical pour s'assurer qu'il n'est pas enroulé autour du cou du bébé (si tel est le cas, il fera passer la boucle par-dessus sa tête au moment de l'expulsion). Puis la tête de l'enfant pivote pour s'aligner sur ses épaules. Le médecin nettoie les yeux, le nez, la bouche et, si nécessaire, aspire avec un tube tout liquide pouvant encombrer les voies respiratoires supérieures.

QUESTIONS & RÉPONSES

« J'ai peur de me blesser pendant l'expulsion. Y a-t-il un danger ? »
Vous ne vous blesserez pas en poussant. Les parois du vagin sont extensibles et plissées. Elles peuvent se distendre au passage du bébé.

« Devrai-je nourrir mon enfant sitôt après la naissance ? »
Offrez le sein au nouveau-né et laissez-le faire. Vous n'avez sans doute pas de lait, mais un nouveau-né a souvent envie de téter. Ce geste le réconfortera.

LE TEST D'APGAR

Aussitôt après la naissance, le médecin vérifie la respiration et le rythme cardiaque, la couleur de la peau, les mouvements du bébé et ses réactions aux stimulations. Il effectue un test d'Apgar, qui se note entre 0 et 10. La plupart des bébés obtiennent entre 7 et 10. Le test est effectué de nouveau 5 minutes plus tard ; une cotation peut très bien ainsi se trouver améliorée.

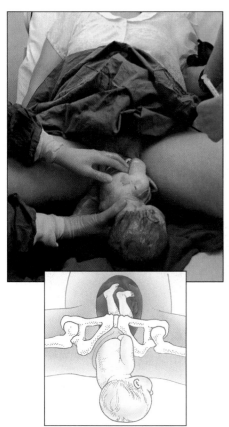

En famille
Après la naissance, détendez-vous et passez quelques moments paisibles avec le bébé.

4 Les deux contractions suivantes expulsent le corps. Le médecin prend le bébé par les aisselles et le pose sur votre ventre, encore attaché au cordon. Au début, le bébé est violacé. Il peut être enduit de vernix caseosa et présenter des traînées de sang sur la peau. Peut-être pleure-t-il. S'il respire normalement, vous pouvez le prendre et le mettre au sein. Sinon, le médecin peut désencombrer de nouveau ses voies respiratoires et, si nécessaire, lui administrer de l'oxygène.

LE TROISIÈME STADE

Durant l'expulsion ou aussitôt après, vous recevrez parfois une injection d'ocytociques, produit qui aide l'utérus à se contracter fortement et qui déclenche la délivrance (l'expulsion du placenta) presque immédiatement. Si l'on attend que la délivrance se produise naturellement, vous pourrez perdre davantage de sang, et il y a un risque d'hémorragie.

Pour faciliter la délivrance, le médecin pose une main sur votre ventre tout en tirant doucement de l'autre sur le cordon. Une fois le placenta expulsé, il est examiné avec attention pour voir s'il est complet.

APRÈS LA NAISSANCE

Votre toilette sera effectuée, et des points de suture seront posés si vous avez subi une épisiotomie. Le médecin mesure et pèse le bébé, vérifie rapidement si tout est normal. Le nouveau-né peut recevoir de la vitamine K pour prévenir une rare maiadie du sang. Le cordon ombilical est pincé et coupé peu après la délivrance, surtout si vous avez reçu des ocytociques.

SUPPRIMER LA DOULEUR

LE TRAVAIL EST UNE PHASE douloureuse à supporter, mais chaque contraction vous rapproche de la naissance de votre enfant. Peut-être ne voulez-vous pas prendre d'analgésiques. Toutefois, à ce stade, tout dépendra de la façon dont se déroulera le travail et de votre tolérance à la douleur. Vous devriez mieux pouvoir la supporter en suivant les méthodes exposées aux pages 59 et 61 ; une douleur empire toujours quand on essaie de lutter contre elle. Si elle devient intolérable, demandez des analgésiques, et ne considérez pas cela comme une capitulation.

Gaz anesthésique
Vous contrôlez le gaz que vous inhalez et vous pouvez vous déplacer.

Appliquez *fermement le masque.*

L'ÉPIDURALE

L'épidurale est une anesthésie qui insensibilise les nerfs de la moitié inférieure du corps. Elle est particulièrement indiquée si le travail est long, si vous souffrez des reins, ou si vous êtes anxieuse ou fatiguée. De plus en plus de services hospitaliers proposent l'épidurale. L'anesthésie épidurale peut être décidée à différents moments, plus ou moins précocement selon l'intensité des contractions et le stade du travail. Parfois, on écourte l'expulsion par la pose de forceps ou de spatules, ce qui n'entraîne aucune douleur grâce à l'insensibilisation.

On vous demande d'arrondir le dos (de faire le « gros dos »), le menton sur les genoux.

L'anesthésique est injecté dans la partie inférieure du dos au moyen d'une aiguille creuse qui est laissée en place de façon à pouvoir ajouter de l'anesthésique si nécessaire. L'anesthésique est éliminé en deux heures. On vous posera également une perfusion dans le bras et vous serez surveillée par monitoring.

Les effets
Sur vous. Si l'épidurale remplit son office, vous ne sentirez rien, vous resterez consciente de ce qui se passe. Certaines femmes peuvent éprouver un malaise et souffrir de maux de tête pendant quelques heures. Vos jambes resteront lourdes pendant quelque temps.
Sur le bébé. Aucun.

Vertèbre
Aiguille creuse
Colonne vertébrale
Espace épidural

L'administration de l'anesthésique
Une aiguille creuse est insérée entre deux vertèbres. Une fine tubulure est fixée à l'aiguille et l'anesthésique est injecté.

ANESTHÉSIE PAR INHALATION

Le gaz anesthésiant est un mélange d'oxygène et de protoxyde d'azote. Il vous rend euphorique et se révèle utile à la fin du deuxième stade. Cette méthode est très peu utilisée au Québec.

La technique
Vous respirez le gaz au moyen d'un masque que vous tenez vous-même et qui est relié à une bouteille. Il faut inhaler quelques profondes bouffées au début de chaque inhalation.

Les effets
Sur vous. Parfois, le gaz ne fait qu'atténuer la douleur et se révèle insuffisant. Vous pouvez avoir la tête qui tourne ou des nausées.
Sur le bébé. Aucun.

L'ANALGÉSIQUE

Ce médicament est administré au début de la première phase du travail, surtout si vous êtes anxieuse et ne parvenez pas à vous détendre.

La technique
L'analgésique est injecté dans la cuisse ou la fesse. Il agit au bout de 20 minutes et son effet dure de 2 à 3 heures.

Les effets
Sur vous. Certaines femmes se sentent calmes, détendues, un peu somnolentes mais conscientes, tandis que d'autres se plaignent de perdre tout contrôle d'elles-mêmes et d'être comme ivres. Vous pourrez avoir des nausées et, probablement, vous n'aurez guère envie de bouger.
Sur le bébé. Si l'analgésique est administré tardivement, très peu de temps avant la naissance, il peut ralentir la respiration du bébé et le rendre somnolent. La dépression respiratoire est corrigée après la naissance et la somnolence se dissipe vite.

ÉLECTROSTIMULATION TRANSCUTANÉE

Cette technique atténue la douleur et stimule le système naturel de défense contre la douleur en vous envoyant dans le dos de petites impulsions électriques. Il n'existe que peu de maternités équipées d'un de ces appareils. Familiarisez vous avec son fonctionnement au cours du dernier mois de la grossesse.

La technique

Quatre coussinets contenant des électrodes sont appliqués sur votre dos, au niveau des nerfs qui environnent l'utérus. Les électrodes sont reliées par des fils à un boîtier de contrôle manuel au moyen duquel vous pourrez modifier vous-même l'intensité du courant.

Les effets

Sur vous. L'électrostimulation transcutanée n'atténue la douleur que chez certaines femmes, surtout lorsqu'elle est utilisée dès le début du travail. Si le travail est très douloureux, cette technique ne suffira sans doute pas.

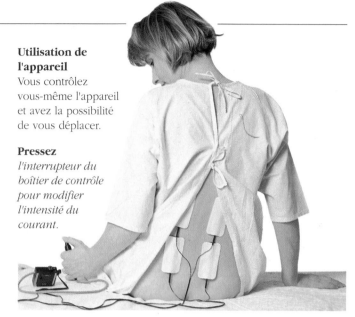

Utilisation de l'appareil
Vous contrôlez vous-même l'appareil et avez la possibilité de vous déplacer.

Pressez
l'interrupteur du boîtier de contrôle pour modifier l'intensité du courant.

LE MONITORING

TOUT AU LONG DU TRAVAIL, les battements du cœur du bébé seront surveillés de façon à déceler aussitôt le moindre signe de souffrance fœtale. Cette surveillance s'effectue au moyen d'un stéthoscope obstétrical ou du monitorage électronique.

LE STÉTHOSCOPE OBSTÉTRICAL

La sage-femme pose l'instrument sur votre abdomen de temps à autre pour écouter le cœur du bébé.

MONITORING OBSTÉTRICAL

Cet appareillage perfectionné permet d'enregistrer les bruits du cœur du bébé et vos contractions. Dans certaines maternités, toutes les femmes en travail seront placées systématiquement sous monitorage, mais d'autres n'utilisent cette technique que momentanément, sauf :

■ si le travail a été déclenché artificiellement (voir p. 66) ;
■ si vous êtes sous anésthésie péridurale ;
■ si vous avez un problème de santé qui fait courir un risque au bébé ;
■ si une souffrance fœtale a été constatée.

Le monitoring est indolore, mais il vous empêche de vous déplacer, ce qui peut rendre les contractions plus pénibles.

La technique

On vous demande de vous asseoir ou de vous allonger sur le lit, le dos calé par des oreillers. Des petits coussinets sont appliqués sur votre ventre par des sangles : ils permettent de surveiller le cœur du bébé et de surveiller vos contractions. Les tracés s'enregistrent sur un papier. Plus tard, après la rupture de la poche des eaux, le cœur du bébé peut être surveillé par des électrodes directement fixées sur son crâne. C'est la méthode la plus courante, et elle gêne moins que les capteurs placés sur votre abdomen.

Dans l'avenir, on disposera d'un système de surveillance à distance utilisant les ondes radio, appelé télémétrie. Vous ne serez plus alors reliée à une machine, ce qui vous laissera libre de vos mouvements.

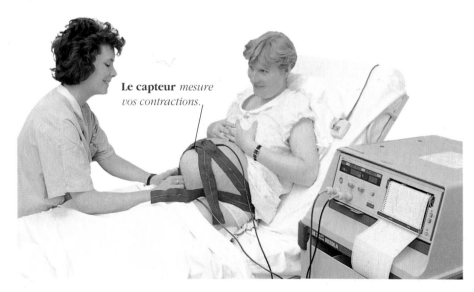

Le capteur *mesure vos contractions.*

LES TECHNIQUES PARTICULIÈRES

■ L'ÉPISIOTOMIE ■	■ L'ASSISTANCE ■	■ LE DÉCLENCHEMENT ■
Cette petite incision agrandit l'orifice vaginal et prévient les déchirures. Certains services hospitaliers la pratiquent plus volontiers que d'autres. Pour éviter épisiotomie ou déchirure : ■ apprenez à relâcher les muscles du périnée (voir p. 45) ; ■ restez bien droite pendant l'expulsion.	La venue au monde de l'enfant doit être aidée au moyen du forceps ou des spatules. Le forceps est utilisé lorsque le col est complètement dilaté et que la tête du bébé est engagée. Les spatules sont utilisées à la place du forceps par certains accoucheurs.	Le travail est déclenché ou accéléré s'il est trop lent. Comme la politique des maternités est à cet égard très variable, demandez combien de temps il vous faudra attendre avant que l'accouchement soit déclenché artificiellement.

Indications

Une épisiotomie peut être nécessaire si :
■ le bébé se présente par le siège, ou est prématuré, ou a une grosse tête, ou encore en cas de souffrance fœtale ;
■ vous avez besoin d'une assistance ;
■ vous ne contrôlez pas vos poussées ;
■ l'orifice vaginal ne se distend pas assez.

Indications

Vous pouvez avoir besoin d'une assistance instrumentale si :
■ votre bébé souffre et que vous-même êtes très fatiguée ;
■ votre bébé se présente par le siège ou est prématuré ; le forceps protégera sa tête lors du passage dans la filière pelvi-génitale.

Indications

Le travail est déclenché si :
■ vous avez dépassé le terme de plus d'une semaine ; si une souffrance fœtale est diagnostiquée ; si le placenta ne remplit plus ses fonctions ;
■ vous avez une tension artérielle élevée ou souffrez d'une maladie qui vous fait courir des risques ainsi qu'au bébé.

Technique

Une fois le périnée insensibilisé, une petite incision est pratiquée, à l'apogée d'une contraction, sur la partie arrière de l'orifice vaginal, un peu sur le côté. Parfois, l'accoucheur n'a pas le temps de faire une anesthésie locale, mais la distension des tissus les insensibilise et vous ne sentirez rien.

La suture d'une épisiotomie après l'accouchement peut prendre du temps, car il faut recoudre séparément les plans superposés de muqueuse et de muscles. Cela peut être douloureux : n'hésitez pas à réclamer une anesthésie. Les points de suture se résorberont seuls plus tard.

Technique

■ **Forceps.** L'anesthésie locale du périnée et une épisiotomie sont effectuées, puis le médecin place les cuillers du forceps de part et d'autre de la tête du bébé et tire doucement pour la faire progresser. Vous pouvez l'aider en poussant. Le reste du corps se dégage normalement.

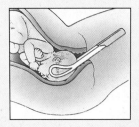

Forceps. Les cuillers forment une cage autour du crâne du bébé, le protégeant de la pression.

■ **Ventouse.** Une petite cupule de métal reliée à une pompe à vide est placée par voie vaginale sur la tête du bébé, qui est ensuite tiré vers l'extérieur au moment des poussées.

Technique

Le déclenchement est toujours programmé à l'avance, et vous serez probablement hospitalisée la veille au soir. Il existe trois méthodes :
1. l'insertion dans le vagin le soir ou tôt le matin d'un ovule contenant une hormone qui ramollit le col de l'utérus. Dans l'heure qui suit, le travail peut commencer. Cette méthode ne suffit pas toujours à déclencher le travail s'il s'agit d'une première grossesse ;
2. la rupture de la poche des eaux. Si le travail n'a toujours pas commencé dans les 8 ou 12 heures, le médecin perce la poche de liquide qui environne le fœtus. L'incision est généralement indolore. Les contractions se déclenchent presque toujours peu après ;
3. l'administration d'une hormone qui déclenche les contractions utérines. L'injection s'effectue au moyen d'un goutte-à-goutte intraveineux.

Effets

La gêne et la douleur sont normales après une épisiotomie. La plaie guérit en 10 à 14 jours, mais, si après ce laps de temps vous continuez à souffrir, consultez votre médecin. Une déchirure fait moins mal.

Effets

■ Le forceps peut laisser des marques de pression ou une meurtrissure de chaque côté de la tête du bébé, mais elles sont bénignes et s'effacent en quelques jours.
■ La ventouse peut causer un œdème qui s'effacera peu à peu.

Effets

Les contractions peuvent être violentes et douloureuses et moins espacées que lorsque le travail a commencé naturellement. Il existe maintenant des pompes qui permettent de moduler automatiquement le débit exact de gouttes par minute.

LA CÉSARIENNE

UNE CÉSARIENNE est l'extraction de l'enfant par voie abdominale. Elle est parfois prévue, mais elle peut être décidée en urgence en cas de complications pendant le travail. Lorsqu'elle est programmée à l'avance, elle est parfois effectuée sous anesthésie épidurale (voir p. 64), ce qui permet à la mère d'être parfaitement réveillée et consciente, et de prendre son bébé contre elle dès sa naissance. On peut aussi effectuer une épidurale lorsque l'opération est décidée alors que vous êtes déjà en travail, mais il est parfois préférable de procéder à une anesthésie générale.

PRÉSENTATION PAR LE SIÈGE

Le bébé se présente les fesses les premières dans 4 % des cas. Comme le pôle le plus volumineux du bébé (sa tête) sort le dernier, la tête est mesurée par échographie à la fin de la grossesse pour savoir si elle peut passer par le petit bassin. Lors d'un accouchement par le siège, le travail peut être plus long et plus pénible, et il doit toujours avoir lieu à la maternité. Une épisiotomie est nécessaire, le forceps est utilisé. Parfois, une césarienne est pratiquée : surtout lorsqu'il y a déjà eu une césarienne antérieure.

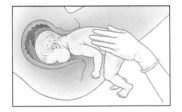

Dégagement des membres inférieurs

Le siège du bébé sort d'abord, puis ses membres inférieurs. Une épisiotomie est faite avant le dégagement de la tête.

LES JUMEAUX

En cas de grossesse gémellaire, il est plus prudent d'accoucher à l'hôpital : l'application du forceps est souvent nécessaire si les bébés sont prématurés ou si l'un des bébés se présente par le siège. Il y a un seul premier stade du travail, mais deux deuxièmes stades, un par bébé. Le second bébé naît en général de 10 à 30 minutes après le premier. Vous travaillerez doublement mais vous serez doublement heureux !

TECHNIQUE

La toison pubienne est rasée, une perfusion est posée au bras, ainsi qu'une sonde dans la vessie. L'incision est faite horizontalement, et le chirurgien évacue le liquide amniotique. Le bébé est ensuite extrait, souvent avec un forceps. Dès la délivrance (après l'extraction du placenta), vous pourrez tenir votre bébé contre vous. Du début de l'incision à la naissance, l'intervention prend 5 minutes, mais il faut une vingtaine de minutes pour suturer et fermer l'incision.

La suture de l'incision
Votre conjoint ou vous-même pouvez tenir le bébé pendant que le chirurgien referme l'incision.

L'incision
Elle est pratiquée horizontalement au ras du pubis. Une fois cicatrisée, elle sera presque invisible.

SUITES OPÉRATOIRES

On vous encouragera à vous lever très tôt et à marcher après l'opération. L'incision peut être douloureuse pendant quelques jours : demandez des analgésiques. Ne craignez rien : le fait de bouger, aller et venir ne fera pas se rouvrir la plaie. Commencez la gymnastique 48 heures après l'intervention (voir p. 72) et, 1 ou 2 jours plus tard, dès que vous n'avez plus de pansement, prenez une douche. Sauf s'ils sont résorbables, les fils seront enlevés 5 jours après la naissance et vous vous sentirez bien mieux au bout d'une semaine. Ne vous fatiguez pas pendant au moins 6 semaines. La cicatrice s'atténue en 6 mois.

Mettre le bébé au sein
Installez-le près de vous sur 1 ou 2 oreillers pour qu'il ne pèse pas sur la plaie.

LE NOUVEAU-NÉ

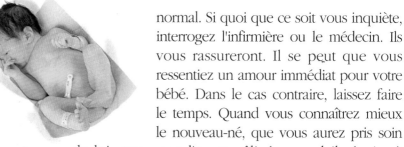

Votre bébé est sans doute bien différent de l'idée que vous vous en faisiez. Il vous semble tout petit et très fragile. Il se peut même que la forme de son crâne vous paraisse bizarre. Son corps est peut-être recouvert d'une substance blanchâtre et graisseuse appelée vernix caseosa. Ses divers systèmes ne fonctionnent pas encore efficacement : vous remarquez des taches, des pustules, des variations de couleur. Tout cela est normal. Si quoi que ce soit vous inquiète, interrogez l'infirmière ou le médecin. Ils vous rassureront. Il se peut que vous ressentiez un amour immédiat pour votre bébé. Dans le cas contraire, laissez faire le temps. Quand vous connaîtrez mieux le nouveau-né, que vous aurez pris soin de lui, que vous l'aurez câliné, quand il réagira à votre affection et sera apaisé par le son de votre voix, tout naturellement l'amour grandira.

PREMIÈRES IMPRESSIONS

NE SOYEZ PAS consternée si votre enfant ne vous semble pas parfait : peu de bébés le sont à la naissance. Il se peut que vous notiez des marques rouges, des taches variées, des irrégularités, qui toutes vont disparaître en une quinzaine de jours.

LA TÊTE
La forme bizarre de la tête est causée par la pression lors de l'accouchement. En 2 semaines, la forme du crâne sera devenue normale.
Sur le dessus se trouve la fontanelle ; les bords des os du crâne ne sont pas encore soudés. La soudure s'effectuera vers 18 mois.

La fontanelle *ne peut être lésée par les soins quotidiens.*

Votre bébé *peut avoir une chevelure abondante, ou être chauve.*

LES YEUX
Ils sont bleu marine à la naissance. La couleur définitive apparaît vers le 6ᵉ mois.
La bouffissure des paupières est souvent due à la pression de l'accouchement, mais demandez au médecin ou à l'infirmière d'examiner les yeux de votre bébé, car ils peuvent être infectés. Le strabisme est habituel. Le bébé paraît loucher, du moins pendant les premiers mois.

LA LANGUE
Elle semble collée au palais si bien que le bout paraît fourchu quand le bébé la tire. Mais l'extrémité de la langue va se développer durant la première année.

LES MAINS ET LES PIEDS
Ils peuvent être bleuâtres parce que la circulation ne se fait pas très bien. Si vous mettez le bébé dans une autre position, ils rosissent.
Les ongles sont souvent longs à la naissance. Attendez plusieurs semaines avant de les lui couper.

Les marques rouges *sont dues à la pression de l'accouchement .*

LES SEINS
Les seins d'un bébé peuvent être gonflés et même laisser sourdre un peu de lait. C'est normal, pour les filles comme pour les garçons. Le gonflement disparaît en quelques jours. Ne pressez pas pour faire sortir le lait.

LES ORGANES GÉNITAUX
Ils paraissent énormes, chez le garçon comme chez la fille.
Une fille peut avoir un écoulement vaginal, causé par les hormones maternelles. Il ne tarde pas à se tarir.
Les testicules du garçon sont souvent logés haut dans l'aine. Si cela vous inquiète, parlez-en au médecin.

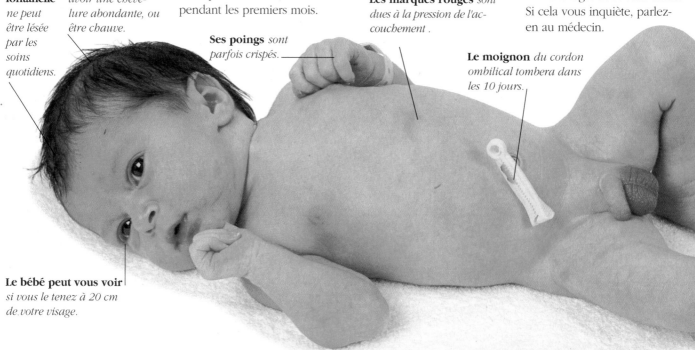

Ses poings *sont parfois crispés.*

Le moignon *du cordon ombilical tombera dans les 10 jours.*

Le bébé peut vous voir *si vous le tenez à 20 cm de votre visage.*

LA PEAU

Les taches et les éruptions sont fréquentes, elles disparaîtront d'elles-mêmes.

La peau des mains et des pieds pèle. Cela va cesser en 18 heures.

Un duvet sombre (le lanugo) peut recouvrir son corps, surtout en cas de prématurité. Il tombe au bout de 2 semaines.

L'enduit graisseaux et blanchâtre, le vernix caseosa, qui le protégeait dans l'utérus, peut le recouvrir entièrement. Il s'essuie facilement.

Les taches de naissance disparaissent pour la plupart.

■ Les taches rouges des paupières, du front, de la nuque disparaissent en 1 an.

■ Les fraises inquiètent parce qu'elles grossissent peu à peu ; elles disparaissent en général vers l'âge de 5 ans.

■ Les taches bleues (tache bleue sacrée) s'observent souvent dans le bas du dos des bébés à peau foncée.

■ Les naevi rouge vif ou pourpres sont définitifs.

LES SELLES

A la naissance, l'intestin des bébés contient une substance noirâtre et collante, le méconium. Dès que l'enfant s'alimente, ses fèces changent de couleur.

Les jambes du bébé paraissent arquées, parce qu'elles étaient repliées dans l'utérus.

LES PREMIERS EXAMENS

DURANT SA PREMIÈRE SEMAINE de vie, votre bébé sera examiné à maintes reprises. L'infirmière le pèse régulièrement, vérifie qu'il ne présente pas de signes d'infection ou de maladie. Vers le 2ᵉ jour, elle lui fera subir le test de Guthrie. De plus, un médecin examine le bébé au moins une fois durant les premiers jours : profitez de cette visite pour lui poser des questions.

L'EXAMEN GÉNÉRAL

Le médecin examine l'enfant de la tête aux pieds à la recherche d'une éventuelle anomalie.

1 Le médecin mesure la tête pour vérifier la normalité du périmètre cranien, examine la fontanelle, palpe le palais pour s'assurer qu'il est bien formé.

2 Il ausculte le cœur et les poumons. Le souffle cardiaque qu'il entend est normal et ne traduit pas une malformation dans la plupart des cas.

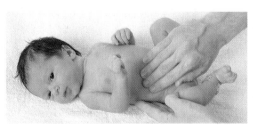

3 Il palpe le ventre pour vérifier la taille des organes intra-abdominaux. Il cherche aussi le pouls au niveau de l'aine.

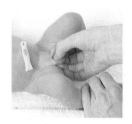 

4 Il examine les organes génitaux. Chez le garçon, il s'assure que les testicules sont descendus.

5 Il vérifie la mobilité des membres, de même que l'alignement des membres inférieurs et des pieds, la longueur des jambes et l'absence de pied-bot.

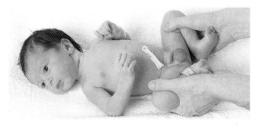

6 Il cherche une éventuelle luxation congénitale des hanches, en repliant les jambes sur le tronc et en faisant pivoter les cuisses.

LE TEST DE GUTHRIE

Ce test est effectué 2 ou 3 jours après la naissance. On prélève au talon du bébé quelques gouttes de sang qui seront analysées pour dépister une phénylcétonurie, une cause rare de handicap mental, ou une insuffisance thyroïdienne.

7 Il palpe avec le pouce la colonne vertébrale pour vérifier la présence de toutes les vertèbres.

LES SOINS SPÉCIAUX

CERTAINS NOUVEAU-NÉS ont besoin de soins spéciaux. Souvent parce qu'ils sont prématurés (nés avant la 37ᵉ semaine) ou présentent un poids insuffisant pour la durée de la grossesse (voir p. 39). Ces bébés risquent des problèmes de respiration, d'alimentation, de maintien de la chaleur corporelle et ont besoin d'un traitement spécial et d'une surveillance permanente. La période que le bébé doit passer dans un service de soins spéciaux est difficile à supporter. Non seulement vous êtes séparée de lui avant d'avoir pu faire sa connaissance, mais il faut vous habituer à le voir environné des appareils qui assurent sa sécurité. Au début, c'est impressionnant, mais vous serez rassurée une fois qu'on vous aura expliqué à quoi ils servent.

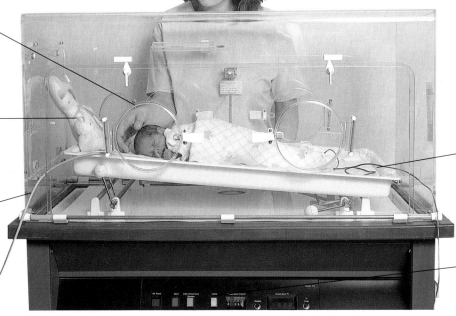

Orifices *permettant de passer les mains, de toucher le bébé, de lui parler.*

Vous pouvez *avoir envie de lui donner un jouet en peluche.*

Sonde d'alimentation. *Elle est glissée jusqu'à son estomac. Vous pouvez tirer votre lait pour le lui donner.*

Le bébé dans l'incubateur
Votre bébé a autant besoin d'amour et d'attention qu'un bébé né à terme.

Plateau orientable *qui facilite la respiration et l'alimentation.*

Thermostat *qui permet de régler la température de l'incubateur.*

FAITES CONNAISSANCE AVEC VOTRE BÉBÉ

Passez le plus de temps possible auprès du bébé. Certains hôpitaux logent les mères dans des chambres proches des bébés, ce qui leur permet de participer aux soins. Au début, le nouveau-né pourra vous paraître si petit et si fragile que vous n'oserez même pas le toucher. Mais un bébé réagit aux caresses et à la tendresse, et, même s'il ne peut être sorti de l'incubateur pour que vous le preniez dans vos bras (ce qui est parfois permis), vous pouvez lui parler avec douceur, le caresser en passant les mains par les orifices aménagés dans les parois de l'incubateur. Vous pouvez aider à le changer, à l'habiller.

POSEZ DES QUESTIONS

Parlez au médecin ou à l'infirmière de ce qui vous inquiète. Souvent, les parents n'osent pas poser de questions parce que leur bébé leur paraît si fragile qu'ils ont peur d'entendre les réponses. Mais dans les services de néonatalogie, même des bébés de moins de 28 semaines peuvent survivre.

L'ALIMENTATION

Si le bébé tète, vous pourrez le nourrir normalement. Sinon, il sera alimenté au moyen d'une sonde qui, glissée par le nez ou la bouche, aboutit à l'estomac.

L'ICTÈRE

De nombreux nouveau-nés, 3 jours après la naissance, ont une jaunisse : leur peau et le blanc des yeux se teintent légèrement de jaune. Cet ictère est causé par l'accumulation dans le sang d'un pigment, la bilirubine, que leur foie, immature, ne peut éliminer. Cet ictère disparaît en quelques jours. Comme le bébé peut être un peu somnolent, il faut le réveiller souvent et l'encourager à se nourrir. Le fait de placer son berceau près d'une fenêtre pour qu'il soit exposé au soleil facilite l'effacement de l'ictère. Un traitement par l'exposition à une lumière spéciale (photothérapie) est parfois institué dans les services de néonatologie. Dans les cas très graves, un traitement spécial est nécessaire.

L'ENFANT MORT-NÉ

Il s'agit d'une éventualité très rare. Le plus difficile à accepter, c'est de ne pas avoir connu l'enfant. Le voir après sa naissance, le tenir dans vos bras, lui donner un prénom vous permettront de le pleurer, comme toute personne aimée. C'est un mal nécessaire. Vous éprouverez sans doute des sentiments de colère et même de honte et de culpabilité. Vous voudrez savoir ce qui s'est passé, trouver quelqu'un, quelque chose à blâmer. Demandez à votre médecin de vous mettre en contact avec un groupe de parents qui se trouvent dans la même situation que vous.

APRÈS L'ACCOUCHEMENT

La semaine qui suit l'accouchement, efforcez-vous de dormir le plus possible et, pendant vos moments de loisir, n'essayez pas de faire tout le travail qui s'est accumulé. Vous avez besoin de beaucoup de repos. Un séjour à la maternité peut durer de 3 à 5 jours. Si vous rentrez à la maison plus tôt, une infirmière peut venir vous voir. Elle examinera votre utérus, vos seins, les sutures d'épisiotomie, vous conseillera, examinera le nouveau-né. Vous serez peut-être inquiète en constatant l'état de votre corps. Certes, vous avez perdu du ventre, mais votre abdomen n'est pas plat, vos seins sont volumineux, vos cuisses lourdes. Mais si vous faites vos exercices de gymnastique postnatale dès le lendemain de l'accouchement, en allongeant peu à peu leur durée, vous vous sentirez vite mieux.

CE QUE VOUS RESSENTIREZ

LES JOURS qui suivent l'accouchement, vous serez sans doute gênée, vous pourrez souffrir. Si quelque chose vous inquiète, dites-le à la sage-femme ou au médecin.

LES TRANCHÉES UTÉRINES

Vous avez des crampes abdominales, surtout quand vous donnez le sein, car l'utérus se contracte pour reprendre son volume d'avant la grossesse. C'est bon signe : votre corps redevient normal. Ces arrière-douleurs durent quelques jours.
Que faire ? Si les contractions sont intenses, un analgésique peut les atténuer.

LA VESSIE

Les premiers jours, vous urinez plus souvent, car le corps élimine l'excès de liquide fixé pendant la grossesse.
Que faire ? Vous pouvez avoir des difficultés à uriner au début et ressentir des douleurs. Essayez quand même d'uriner le plus tôt possible après l'accouchement.
■ Levez-vous et déplacez-vous pour faciliter l'écoulement.
■ Prenez une douche.
■ Si vous avez des points de suture, aspergez-les d'eau tiède quand vous urinez pour atténuer la brûlure de l'urine.

LES PERTES DE SANG

Les pertes de sang par le vagin, appelées lochies, peuvent durer de 2 à 6 semaines. Elles cesseront plus vite si vous allaitez. Au début, les lochies sont abondantes et rouges, puis elles brunissent. L'écoulement dure souvent jusqu'à la réapparition des règles.
Que faire ? Portez des serviettes sanitaires : les tampons internes peuvent provoquer une infection.

LES INTESTINS

Vous pouvez ne pas éprouver l'envie d'aller à la selle pendant un jour ou davantage après l'accouchement.
Que faire ? Levez-vous, déplacez-vous dès que possible ; aller et venir réveille la fonction intestinale.
■ Buvez beaucoup d'eau, mangez des aliments riches en fibres pour stimuler les intestins.
■ Allez à la selle quand vous en avez envie, ne forcez pas.
■ Vos points de suture ne se déferont pas quand vous irez à la selle, mais vous pouvez vous rassurer en appuyant dessus une serviette sanitaire propre pendant votre passage aux toilettes.

LES POINTS DE SUTURE

Pendant quelques jours, ils seront douloureux et fort gênants. La plupart se résorbent en 1 semaine.

Les plus externes s'éliminent souvent seuls.
Que faire ? Voici quelques idées utiles :
■ commencez vos exercices de rééducation périnéale dès que possible pour accélérer la guérison ;
■ gardez la zone suturée très propre en vous détendant dans un bain chaud. Séchez bien l'incision ensuite avec un séchoir à cheveux (réglé sur air froid) ;
■ apaisez la douleur en appliquant un sac de glace (ou un sac de petits pois congelés) sur l'incision ;
■ allongez-vous pour alléger la pression sur les points. Asseyez-vous sur une bouée en caoutchouc.

Soyez heureuse
Le plaisir d'avoir le bébé compense largement les petits désagréments des suites de couches.

LE « BABY BLUES »

Quelques jours après la naissance, lors de la montée de lait, de nombreuses femmes ont un coup de cafard. Ce peut être dû au bouleversement hormonal ou au retour à la vie ordinaire après l'exaltation de la naissance. Ce sentiment va bientôt se dissiper, mais si la dépression est intense et dure plus de 4 semaines, confiez-vous à votre médecin.

RETROUVER SA SILHOUETTE

EN EFFECTUANT tous les jours quelques exercices, votre silhouette redeviendra normale en moins de 3 mois, mais votre paroi abdominale ne sera toutefois pas aussi ferme qu'auparavant. Commencez doucement, car les ligaments sont encore relâchés ; arrêtez dès que vous avez mal ou êtes fatiguée. Adoptez cette ligne de conduite pour les exercices : peu à la fois et souvent.

<table>
<tr><td>■</td><td>ATTENTION</td><td>■</td></tr>
</table>

Si vous avez eu une césarienne, vous ne pourrez ni commencer les exercices abdominaux la première semaine ni faire les exercices de la deuxième semaine. Il vous faudra les remettre à plus tard. Consultez votre médecin avant de commencer la gymnastique, et cessez les exercices si vous avez mal.

1RE SEMAINE

Dès le lendemain de l'accouchement, vous pouvez commencer à rendre leur tonicité aux muscles distendus et affaiblis du périnée et de la paroi abdominale. Ces exercices de rééducation périnéale et de pédalage sont excellents si vous avez subi une césarienne.

RÉÉDUCATION PÉRINÉALE (dès le 1er jour)

Faites avec douceur quelques exercices de contraction et d'ascension du vagin (voir p. 45), le plus souvent possible, pour éviter les pertes involontaires d'urine. Il est important de les effectuer avant d'entreprendre les exercices de la 2e semaine. Si vous avez des points de suture, ce renforcement du périnée accélérera la guérison.

BATTEMENTS DE PIEDS (dès le 1er jour)

Les battements de pieds améliorent la circulation des membres inférieurs et empêchent l'œdème. Allongez le pied et fléchissez la cheville. Exercez-vous toutes les heures.

TONICITÉ DE LA PAROI ABDOMINALE (dès le 1er jour)

Un bon moyen de renforcer les abdominaux consiste à rentrer le ventre quand vous expirez en maintenant la contraction un moment puis en la relâchant. Faites cet exercice le plus souvent possible.

A partir du 5e jour, si tout va bien, faites aussi l'exercice suivant, deux fois par jour.

1 Allongez-vous sur le dos, tête et épaules soutenues par des oreillers, jambes fléchies et un peu écartées, bras croisés sur l'estomac.

2 Soulevez la tête et les épaules en soufflant, et, en même temps, appuyez de part et d'autre de la taille avec les paumes, comme si vous vouliez rapprocher les deux côtés. Tenez la position quelques secondes, puis relâchez-la.

2^E SEMAINE

Une semaine après l'accouchement, faites les exercices suivants tous les jours, pendant au moins 3 mois. Faites durer chaque exercice autant que vous pouvez le supporter. Commencez par la bascule du bassin et, quand vous la réussissez aisément, passez aux autres exercices. Si vous les trouvez trop pénibles, pratiquez quelques jours de plus la bascule du bassin. N'oubliez pas vos exercices de rééducation périnéale.

BASCULE DU BASSIN

1 Asseyez-vous bien droite sur le sol, jambes fléchies et un peu écartées, bras croisés.

2 Expirez en basculant le bassin vers l'avant et en vous penchant en arrière jusqu'à ce que vous sentiez se durcir les muscles du ventre. Tenez la position le plus longtemps possible en respirant normalement, puis inspirez et redressez-vous.

LES FLEXIONS LATÉRALES

1 Allongez-vous à dos plat, les bras le long du corps, les paumes des mains contre l'extérieur des cuisses.

2 Inclinez légèrement la tête et penchez-vous vers la gauche en faisant glisser la main vers le côté externe du genou. Reprenez la position n°1, puis faites l'exercice du côté droit. Quand c'est plus facile, faites-le 2 ou 3 fois avant de vous remettre à dos plat et de vous reposer.

L'ENROULEMENT

1 Allongez-vous à dos plat par terre, genoux pliés, pieds légèrement écartés. Posez les mains sur les cuisses.

2 Expirez, puis soulevez la tête et les épaules en vous étirant vers l'avant pour toucher vos genoux avec les mains. Ne vous inquiétez pas si vous n'y parvenez pas au début. Inspirez, détendez-vous.

QUAND CES EXERCICES SONT DEVENUS FACILES, ESSAYEZ :

■ de vous relever plus lentement et de tenir la position plus longtemps ;
■ de placer les mains sur la poitrine lorsque vous décollez la tête et les épaules ;
■ de faire l'exercice les mains sur la nuque.

LA VÉRIFICATION DU PÉRINÉE

Trois mois après la naissance, le périnée doit avoir retrouvé sa tonicité. Testez-la en sautillant. Si vous perdez quelques gouttes d'urine, poursuivez vos exercices de rééducation 1 mois de plus. Si vous perdez encore de l'urine après 4 mois, consultez votre médecin.

LE RÉTABLISSEMENT DU CORPS

VOTRE CORPS ne sera pas totalement rétabli avant 6 mois au moins mais, après 6 semaines, au moment de l'examen postnatal, il doit déjà avoir entamé son retour à la normale. Votre utérus a retrouvé son volume d'avant la grossesse. Vos règles ont sans doute réapparu, et, si vous faites assidûment votre gymnastique, vos muscles ont retrouvé en grande partie leur tonus.

L'EXAMEN DES 6 SEMAINES

A votre sortie de la maternité, le médecin vous avait donné un rendez-vous pour la consultation postnatale. C'est le moment de lui confier vos inquiétudes si vous en avez.

Ce que fera le médecin

■ Il mesurera votre pression sanguine et vous pèsera. Il prescrira une analyse d'urine.
■ Il examinera vos seins, votre abdomen et vos cicatrices.
■ Il procédera à un examen gynécologique afin de préciser le volume de l'utérus et sa position. Il fera peut-être un frottis vaginal.

■ Il vous interrogera sur vos désirs en matière de contraception : il vous prescrira la pilule ou un stérilet qu'il posera après les règles.

LES RÈGLES

Les premières règles après un accouchement, appelées « retour de couches », sont souvent plus abondantes que des règles normales. Leur date dépend de la façon dont vous nourrissez le bébé. Si vous donnez le sein, les règles pourront ne réapparaître qu'après le sevrage. Si vous nourrissez l'enfant au biberon, le retour de couches se produira dans les 4 à 6 semaines après la naissance.

QUESTIONS & RÉPONSES

« Quand pourrons-nous reprendre notre vie sexuelle ? »

Quand vous vous sentirez prêts tous les deux. Vous pouvez vous sentir encore endolorie pour supporter d'avoir des rapports sexuels bien après l'examen postnatal, ou vous pouvez en avoir envie plus tôt. C'est à vous de décider.

Reprenez votre vie sexuelle avec précaution au début. Détendez-vous. Utilisez une crème lubrifiante, car votre vagin est peut-être un peu sec.

« Je nourris mon enfant. Devons-nous suivre une méthode contraceptive ? »

Oui. Même si vous allaitez et n'avez pas vos règles, vous devez utiliser un contraceptif. Après la naissance, le médecin vous conseillera. Si vous préférez une méthode de contraception orale (la pilule), prévenez le médecin que vous allaitez. Il vous prescrira alors une pilule micro-progestative sans danger pendant l'allaitement. Vous pouvez également utiliser de produits spermicides locaux (ovules, crèmes, tampons éponge).

2

PUÉRICULTURE

■ ■ ■ ■ ■

*Guide pratique
des soins de l'enfant,
de la naissance à trois ans*

LES PRÈMIERES SEMAINES DE LA VIE

Rien ne peut véritablement préparer un couple à la présence d'un nouveau-né. Les premières semaines aux côté d'un bébé donnent l'impression d'être plongé dans un tourbillon de sensations et d'expériences nouvelles. Il vous faut apprendre à connaître cette petite personne et vous adapter à votre condition de parents. Tout demande apprentissage : nourrir l'enfant, l'habiller, faire sa toilette, deviner ce qu'il aime et ce qu'il n'aime pas. Pour prendre soin d'un nourrisson, il faut se montrer à la fois chaleureux,

attentionné, responsable, toutes qualités qui s'exprimeront en partie par instinct, mais devront aussi se cultiver. Vous acquerrez des talents nouveaux : bientôt, manger d'une main pendant que le bébé tète deviendra un automatisme. Ce chapitre montre comment un couple et son bébé, Émilie, se sont habitués l'un à l'autre. Tous les bébés sont différents, et vous découvrirez sans doute des façons toutes personnelles de vous débrouiller et de vous occuper de votre enfant pendant ces premières semaines.

« Les premières semaines n'ont pas été faciles. Vous vous croyiez capable et sûre de vous et vous prenez tout à coup conscience de vos responsabilités envers un nourrisson sans défense. Quelle angoisse!»

ÉMILIE À 1 SEMAINE

L'ombilic *est cicatrisé. Le moignon du cordon est tombé le 5ᵉ jour.*

Elle se tient recroquevillée, comme dans l'utérus. Ses poings sont crispés, et, quand elle est couchée sur le dos, sa tête pivote malgré elle sur le côté. Si ses mains entrent par hasard en contact avec sa bouche, elle les suce, cela la réconforte. Elle a perdu du poids, en passant de 3,54 kg à la naissance à 3,40 kg maintenant. C'est normal. Elle retrouvera son poids de naissance.

Ses bras et ses jambes *s'agitent de façon désordonnée.*

Les premiers jours à la maison
La vie avec le nouveau-né vous prend au dépourvu, l'apparente vulnérabilité du bébé éveille en vous des sentiments nouveaux et puissants. Très émue, vous fondez en larmes sans raison. Vous pouvez, par exemple, éprouver des angoisses en regardant le journal télévisé. Ne réprimez pas vos sentiments. Accordez toute votre attention à la petite vie dont vous avez la charge.

Le sommeil d'Émilie
Les nouveaux-nés dorment en moyenne 16 heures par jour mais Émilie dort moins. Certains jours, elle dort de 10 à 11 heures en tout et traverse une période d'agitation qui commence en fin d'après-midi et se prolonge tard dans la nuit. Pendant cette période, elle somnole par à-coups. Quand elle dort profondément, le monde extérieur n'existe plus pour elle. En 5 semaines, elle a adopté un rythme plus conforme au vôtre, marqué par un sommeil nocturne plus long. Elle s'endort plus tôt le soir.

La formation d'une famille

Vous êtes trois maintenant, et tout a changé. Votre conjoint n'est plus seulement votre mari, votre amant, il est votre compagnon d'aventure, votre allié : vous êtes devenus un couple de parents. L'enfant est autant à lui qu'à vous. Vos propres liens familiaux établis, éprouvés, vont évoluer avec subtilité : vous-même n'êtes plus seulement une fille, un fils, mais un parent qui a une nouvelle vie à charge. Votre existence est sens dessus dessous. Qu'importe ! Essayez de trouver encore un peu de temps pour vous consacrer l'un à l'autre. Souvent le nouveau père accuse davantage le choc de la naissance. Il a alors besoin de votre soutien autant que vous du sien. Faites-lui partager les soins du bébé : il peut se sentir plus nerveux que vous quand il tient le petit corps mou du bébé, mais il prendra vite de l'assurance.

« Les premiers jours m'ont empli de sentiments contradictoires, j'éprouvais du soulagement, un orgueil démesuré à l'idée d'être père ; j'étais anxieux pour Nathalie, épuisé par les exigences du bébé, et je commençais à regretter notre ancienne vie de couple, libre et heureuse. »

UNE JOURNÉE D'ÉMILIE

« Émilie semblait continuellement affamée. Comme Nathalie parvenait très bien à tirer son lait, le soir, quand Émilie pleurait, je la prenais et lui donnais un biberon. Je la changeais aussi, pour laisser Nathalie se reposer un peu. J'ai été surpris de constater que j'y prenais du plaisir et qu'une relation intime s'établissait entre nous. Nous nous amusions à de petits jeux, je lui faisais des grimaces, je la familiarisais avec ses mains et ses pieds. »

Établir une relation d'amour

Dès le début, votre relation avec le nouveau-né, qui est intense et partagée, va croître et se transformer en un amour durable. Quand vous approchez le bébé de votre visage pour lui parler, il vous regarde attentivement : cet échange de regards joue un rôle important. Bientôt, il va vous récompenser de vos efforts pour le calmer en s'apaisant au son de votre voix quand vous fredonnez ou quand vous lui parlez. Et, quand il est malheureux, il désire que vous le consoliez.

LA JOURNÉE TYPE D'UN NOURRISSON DE 3 SEMAINES

9 heures	**Émilie réveille** Nathalie par ses cris. Elle a eu une tétée à 5 heures du matin, et toutes deux se sont endormies côte à côte. Émilie se remet à téter.	**13 heures**	**Émilie** réclame une tétée. Ensuite, mère et fille font la sieste sur le canapé.
10 heures	**Nathalie emporte** Émilie dans la salle de bains pour faire sa toilette et la changer complètement (vêtements et couche). Puis elle l'installe dans son couffin et lui parle, tout en s'habillant.	**15h30**	**Nathalie** est réveillée par la visite de la puéricultrice à domicile, qui lui explique comment apaiser ses mamelons douloureux et réveille Émilie pour s'assurer de sa santé.
11 heures	**Émilie s'endort**. Nathalie charge la machine à laver le linge, puis elle range un peu et se repose. Mais elle ne parvient pas à s'endormir.	**16 heures**	**La puéricultrice** s'en va, mais Émilie est furieuse d'avoir été dérangée, et Nathalie lui donne le sein pour la calmer.
12 h 30	**Nathalie** déjeune.	**17h30**	**Nathalie** installe Émilie dans son landau et va chercher Thomas à l'arrêt d'autobus. Le mouvement endort le bébé.

« Lui frotter le ventre était un bon moyen de la calmer, mais il fallait frotter vite et fort et j'hésitais à le faire. Mais on se rend compte très vite à quel point les bébés sont résistants. »

Émilie en pleurs

Les cris sont le seul moyen pour un bébé d'exprimer son besoin d'amour et de bien-être. Répondez-lui toujours.

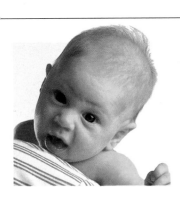

« J'étais stupéfaite de voir à quel point il était difficile de venir à bout de n'importe quelle petite tâche dans la journée. Quand Thomas rentrait du travail, il fallait qu'il prépare le dîner : parfois, je n'étais même pas encore habillée ! Cette vie désorganisée me désorientait. Je n'avais pas l'habitude d'avoir si peu de temps à moi. »

Émilie est réveillée
Bien calé contre votre épaule, le bébé a une bonne vision du monde et apprécie ses moments de veille.

18h 15	**De retour à la maison**, Émilie commence à pleurer. Nathalie lui donne le sein, la change, la berce. A cette heure-là, la tétée est le seul moyen de la calmer, mais cette tétée est douloureuse. Thomas fait un somme.	**22 heures**	**Émilie pleure toujours ;** elle s'apaise quelques instants, puis recommence. Thomas et Nathalie lui donnent du lait, la promènent dans la chambre, la bercent dans son moïse.
20h30	**Thomas se réveille**, et tous deux se relaient pour porter Émilie et préparer le repas. Émilie s'endort quelques minutes puis se réveille en pleurant. Le dîner est entrecoupé de petites tétées au sein et au biberon préparé avec du lait que Nathalie a tiré.	**2 heures du matin**	**Émilie s'endort** enfin. Thomas et Nathalie, épuisés, se couchent.
		4 heures du matin	**Émilie se réveille** en pleurant et Nathalie la prend avec elle dans le lit pour une tétée. Thomas la berce après la tétée.
		7 heures	**Le réveil sonne**, et Thomas se lève pour aller travailler; il a dormi 4 heures. Il dormira 2 heures ce soir en rentrant du travail.

Les autres membres de la famille
Vos parents, vos frères, vos sœurs, tous sont ravis de venir voir le nouveau-né, mais n'ayez aucun scrupule à limiter les visites.

L'indispensable repos
Toute jeune mère doit apprendre à s'accommoder du manque de sommeil. Pour récupérer, prenez autant de repos que possible, c'est encore plus important si vous allaitez. Reposez votre corps quand le bébé dort, même si vous ne dormez pas. Votre corps n'est pas assez vaillant pour supporter une activité fatigante. Tant pis pour le ménage.

LE NOURRISSON DE 6 SEMAINES

« A 6 semaines, Émilie était devenue une personne à part entière, tout à fait différente du paquet hurlant et vorace des premiers temps. Elle réagissait à chacun de nous à sa façon : ses sourires édentés m'ont été réservés quand je l'ai changée, mais, à cette époque, Nathalie s'en chargeait. Nous avons eu de la chance. Émilie était très éveillée, elle a tout fait pour gagner notre amour, aussi avons-nous vite appris à nous occuper d'elle. »

LES PRÉMATURÉS

Les premières semaines d'un nouveau-né à la maison sont particulièrement difficiles s'il est né prématurément. Il peut pleurer sans arrêt et refuser toute consolation. Il peut aussi être somnolent et se montrer très paresseux pour téter. A votre anxiété naturelle s'ajoute le sentiment qu'il vous rejette : quand on ne se sent pas aimé, il est plus difficile d'aimer en retour. Un prématuré exige davantage de soins : comme il se refroidit plus vite, la maison doit être chaude, surtout au moment du bain et du change. Il faut le nourrir plus souvent pour favoriser sa croissance. Même s'il a peu d'appétit et est difficile à nourrir, il faut lui donner à téter toutes les 3 heures au moins et le laisser boire autant qu'il le désire. Efforcez-vous d'être toute à lui : le moment venu, il réagira à vos attentions, et vous apprendrez à mieux le comprendre.

ÉMILIE À 6 SEMAINES

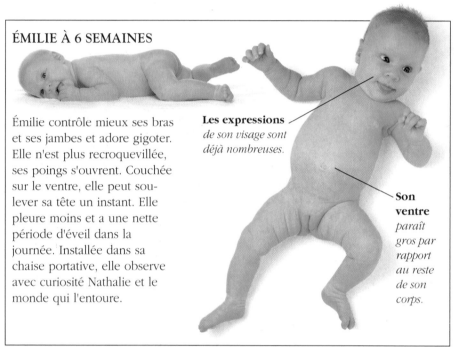

Émilie contrôle mieux ses bras et ses jambes et adore gigoter. Elle n'est plus recroquevillée, ses poings s'ouvrent. Couchée sur le ventre, elle peut soulever sa tête un instant. Elle pleure moins et a une nette période d'éveil dans la journée. Installée dans sa chaise portative, elle observe avec curiosité Nathalie et le monde qui l'entoure.

Les expressions *de son visage sont déjà nombreuses.*

Son ventre *paraît gros par rapport au reste de son corps.*

L'EXAMEN DU 2ᵉ MOIS

En général, à la fin du premier mois, Émilie a déjà subi son 2ᵉ examen médical, mais à 8 semaines, les progrès sont encore plus nets.

1 **Examen général**. Le médecin interroge Nathalie sur le comportement de sa fille et sur son état. Il réveille le bébé, lui parle pour voir comment il réagit aux nouveaux visages. Il cherche à provoquer le sourire qui lui montrera que la sociabilité de l'enfant se développe normalement. Il vérifie sa vision en déplaçant un hochet dans son champ visuel. Émilie reçoit aussi ses premiers vaccins DCT-sabin (voir p. 196).

Émilie contrôle *déjà en partie les muscles de son cou.*

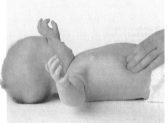

2 Le tonus des membres et de la musculature. Le médecin déshabille lui-même Émilie pour vérifier son tonus musculaire et la motricité de ses membres.

3 Le contrôle de la tête. Le médecin soulève Émilie pour voir si elle tient bien sa tête. Puis il l'assoit pour s'assurer que la tête tient dans cette position.

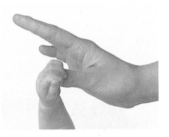

4 Le réflexe de préhension. Un bébé à la naissance peut agripper le doigt d'un adulte et le serrer fort. À 7 semaines, ce réflexe a souvent disparu.

5 Le périmètre crânien. Le médecin mesure la tête d'Émilie pour vérifier sa croissance. Sa circonférence est de 38 cm.

6 Le cœur. Le médecin ausculte Émilie et vérifie l'absence de souffle. Le rythme de 120 battements par minute est normal durant la première année.

7 Les organes internes. Le médecin palpe le ventre d'Émilie : le foie et la rate sont normaux. Aucun viscère n'est trop volumineux ou de forme anormale.

9 La pesée. Émilie a été pesée chaque semaine, avec sa couche. Elle sera pesée à chaque visite médicale et toutes les fois que Nathalie le demandera : un poids normal pour l'âge traduit souvent une bonne santé. Pendant plusieurs années, la courbe de poids et de taille de la croissance restera un repère important.

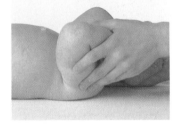

8 L'articulation de la hanche. Le médecin vérifie que l'ouverture des cuisses est bonne (volant d'abduction), confirmant le bon état des hanches.

Le poids d'Émilie *est reporté sur sa courbe de poids.*

LA MANIPULATION DU BÉBÉ

Très tôt, un nourrisson a besoin de contact et de confort autant que de nourriture, de chaleur et de sommeil. Au début, vous allez vous sentir nerveuse à l'idée de le tenir et de le dorloter ; vos mains sont maladroites, ses membres sont si mous, son cou et sa tête paraissent si fragiles. Mais une manipulation soigneuse, normale, ne peut pas lui faire de mal et même sa fontanelle (sur le dessus de sa tête) est bien protégée par une membrane résistante. Toutefois, si vous le prenez brusquement sans soutenir ses jambes, vous pouvez le faire sursauter parce qu'il a peur de tomber. Mais, bientôt, vous allez apprendre à vous faire mutuellement confiance. En acquérant un meilleur contrôle de ses muscles, le bébé va commencer à apprécier certains jeux turbulents. À 4 ou 5 mois, il aimera sans doute que vous le souleviez à bout de bras et au-dessus de votre tête ou que vous l'installiez sur vos épaules. S'il est timoré, manipulez-le doucement jusqu'à ce qu'il ait pris de l'assurance. Adaptez-vous à son humeur, laissez-le imposer son propre rythme à vos jeux.

PRENDRE ET POSER UN NOURRISSON

PARLEZ AU BÉBÉ tout en le changeant de position. Vous verrez que votre voix lui est familière et le rassure. N'oubliez pas qu'avant la 8e semaine, il ne contrôle ni sa tête ni ses muscles, et qu'il faut donc soutenir tout son corps pour empêcher sa tête et ses membres de ballotter.

SOULEVER UN BÉBÉ

1 Si le bébé est couché sur le dos, glissez une main sous ses fesses et le bas de son dos.

2 Glissez ensuite l'autre main sous son cou et sa tête, par l'autre côté, et commencez à le soulever.

3 Soulevez-le lentement, avec douceur, pour que tout son corps soit soutenu et que sa tête ne bascule pas.

4 Nichez sa tête au creux de votre coude ou contre votre épaule pour qu'elle ait un appui.

POSER UN BÉBÉ

1 Glissez une main sous sa tête et son cou tandis que, de l'autre, vous soutenez ses fesses. Abaissez-le doucement, lentement, jusqu'à ce qu'il repose sur le matelas, confortablement installé.

2 Libérez la main qui soutenait ses fesses et, de cette main, soutenez sa tête tandis que vous libérez l'autre. Abaissez doucement la tête, ne la laissez pas retomber en arrière sur le matelas. Ne retirez pas brusquement votre bras.

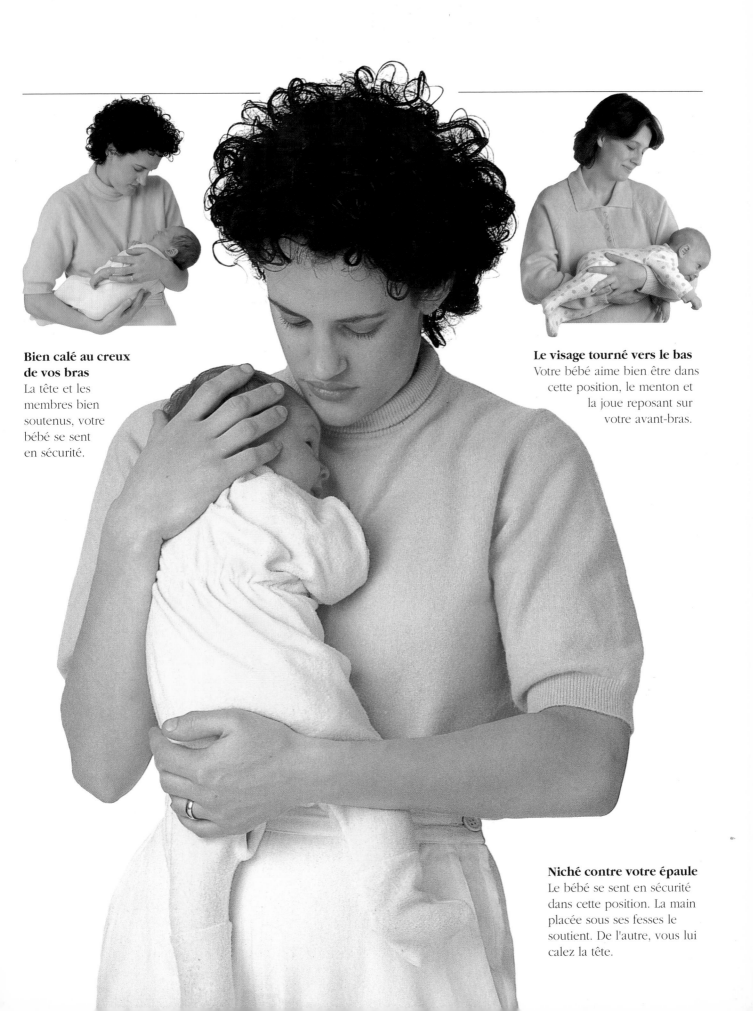

**Bien calé au creux
de vos bras**
La tête et les
membres bien
soutenus, votre
bébé se sent
en sécurité.

Le visage tourné vers le bas
Votre bébé aime bien être dans
cette position, le menton et
la joue reposant sur
votre avant-bras.

Niché contre votre épaule
Le bébé se sent en sécurité
dans cette position. La main
placée sous ses fesses le
soutient. De l'autre, vous lui
calez la tête.

PRENDRE UN BÉBÉ COUCHÉ SUR LE CÔTÉ

1 Quand il dort couché sur le côté dans son berceau ou dans son couffin, l'enfant est en sécurité. Pour le soulever, glissez une main sous son cou et sa tête, et l'autre sous ses fesses.

2 Prenez-le dans vos bras en lui tenant la tête. Soulevez-le lentement avec douceur.

3 Calez-le contre vous, puis glissez votre avant-bras sous sa tête.

4 La tête au creux de votre coude, le bébé se sent en sécurité.

COUCHER UN BÉBÉ SUR LE CÔTÉ

1 Pour coucher votre bébé, penchez-vous pour le descendre jusqu'au matelas, bien calé dans vos bras, la tête nichée au creux de votre coude.

2 Une fois qu'il repose sur le matelas, retirez la main qui soutenait ses fesses.

3 Levez-lui un peu la tête pour dégager votre bras et reposez-la doucement.

PRENDRE UN BÉBÉ COUCHÉ À PLAT VENTRE

1 Glissez une main sous sa poitrine : votre avant-bras lui soutiendra le menton quand vous le soulèverez. L'autre main est sous le bas-ventre à la hauteur des fesses.

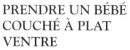

2 Soulevez-le lentement en le tournant face à vous. Approchez-le de vous et avancez le bras qui soutient sa tête pour qu'elle se niche au creux de votre coude. Placez l'autre main sous ses fesses et ses cuisses : ainsi, il est bien calé et se sent en sécurité.

LES PORTE-BÉBÉS

LES HARNAIS porte-bébés sont un bon moyen de transport pendant les 3 premiers mois : le contact de votre corps, le mouvement de vos déplacements calment l'enfant tout en vous laissant les mains libres. Le harnais est facile à fixer sans aide ; pour l'enlever, faites les opérations en sens inverse.

Le porte-bébé *doit être pourvu d'un appuie-tête rigide.*

Les porte-bébés *ventraux conviennent mieux aux tout-petits.*

Les bretelles *larges sont plus confortables pour vous.*

Le matériau *de fabrication doit être lavable en machine.*

POUR METTRE UN PORTE-BÉBÉ

1 Attachez la ceinture ; si vous ne pouvez pas l'agrafer derrière, fixez-la devant et faites pivoter l'ensemble.

2 Soulevez le bébé, calez-le contre votre épaule, une main derrière sa tête.

3 Asseyez-vous sur une chaise et penchez-vous en arrière pour que le poids du bébé repose sur votre poitrine et votre estomac. Remontez la poche, passez les jambes du bébé par les orifices, en tirant sur les courroies et non sur les jambes.

4 D'une main, relevez les bretelles sur vos épaules en retenant le bébé de l'autre main, en prenant garde de ne jamais le lâcher.

5 Au fur et à mesure que vous vous redressez, le poids du bébé se porte sur le harnais.

Le réglage *des bretelles doit être calculé pour que vous n'ayez pas mal au dos.*

UNE FOIS LE BÉBÉ INSTALLÉ

Si vous vous penchez en avant, soutenez la tête du bébé : l'appuie-tête n'est pas assez rigide.

LES JEUX PHYSIQUES

TENEZ-LE LE VISAGE TOURNÉ VERS L'AVANT

A 3 mois, visage tourné vers l'avant, votre bébé à une bonne vision du monde qui l'entoure. Glissez une main entre ses jambes, l'autre autour de sa poitrine. Sa tête n'a plus besoin d'être soutenue.

FAITES-LE SAUTER SUR VOS GENOUX

A 4 mois, votre bébé adorera que vous le fassiez sauter sur vos genoux en lui chantant ses chansons favorites. Tenez-le par les bras pour qu'il ne bascule pas en arrière.

ASSEYEZ-LE À CALIFOURCHON SUR VOTRE HANCHE

A 3 mois, le bébé est capable de changer de position pour mieux s'installer. Il s'accrochera à vous s'il en ressent le besoin.

ASSEYEZ-LE SUR VOTRE ÉPAULE

Dès 6 mois, vous pouvez l'asseoir sur votre épaule pour qu'il soit plus haut que vous : il sera enchanté de ce nouveau point de vue.

LE CONTACT DES REGARDS

Votre bébé adorera que vous le souleviez très haut. Votre visage reste encore sa principale distraction.

LE JEU DE LA BALANÇOIRE

Balancez-le de plus en plus haut s'il aime cela. Ce mouvement de bercement est aussi un bon moyen d'apaiser votre bébé.

LE RETOUR AU CALME

Même si vous aimez les jeux turbulents, terminez-les par quelques minutes de câlinerie. Laissez-vous toujours guider par le bébé et contentez-vous de jeux calmes s'il ne réagit pas par ses gloussements de plaisir habituels.

NOURRIR VOTRE ENFANT

Une des premières décisions que vous avez prise avant la naissance, en accord avec votre conjoint, concerne l'alimentation du bébé : allez-vous le nourrir au sein ou au biberon ? Le lait maternel est un aliment parfait, il satisfait ses besoins et se digère aisément. Mais le bébé ne souffrira en rien si vous optez pour le biberon. Donner le sein à son enfant doit être un plaisir, pas un défi : vous ne devriez pas allaiter par devoir ou vous sentir coupable si vous donnez le biberon. Si d'emblée vous avez l'impression que vous préféreriez le nourrir au biberon, attendez sa naissance pour prendre votre décision. Il n'existe aucun substitut au colostrum sécrété par les glandes mammaires les premiers jours (voir p. 92), et, en le donnant à votre enfant, vous lui fournirez des anticorps qui l'aideront à lutter contre les infections durant les premiers mois de sa vie. Plus tard, vous ne pourrez pas passer du biberon à l'allaitement. N'ayant pas été stimulés par les tétées, vos seins ne produiront plus de lait. Quelle que soit la méthode choisie, rappelez-vous que votre amour, votre tendresse et vos soins sont tout aussi importants pour le bébé que le lait.

SEIN OU BIBERON ?

VOUS POUVEZ AVOIR déjà décidé de votre méthode. Si vous désirez allaiter au sein, vous y parviendrez presque à coup sûr, pour peu que vous suiviez quelques bons conseils, mais, si vous êtes persuadée que la « solution biberon » vous convient mieux, pesez le pour et le contre de cette méthode et référez-vous aux commentaires faits à ce sujet par d'autres mères. Cette décision va conditionner votre vie, celle de votre conjoint et celle de votre bébé pendant les mois à venir.

« Je savais qu'en lui donnant le sein, je lui offrais le meilleur des laits. Il le digérait facilement et il absorbait les éléments nutritifs appropriés »

Le lait maternel contient des substances qui consolident les défenses du bébé contre les maladies jusqu'à ce que son système immunitaire soit constitué. Elles le protègent contre les allergies. Les laits industriels ne fournissent pas ces protections.

« Je trouvais cette méthode très pratique : le lait étant toujours disponible, toujours stérile, toujours à la bonne température. »

« Le pur bonheur d'allaiter m'a saisie par surprise. C'est un acte si intime, si satisfaisant physiquement ; sa petite main se levait pour caresser mon sein, je sentais son visage contre ma peau. Plus cette première année avançait, plus c'était agréable. »

« Le mettre au sein était la meilleure façon de calmer mon bébé quand il pleurait. Il n'avait pas vraiment faim, il avait envie de sucer. »

« La puéricultrice m'a dit que j'avais vite retrouvé ma silhouette d'avant la grossesse, parce que j'avais continué à allaiter. J'étais d'autant plus satisfaite d'avoir suivi ses conseils. »

L'allaitement maternel prend beaucoup de temps les premières semaines parce qu'un bébé nourri au sein tète plus souvent, sucer étant un besoin et un plaisir distinct du besoin de s'alimenter. Si la préparation et la stérilisation des biberons prennent aussi beaucoup de temps et deviennent vite une corvée après quelques mois, au contraire, les tétées au sein deviennent moins fréquentes et plus rapides au fur et à mesure que le bébé grandit.

« J'étais convaincue que je ne pourrais pas allaiter mon bébé. Mes seins étaient si petits ! Mais j'ai persévéré. J'ai eu énormément de lait et mon bébé n'était certainement pas gêné par la petite taille de mes seins. »

Si vous nourrissez au sein, il est facile de voyager ; il n'y a pas de biberons à réchauffer, pas de souci à se faire pour leur conservation.

« Quand je nourrissais mon bébé, je n'aimais pas les tétées de nuit. Comme je n'aimais pas beaucoup tirer mon lait, les tétées nocturnes me pesaient. Mais cela n'a duré que quelques semaines. »

« Mon mari aimait nourrir le bébé au biberon : cela a tissé des liens très forts entre eux dès le début. »

« Avec un biberon, je connaissais toujours exactement la quantité de lait prise par le bébé et c'était très rassurant. »

La fatigue, la maladie, le stress, en principe, peuvent réduire la production de lait maternel mais n'ont aucune incidence sur les repas d'un bébé nourri au biberon.

Quand vous nourrissez un bébé au biberon, vous pouvez trouver plus difficile de vous fier à son appétit et avoir tendance à lui donner trop de lait, donc à le faire trop grossir.

Un bébé nourri au biberon peut être contaminé par des germes responsables de diarrhée et de vomissements.

LES BASES DE L'ALIMENTATION

L'ALIMENTATION À LA DEMANDE

Nourrir un bébé à la demande signifie simplement lui donner un repas quand il a faim au lieu d'obéir à un horaire.

Pour un nouveau-né, la faim est une sensation nouvelle. Dans l'utérus, il était alimenté en permanence. Maintenant, il traverse de longues périodes sans nourriture. Son système digestif est trop immature pour tolérer de gros repas très espacés ; au début, vous devez le nourrir peu à la fois et souvent.

Vous n'avez rien à gagner à faire attendre un bébé qui pleure de faim, l'intensité de sa contrariété risquerait ensuite de l'empêcher de boire, et vous auriez à le consoler et à l'apaiser jusqu'à ce qu'il puisse téter. On ne gâte pas un bébé en satisfaisant ses besc   Les premières semaines, c'est parce qu'il a l'estomac vide qu'il pleure : plus son système digestif se développe et plus son estomac grandit, plus il prend de lait à chaque tété   t plus vous pouvez les espacer.

Combien de fois va-t-il demander à téter ?

Il réclamera quand il aura faim, et, au début, cela sera fréquent. Les nouveaux-nés n'on aucun horaire alimentaire : le 3e ou le 4e jour, les tétées auront lieu toutes les 2 ou 3 heures, et il pourra en avoir de 8 à 10 par jour, avec plusieurs petits repas le soir. Pendant la nuit, vous aurez sans doute à lui donner 2 ou 3 fois à boire parce que peu de nourrissons de moins de 6 semaines peuvent dormir plus de 5 heures sans être réveillés par la faim.

Les bébés nourris au sein ont en général besoin de téter plus souvent que les bébés nourris au biberon parce que le lait maternel est plus vite digéré que le lait industriel.

Vers l'âge de 3 mois, votre bébé aura sans doute acquis un rythme quotidien d'un repas toutes les 4 heures, à raison de 5 tétées par jour plus une ou deux la nuit. Si vous le nourrissez au biberon, vous établirez sans doute ce rythme plus tôt.

CAS PARTICULIERS

Les prématurés. Les prématurés ont parfois peu d'appétit, mais il faut les nourrir souvent. Ils ont tendance à dormir beaucoup, à ne pas se réveiller pour demander à téter, même quand ils en ont besoin. C'est pourquoi vous devez réveiller votre bébé pour lui proposer un repas toutes les 3 heures.

Si vous avez tiré votre lait pour le nourrir lorsqu'il était encore à l'hôpital, vous pourrez continuer quand il rentrera à la maison. Il n'est pas toujours facile pour un bébé d'aspirer le lait d'un mamelon. Pour lui faciliter la tâche, tirez un peu de lait avant la tétée (voir p. 94), de façon que le mamelon saille, et barbouillez-le de lait pour qu'il en sente le goût.

Les jumeaux. On peut nourrir des jumeaux au sein. Au début, faites-les téter l'un après l'autre, mais, dès que vous aurez pris de l'assurance, vous les nourrirez en même temps, en leur calant les jambes sous vos bras et en leur soutenant la tête avec les mains.

LES RENVOIS ET LES ROTS
Que votre bébé soit nourri au sein ou au biberon, laissez-le chasser l'air qu'il a avalé lorsqu'il arrête de téter pour se reposer : l'air emmagasiné lui donne l'impression d'avoir l'estomac plein. Mais, s'il ne fait pas son rot après 30 secondes, n'insistez pas : il n'a probablement pas d'air à rejeter cette fois.

Protégez vos vêtements *à l'aide d'un linge propre.*

Le nouveau-né
Pour aider un nouveau né à faire son rot, tenez-le contre votre épaule et frottez-lui le dos, ou couchez-le sur le ventre en travers de vos genoux en lui soutenant le menton. Il va sans doute régurgiter un peu de lait avec l'air. Il est donc prudent d'avoir un bavoir en tissu à portée de main.

Tenez-le le visage vers le bas
A tout âge, le rot est facilité par la position couchée sur la ventre en travers de vos genoux ou dans vos bras.

Frottez-lui ou tapotez-lui le dos *avec douceur mais régularité.*

Un bébé plus grand
Vers 3 mois, quand le bébé peut se tenir assis, faites-le sautiller sur vos genoux tout en lui frottant le dos pour l'aider à rejeter l'air avalé.

« L es moments des repas étaient reposants, calmes, très agréables pour nous deux. »

L'ALLAITEMENT AU SEIN

Pour vous, donner le sein peut être très agréable. En outre, vous savez que vous donnez à votre bébé le meilleur aliment que la nature puisse fournir. Ne vous découragez donc pas si les premiers jours vous rencontrez quelques difficultés. Vous avez tous deux à prendre de nouveaux réflexes, et si, au début, le bébé ne paraît pas savoir comment s'y prendre pour téter ou s'il ne tète pas assez longtemps, prenez patience. Juste après la naissance, il n'a pas besoin de beaucoup de nourriture, et vos mamelons doivent se durcir et se faire à la tétée. Vos amis, vos parents et le personnel médical seront là pour vous aider et vous conseiller jusqu'à ce que vous soyez assez confiante pour vous débrouiller toute seule. Si vous le pouvez, demandez conseil à une sage-femme ou à une infirmière qui a personnellement l'expérience de l'allaitement au sein. Cela vaut la peine de persévérer. Une fois franchi le cap de la première semaine, vos soucis seront terminés.

INSTALLEZ-VOUS confortablement : vous en avez peut être pour près de 1 heure. Inspirez profondément, laissez tomber vos épaules. Plus votre bébé vous sentira détendue, mieux il s'installera pour téter. Laissez-lui la possibilité de toucher votre peau. Si vous êtes seule avec lui, enlevez votre chemisier ou le haut de votre robe : il trouvera ainsi plus facilement la position pour téter efficacement.

TROUVER LE MAMELON

1 C'est un réflexe qui fait découvrir le mamelon au bébé pour chercher sa nourriture. Jusqu'au 10e jour, vous pouvez déclencher ce réflexe de succion en caressant la joue la plus proche de vous : le bébé tournera la tête vers le sein et cherchera le mamelon.

— COMMENT VOUS METTRE À L'AISE —

L'aréole *est le large cercle sombre qui entoure le mamelon et que le bébé saisit quand il tète.*

Un oreiller *supporte le poids du bébé.*

Les premières tétées

Asseyez-vous confortablement, le dos droit et bien soutenu, le siège idéal étant un fauteuil bas. Ou bien installez-vous dans le lit, le dos calé par des oreillers. Si cela vous donne plus d'assurance, mettez un oreiller sur vos genoux pour surélever le bébé jusqu'à vos seins ou levez un genou pour soutenir son corps. Ne courbez pas le dos quand vous vous penchez en avant pour lui offrir le sein.

La main *du bébé doit être libre pour pouvoir toucher et caresser votre sein.*

Les tétées du bébé

Une fois que vous serez tous deux bien rodés, vous pourrez donner le sein dans n'importe quelle position, d'une façon détendue. La position assise, jambes croisées (sur le lit, ou par terre), est excellente, surtout si vous pouvez vous adosser à des coussins ou à un meuble.

2 Si le bébé ne tourne pas la tête, pincez doucement votre sein au-delà de l'aréole pour faire perler une goutte de lait sur le mamelon et barbouillez-lui les lèvres de lait pour l'inciter à ouvrir la bouche.

LES PREMIÈRES TÉTÉES

LA MISE EN PLACE

3 Approchez sa tête de façon que son menton soit tout contre votre sein et sa langue sous le mamelon. Guidez le mamelon jusque dans sa bouche.

1 Une fois qu'il a compris, le bébé va « pomper » le lait et pas seulement le sucer en pressant la base de l'aréole avec ses gencives. S'il ne fait que sucer le mamelon, il vous fera mal et il n'aspirera pas de lait. Si, momentanément, vous éprouvez une douleur aiguë, respirez profondément et détendez-vous.

2 De votre point de vue, le bébé aura les mâchoires ouvertes et la bouche pleine de votre sein. Vous savez qu'il tète correctement quand vous voyez ses tempes et ses oreilles bouger, montrant que les muscles de ses mâchoires travaillent.

LE RÉFLEXE D'ÉCOULEMENT

Stimulées par la tétée, les glandes mammaires libèrent le lait en réserve. Vous pouvez sentir couler le flot de lait tiède – une sensation de pico-tement – peu après que le bébé a commencé. Mais ne vous étonnez pas de ne rien éprouver : toutes les femmes ne sentent pas l'écoulement. Si le réflexe fait couler l'autre sein, mettez un coussinet d'allaitement ou une coquille en plastique sur le mamelon (voir p. 96).

Parlez au bébé *en lui donnant le sein : la communication est aussi vitale que le lait.*

Tenez votre bébé *la tête plus haute que le corps.*

FAIRE LÂCHER LE SEIN

1 Laissez le bébé téter aussi longtemps qu'il le désire. Le premier sein qu'il va vider paraîtra plus petit, plus léger, quand tout le lait aura été aspiré. Un bébé s'interrompt souvent pendant la tétée. Quand il s'arrête et ne fait pas mine de reprendre après quelques minutes, détachez-le du sein pour qu'il fasse son rot. Ne le tirez pas quand il a encore la bouche fixée au mamelon, cela vous ferait mal. Glissez un doigt entre ses gencives pour stopper la succion.

Utilisez votre petit doigt *(propre) pour faire cesser la succion.*

2 Du côté vidé, glissez une compresse dans votre soutien-gorge. Pour la prochaine tétée, vous commencerez par l'autre sein. De cette façon, les deux seins recevront la même stimulation. Asseyez le bébé pour le rot.

OFFRIR L'AUTRE SEIN

1 Après un ou deux rots, et peut-être un petit somme, mettez le bébé à l'autre sein. Il peut avoir assez faim pour le vider aussi ou continuer à sucer pour le plaisir, ce qui lui est aussi nécessaire que le lait.

2 Une fois rassasié, il s'endort dans vos bras et lâche le mamelon. Ne vous inquiétez pas à l'idée qu'il n'a pas pris assez de lait : faites-lui confiance. Il sait ce qu'il veut et ce dont il a besoin.

COMMENT LES SEINS PRODUISENT LE LAIT

Dans les jours qui suivent la naissance, vos seins produisent du colostrum, liquide riche en protéines qui fournit au bébé des anticorps précieux pour lutter contre les infections. Dès que vous commencez à avoir du lait, vers le 3e jour, c'est le bébé qui va lui-même continuer à stimuler la sécrétion, par la poursuite de sa succion.

Un bon moyen d'avoir beaucoup de lait consiste à nourrir le bébé à la demande les tout premiers jours ; cela consiste à le mettre au sein toutes les 2 ou 3 heures. La sécrétion de lait répond à la loi de l'offre et de la demande : vos seins produisent d'autant plus de lait que votre bébé tétera et boira souvent. Ajouter aux tétées des biberons de lait industriel entraînera un déséquilibre : si sa faim est satisfaite par un biberon, le bébé ne tétera pas assez fortement et ne fournira pas aux glandes mammaires la stimulation nécessaire.

Le lait maternel n'a pas toujours la même composition : au début de la tétée, il est aqueux pour étancher la soif ; puis il devient plus riche en calories et rassasie mieux le bébé. C'est pourquoi il est important de laisser un enfant au moins 10 à 15 minutes à chaque sein lors de chaque tétée ; sinon, il aura vite de nouveau faim.

Que faire pour être une bonne nourrice ?

Il vous suffit d'avoir une alimentation saine et équilibrée, riche en protéines, de boire quand vous avez soif – gardez à portée de la main du jus de fruits quand vous allaitez – et de vous reposer le plus possible. L'appétit du bébé fera le reste.

Pour produire du lait, il faut de l'énergie : ce n'est pas le moment de suivre un régime amaigrissant. Satisfaites votre appétit, vous trouverez les calories supplémentaires dont vous avez besoin dans les aliments frais et riches en vitamines et dans les sucres lents.

LA MONTÉE LAITEUSE

L'aréole est gonflée et le bébé a du mal à la saisir ; le mamelon est aplati.

Sein normal   Sein engorgé

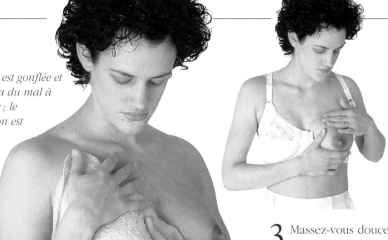

Enfoncez le bout des doigts en appuyant vers le bas et vers l'aréole.

1 Vers le 4ᵉ jour de la mise au sein, les glandes mammaires commencent à sécréter du lait et non plus du colostrum, avec lequel vous avez nourri le bébé jusqu'à présent. Un matin au réveil vos seins sont gonflés, durs, tendus. C'est l'engorgement, qui peut durer 48 heures. Le bébé peut avoir du mal à saisir le mamelon parce qu'au lieu de saillir, il s'enfonce dans l'aréole gonflée. Ces petits conseils vous aideront à nourrir votre bébé, donc à faire cesser l'engorgement.

2 Avant de donner le sein, ramollissez-le en le couvrant d'une serviette de toilette chaude pendant quelques minutes, ou aspergez-vous la poitrine d'eau chaude.

3 Massez-vous doucement les seins pour exprimer un peu de lait, donc diminuer le gonflement et aider le bébé à prendre le mamelon dans sa bouche (voir p. 94). Ne vous inquiétez pas si vous ne réussissez pas à tirer votre lait : bientôt vous deviendrez experte.

4 Quand vous mettez l'enfant au sein, placez votre main libre sur votre cage thoracique, juste sous le sein, et remontez-le : ce geste fait saillir le mamelon et permet au bébé de le saisir. La tétée soulage vite l'engorgement et la tension.

QUESTIONS & RÉPONSES

«Eric pleure beaucoup. Est-ce que je ne lui fournis pas assez de lait pour satisfaire sa faim?»

Quand on nourrit un bébé au sein, on ne peut pas savoir exactement ce que prend l'enfant, et il est naturel de s'inquiéter à l'idée qu'il ne tète pas suffisamment. Mais si vous lui donnez le sein chaque fois qu'il pleure, et s'il grossit normalement, même si sa courbe de poids présente quelques irrégularités, il ne faut pas s'inquiéter. N'oubliez pas que les premiers jours un bébé perd du poids et qu'il ne retrouve son poids de naissance qu'à 2 ou 3 semaines.

«Le fait de nourrir mon bébé va-t-il marquer ma silhouette pour la vie?»

Vos seins auront un peu diminué de volume quand vous aurez sevré votre bébé, une partie du tissu graisseux ayant été remplacée par du tissu glandulaire. En dehors de ce phénomène, vous retrouverez votre silhouette d'avant la grossesse, plus vite d'ailleurs parce que la sécrétion hormonale provoque une rapide rétraction utérine, et que la graisse accumulée pendant la grossesse sert à fabriquer du lait. Votre taille redeviendra fine plus tôt.

«Dois-je considérer les médicaments avec autant de méfiance que durant ma grossesse?»

Tout ce que vous buvez ou mangez peut être transmis à votre bébé par le lait. Il faut prévenir votre médecin et votre pharmacien que vous allaitez avant toute prescription ou délivrance de médicament. Il vaut mieux éviter l'alcool, la caféine et le tabac, qui sont des stimulants. Si votre bébé dort mal, supprimez le café ou le thé de votre alimentation pendant quelques semaines pour voir si la situation s'améliore. La caféine peut empêcher un bébé de dormir.

COMMENT TIRER LE LAIT

LA POSSIBILITÉ de tirer votre lait vous procure une liberté considérable. Vous pouvez congeler le lait (il se conserve 1 mois) et quelqu'un d'autre peut nourrir le bébé si vous vous absentez : voir pages 98 à 107 les conseils pour l'alimentation au biberon. Tirer son lait est facile et indolore. Stérilisez le matériel et lavez-vous les mains. Facilitez l'écoulement en prenant une douche chaude ou en enveloppant vos seins dans une serviette de toilette chaude. Installez-vous confortablement devant un meuble haut, en plaçant le bol devant vous.

■ **VOUS AUREZ BESOIN** ■
de matériel de stérilisation (voir p. 99)
d'un grand bol
d'un biberon et d'une tétine
d'un entonnoir en plastique

LE PREMIER SEIN

2 Faites le tour du sein, y compris le dessous. Faites au moins dix tours complets, cela facilite l'écoulement du lait dans les canaux.

Utilisez *toute la main pour masser le sein.*

1 Soutenez votre sein d'une main et massez-le de l'autre, en commençant par le dessus du sein et en vous dirigeant vers le bas.

3 Avec les ongles, appuyez vers le bas, vers l'aréole, à plusieurs reprises. Évitez d'appuyer sur le tissu du sein.

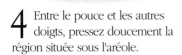

4 Entre le pouce et les autres doigts, pressez doucement la région située sous l'aréole.

5 Pincez le mamelon entre les pouces et les index, tout en appuyant vers l'arrière : le lait doit jaillir par le mamelon. Continuez pendant 2 minutes.

UN SEIN APRÈS L'AUTRE

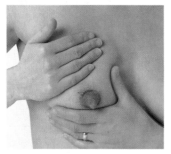

1 Massez l'autre sein de la même façon.

2 Tirez un peu de lait du mamelon.

3 Revenez au premier sein et massez-le de nouveau : la production de lait doit avoir été stimulée, et vous pouvez maintenant exprimer davantage de lait. Continuez à vous occuper des deux seins alternativement jusqu'à épuisement du lait.

LE STOCKAGE DU LAIT

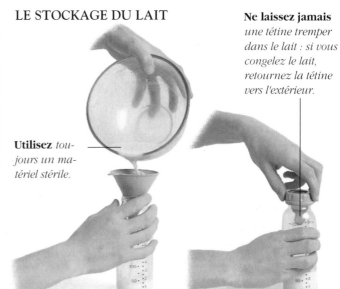

Utilisez *toujours un matériel stérile.*

Ne laissez jamais *une tétine tremper dans le lait : si vous congelez le lait, retournez la tétine vers l'extérieur.*

1 Versez le lait dans le biberon avec un entonnoir. Vous obtenez environ 60 ml les premières semaines.

2 Mettez le biberon bien fermé au réfrigérateur, ou refroidissez-le avant de le congeler. Il dégèlera en 4 heures.

LE TIRE-LAIT

L'UTILISATION D'UN TIRE-LAIT est moins fatigante et plus rapide que l'expression manuelle du lait, mais elle est parfois douloureuse et ne permet pas toujours d'obtenir assez de lait (si c'est le cas, tirez le lait à la main). Un tire-lait en forme de seringue est souvent plus efficace qu'un tire-lait en forme de globe. Choisissez-en un dont le cylindre extérieur peut servir de biberon. Si vous devez tirer de grandes quantités de lait, louez un tire-lait électrique en pharmacie.

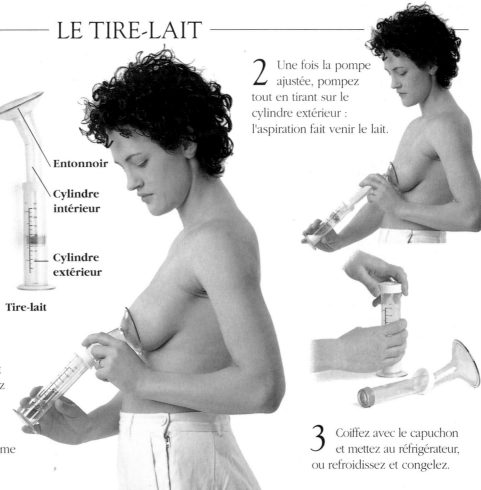

Entonnoir

Cylindre intérieur

Cylindre extérieur

Tire-lait

2 Une fois la pompe ajustée, pompez tout en tirant sur le cylindre extérieur : l'aspiration fait venir le lait.

1 Stérilisez le matériel, lavez-vous les mains, montez le tire-lait. Baignez et massez vos seins comme si vous vouliez tirer votre lait à la main. Placez l'entonnoir de la pompe sur l'aréole pour qu'il fasse ventouse et appuyez-le bien sur les canaux galactophores, comme le feraient les gencives du bébé.

3 Coiffez avec le capuchon et mettez au réfrigérateur, ou refroidissez et congelez.

— LES PROBLÈMES POSÉS PAR L'ALLAITEMENT AU SEIN —

SI VOUS AVEZ une quelconque difficulté pour allaiter, demandez conseil sans attendre : il est décourageant d'essayer de se débrouiller seule, et un problème mineur, tel le simple blocage d'un canal galactophore, peut provoquer une mastite s'il n'est pas traité. Ne cessez surtout pas d'allaiter si vous rencontrez une des difficultés décrites ci-après : en effet, vous risqueriez un engorgement et le problème ne ferait qu'empirer. N'hésitez pas à poser des questions à votre médecin ou à l'infirmière.

LES « FUITES » DE LAIT

Les seins peuvent couler spontanément entre les tétées pendant les premières semaines.

Traitement. Les coussinets placés dans les bonnets du soutien-gorge absorbent les gouttes de lait, mais il faut les changer souvent pour que les mamelons ne macèrent pas dans l'humidité. Si l'écoulement est important, utilisez des coquilles de plastique (voir ci-dessous).

Prévention. Aucune. Les seins couleront jusqu'à ce que la production s'adapte à la demande.

Les coussinets d'allaitement
Un coussinet absorbe les gouttes et les « fuites » légères.

BLOCAGE D'UN CANAL GALACTOPHORE

La présence d'une grosseur rouge, dure et sensible dans un sein signifie en général qu'un canal galactophore est obstrué.

Traitement. Baignez le sein dans l'eau chaude et massez-le doucement, puis mettez votre bébé au sein. Cela peut être très douloureux, mais le canal se débloquera. Sinon consultez le médecin sans tarder.

Prévention. Ne portez pas un soutien-gorge trop ajusté et n'appuyez pas trop sur votre sein quand vous allaitez ou tirez votre lait.

MASTITE

Une fois obstrué, un canal galactophore peut s'infecter, entraînant des symptômes de type grippal. Voyez votre médecin immédiatement.

Traitement. Le médecin prescrit des antibiotiques : poursuivez le traitement jusqu'au bout. Continuez à nourrir le bébé ou tirez le lait et jetez-le, ce qui permet de reprendre l'allaitement 48 heures après, l'antibiothérapie ayant alors stérilisé le lait.

Prévention. Consultez un médecin si vous sentez plus d'une journée un nodule douloureux dans un sein.

IRRITATIONS ET CREVASSES DU MAMELON

Les irritations et les crevasses du mamelon sont souvent dues à la mauvaise position du bébé lors de la tétée. La douleur est grande pendant la tétée.

Traitement. Suivez ces petits conseils :
■ séchez vos mamelons après la tétée avec un séchoir à cheveux réglé sur air froid ;
■ laissez vos mamelons découverts plusieurs heures par jour. Placez dans votre soutien-gorge une coquille de plastique, pour laisser l'air circuler sur votre peau ;
■ changez la position du bébé pendant la tétée pour que la pression s'exerce à différents endroits de l'aréole ;
■ tirez à la main le lait du sein le plus atteint pendant une journée ;

■ ne laissez pas le bébé sucer plus de 2 minutes un sein une fois vidé ;
■ si vous souffrez beaucoup, utilisez une téterelle en matière plastique souple.

Prévention. Assurez-vous que le bébé saisit toute l'aréole dans sa bouche. Séchez bien vos mamelons entre les tétées.

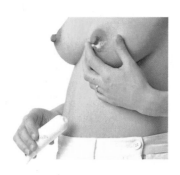

Les pommades
Elles favorisent la cicatrisation.

La coquille

Une coquille de plastique protège les mamelons. Versez le lait dans un biberon stérile et réfrigérez-le ou congelez-le (voir p. 95). Lavez et stérilisez la coquille avant usage.

La téterelle
C'est une sorte de grosse tétine qui s'applique sur le mamelon et à travers laquelle le bébé tète. Stérilisez-la avant utilisation et barbouillez-la de lait pour masquer le goût de caoutchouc.

Maintenez
la téterelle quand vous mettez le bébé au sein.

— L'ALLAITEMENT AU SEIN DURANT LA PREMIÈRE ANNÉE —

JUSQU'À CE QUE votre bébé ait environ 4 mois, vous ne lui donnerez que du lait, mais, quand vous introduirez des aliments solides dans son régime, comment allez-vous organiser les tétées ? Combien de temps allez-vous continuer à lui donner le sein ? Durant la seconde moitié de sa première année, l'enfant aura de moins en moins besoin de lait maternel et préférera vite boire au bol, au gobelet ou au verre. Entre 9 mois et 1 an, le bébé va probablement se sevrer lui-même rapidement sans que vous ayez eu à précipiter le mouvement : il a atteint l'âge où il tire sa nourriture et son bien-être d'autres sources.

Les besoins du bébé
L'évolution de ses besoins alimentaires.
- 3 mois : 5 tétées par jour plus des tétées de nuit ;
- entre 4 et 5 mois : 4 à 5 tétées par jour plus quelques aliments solides ;
- de 6 à 9 mois : 2 tétées par jour, le matin et au coucher ;
- 9 mois : une tétée, celle du soir.

La reprise du travail
On peut très bien reprendre son travail tout en continuant à allaiter son bébé. Jusqu'à 6 ou 7 mois, il vous suffit d'exprimer votre lait aux heures des tétées pour stimuler la sécrétion.
- Habituez votre bébé à boire au biberon avant de reprendre votre travail. Demandez à quelqu'un d'autre de donner les premiers biberons : votre bébé reconnaîtra l'odeur de votre lait.
- Il vous faut apporter le matériel stérile et disposer d'une pièce tranquille et d'un réfrigérateur pour conserver le lait que vous exprimez dans la journée. Pour le transport, servez-vous d'une glacière de pique-nique (voir p. 101).
- Laissez des biberons de lait maternel tout préparés pour la journée.
- Demandez à votre gardienne de retarder la tétée du soir pour que votre bébé puisse être nourri au sein quand vous rentrez à la maison.
- Si nécessaire, stimulez votre sécrétion de lait en donnant plusieurs tétées le soir et pendant la nuit.

Quand devrai-je arrêter ?
Vous pourrez continuer à nourrir l'enfant au sein pendant sa seconde année si vous le désirez ; ou vous pouvez le sevrer progressivement durant sa première année. Un bébé peut se détourner du sein spontanément entre 9 mois et 1 an. Qu'il vous morde n'est pas une raison pour abandonner : avertissez sèchement l'enfant qu'il vous fait mal, il comprendra vite. Ne cessez pas brusquement d'allaiter. La sécrétion lactée met plusieurs semaines à se tarir, le système d'offre et de demande s'équilibrera en sens inverse. Quand vous avez abandonné une tétée au sein, attendez au moins 3 jours pour en supprimer une autre (voir p. 106). N'exprimez pas le lait pour soulager la sensation de trop-plein : il se résorbera en quelques jours.

La dernière tétée et son abandon
La plupart des bébés s'installent mieux pour la nuit après une bonne tétée du soir, c'est pourquoi vous la supprimerez en dernier.

Vers la fin de la première année, réduisez la durée de cette tétée puis arrêtez-la et accordez au bébé beaucoup d'attention et d'amour pour l'aider à s'en passer. Donnez-lui à boire à l'heure du coucher.

Que donner à mon bébé à la place de lait maternel ?
Si vous devez cesser d'allaiter :
- avant 6 à 12 mois. Donnez du lait maternisé à base de lait de vache ou de soja ;
- après 6 à 12 mois. Vous pouvez lui donner du lait de vache entier ;
- après 12 à 14 mois. Vous pouvez donner du lait de vache à 2 % si bébé grossit bien.

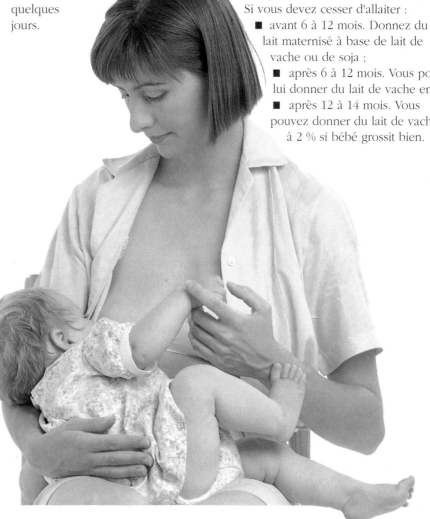

L'ALLAITEMENT
AU BIBERON

S i vous choisissez, après mûre réflexion, de nourrir votre enfant au biberon – n'oubliez pas que la plupart des femmes peuvent allaiter au sein si elles le désirent, persévèrent et suivent les conseils de professionnels –, vous aurez deux avantages sur les mères qui nourrissent leur bébé au sein. D'abord, vous n'aurez pas à assurer tous les repas vous-même, et votre conjoint pourra assumer sa part ; de plus, vous connaîtrez toujours la quantité de lait qu'absorbe votre bébé. Cette méthode a l'inconvénient de vous obliger à rester vigilante pour protéger le bébé contre les bactéries qui peuvent lui donner des troubles digestifs et de la diarrhée. Pour commencer, il va falloir

tarir votre propre sécrétion lactée. Si vous avez choisi l'allaitement au biberon parce que vous craigniez de ne pas avoir assez de lait, vous serez surprise de voir à quel point vos seins sont lourds et sensibles une fois que vous aurez commencé à donner des biberons. Portez un soutien-gorge confortable jour et nuit, et suivez les conseils de la sage-femme ou du médecin. L'infirmière peut aussi vous aider. Surveillez le poids de l'enfant. S'il grossit trop, c'est peut-être parce que vous le suralimentez. Pour préparer les biberons, suivez toujours très attentivement la notice du fabricant de lait, car une solution trop concentrée n'est pas bonne pour un bébé.

LE MATÉRIEL POUR LES BIBERONS

SI VOTRE BÉBÉ est exclusivement nourri au biberon, il vous faut au moins 8 biberons complets de 250 ml. Gardez des

tétines prêtes à l'emploi en réserve, dans un récipient stérile, pour le cas où une tétine serait défectueuse (voir p. 106).

BIBERONS

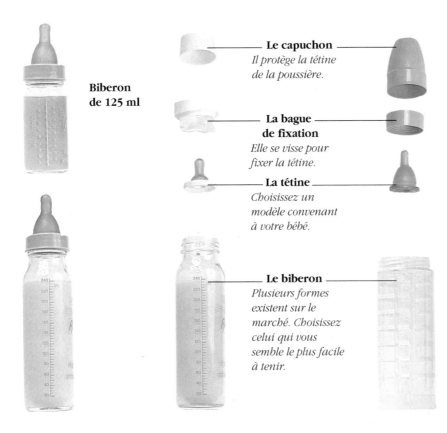

**Biberon
de 125 ml**

Le capuchon
*Il protège la tétine
de la poussière.*

**La bague
de fixation**
*Elle se visse pour
fixer la tétine.*

La tétine
*Choisissez un
modèle convenant
à votre bébé.*

Le biberon
*Plusieurs formes
existent sur le
marché. Choisissez
celui qui vous
semble le plus facile
à tenir.*

**Biberon
de 250 ml**

**Comment monter les diverses
pièces d'un biberon**

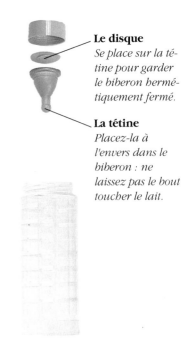

Le disque
*Se place sur la té-
tine pour garder
le biberon hermé-
tiquement fermé.*

La tétine
*Placez-la à
l'envers dans le
biberon : ne
laissez pas le bout
toucher le lait.*

**Comment garder au réfrigérateur
un biberon tout prêt**

LES TÉTINES

La fente *doit être excentrée et tournée vers le palais du bébé.*

La bague *retournée vers l'intérieur laisse l'air pénétrer sous la tétine*

La tétine physiologique

Cette tétine entraîne un mouvement de succion proche de celui de la tétée au sein qui permet un bon développement du palais et des mâchoires. La tétine doit être bien enfoncée dans la bouche du bébé, la fente tournée ver le haut pour que le lait jaillisse contre son palais.

La tétine universelle

Cette tétine entraîne un mouvement de succion différent de celui de la tétée au sein. Les tétines sont vendues percées de trous plus ou moins gros ; vérifiez à chaque tétée : le débit doit être de 2 à 3 gouttes par seconde. Le perçage en T ou en croix donne un meilleur écoulement qu'un trou rond.

La tétine anticolique

Cette tétine laisse pénétrer l'air dans le biberon au fur et à mesure que le bébé boit le lait. La tétine se s'écrase pas, l'écoulement du lait est plus régulier et le bébé n'avale pas d'air. Les tétines de silicone montrées ci-dessus durent 1 an, et les tétines de gomme, 1 mois environ.

AUTRES USTENSILES

Le goupillon
pour nettoyer l'intérieur des biberons. Réservez-le à cet usage et stérilisez-le de temps à autre.

Liquide ou comprimés désinfectants
A mettre dans de l'eau froide.

Fermez le couvercle
pour stériliser un lot de biberons.

Le récipient gradué doit rentrer dans le stérilisateur.

L'entonnoir en plastique
Il est utile pour verser la poudre de lait dans les biberons.

Gros sel pour frotter l'intérieur des tétines et les débarrasser des dépôts de lait.

La cuiller en plastique
pour mélanger la poudre.

Le plateau *empêche les biberons d'émerger de la solution stérilisante.*

Le couteau en plastique pour araser la mesurette de lait en poudre

Ciseaux
pour ouvrir les cartons de lait ; il faut les stériliser.

Le stérilisateur doit posséder un plateau qui permette d'immerger les ustensiles.

STÉRILISATION ET HYGIÈNE

LE LAIT est un bouillon de culture idéal pour les bactéries entraînant des gastro-entérites (diarrhée), maladies pouvant mettre en danger la vie de votre bébé.

Vous pouvez suivre les règles d'hygiène présentées dans l'encadré, en particulier les 4 à 6 premières semaines.

A la fin du repas, rincez le biberon et la tétine, et mettez-les de côté. Cependant, si vous portez une attention particulière à la propreté des tétines et des biberons, il ne sera pas nécessaire de les stériliser ; de plus, il est déconseillé de faire bouillir régulièrement les tétines car le caoutchouc s'abîmerait rapidement.

LA VAISSELLE

1 Lavez les ustensiles : biberons, tétines, couvre-tétines, disque, récipient gradué, entonnoir, cuiller et couteau.

2 Lavez l'intérieur des biberons avec le goupillon pour enlever toute trace de lait. Insistez sur les goulots et les pas de vis.

3 Mettez du gros sel dans les tétines ; frottez bien l'intérieur de la tétine en la roulant entre vos doigts. Le sel élimine les restes de lait.

4 Rincez les biberons, les tétines et les autres ustensiles à l'eau courante. Nettoyez les orifices des tétines avec une épingle.

LA STÉRILISATION

 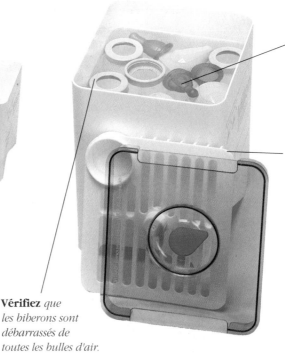 

Placez les tétines *tête en bas, sinon l'air restera prisonnier à l'intérieur, et elles ne seront pas stérilisées.*

En mettant le *plateau en place, enfoncez tous les ustensiles.*

Vérifiez *que les biberons sont débarrassés de toutes les bulles d'air.*

1 Remplissez le stérilisateur d'eau froide et ajoutez le liquide stérilisant. Quand le produit est dissous, plongez-y le matériel.

2 Remuez les ustensiles jusqu'à ce qu'il n'y ait plus de bulles d'air, pour qu'ils soient stérilisés. Placez le plateau et le couvercle.

3 Laissez toujours tremper au moins le minimum du temps recommandé, puis sortez les objets et rincez-les à l'eau bouillie ou minérale.

LE LAVE-VAISSELLE

Il est facile de laver – mais pas de stériliser – les ustensiles en lavant en machine, réglée sur le programme chaud.

LE VAPOSTÉRILISATEUR ÉLECTRIQUE

Cette méthode n'est valable que pour les biberons et les tétines ; mais tout doit être lavé auparavant.

LE STÉRILISATEUR TOUS FEUX

Lavez les ustensiles puis faites-les bouillir 25 minutes totalement immergés dans l'eau. Éloignez les enfants de l'appareil.

LA PROTECTION DU BÉBÉ CONTRE LES TROUBLES DIGESTIFS

Voici comment protéger votre bébé contre les bactéries, qui causent des troubles digestifs ou une gastro-entérite.

■ Stérilisez avant l'emploi tous les ustensiles servant à l'alimentation du bébé, même s'ils sont neufs.

■ Si vous n'avez pas de réfrigérateur, attendez l'heure de la tétée pour préparer chaque biberon .

■ Si votre bébé ne termine pas son biberon, jetez le reste de lait ; il a été souillé par la salive.

■ Jetez toujours le lait qui a été chauffé pour le bébé, même s'il n'y a pas touché.

■ Ne conservez jamais de biberon préparé plus de 24 heures au réfrigérateur.

■ Laissez les biberons dans la solution stérilisante jusqu'au moment de l'emploi (la solution reste active 24 heures). Pendant ce temps, ils sont à l'abri des bactéries de l'air. Mais sortez les tétines après le temps minimal recommandé, faites-les égoutter sur du papier absorbant et enfermez-les dans une boîte stérile.

■ Ne faites pas égoutter le matériel stérilisé sur l'égouttoir de l'évier, ne l'essuyez pas avec un torchon. Faites-le égoutter sur du papier absorbant et n'essuyez que le couteau en vous servant de papier absorbant.

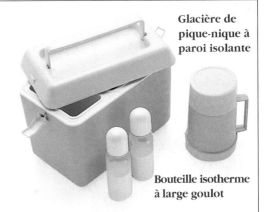

Glacière de pique-nique à paroi isolante

Bouteille isotherme à large goulot

Quand vous êtes loin de la maison

Si vous partez avec le bébé plus de 2 heures, préparez des biberons et mettez-les dans le réfrigérateur. Placez-les dans une glacière de pique-nique, entourés de sacs de glace : ils peuvent y rester 8 heures. À l'heure de la tétée, prenez une bouteille isotherme remplie d'eau chaude (ou un chauffe-biberon électrique), et réchauffez le biberon. N'emportez jamais un biberon tiède dans une bouteille isotherme : les bactéries pulluleraient et risqueraient de causer un dérangement intestinal. Les cartons de lait prêts à l'emploi sont commodes, plus encore quand on n'est pas chez soi. Le lait a été traité UHT (à ultra-haute température) et se conserve dans un endroit frais. Emportez des biberons et des tétines stériles et versez le lait du carton quand votre bébé a faim.

LE PERÇAGE DES TÉTINES

Un bébé ne boit avec plaisir que si la tétine laisse couler le lait à la bonne cadence quand il tète. Quand vous retournez les biberon, le lait doit couler à raison de 2 ou 3 gouttes par seconde : si le trou est trop petit, le bébé sera frustré dans ses efforts ; s'il est trop grand, le lait va couler à flot. Les tétines s'usent vite, les trous se bouchent. Ayez-en toujours quelques-unes en réserve dans une boîte de façon à pouvoir remplacer les défectueuses. Jetez les tétines dont les trous sont trop gros. Les trous trop petits peuvent être agrandis avec une aiguille. Ensuite, vérifiez le débit.

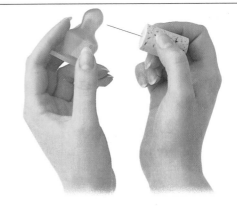

Agrandir un trou trop petit

Piquez le bout large de l'aiguille dans un bouchon. Chauffez la pointe au rouge dans une flamme, puis enfoncez-la dans le trou.

LA PRÉPARATION DES BIBERONS

LES PREMIÈRES SEMAINES, vous devrez avoir un lot de biberons préparés dans le réfrigérateur pour proposer à boire au bébé dès qu'il pleure. Jusqu'à 9 mois, donnez à l'enfant un lait maternisé industriel fabriqué à partir de lait de vache modifié : votre médecin vous conseillera. Ne changez pas de marque sans avis médical, car vous risqueriez de perturber le bébé : il n'est pas encore habitué à ces changements.

Préparation d'un biberon de lait en poudre

Le lait maternisé se vend en boîtes métalliques ou en carton dans lesquelles vous prélevez la quantité nécessaire.

Les instructions à lire sur la boîte indiquent le nombre de mesures pleines à ajouter à une quantité précise d'eau minérale. Respectez exactement les proportions. Si vous mettez trop de poudre, le lait sera trop concentré, votre bébé grossira plus qu'il ne faut, et ses reins risquent d'être lésés par un excès de protides donc d'urée. Si vous mettez nettement moins de poudre, le bébé ne grossira pas suffisamment. Une fois le lait préparé, laissez le nouveau-né prendre ce qu'il veut à chaque tétée.

Utilisez de l'eau minérale en bouteille non minéralisée, de l'eau de source, ou encore de l'eau du robinet qui a bouilli 5 minutes dans une casserole. N'utilisez jamais :
■ de l'eau qui a bouilli plusieurs fois ou qui a stagné dans la bouilloire ;
■ de l'eau provenant d'un robinet équipé d'un adoucisseur d'eau, le sodium (sel) pourrait léser les reins du bébé ;
■ de l'eau provenant d'un robinet équipé d'un filtre, car il peut retenir des bactéries dangereuses ;
■ de l'eau minéralisée, le sodium et les sels minéraux sont dangereux.
■ Vous pouvez préparer les biberons en mélangeant la poudre directement dans chaque biberon.

Lait maternisé prêt à l'emploi

Certaines marques proposent du lait prêt à l'emploi en boîtes de 250 ml. N'ajoutez pas d'eau. Si la marque qui convient à votre bébé assure ce genre de présentation, c'est une commodité de plus, peut-être un peu plus onéreuse, mais elle évite beaucoup de transports d'eau minérale.

Lait maternisé concentré

La plupart des compagnies de lait maternisé proposent aussi une formule concentrée à laquelle il faut ajouter la même quantité d'eau. Lisez bien les instructions sur la boîte.

Une fois le contenant ouvert, le lait se conserve 24 heures dans le réfrigérateur, dans son contenant ou dans une bouteille stérile. Mais, à moins d'être certaine de vous rappeler le moment où vous l'avez placé dans le réfrigérateur, il vaut mieux verser tout le lait dans le biberon quand votre bébé veut boire, et jeter le reste.

Quelle quantité de lait mon bébé doit-il prendre ?

L'appétit des bébés varie d'un jour sur l'autre. Les premières semaines, préparez 6 biberons de 100 ml et voyez si cette quantité satisfait l'appétit de votre enfant. En prenant du poids, il se mettra de plus en plus souvent à pleurer à la fin de la tétée pour en avoir davantage, et vous augmenterez la quantité pour en arriver, quand il aura 6 mois, à des biberons de 200 ml. D'une façon générale, sachez que le bébé a besoin de 150 ml de lait par kilo et par 24 heures.

Dois-je lui donner autre chose ?

Depuis la naissance, le bébé reçoit des suppléments en vitamines D (en particulier s'il est nourri au sein). À partir de 9 à 12 mois, il passe au lait de vache entier. À 6 mois, un supplément en fer est parfois indiqué.

Comme le lait maternisé est un lait de vache modifié, il peut, mais c'est rare, déclencher une allergie : eczéma, troubles digestifs. Consultez le médecin, qui pourra prescrire, sous surveillance, un lait spécial. Au moindre doute de réaction allergique (vomissements, refus de boire, malaise grave), consultez le médecin.

LE LAIT ADAPTÉ À VOTRE BÉBÉ							
Type de lait			Naiss	4 m	9 m	12 m	18 m
Lait maternisé	Conseillé jusqu'à 9 à 12 mois.						
Lait de vache entier	À partir de 9 à 12 mois.						
Lait demi-écrémé	Pas avant 12 à 24 mois et seulement si bébé est assez gras. Le lait doit rester un élément important du régime alimentaire.						

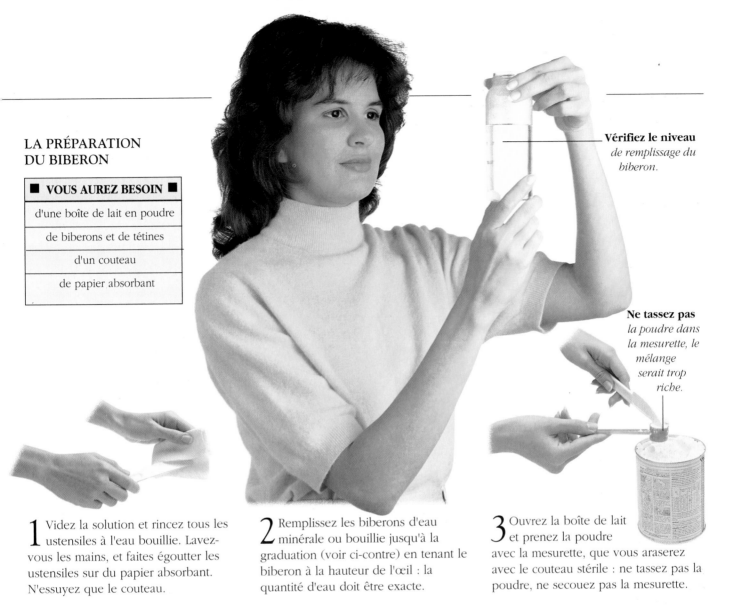

LA PRÉPARATION DU BIBERON

■ VOUS AUREZ BESOIN ■
d'une boîte de lait en poudre
de biberons et de tétines
d'un couteau
de papier absorbant

Vérifiez le niveau *de remplissage du biberon.*

Ne tassez pas *la poudre dans la mesurette, le mélange serait trop riche.*

1 Videz la solution et rincez tous les ustensiles à l'eau bouillie. Lavez-vous les mains, et faites égoutter les ustensiles sur du papier absorbant. N'essuyez que le couteau.

2 Remplissez les biberons d'eau minérale ou bouillie jusqu'à la graduation (voir ci-contre) en tenant le biberon à la hauteur de l'œil : la quantité d'eau doit être exacte.

3 Ouvrez la boîte de lait et prenez la poudre avec la mesurette, que vous araserez avec le couteau stérile : ne tassez pas la poudre, ne secouez pas la mesurette.

LE STOCKAGE DU LAIT

Adaptez la quantité *de mélange à l'appétit du bébé.*

Ne laissez pas *la tétine toucher le lait.*

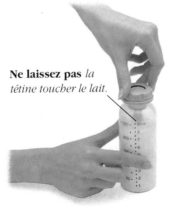

4 Videz chaque mesurette dans l'eau du biberon. Veillez à ne verser que le nombre de mesurettes nécessaire pour la quantité d'eau, pas plus. La poudre se dissout rapidement dans l'eau chaude.

5 Coiffez le biberon de son disque et de sa bague et fermez-le bien. Secouez le biberon pour mélanger. Vous installerez la tétine ensuite, avant le stockage.

1 Enlevez la bague et le disque, coiffez le biberon de la tétine mise à l'envers, le bout ne doit pas tremper dans le lait. Replacez le disque et la bague.

2 Remplissez tous les biberons, placez les capuchons, gardez-les au réfrigérateur (pas dans la contre-porte) 24 heures au maximum.

LA PRÉPARATION DU MÉLANGE DANS UN RÉCIPIENT

■ VOUS AUREZ BESOIN ■
d'une boîte de lait en poudre
de biberons et de tétines
d'un couteau
de papier absorbant
d'un récipient gradué
d'une cuiller
d'un entonnoir en plastique

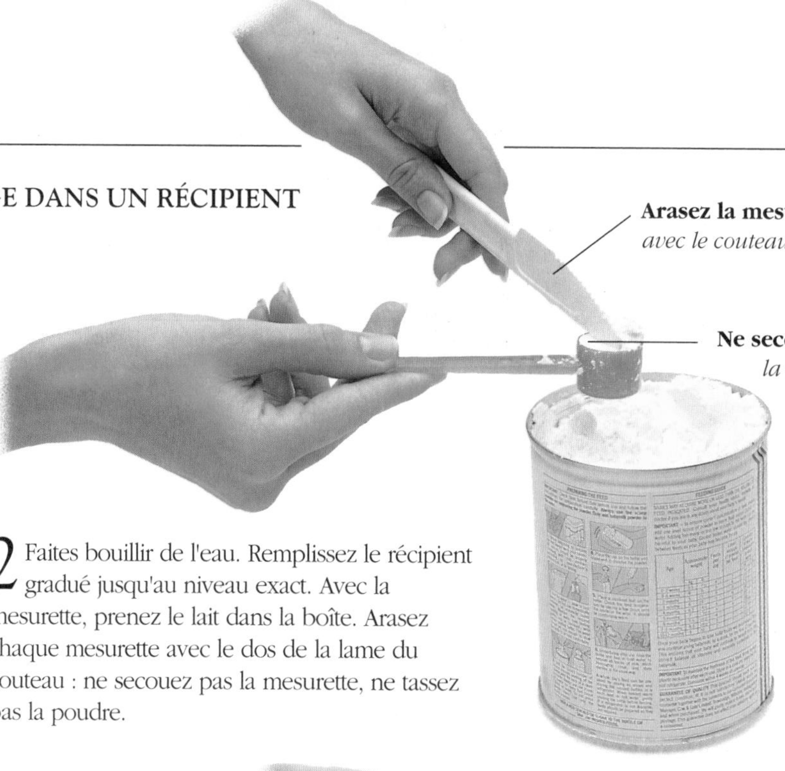

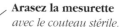

Arasez la mesurette
avec le couteau stérile.

Ne secouez pas
*la mesurette,
ne tassez pas
la poudre.*

1 Rincez et égouttez le matériel, n'essuyez que le couteau avec le papier essuie-tout.

2 Faites bouillir de l'eau. Remplissez le récipient gradué jusqu'au niveau exact. Avec la mesurette, prenez le lait dans la boîte. Arasez chaque mesurette avec le dos de la lame du couteau : ne secouez pas la mesurette, ne tassez pas la poudre.

3 Mettez la poudre dans le récipient gradué en comptant les mesures avec soin pour ne pas dépasser la dose recommandée.

4 Agitez le mélange avec la cuiller stérile jusqu'à dissolution de la solution dans l'eau chaude.

5 Versez-le dans les biberons au moyen de l'entonnoir stérile. Placez les tétines à l'envers. Videz du lait si la tétine touche la surface, couvrez avec le disque, vissez la bague. Remplissez de nouveau votre récipient. Quand tous les biberons sont préparés, placez-les dans le réfrigérateur.

Préparez la quantité
*de lait à laquelle est
habitué votre bébé
(voir p 102).*

LES LAITS PRÊTS À L'EMPLOI

■ VOUS AUREZ BESOIN ■
d'une boîte de lait maternisé
d'un biberon et d'une tétine
d'une brosse à vaisselle
de ciseaux

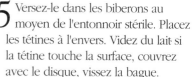

Brossez
*bien le coin
à découper.*

1 Sortez un biberon du stérilisateur à froid et rincez-le à l'eau minérale. Faites-le égoutter sur du papier absorbant. Avec une brosse propre, nettoyez le dessus du carton à l'eau courante. Au Québec, ce sont des boîtes métalliques.

2 Coupez le coin du carton de lait. Ne touchez pas les bords de l'incision : vous pourriez contaminer le lait.

3 Videz tout le carton dans le biberon (mais voyez p. 102 comment conserver ce type de lait).

LES SACS-BIBERONS À JETER

■ **VOUS AUREZ BESOIN** ■
d'une boîte de lait en poudre
de biberons et de tétines
de sacs-biberons en plastique
d'un couteau
de papier absorbant
d'un récipient gradué
d'une cuiller
d'un entonnoir en plastique

Vos mains ne doivent entrer en contact qu'avec l'extérieur du sac-biberon.

1 Préparez un récipient de lait ou, si vous préférez, après l'avoir bien nettoyé avec la brosse, ouvrez un carton de lait prêt à l'emploi (voir page ci-contre). Lavez-vous les mains. Sortez les tétines du stérilisateur, rincez-les à l'eau bouillante. Fixez la tétine sur l'anneau sans toucher l'embout. Détachez un sac-biberon du rouleau.

2 Pliez le sac en deux jusqu'à mi-hauteur dans le sens de la hauteur et glissez-le dans le conteneur de plastique rigide qui soutient le sac en plastique, la tétine et l'anneau.

3 Ouvrez le bord supérieur du sac et repliez-le autour du goulot. Appliquez-le bien, sinon le lait va fuir.

4 Tenez le bord du sac pour que le poids du lait ne le fasse pas glisser et versez au moyen de l'entonnoir la quantité de lait à laquelle est habitué votre bébé.

Ne touchez que l'anneau de plastique, une fois la tétine mise en place.

5 Vissez l'anneau surmonté de la tétine pour maintenir le sac. Découpez la bordure selon le pointillé et jetez-la pour que l'enfant, s'il est plus grand, ne puisse l'attraper. Placez le capuchon sur le biberon et mettez-le au réfrigérateur.

LES BIBERONS À JETER

Déballage de la tétine

Appuyez fortement avec les pouces autour de la base de la tétine.

■ **VOUS AUREZ BESOIN** ■
d'un biberon à jeter et de sa tétine
d'une boîte de lait en poudre
d'un couteau
de papier absorbant
d'un récipient gradué
d'une cuiller
d'un entonnoir en plastique

1 Faites un biberon en utilisant du lait en poudre ou un pack de lait prêt à l'emploi (voir page ci-contre). Lavez-vous les mains. Déballez les différentes parties du biberon, sauf la tétine. Le « biberon » lui-même est réutilisable, il suffit de le laver.

2 Dépliez le sac et placez-le dans le « biberon » en bloquant la fermeture.

3 Versez le lait. Déballez la tétine et enclenchez-la en position d'utilisation sans toucher l'embout. Mettez le capuchon.

COMMENT NOURRIR UN BÉBÉ AU BIBERON

NOURRIR VOTRE BÉBÉ est un acte primordial. N'importe qui ne peut pas le faire à votre place. Les gestes qui l'accompagnent sont tout aussi importants : votre amour, vos caresses, votre attention comptent autant pour lui que le lait. Tenez-le blotti contre vous, souriez-lui, parlez-lui, comme vous le feriez si vous l'allaitiez au sein. Ne laissez jamais un bébé seul avec son biberon, il risquerait de s'étouffer.

Dès le début, laissez le plus possible le bébé vous guider, laissez-le téter à son rythme, s'arrêter pour regarder autour de lui, toucher le biberon, caresser votre sein. S'il est d'humeur enjouée, une tétée peut ainsi durer 1/2 heure. Surtout, laissez-le s'arrêter quand il le désire. Installez-vous confortablement, mettez-lui un bavoir, gardez un autre bavoir à portée de la main pour essuyer le rot.

Partager les repas
Votre conjoint, lui aussi, peut nourrir le bébé qui, dès qu'il grandit, veut contrôler lui-même sa tétée.

DU SEIN AU BIBERON

Si pour une raison quelconque, vous devez passer du sein au biberon, rappelez-vous que le changement doit être progressif et demandez conseil à des personnes compétentes. La meilleure méthode consiste à remplacer une tétée au sein par un biberon tous les 3 jours, mais vous pouvez espacer davantage.

Commencez par remplacer la tétée de fin d'après-midi par un biberon. Si le bébé est réticent, essayez de nouveau le lendemain à la même heure une autre forme de tétine et barbouillez-en l'embout avec votre lait. Après 3 jours à ce régime, remplacez une seconde tétée au sein et attendez encore 3 jours. Continuez ainsi jusqu'à ce que le bébé accepte aussi un biberon pour sa tétée

LA PRÉPARATION DU BIBERON À L'HEURE DE LA TÉTÉE

1 Sortez un biberon du réfrigérateur et retournez la tétine. Réchauffez-le au bain-marie ou dans un chauffe-biberon, mais pas dans un four à micro-ondes, car le lait peut être bouillant même si les parois du biberon restent froides.

2 Vérifiez le débit du lait : il doit être de 2 ou 3 gouttes par secondes. Un trou trop petit rend la succion difficile, un trou trop grand laisse le lait couler trop vite. Si le perçage de la tétine n'est pas correct, changez de tétine et recommencez..

Q UESTION & R ÉPONSE

« Mon bébé ne termine pas ses biberons : boit-il assez ? »
Le manque d'appétit peut annoncer une maladie ou un trouble grave sous-jacent nécessitant des soins médicaux. Vérifiez que la quantité de lait que vous lui donnez est appropriée à son poids (voir p. 102).

Pesez régulièrement le bébé vous-même ou faites-le peser chez le médecin qui le suit : tracez, ou faites tracer, sa courbe de poids. Un manque d'appétit associé à un poids insuffisant doit toujours être pris au sérieux et faire l'objet d'une consultation.

3 Faites couler quelques gouttes du lait sur la face interne de votre poignet : il doit être tiède. Froid, le lait est sans danger, mais les bébés le préfèrent tiède.

4 Desserrez la bague de façon que l'air pénètre dans le biberon quand le bébé tète. Cela empêche la tétine de s'écraser et d'interrompre l'écoulement du lait.

COMMENT DONNER LE BIBERON

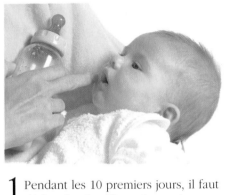

1 Pendant les 10 premiers jours, il faut déclencher le réflexe de succion en caressant la joue la plus proche de vous: le bébé va tourner la tête et ouvrir la bouche. S'il ne le fait pas, ou s'il est plus âgé, faites couler quelques gouttes de lait sur la tétine, puis humectez-en ses lèvres pour lui en faire percevoir le goût.

2 Pendant la tétée, tenez le biberon de façon que le bébé puisse tirer en suçant et inclinez-le pour que la tétine soit remplie de lait et non d'air. Si la tétine s'applatit, tournez le biberon dans sa bouche pour laisser pénétrer un peu d'air.

3 Quand le bébé a terminé, enlevez-lui le biberon. S'il veut encore sucer, proposez-lui votre petit doigt (propre) : il saura vite vous faire savoir s'il veut du lait.

FAIRE LÂCHER LE BIBERON

Si votre bébé ne veut pas lâcher le biberon après une longue tétée, glissez votre petit doit entre ses gencives, tout près de la tétine.

S'IL S'ENDORT PENDANT LA TÉTÉE

Son estomac, gonflé d'air, lui donne l'impression d'être rassasié. Redressez-le deux minutes et faites-lui faire un rot, puis présentez-lui de nouveau le biberon.

Un bébé avale plus facilement *s'il est à demi redressé.*

Mettez-lui un bavoir *avant de commencer.*

L'INTRODUCTION DES ALIMENTS SOLIDES

Entre 3 et 6 mois, un bébé est prêt à goûter certains aliments pour adultes : vous remarquerez que, même après une tétée copieuse, il semble avoir encore faim, et il peut réclamer une tétée supplémentaire dans la journée. A partir du moment où il aura goûté à ses premiers aliments solides, il faudra en augmenter la quantité à chaque repas. Un peu après son premier anniversaire, il finira par ne plus avoir besoin du sein ou du biberon pour s'alimenter. Proposez-lui un très large choix d'aliments pour qu'il s'habitue à un régime varié et se familiarise avec des goûts et des consistances encore inconnus : vous éviterez ainsi qu'il ne passe par des périodes de « caprices » alimentaires quand il sera plus grand. Laissez-vous guider par son appétit. Évitez les conflits, laissez le bébé apprécier sa nourriture. Les repas ne sont pas uniquement l'heure de manger, mais ils constituent des moments importants de la vie familiale. Inviter le bébé à y participer « activement » encouragera sa sociabilité, et contribuera à l'intégrer à la famille.

— LE MATÉRIEL POUR LES PREMIERS ALIMENTS SOLIDES —

UNE CUILLER EN PLASTIQUE très propre, une assiette creuse et un bavoir sont les seuls objets nécessaires pour commencer. Bientôt, il vous faudra des tasses en plastique pour les boissons.

Vous n'avez pas besoin de stériliser le matériel utilisé pour les aliments solides, il suffit de le laver avec soin à l'eau bouillante. Le plastique est de mise pour éviter les bris.

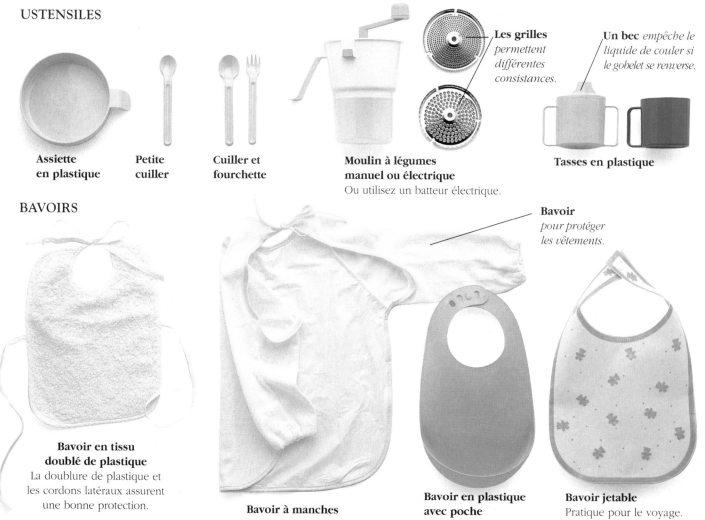

USTENSILES

Assiette en plastique

Petite cuiller

Cuiller et fourchette

Les grilles *permettent différentes consistances.*

Moulin à légumes manuel ou électrique
Ou utilisez un batteur électrique.

Un bec *empêche le liquide de couler si le gobelet se renverse.*

Tasses en plastique

BAVOIRS

Bavoir *pour protéger les vêtements.*

Bavoir en tissu doublé de plastique
La doublure de plastique et les cordons latéraux assurent une bonne protection.

Bavoir à manches

Bavoir en plastique avec poche

Bavoir jetable
Pratique pour le voyage.

La tablette *doit être facile à nettoyer.*

Le rebord *empêche au moins quelques miettes de tomber par terre.*

Le châssis *de la chaise doit comporter un verrouillage de sécurité pour que le bébé ne puisse pas se pincer.*

Une sangle ou une barre *de sécurité empêche le bébé de glisser entre la tablette et le siège.*

La chaise haute

Un bébé a besoin d'une chaise haute à partir de 6 mois, ou dès qu'il se tient bien assis ; avant cela, asseyez-le sur vos genoux, puis dans sa chaise portative ou dans son siège auto. Attachez-le toujours dans sa chaise avec une sangle de sécurité. Posez la chaise sur une feuille de plastique étalée sur le sol et approchez-la de la table familiale.

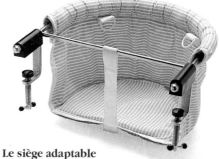

Le siège adaptable

Un siège qui se fixe au bord d'une table est très pratique quand vous n'êtes pas à la maison, mais lisez avec soin le mode d'emploi, car ce système ne s'adapte pas à toutes les tables. Attachez le bébé avec une sangle de sécurité et protégez le sol.

La chaise de surélévation adaptable sur siège

De 18 mois à 2 ans, vous pouvez asseoir votre enfant au niveau de la table en fixant sur un siège ordinaire cette chaise qui le surélève. Modifiez sa hauteur en la retournant. Il est vraiment difficile de tomber de ce genre de siège.

LA CONSERVATION DES ALIMENTS DU BÉBÉ

La congélation est un bon moyen d'avoir toujours à portée de main des portions d'aliments préparés à la maison et réduits en purée. Préparez vos compotes et vos purées de légumes, et faites-les refroidir en plongeant le bol dans l'eau froide. Versez la compote ou la purée dans des moules à glaçons en plastique, enveloppez-les d'une feuille de plastique et mettez à congeler. Une fois congelés, démoulez-les et conservez-les séparément dans des sachets

fermés « spécial congélation » à raison d'un type d'aliment par sachet. Étiquetez, inscrivez la date et ne gardez pas plus d'un mois.

Une demi-heure avant un repas, mettez quelques cubes à décongeler dans un bol. Placez le bol dans de l'eau chaude pour réchauffer la purée, puis versez la purée dans l'assiette.Vous pouvez garder un aliment préparé pour le bébé 24 heures au réfrigérateur en récipient couvert.

AUTRE MATÉRIEL

Pour préparer les repas de l'enfant, vous aurez besoin :

- d'un épluche-légumes ;
- d'une petite casserole ;
- d'un couteau bien aiguisé ;
- d'une cocotte-minute pour les légumes (la cuisson à la vapeur détruit moins les éléments nutritifs que l'ébullition) ;
- d'un batteur électrique ;
- d'une passoire et d'une cuiller ;
- d'une râpe ;
- de bacs à glaçons, pour congeler les purées.

LA NOURRITURE DU BÉBÉ

LES MEILLEURS ALIMENTS sont ceux que vous préparez vous-même avec des produits frais.

Consistance. La consistance doit être adaptée aux capacités du bébé. Il est normal de trouver de temps en temps des morceaux d'aliments entiers dans ses couches, mais, si cela se reproduit souvent, redonnez-lui des purées. Humidifiez sa nourriture pour qu'elle soit facile à avaler. Délayez les aliments écrasés ou hachés avec de l'eau bouillie ou avec leur liquide de cuisson (non salé), avec votre lait ou un lait maternisé, un jus de fruits, un yogourt (à partir de 6 mois).

Température. Ne servez que de la nourriture tiède.

L'introduction d'un aliment nouveau. Proposez les aliments l'un après l'autre et attendez 24 heures pour voir la réaction. S'il a une diarrhée, une éruption, attendez quelques mois pour lui redonner cet aliment.

Assaisonnements. N'en utilisez pas : le sel peut léser les reins du bébé.

Quels aliments éviter ? Jusqu'à 4 ans, évitez les aliments salés, riches en graisses, tout préparés, très épicés ; le salami, le jambon cru, les poissons salés ne conviennent pas aux enfants. Donnez peu de miel avant 1 an.

4-6 MOIS

Consistance. Préparez des purées presque liquides, lisses, sans grumeaux.

Préparation

■ Épluchez avec soin ;
■ enlevez pépins et filaments ;
■ cuisez à la vapeur ou à l'eau ;
■ écrasez ou passez au tamis.

Céréales
pour bébé.

Purée de carotte
Éplucher, cuire, écraser ou passer au mixer et diluer.

Compote de pommes
ou de poires ; elles permettent une bonne initiation aux fruits.

Purée de légumes
1/3 de pommes de terre, 1/3 de carottes, 1/3 de légumes verts.

6-8 MOIS

Consistance. Les aliments peuvent être émincés ou écrasés. Ajoutez du liquide ou un yaourt. Donnez des aliments à prendre à la main et à sucer.

Préparation des fruits et des légumes

■ Épluchez avec soin ;
■ ôtez les pépins, les filaments ;
■ écrasez ou passez.

Préparation de la viande et du poisson

■ Enlevez la graisse et la peau ;
■ cuisson : grillez ou pochez ;
■ hachez ou écrasez, en laissant beaucoup de morceaux ;
■ coupez en tranches minces, inégales.

D'autres bons aliments

Tartines grillées, viande rouge, plats faits à la maison, soupe (cuits sans sel).

Poulet haché. Ajoutez au mélange un peu de tomate

Poisson blanc haché
Enlevez les arêtes.

Œuf dur. Le blanc d'œuf pas avant 1 an.

Aliments à prendre avec les doigts. Le fromage et la banane ainsi présentés ont un franc succès.

Pain beurré
avec peu de beurre.

Yogourt entier nature
Mélangez avec des fruits cuits pour obtenir une pâte onctueuse.

8-9 MOIS

Consistance. Proposez à l'enfant des consistances plus épaisses : coupez les aliments au lieu de les broyer. Offrez-lui beaucoup d'autres aliments à manger avec les doigts pour qu'il s'exerce.

Préparation des fruits et des légumes
- Épluchez avec soin ;
- ôtez pépins et filaments ;
- coupez en bâtonnets ou en tranches ; râpez si l'aliment est cru.

Préparation de la viande et du poisson
- Enlevez la graisse et la peau ;
- cuisson : en grillade, en ragoût, ou poché
- coupez en tranches minces.

D'autres bons aliments
Tartines grillées, viande rouge, plats faits à la maison, soupe (cuits sans sel).

Bœuf ou agneau maigre À couper vous-même.

Pâtes à servir avec un coulis de tomates et du vermicelle.

Lentilles en purée. À trier avec soin et cuire suffisamment.

Riz complet. Excellent s'il est bien cuit.

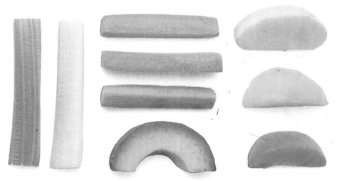

Aliments à manger avec les doigts. Céleri, carotte, avocat, pomme, pêche, abricot.

10-12 MOIS

Consistance. Votre enfant mange tout ce que mange la famille. Évitez le sel.

Préparation des fruits et des légumes
- Épluchez avec soin ;
- ôtez pépins et filaments ;
- cuisez à la vapeur.

Préparation de la viande et du poisson
- Enlevez la graisse et la peau ;
- cuisson : en grillade, en ragoût, ou poché ;
- coupez en tranches minces.

D'autres bons aliments
Le porc (bien cuit), petits pois, lentilles, flageolets, crudités.

Brocolis cuit à la vapeur. À manger avec les doigts.

Poulet coupé en petits dés pour que l'enfant se débrouille seul.

Haricots verts entiers, à manger avec les doigts.

Thon en boîte. À servir de temps en temps. Égouttez-le bien et coupez-le en morceaux.

Fruits. Proposez des saveurs nouvelles : framboises, orange, pamplemousse.

ATTENTION

Ne donnez jamais à un tout-petit des noisettes entières ou, surtout, des cacahuètes. Il pourrait avaler de travers un morceau de noisette et s'étouffer. Inhalées, les miettes peuvent causer une grave irritation des poumons.

LES SAVEURS NOUVELLES

DÈS 4 MOIS, un bébé peut commencer à manger des aliments solides, mais, si le lait semble lui suffire, attendez qu'il ait 5 ou 6 mois. Rappelez-vous bien qu'au début, vous devez simplement lui donner l'idée de manger à la cuiller et qu'il faut continuer à lui fournir son lait. Celui-ci lui apporte tous les éléments nutritifs dont il a besoin. Commencez au petit déjeuner ou à midi, en évitant l'heure du goûter parce que, si un élément provoque des troubles digestifs, toute la famille passera une mauvaise nuit. Le bébé coopérera plus facilement si vous le laissez d'abord satisfaire sa faim et si vous adoptez le système «sandwich» : interrompez sa tétée au sein ou au biberon et donnez-lui une cuiller de riz ou de compote de fruits. En tout, un repas peut durer 1 heure.

VOUS AUREZ BESOIN
d'un bavoir
d'un bol en plastique ou d'un coquetier
d'une petite cuiller en plastique
d'une cuiller à dessert, de purée de pomme crue ou de poire, ou de crème de riz
d'un gant de toilette humide

LA PREMIÈRE FOIS

Asseyez-vous confortablement, le bol de nourriture à portée de main. Mettez un bavoir au bébé, puis donnez-lui son biberon habituel ou le sein (laissez-le vider la moitié du biberon ou un sein). Faites-lui faire son rot. Il aura encore besoin de son lait pendant plusieurs mois.

LES ALIMENTS DU COMMERCE

Les aliments pour bébé en pots ou en boîtes peuvent être très pratiques, surtout quand vous êtes pressée ou quand vous n'êtes pas chez vous. Mais il vaut mieux restreindre leur utilisation parce que leurs saveurs sont fades et uniformes : les aliments préparés à la maison ont des consistances et des goûts beaucoup plus variés. Si vous voulez faire quelques réserves de petits pots, évitez ceux qui contiennent du sucre, du dextrose, de la saccharose ou du sel, ou ceux dont le premier constituant inscrit sur l'étiquette est l'eau. Celle-ci est alors l'ingrédient le plus abondant, et l'aliment n'est pas nourrissant. Vérifiez les dates de limite de vente et de consommation..

LES SAVEURS NOUVELLES

1 Le bébé sur vos genoux, prenez avec le bord de la cuiller un peu de l'aliment et glissez-le entre ses lèvres pour qu'il puisse sucer. N'essayez pas de lui enfoncer la cuiller dans la bouche, il pourrait avoir un haut-le-cœur. Au début, il peut se montrer surpris par le goût et la nouvelle sensation : soyez patiente et encouragez-le de la voix.

2 Il se peut qu'il apprécie très vite cette nouvelle expérience. S'il recrache la nourriture, ramassez-la avec la cuiller et remettez-la lui entre les lèvres. Quand il a avalé environ une cuillerée de purée ou de crème de riz, donnez-lui le reste de son lait, ou le sein.

S'IL REFUSE LA CUILLER

Plongez le bout du doigt (propre) dans l'aliment et faites-le sucer. S'il proteste encore, c'est peut-être qu'il n'aime pas ce goût-là. La fois suivante, essayez autre chose.

UNE MÉTHODE DE SEVRAGE

C'EST LE TEMPÉRAMENT de votre bébé qui décidera de la méthode de sevrage que vous adopterez, c'est-à-dire du passage de la tétée au sein ou du biberon à la nourriture solide. Ne pressez pas l'enfant, progressez pas à pas et attendez qu'il se soit adapté à un changement avant de passer à l'étape suivante. Le tableau ci-dessous vous indique une méthode possible, fixant le début du sevrage vers 4 mois, le premier repas solide étant le dîner. Vous pouvez avoir envie d'aller beaucoup plus lentement ou préférer vous libérer à l'heure du petit déjeuner pour commencer le sevrage. Si vous nourrissez au sein, n'oubliez pas qu'il faut que votre sécrétion de lait se tarisse progressivement. Abandonnez une tétée à la fois et laissez passer 3 jours avant de supprimer la tétée suivante.

LE GUIDE DU SEVRAGE, ÉTAPE PAR ÉTAPE							
Étape/âge	**Que faire ?**	**Boissons**	**Repas et tétées**				
			TÔT LE MATIN	DÉJEUNER	DÎNER	SOUPER	COUCHER
1re et 2e semaine. **Âge : 4 mois** (les âges ne sont donnés qu'à titre indicatif)	Offrez de petites bouchées de crème de riz ou de compote ou de purée de légumes au dîner, au milieu de la tétée. Donnez au bébé le même aliment pendant 3 jours pour qu'il s'y habitue.	Si vous nourrissez au sein, donnez à boire de temps en temps au bébé de l'eau bouillie refroidie.	■	■	■ ■ ■	■	■
3e et 4e semaine **Âge : 4 mois et demi**	Introduisez les aliments solides au déjeuner au milieu de la tétée, des céréales pour bébé, par exemple. Augmentez la quantité d'aliments solides du dîner de 3 ou 4 cuillerées.	Offrez-lui de l'eau bouillie froide, du jus de fruits dilué dans un biberon. Ne vous inquiétez pas s'il refuse.	■	■ ■ ■	■ ■ ■	■	■
5e et 6e semaine **Âge : 5 mois**	Introduisez les aliments solides au souper, au milieu de la tétée. Quelques jours plus tard, offrez deux aliments différents au dîner : 2 ou 3 cuillerées de purée de légumes et de compote.	Achetez-lui une tasse de bébé mais pour le moment ce ne sera pour lui qu'un jouet.	■ ■ ■	■ ■ ■ ■	■ ■ ■	■	
7e et 8e semaine **Âge : 5 mois et demi**	Offrez-lui un aliment solide au début du dîner, puis complétez-le par la tétée. Donnez deux aliments à l'heure du souper, par exemple du pain et un morceau de banane. Au dîner et au souper, commencez toujours par la tétée. A chaque repas, le bébé peut prendre 5 ou 6 cuillerées à dessert d'aliments solides.	Commencez à lui donner à boire à la tasse, mais tenez-la vous-même quand il boit.	■ ■ ■	■ ■ ■	■ ■ ■ ■	■	
9e et 10e semaine **Âge : 6 mois**	Au dîner, après les aliments solides, proposez une tasse de lait au lieu de la tétée. Après quelques jours sans tétée à l'heure du dîner, offrez des aliments solides pour commencer le souper.	Offrez-lui son lait dans une tasse, et de l'eau bouillie froide ou du jus de fruits dilué en dehors des repas.	■ ■ ■	■ ■	■ ■ ■	■	
11e et 12e semaine **Âge : 6 mois et demi**	Après le souper, offrez le lait dans une tasse au lieu d'une tétée complète. Vous remarquerez sans doute que le bébé refuse souvent sa tétée de complément après un déjeuner solide.	Comme ci-dessus.	■ ■	■ ■	■ ■	■	
13e et 14e semaine **Âge : 7 mois**	Offrez-lui à boire dans une tasse au lieu de la tétée avant le déjeuner; le bébé prend des aliments solides à trois repas et boit du lait maternisé. A partir de 9 mois, il pourra boire du lait de vache entier.	Comme ci-dessus. Maintenant, le bébé tient sa tasse tout seul.		■	■ ■	■ ■	■
			Lég. ■ tétée ■ alim. solides				

APPRENDRE À MANGER SEUL

VOTRE BÉBÉ aura envie de manger seul bien avant d'en être capable. Même s'il salit tout – attendez-vous à ce que la nourriture éclabousse son visage, ses cheveux, ses vêtements et le sol – et même s'il mange lentement, encouragez-le le plus possible : ce sont ses premiers pas vers l'indépendance. Ayez une attitude très détendue pendant les repas : si votre bébé les trouve agréables et intéressants, vous risquez beaucoup moins d'être confrontée à des problèmes d'alimentation plus tard.

À 7 MOIS

Votre bébé s'efforce de manger seul, mais son manque de coordination motrice ne lui permet pas de porter à la bouche tous les aliments dont il a besoin. Nourrissez-le vous-même, mais ne l'empêchez pas de jouer avec ses aliments : c'est la première étape de son apprentissage. Et tant pis s'il se barbouille la figure. Vous l'essuierez avec un gant de toilette quand il aura fini. Donnez-lui divers aliments à prendre avec les doigts. Comme ils sont faciles à tenir, le bébé se sentira plus habile et plus sûr de lui.

1 Au début du repas, il a faim. Gardez l'assiette hors de sa portée et nourrissez-le à la cuiller.

2 Une fois qu'il aura un peu calmé sa faim, laissez-le coopérer, mais continuez à le nourrir vous-même.

Votre bébé *ne sera pas très adroit, mais il adorera le défi.*

CONSEILS PRATIQUES

■ S'il s'empare de la cuiller, utilisez deux cuillers. Remplissez-en une et placez-la dans l'assiette pour qu'il puisse la prendre. Remplissez l'autre et tenez-la prête au cas où la première se renverse. Lorsque cela se produit, fourrez-lui la cuillerée prête dans la bouche, et remplacez sa cuiller pour qu'il continue à s'exercer.
■ Préparez plusieurs cuillers pour remplacer celles qui tombent par terre.

3 Le bébé est parfois si occupé à plonger les mains dans son assiette et à enfourner les aliments dans sa bouche qu'il peut se désintéresser totalement de la cuiller que vous lui présentez. S'il a faim, il lui arrive de pleurer et de s'agiter parce qu'il est frustré de ne pas aller assez vite : offrez-lui donc des cuillerées plus pleines. Mais, par ailleurs, laissez-le s'exercer. Il est important pour lui de sentir qu'il peut le faire « tout seul ». Il saura bien quand il aura assez mangé.

4 Les aliments solides donnent soif. Donnez-lui son lait maternisé en tenant sa tasse. Il ne peut pas le faire seul. A partir de 9 à 12 mois, donnez-lui du lait de vache entier.

QUESTIONS & RÉPONSES

«Quelle quantité de nourriture dois-je lui donner?»
Laissez le bébé vous guider.
À 6 mois, mettez 4 cuillers à soupe de nourriture dans son assiette, et offrez-lui-en davantage s'il mange tout.
Pour les semoules, commencez par 2 cuillerées à soupe. Parfois, le bébé se jettera sur la nourriture, parfois, il y touchera à peine. S'il prend du poids normalement, ne vous inquiétez pas quand il ne mange pas tout.

«Mon enfant ne veut avaler que des purées de carottes. Que puis-je faire?»
Ce genre de lubie est fréquent et ne dure souvent pas plus de 15 jours. Présentez-lui autre chose, sans vous inquiéter s'il n'en veut pas : il ne souffrirait de carence qu'au bout de plusieurs semaines. Si vous êtes inquiète, demandez à votre médecin s'il faut prescrire à l'enfant des gouttes polyvitaminées.

«Dois-je le forcer à manger ce qu'il n'a pas l'air d'aimer?»
Respectez ses goûts. S'il n'aime pas un aliment, ne le mélangez pas avec un autre qu'il aime : il finirait par détester les deux. Proposez-le lui sous une autre forme. S'il n'aime pas les légumes, il peut les manger crus, râpés, ou dans une soupe; une crème anglaise peut être une autre façon de lui faire manger des œufs qu'il refuse quand vous les lui proposez durs.

15 MOIS

L'enfant s'efforce de manger seul à la cuiller ou à la fourchette (à dents arrondies). Coupez ses aliments en morceaux prêts à mâcher. Certains jours, il aura besoin de votre aide.

QUAND L'ENFANT GRANDIT

VERS 2 ANS, votre enfant sera sans doute capable d'abandonner sa chaise haute pour manger à votre table. Les repas sont des étapes importantes. Cet apprentissage des repas au sein de la famille contribue au développement de sa sociabilité. Ce qu'il mange est aussi très important mais, pourvu que vous lui serviez une nourriture équilibrée en quantité suffisante, laissez-le choisir de la manger ou non. Il ne se laissera pas mourir de faim, et il est mieux placé que n'importe qui pour connaître la quantité dont il a besoin.

Une bonne collation
Une pomme est une bonne source de fibres et de vitamines. Lavez-la bien ou épluchez-la.

Pour éviter les problèmes au moment des repas

Le secret d'un repas sans problèmes est de rester détendue et de faire sentir au bébé que manger est une manière agréable de satisfaire sa faim. La grande erreur est de se disputer au sujet de la nourriture : vous sortirez du conflit plus perturbée que l'enfant qui, la prochaine fois, vous résistera encore plus. Essayez plutôt d'envisager le repas comme un moment sympathique de la journée, aussi bien pour vous que pour l'enfant.

■ Offrez à l'enfant un régime varié ; laissez-le manifester ses préférences ; il montrera vite ce qu'il aime et ce qu'il n'aime pas.

■ Ne le punissez pas s'il refuse de manger un aliment ; ne le récompensez pas pour en avoir mangé un autre. « Mange tes carottes et tu pourras aller jouer avec ton tricycle » lui fait penser qu'il doit y avoir dans ses carottes quelque chose de bien mauvais pour qu'on le récompense de les avoir avalées.

■ Ne passez pas trop de temps à lui préparer une nourriture spéciale : vous lui en voudrez doublement s'il ne la mange pas.

■ S'il chipote, ne le pressez pas de finir, car il est plus lent que vous. Si vous voulez qu'il ne quitte pas la table familiale avant que vous ayez terminé, vous devez faire de même à son égard et attendre qu'il ait fini.

■ N'insistez pas pour qu'il mange davantage, et permettez-lui de s'arrêter quand il est rassasié. Il ne se laissera pas mourir de faim et, si sa courbe de croissance est normale, c'est qu'il mange suffisamment.

Un régime équilibré

Le mot clé d'un bon régime est la variété : si, durant la semaine, vous servez divers aliments, vous pouvez être sûre que l'enfant reçoit les éléments nutritifs dont il a besoin. En revanche, son régime sera déséquilibré si, pendant de longues périodes, il mange exclusivement les mêmes catégories d'aliments : biscuits secs et gâteaux par exemple, ou beaucoup de saucisses ou de charcuterie.

Les collations et les sucreries

Votre enfant a souvent besoin, entre les repas, d'une collation. Plutôt que des biscuits, donnez-lui une tranche de pain complet, une pomme, une carotte, une

banane, qui sont sains et nourrissants. S'il n'a pas très faim au repas suivant, son équilibre nutritionnel n'en sera pas perturbé pour autant.

Les sucreries peuvent être l'enjeu de chaudes batailles, mais c'est à vous d'établir les règles et de vous y tenir. Il n'est ni juste ni réaliste d'en priver complètement l'enfant, car cela pourrait les lui rendre encore plus désirables. Les sucreries apportent avant tout des calories ; de plus, elles sont très nocives pour les dents.

Contrôlez la préférence de l'enfant pour le sucré en réduisant au minimum les aliments sucrés.

■ Comme dessert, donnez des yaourts non sucrés ou un fruit à la plupart des repas. Le fromage est bon aussi parce qu'il neutralise l'acide qui se forme dans la bouche et attaque l'émail dentaire.

■ Quand vous laissez votre enfant manger des sucreries, réservez-les pour la fin d'un repas (et non entre les repas).

■ Choisissez des confiseries qui se mangent vite et non celles qui se sucent ou se mâchonnent longuement.

■ Donnez-lui des jus de fruits passés et dilués et non des pulpes de fruits et ne les offrez qu'aux repas : entre les repas, donnez de l'eau ou du lait.

■ Ne lui offrez pas de sucreries en guise de récompense ou de punition : elles prendraient trop de valeur pour l'enfant.

■ Que le brossage des dents avec un dentifrice fluoré devienne une routine, au moins après le petit déjeuner et avant d'aller au lit (voir p. 144-145).

COMMENT AMÉLIORER L'ALIMENTATION FAMILIALE ?

■ Remplacez le beurre par de la margarine végétale et de l'huile pour faire les tartines et la cuisine.

■ Réduisez la viande rouge au minimum : 1 ou 2 fois par semaine.

■ Servez du poulet ou du poisson au moins 3 fois par semaine.

■ Préférez les grillades aux fritures.

■ Préférez les aliments frais aux conserves : ils contiennent moins de sel et de sucre.

■ N'achetez que du pain complet et des céréales complètes.

■ Servez le plus possible les légumes crus ou peu cuits. Toute cuisson détruit les éléments nutritifs, mais la moins nocive est la cuisson à la vapeur.

LES PLEURS ET LES CRIS

Durant sa première année, un enfant pleure souvent. Au début, les pleurs sont son seul moyen de communiquer son besoin de nourriture et de confort, mais, à partir de 3 mois, vous noterez un changement. Au lieu de pleurer durant la majeure partie de ses périodes d'éveil, il emploie ce temps à faire connaissance avec le monde qui l'entoure. La durée de ses cris diminue, vous deviendrez plus apte à comprendre ce qu'il désire. Quand votre bébé pleure, votre instinct vous pousse à le prendre et à le câliner ; ne vous inquiétez pas à l'idée de le gâter ou de l'inciter à crier davantage en agissant ainsi. Votre bébé a besoin de savoir qu'il peut compter sur vous. Néanmoins, d'incessants accès de pleurs vous épuisent, et, si vous sentez que vous perdez patience de plus en plus facilement, parlez-en à votre médecin. Peut-être pouvez-vous aussi interroger d'autres mères sur leur façon de faire.

COMMENT CALMER UN NOUVEAU-NÉ

SI VOTRE BÉBÉ CRIE, réagissez sans tarder et sans vous poser de question : le laisser crier ne ferait que l'énerver davantage.

7 MOYENS POUR APAISER UN BÉBÉ QUI PLEURE

Offrez-lui une tétée. Durant les premiers mois, la faim est la cause la plus probable de ses pleurs ; lui donner à téter est la meilleure façon de l'apaiser, même lorsque cela se traduit par de fréquentes tétées. Si votre bébé tète le biberon avec avidité même lorsque vous avez rapproché les tétées, essayez de lui donner de l'eau bouillie froide dans un biberon : il a peut-être soif.

Câlinez-le. Très souvent, un tendre contact suffit pour l'apaiser et calmer ses pleurs. S'il se calme quand vous le tenez très droit appuyé contre votre épaule, ou couché dans vos bras tourné vers le sol (voir p. 83), peut-être avait-il besoin de faire un rot. S'il vient d'être passé de bras en bras dans un cercle d'amis et de parents, peut-être voulait-il tout simplement manifester son désir d'être câliné un moment par une personne familière.

Bercez-le. Un mouvement rythmé calme un bébé grognon et peut l'endormir. Bercez-le dans vos bras et, s'il ne s'endort pas, accélérez le mouvement. Ou secouez-le légèrement en sautillant d'un pied sur l'autre, ou en l'installant dans un porte-bébé ventral (voir p. 85). Bercez-le dans un fauteuil à bascule, si vous en avez un, ou mettez-le dans son landau que vous ferez avancer et reculer de la main. Si vous pouvez l'emmener faire le tour du pâté de maisons, le roulement, la montée et la descente des trottoirs ont souvent un effet apaisant.

Emmaillotez-le. Enveloppez-le bien dans un châle ou une petite couverture souple en repliant les extrémités pour former un paquet bien compact (voir p. 123). Le fait de se sentir en sécurité peut calmer ses cris. Marchez, en le portant tout emmitouflé dans vos bras, jusqu'à ce qu'il paraisse calmé et reposez-le dans son lit, couché sur le côté, sans le démailloter. S'il pleure parce que vous lui avez fait quelque chose – peut-être venez-vous de l'habiller ou de le laver – l'emmailloter est le plus sûr moyen de le calmer et de lui rendre sa bonne humeur.

Tapotez-le. Tapotez-lui le dos ou le ventre ; frottez-les régulièrement. Cela le calmera et libérera peut-être un rot. Le contact de votre main le réconfortera quand vous le poserez sur son matelas à langer pour le changer.

Donnez-lui quelque chose à sucer. Les bébés se calment presque tous en suçant. Votre petit doigt – propre – est le moyen quasiment magique pour l'apaiser et, parfois, l'endormir. Il peut aussi très tôt sucer son propre doigt. Si vous optez pour la sucette, choisissez une forme physiologique et stérilisez-la de temps à autre (voir p. 124).

Distrayez votre bébé. Si vous lui donnez quelque chose à regarder, il oubliera ce pourquoi il pleurait. Les formes brillantes et colorées le fascineront : il fixera intensément des cartes postales, le papier peint. Les visages, les miroirs sont aussi très distrayants, et une promenade dans la maison pour regarder les tableaux ou se contempler dans les glaces peut calmer un bébé hurlant.

7 CAUSES POSSIBLES DE PLEURS

Bien souvent, on ne sait pas la raison pour laquelle un nourrisson pleure : vous faites quelque chose qui paraît le calmer, du moins pour un moment, mais vous n'êtes pas plus avancée. Si vous avez essayé les remèdes simples – une tétée, un câlin – et que toutes les tactiques généralement efficaces ont échoué, les pleurs ont peut-être d'autres causes. En voici sept.

La maladie. Elle peut faire pleurer un bébé. Il faut y penser si ses pleurs sont différents de ses cris habituels. Appelez toujours le médecin si quelque chose vous paraît anormal. Quand un bébé a le nez bouché par un rhume, il ne peut ni téter ni sucer son pouce, et il se réconforte d'une autre façon, même s'il n'est pas bien malade. Votre médecin peut lui prescrire des gouttes nasales pour faciliter sa respiration (voir p. 174-175).

L'érythème fessier. Cette affection peut faire pleurer un bébé. Si ses fesses sont irritées, enlevez-lui ses couches, nettoyez toute la région avec soin et laissez le bébé sans couche jusqu'au soir, sur une serviette de toilette ou sur une couche de tissu. Soignez l'érythème pour l'empêcher de s'aggraver (voir p. 150).

La colique. Souvent appelée « colique des 3 mois » ou « colique du soir », elle est caractérisée par un accès de pleurs inconsolables, survenant tous les jours à une heure précise, en général en fin d'après-midi ou le soir. Elle apparaît vers 3 semaines et dure jusqu'à la 12ᵉ ou 14ᵉ semaine. La première fois qu'il a un accès de pleurs que vous ne parvenez pas à calmer, consultez votre médecin. Cette colique n'est pas grave, mais vous pourriez vous tromper de diagnostic et ne pas remarquer d'autres symptômes plus sérieux.

L'ambiance. Elle peut parfois faire pleurer un bébé. Elle peut être trop fraîche : dans la chambre d'un bébé, la température ne doit pas descendre au-dessous de 20-21 °C. Vous pouvez essayer de la monter beaucoup plus – jusqu'à 31 °C – si l'enfant est très agité. Elle peut aussi être trop élevée : si la nuque du bébé est chaude et moite, il a sans doute trop chaud. Découvrez-le, enlevez-lui quelques vêtements. S'il transpire, une serviette-éponge sous son drap de dessous rendra son berceau beaucoup plus confortable. Un éclairage violent peut le faire pleurer : vérifiez que l'ampoule qui surplombe la table à langer, ou le soleil, ne l'éblouissent pas.

Les activités qu'il exècre. Elles ne peuvent pas toujours être évitées, même s'il proteste bruyamment. En général, les nouveau-nés détestent l'habillage et le déshabillage, le bain, les gouttes dans le nez ou les yeux. Agissez aussi vite que possible, puis câlinez le bébé pour l'apaiser.

Votre propre humeur. Elle peut influencer celle du bébé. Peut-être est-ce le soir et êtes-vous fatiguée ; peut-être sa maussaderie vous agace-t-elle. Comprendre que votre bébé ne fait que réagir à votre humeur nous aidera à vous montrer plus calme à son égard.

Un excès de sollicitations. Ceci peut parfois faire crier un bébé déjà en larmes. Le passer de bras en bras, lui changer ses couches sans raison, lui proposer sans arrêt des tétées, commenter ses cris d'une voix anxieuse, tout cela peut l'énerver et le faire crier davantage. Si vous ne découvrez aucune raison à ses pleurs, ne vous persuadez pas qu'il y en a obligatoirement une : il ne désire peut-être qu'un câlin apaisant.

QUE FAIRE EN CAS DE COLIQUE ?

Si votre bébé souffre d'une « colique du soir », prenez votre mal en patience, surtout si vous savez qu'il n'est pas malade, et que cette colique ne durera qu'un temps. Ne souffrez pas seule dans votre coin : ces 3 mois seront difficiles pour vous, votre conjoint et le bébé. Rappelez-vous les trois points suivants :
■ faites tout votre possible pour calmer le bébé. Déplacez-vous en le portant, proposez-lui fréquemment des tétées, frottez-lui le ventre ;
■ n'ayez pas recours aux médicaments (pas même quelques gouttes d'alcool de menthe). Une colique ne se soigne pas. Donc, il est inutile de donner sans raison de fortes doses de médicaments au bébé ;
■ essayez de vous libérer un soir de temps en temps en laissant votre mari, ou une personne de confiance, s'occuper du bébé à votre place.

QUAND LE BÉBÉ GRANDIT

À PARTIR DE 3 MOIS, vous allez remarquer de grands changements : le bébé est beaucoup plus conscient de ce qui l'entoure, il réagit et s'intéresse à tout – il devient de plus en plus une personne. Il pleure encore beaucoup et continuera pendant les mois qui viennent, mais maintenant vous comprenez mieux ses raisons.

6 CAUSES DE PLEURS CHEZ UN BÉBÉ PLUS ÂGÉ

La faim. Elle reste une raison majeure de pleurs. Au cours de sa première année, il devient plus actif et se nourrit d'aliments solides ; il est plus souvent fatigué et maussade entre les repas ; il a un emploi du temps très chargé. Une collation, une boisson lui redonneront de l'énergie et le réconforteront.

L'anxiété. Il s'agit d'une cause nouvelle de pleurs à partir de 7 ou 8 mois, parce que le bébé a alors découvert à quel point il vous est attaché. Vous êtes son principal repère affectif. Il est content d'explorer le monde, pourvu que vous restiez à ses côtés. Si vous le quittez, s'il vous perd des yeux, il peut se mettre à pleurer. Soyez patiente, laissez-le s'habituer progressivement aux personnes et aux situations nouvelles.

La douleur due aux chocs. Quand il commence à bouger, les chocs sont une cause fréquente de pleurs. Souvent, il crie parce qu'il s'est cogné, très rarement parce qu'il s'est blessé, et vous le consolerez aisément en le câlinant et en lui donnant un jouet.

Sa volonté de « se débrouiller » seul. Ce sera souvent une cause de friction et de larmes, surtout à partir de 2 ans. Demandez-vous si vous ne le brimez pas sans nécessité ou si vous n'esssayez pas simplement d'imposer votre volonté. Certes, il faut le surveiller, veiller à sa sécurité. S'il est contrarié au point de faire une colère, ne criez pas, n'essayez pas de le raisonner, ne le punissez pas ensuite. Ignorez la colère. Attendez la fin de l'accès, puis reprenez vos occupations (voir aussi p. 170).

La frustration. Elle provoque souvent des pleurs quand votre bébé s'efforce de faire quelque chose sans succès. Vous pouvez éviter ces larmes en lui facilitant la vie, par exemple en lui donnant les objets qui se trouvent hors de sa portée. Pour le calmer, donnez-lui un jouet ou inaugurez un nouveau jeu et son chagrin s'envolera, ou aidez-le quand il s'évertue à se débrouiller tout seul, mais ne faites pas la chose à sa place.

La fatigue. Elle se traduit par des pleurnicheries, de l'irritabilité et, finalement, par des larmes. À la fin de sa première année, la vie du bébé est si riche en expériences nouvelles qu'il peut avoir épuisé son énergie en dépit de son enthousiasme d'explorateur. Il a besoin de vous pour l'aider à se détendre avant de s'endormir et donc se reposer. Prenez-le sur vos genoux et racontez-lui une histoire pour le calmer à l'heure du coucher (voir p. 124-125). Efforcez-vous d'en faire une habitude.

QUESTION & RÉPONSE

« Les percées dentaires font pleurer mon bébé plusieurs jours. Que faire pour le soulager ? » La percée des premières dents ne devrait pas perturber un enfant, mais celle des dents du fond, la 2ᵉ année, peut le faire souffrir. Il va baver et avoir la joue rouge pendant 2 jours. Voici quelques moyens pour l'aider :
■ frottez-lui les gencives avec votre petit doigt ;
■ donnez-lui quelque chose de dur à mâcher : une carotte est idéale et encore plus apaisante si vous la refroidissez auparavant dans le réfrigérateur ;
■ si vous lui donnez un anneau dentaire rempli d'eau, placez-le auparavant dans le réfrigérateur, mais pas dans le congélateur ;
■ émoussez les arêtes vives de ses jouets ;
■ n'abusez pas des médicaments, ni de la pommade dentaire.

LE SOMMEIL DE VOTRE BÉBÉ

Un nouveau-né dort selon ses besoins ; malheureusement, il ne dort pas toujours pendant les heures qui vous conviennent, et votre vie, pendant plusieurs semaines, sera marquée par les mauvaises nuits et le manque de sommeil jusqu'à ce que le bébé prenne des habitudes qui correspondent mieux aux vôtres. Vers 9 mois, de nouveaux problèmes peuvent apparaître : le bébé peut refuser de vous laisser partir quand vous lui avez dit bonsoir, ou prendre l'habitude de dormir le jour et de rester éveillé la nuit.

Dès le milieu de sa première année, commencez donc à accorder beaucoup d'attention au moment du coucher : vous vous épargnerez sans doute d'importants problèmes plus tard. Le rituel du coucher, chaque soir identique, apaisant et tendre, donne à l'enfant le sentiment de sécurité dont il a besoin. Jusqu'à 2 ans et demi, et bien souvent au-delà, un enfant a besoin de dormir dans la journée. Sa vie est très active, surexcitante, et une sieste réparatrice dans la matinée ou dans l'après-midi l'empêchera d'être fatigué et grognon.

LES ACCESSOIRES DU SOMMEIL

LES OBJETS concernant le sommeil du bébé constituant un gros investissement, renseignez-vous, et choisissez soigneusement. Pour le lit, l'essentiel est que la peinture soit sans plomb et les décorations indécollables. Il vous faudra beaucoup de literie lavable. Une couette est légère et chaude, mais un enfant agité dormira peut-être mieux sous un drap et une couverture bien bordés.

OÙ DOIS-JE COUCHER MON BÉBÉ ?

Une nacelle portative. Pour un tout-petit, une nacelle que vous pouvez fixer sur un châssis à roulettes convient très bien pour le jour, la nuit et les promenades. Si vous achetez une nacelle, vous n'aurez pas besoin de berceau ou de couffin. Vous pouvez utiliser des draps et des couvertures ou une couette de berceau, mais, de toute façon, vous aurez besoin d'une couverture de bébé à nids d'abeilles ou à mailles pour l'envelopper.

Un lit de bébé. Votre bébé pourra dormir dans un lit de ce type de 3 mois au moins jusqu'à 3 ans environ. Il doit donc être de bonne qualité. Avant l'achat, vérifiez les systèmes de sécurité.

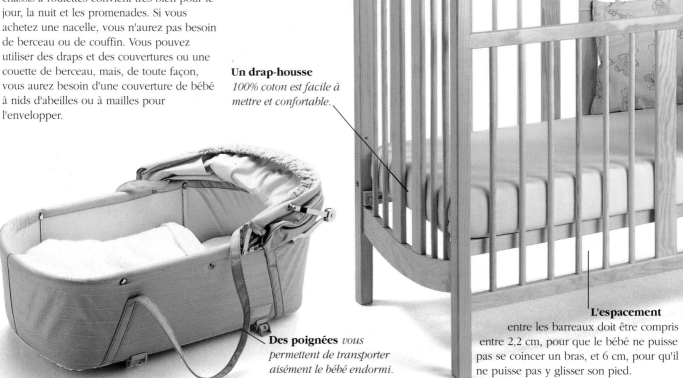

Si le lit *a des arêtes vives, poncez-les.*

Un drap-housse *100% coton est facile à mettre et confortable.*

Des poignées *vous permettent de transporter aisément le bébé endormi.*

L'espacement entre les barreaux doit être compris entre 2,2 cm, pour que le bébé ne puisse pas se coincer un bras, et 6 cm, pour qu'il ne puisse pas y glisser son pied.

LE LIT DE VOTRE BÉBÉ

Matelas. Choisissez un matelas de mousse avec des alvéoles d'aération et une tête recouverte de tissu. Votre bébé, en se tournant sur le ventre, ne sera pas gêné pour respirer.

Le drap-housse et la couette. Une couette est chaude et légère : choisissez un garnissage synthétique anti-allergénique, lavable en machine.

Le capitonnage. Il empêche les chocs et les courants d'air. Coupez les cordons à 18 cm de longueur le jour même de l'achat.

Une peau de mouton (facultative). Achetez-la traitée et lavable en machine (voir p.125).

LES JOUETS DE BERCEAU

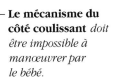

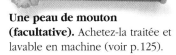

Les poteaux *de chaque coin ne doivent pas dépasser 3 mm.*

Le mécanisme du côté coulissant *doit être impossible à manœuvrer par le bébé.*

Le capitonnage *protège la tête du bébé s'il se cogne et fait obstacle aux courants d'air.*

Le matelas *doit être parfaitement ajusté aux bords internes du lit pour que le bébé ne se coince pas le visage ou la tête dans l'interstice. Il ne doit pas avoir plus de 15 cm d'épaisseur et doit être ferme.*

Le sommier doit être bien fixé et la hauteur du côté du lit doit avoir 66 cm.

Un mobile
Suspendu au-dessus du lit, un mobile coloré amuse le bébé et éveille sa curiosité.

Un livre en carton

Un ours en peluche

Un tableau d'éveil
Il aimera regarder son tableau d'éveil accroché aux barreaux du lit. Observer le reflet de son visage dans un miroir incassable l'amusera aussi.

UN SOMMEIL SÛR

▲ Ne laissez jamais un bébé dormir avec un oreiller jusqu'à l'âge de 2 ans : il risquerait de s'asphyxier.

▲ Couchez le bébé sur le côté pour qu'il ne s'étouffe pas s'il régurgite un peu de lait (voir p. 123).

▲ Enlevez, dès l'achat, l'emballage de plastique ou de polyéthylène du matelas.

▲ Ne garnissez pas le matelas d'un drap de plastique en guise d'alaise.

LA CHAMBRE DU BÉBÉ

■ Une pièce bien chauffée, à 20–21 °C, est idéale. Le chauffage central offre le maximum de sécurité.

■ Installez une veilleuse qui vous permettra de surveiller l'enfant pendant son sommeil sans le déranger.

■ A moins que vous n'habitiez un petit appartement, installez une alarme émetteur-récepteur dans sa chambre.

SOMMEIL DIURNE ET SOMMEIL NOCTURNE

Les premiers jours, un nouveau-né dort par à-coups, au hasard, la nuit et le jour. Le tableau ci-dessous montre comment se développe son rythme de sommeil : au fil des mois, il dormira de plus en plus longtemps la nuit, tandis que ses périodes d'éveil diurne s'allongeront. Ne vous inquiétez pas si l'adaptation de votre bébé au sommeil nocturne dure plus longtemps que ce que vous espériez.

Distinguer le jour et la nuit

Dès son plus jeune âge, montrez bien à votre bébé que vous considérez différemment son sommeil de jour et son sommeil de nuit, pour lui apprendre le moment destiné au jeu et celui pour dormir. Le jour, couchez-le dans sa nacelle, son landau ou son couffin ; et la nuit, dans son lit. Dehors, vous pouvez installer sa nacelle ou son landau à l'ombre, garnis d'une moustiquaire et les freins bloqués. Dans la maison, ne laissez pas le chat ou le chien entrer dans la pièce où dort le bébé, mais n'exigez pas un silence complet dans la maisonnée. Quand il pleure, prenez-le et tirez parti le mieux possible de son temps d'éveil. Aidez-le à associer la lumière du jour avec l'éveil et le jeu.

La nuit, enveloppez bien le bébé pour que les sursauts violents de ses membres ne le réveillent pas, et couchez-le dans son lit. Éteignez. S'il se réveille et pleure pour avoir une tétée, prenez-le, nourrissez-le, parlez-lui un peu et changez-le s'il est mouillé ou sali. Il comprendra peu à peu que les tétées de nuit sont des obligations et non des moments d'échanges sociaux, et son rythme de sommeil se modèlera peu à peu sur le vôtre.

Les siestes du petit enfant

A partir de 6 mois environ, le moment du coucher devient un rituel de plus en plus important dans la journée d'un bébé, et il faut qu'il soit fatigué et préparé à se coucher si vous voulez qu'il dorme toute une nuit. Il lui faut dormir un peu dans la journée pour se recharger en énergie, et il continuera à avoir besoin d'une sieste pendant toute sa petite enfance, mais ne prolongez pas trop les siestes : laissez-le dormir 2 heures (il s'est peut-être éveillé tôt le matin), puis réveillez-le. S'il était profondément endormi, il sera peut-être grognon et confus. Laissez-lui le temps de bien se réveiller avant de lui proposer une activité.

QUESTION & RÉPONSE

«Mon bébé, qui a 10 mois, se réveille à 6 heures du matin et ne veut pas se rendormir. Que puis-je faire ?»

Des réveils très matinaux signifient sans doute que votre bébé a assez dormi. Placez, le soir, quelques jouets dans son lit pour l'amuser quand il se réveille et une boisson dans un biberon pour le cas où il aurait soif. Quand il aura assez joué et vous appellera, vous pourrez le changer et lui donner d'autres jouets: vous gagnerez ainsi une heure de sommeil. S'il se réveille tôt très régulièrement, essayez de modifier ses heures de sommeil dans la journée pour qu'il se couche plus tard le soir. Garnissez sa fenêtre de doubles rideaux opaques pour que le soleil ne le réveille pas le matin.

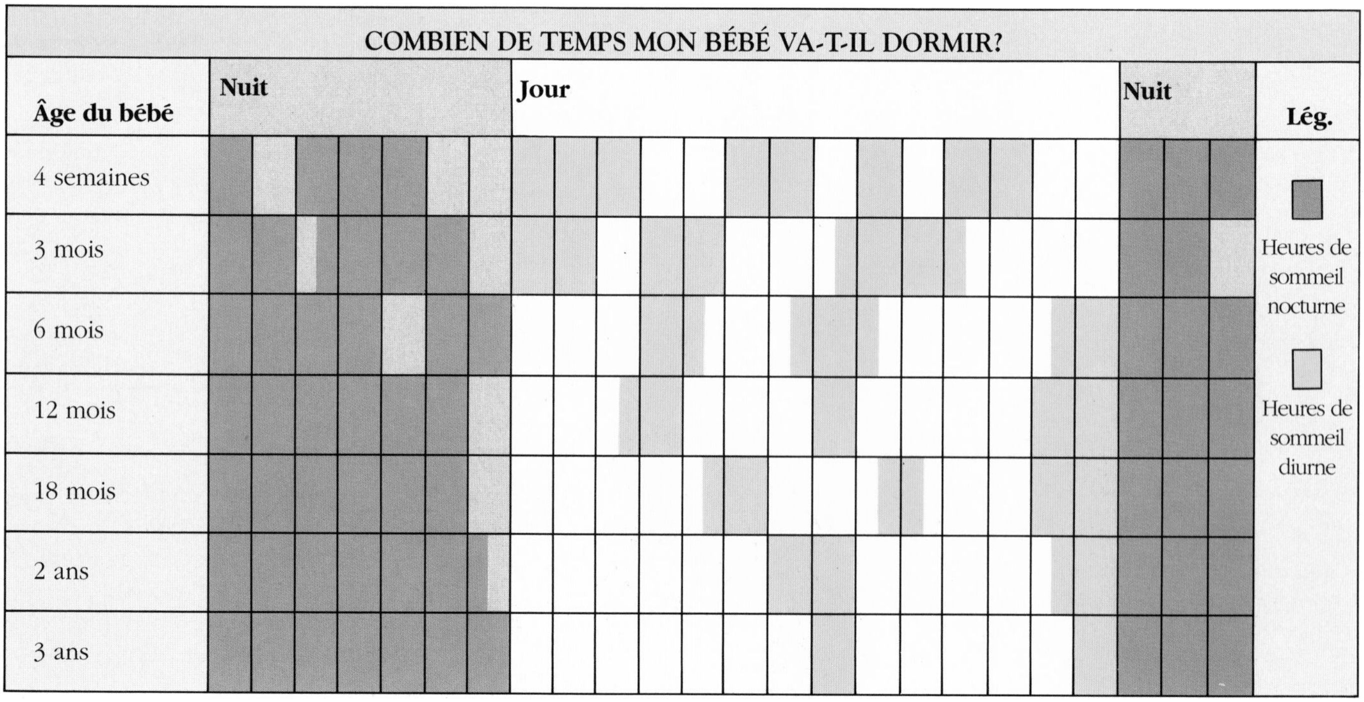

COMBIEN DE TEMPS MON BÉBÉ VA-T-IL DORMIR?

Âge du bébé	Nuit	Jour	Nuit	Lég.
4 semaines				▪ Heures de sommeil nocturne
3 mois				
6 mois				▫ Heures de sommeil diurne
12 mois				
18 mois				
2 ans				
3 ans				

ENVELOPPER UN NOUVEAU-NÉ

VOTRE BÉBÉ se laissera sans doute coucher plus facilement pendant les 3 premiers mois si vous l'enveloppez étroitement dans une couverture qui lui donne un sentiment de sécurité et empêche les mouvements nerveux de ses membres au moment de l'endormissement. Pliez en deux la couverture selon la diagonale. Enveloppez-le quand il est encore sur vos genoux, non dans son lit.

ENVELOPPER VOTRE BÉBÉ

Glissez le second côté par en dessous

Maintenez *tout le temps sa tête avec votre main.*

1 Appuyez le bébé contre votre épaule pendant que vous étalez la couverture sur vos genoux, le grand côté du triangle le long d'une de vos cuisses, la pointe pendant de l'autre côté.

2 Couchez-le en travers de vos genoux, le cou au niveau du bord de la couverture. Tirez et ramenez par-dessus la pointe externe du triangle.

3 Glissez le coin sous ses fesses, puis relâchez-le un peu. Rabattez l'autre pointe en tirant bien et en la coinçant sous le bébé. Repliez la pointe du bas sous ses fesses.

COUCHER UN BÉBÉ

Une fois le bébé enveloppé et calme, vous pouvez le poser dans sa nacelle ou dans son lit. Couchez-le sur le côté en dépliant bien son oreille. Pendant les 3 premiers mois, calez-le avec une couverture pliée pour qu'il ne roule pas sur le dos. Ainsi installé, il est bien : sur le dos, il pourrait s'étouffer en régurgitant un peu de lait. Après 3 mois, le bébé changera tout seul de position, quelle que soit celle dans laquelle vous l'aurez installé.

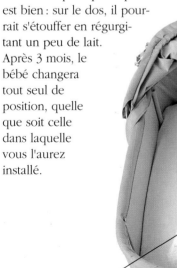

Une couverture *ou un drap roulés le calent et l'empêchent de rouler sur le dos.*

LES PRÉLUDES AU SOMMEIL

SENTIR qu'il est rassasié suffit souvent pour donner envie de dormir à un bébé; mais, au cours de la journée, il y a bien d'autres moments où il a besoin de votre aide pour se détendre. Soyez calme, tendre, résolue, quand vous le préparez au sommeil. Ce n'est pas le moment de l'agiter, de le chatouiller ou de le faire rire : le bébé a besoin de paix, dans vos bras, pour se sentir détendu et en sécurité.

UN CONTACT DOUX

Frotter énergiquement le ventre du bébé peut le calmer et l'endormir. Ne modifiez pas la cadence, vous le dérangeriez. Ne cessez pas tant qu'il n'a pas fermé les yeux.

LE BERCEMENT

Bercez votre bébé dans vos bras pour l'endormir. Cela peut durer longtemps, et il peut se réveiller chaque fois que vous arrêtez pour le poser dans son lit. Persévérez, c'est une méthode éprouvée.

LA SUCCION

Un bébé s'apaise en suçant : proposez-lui l'extrémité de votre petit doigt (propre) ou de son propre poing, ou utilisez une sucette physiologique pendant les 3 premiers mois : à cet âge, elle ne lui manquera pas quand vous la lui supprimerez.

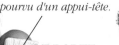

Le porte-bébé *doit être pourvu d'un appui-tête.*

LE PORTE-BÉBÉ

Si votre bébé se réveille chaque fois que vous le reposez, portez-le tout contre vous dans son porte-bébé : le mouvement et le contact de votre corps l'aideront à dormir.

LE RITUEL DU COUCHER POUR UN GRAND BÉBÉ

À PARTIR d'environ 6 mois, votre bébé se laissera coucher plus facilement si, chaque soir, vous respectez exactement le même rituel. Les bébés y sont sensibles. À partir de cet âge, un bébé ne se laisse pas volontiers coucher dans un endroit qu'il ne connaît pas, et son sommeil peut être perturbé par un changement de vie, notamment les vacances. Efforcez-vous de respecter ce rituel même hors de chez vous. Rendez ces préalables plaisants pour qu'ils représentent un moment agréable, mais sans discussion possible, dans la vie de l'enfant.

L'HEURE DU COUCHER

C'est à vous et à votre conjoint de décider d'une heure qui convient à votre style de vie. Tenez-vous à cet horaire. Il doit être assez tardif pour que le père et la mère soient rentrés à la maison, mais pas au point de perturber toute la soirée des adultes. Toute heure entre 18 et 20 heures convient fort bien.

LE RITUEL DU COUCHER

1 Commencez de la même façon tous les soirs. Par le bain, par exemple, parce que c'est amusant et relaxant. Si votre bébé n'aime pas le bain, un jeu calme d'une vingtaine de minutes peut l'apaiser.

2 Si votre bébé a encore une tétée au moment du coucher, donnez-la-lui dans sa chambre, qui deviendra ainsi une pièce familière et plaisante et non un endroit où le cantonne le soir.

3 Installez le bébé dans son lit avec son ours favori ou un jouet en peluche, et son objet de réconfort (lambeau de couverture ou de chiffon) s'il en a un.

4 Maintenant, laissez votre mari vous remplacer pour que vous restiez tous deux impliqués dans ce rituel du coucher. Le déroulement de cette dernière demi-heure doit être immuable et aussi agréable que possible pour l'enfant.

LES MOUVEMENTS RYTHMÉS

Faites aller et venir la nacelle pour l'endormir. Quand il paraît somnoler, ne le prenez pas pour le transporter dans son lit, même le soir.

LES PROMENADES EN VOITURE

En désespoir de cause, installez votre bébé dans son siège auto et emmenez-le faire le tour du pâté de maisons en voiture : le mouvement l'endormira sans doute. Quand vous rentrez à la maison, ne le sortez pas de son siège : couvrez-le avec une couverture pour qu'il n'ait pas froid.

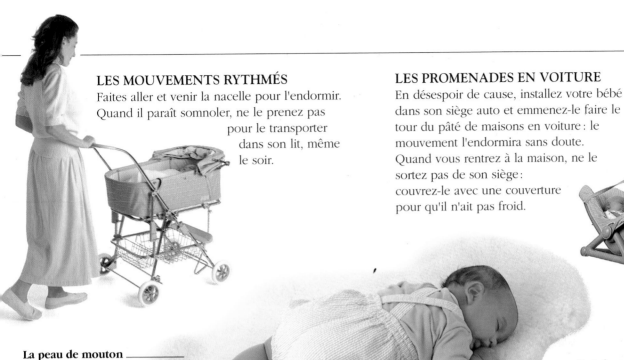

La peau de mouton « spécial bébé » est lavable à la machine.

La toison est douce contre sa peau.

UNE PEAU DE MOUTON

Achetez une peau de mouton à votre bébé pour qu'il se couche dessus. Le doux contact de la fourrure sur son visage et ses mains endort souvent un bébé, et c'est un objet que vous pouvez emporter partout. Achetez une peau spécialement traitée pour les bébés.

LES AUTRES MÉTHODES

Les berceuses. Fredonner une berceuse en balançant l'enfant est une méthode qui date de la nuit des temps. Que vous chantiez faux n'a aucune importance. **La musique.** Les enregistrements musicaux aident parfois : une musique douce diffusée dans sa chambre peut aider l'enfant à ne pas se réveiller pendant ses périodes de sommeil léger. Pour les mauvais dormeurs, un **enregistrement** des bruits qu'il entendrait s'il se trouvait dans l'utérus peut être d'un grand secours.

5 Lisez-lui une histoire qu'il aime pour le détendre. Ne vous interrompez pas si vous avez l'impression qu'il ne fait pas attention. Il est fatigué et ne réagit pas aux images avec sa vivacité habituelle, mais cela ne signifie pas qu'il n'écoute pas.

6 Bordez-le en compagnie de son jouet préféré ou de son objet de réconfort, et embrassez-le en lui disant bonsoir. Éteignez ou laissez une veilleuse. Ne quittez pas l'enfant trop brusquement : flânez une minute ou deux dans la chambre avant de sortir.

QUESTION & RÉPONSE

« Est-ce une bonne idée de prendre mon bébé dans mon lit ? »

Les tétées de la nuit seront plus faciles si le bébé est dans votre lit. Si ni vous ni votre conjoint n'avez pris de somnifères ou bu d'alcool, vous ne risquez pas de vous coucher sur lui. Placez le bébé entre vous pour ne pas risquer de le pousser hors du lit. Toutefois, plus tard, il sera peut-être difficile de lui faire perdre l'habitude de dormir avec vous.

COMMENT RÉSOUDRE LES PROBLÈMES DE SOMMEIL

LES TÉTÉES DE NUIT

À partir de 6 mois environ, un bébé peut «tenir» jusqu'au matin sans nourriture, mais il peut aussi très bien s'être habitué à se réveiller la nuit pour boire. Si vous voulez supprimer cette tétée, diminuez peu à peu sa durée, puis supprimez-la, mais levez-vous et allez voir votre bébé pour le consoler tant qu'il pleure.

À la tétée du coucher, ne laissez pas le bébé s'endormir le mamelon ou la tétine entre les lèvres : il doit apprendre à s'endormir tout seul, sans compter sur la succion pour se détendre. Dès que ses paupières se ferment, enlevez-lui le sein ou le biberon. Couchez-le, bordez-le bien.

↓

Pendant quelques nuits, donnez-lui une tétée quand il se réveille, mais diminuez la quantité peu à peu. Reposez-le dans son lit, éveillé ou non, embrassez-le et quittez-le.

↓

Si vous le nourrissez au sein, votre mari devra prendre la relève à ce stade, car le bébé, sentant sur vous l'odeur de votre lait, voudra continuer à téter.

↓

Retournez le voir toutes les 5 minutes. Ne le prenez dans vos bras que s'il est hors de lui à force de pleurer ; quand ses sanglots s'apaisent, reposez-le dans son lit et laissez-le. Ce manège peut durer 2 heures, mais il faut persévérer.

↓

Les nuits suivantes, ne donnez plus le sein ou le biberon ; adoptez la tactique décrite dans la colonne «les réveils nocturnes» pour apprendre à votre bébé à dormir toute la nuit.

LES RÉVEILS NOCTURNES

La tactique décrite ci-après permet de rassurer un bébé quand il se réveille la nuit : elle lui prouve que tout va bien et que vous ne l'avez pas abandonné, tout en lui montrant qu'à cette heure-là il ne peut obtenir de vous qu'un minimum d'attention. S'il ne dort toujours pas toute la nuit après une semaine, demandez conseil à l'infirmière ou à votre médecin.

Si votre bébé geint en pleine nuit, attendez quelques minutes : il va peut-être se rendormir.

↓

S'il pleure, allez le voir pour vérifier que tout va bien et calmez-le; lui frotter le dos peut suffire, mais vous pouvez le prendre pour le câliner. Quand ses pleurs commencent à s'apaiser, reposez-le dans son lit, bordez-le pour qu'il soit bien calé et au chaud. Embrassez-le en lui disant bonsoir et allez vous recoucher.

↓

Si ces pleurs continuent, parlez-lui sans sortir de votre lit pour le rassurer, mais attendez 5 minutes avant de vous relever et de retourner le voir pour le calmer.

↓

Quand il vous faut revenir, rassurez-le en lui tapotant ou en lui frottant le dos – ne le levez pas, sauf s'il s'est mis dans tous ses états – puis bordez-le et quittez-le.

↓

Revenez toutes les 5 minutes tant qu'il ne s'endort pas. Après 1/2 heure, allongez la durée des intervalles entre vos visites jusqu'à 10 minutes, mais ne le laissez jamais crier plus de 15 minutes. En une semaine de douce fermeté, vous devez avoir établi un rythme de sommeil plus acceptable.

LES COUCHERS DIFFICILES

Dès 9 mois environ, adoptez une méthode pour mettre votre bébé au lit, et n'en changez plus : s'il commence à ne pas vouloir rester tranquille quand vous le couchez, vous devez pouvoir résoudre le problème en suivant la tactique ci-dessous pendant une semaine. Le bébé comprendra vite que vous venez toujours quand il pleure mais que vous ne le relèverez pas.

Instaurez une routine du coucher en la rendant amusante pour le bébé, mais aussi tendre et détendue. S'il pleure quand vous le quittez après l'avoir bordé pour la nuit, retournez près de lui, embrassez-le, mais ne le prenez pas et ne restez qu'une minute ou deux près de lui.

↓

S'il recommence à pleurer, parlez-lui de loin pour le rassurer, mais attendez 5 minutes avant de retourner près de lui.

↓

Quand vous revenez, vérifiez que rien ne le gêne (couche mouillée, irritation quelconque). Sinon, calmez-le, embrassez-le, dites-lui bonsoir, bordez-le. Soyez enjouée, mais ferme, et partez. N'hésitez pas – la volonté de votre bébé est plus forte que la vôtre à ce sujet, et vous vous laisseriez aisément convaincre de rester.

↓

Si les pleurs continuent, revenez jeter un coup d'œil toutes les 5 minutes. Après 1/2 heure, commencez à allonger les intervalles entre vos visites, mais ne laissez jamais votre bébé crier plus de 15 minutes.

↓

Il comprendra finalement que la brève récompense de vous voir revenir de temps en temps ne vaut pas le mal qu'il se donne et il s'endormira.

Votre nouveau-né ne peut pas
se forcer à rester éveillé, et,
une fois endormi, rien ne peut le
troubler, tant qu'il n'a pas eu son
compte de sommeil.

VÊTEMENTS ET HABILLAGE

Les premières semaines, vous avez surtout à habiller et déshabiller votre bébé ; il peut avoir besoin de vêtements propres chaque fois que vous changez ses couches : ayez donc un bon trousseau du premier âge. Demandez à vos amis et connaissances s'il leur reste des vêtements de bébé. Quand votre enfant deviendra un grand bébé très actif, vous aurez besoin de vêtements confortables et amples, en très grande quantité. Un enfant se salit si vite qu'une garde-robe fournie, de nombreuses paires de chaussures et des « habits du dimanche » n'ont pas de raison d'être : ils seraient tous trop petits bien avant d'être usés. Il vaut beaucoup mieux acheter peu de vêtements à la fois et les remplacer dès qu'il sont trop petits. Choisissez-les avec soin : des fermetures commodes, des pantalons à fermeture élastique aideront l'enfant à apprendre à s'habiller et à se déshabiller seul. Avant tout, que ces vêtements soient d'entretien facile, lavables en machine, car le problème de rester propre, tranquille et sans taches ne doit pas exister dans la vie de votre enfant.

L'ACHAT DE LA LAYETTE

LES VÊTEMENTS d'un tout-petit devront être faciles à enfiler, lavables en machine, et, si possible, tissés en fibre naturelle, ce qui permet au bébé d'assurer au mieux la régulation de sa température. N'utilisez pas de détergent biologique ou d'adoucisseur pour le lavage, car ces produits pourraient lui irriter la peau. L'élément de base de sa garde-robe pendant les 6 premiers mois est le pyjama en tissu extensible.

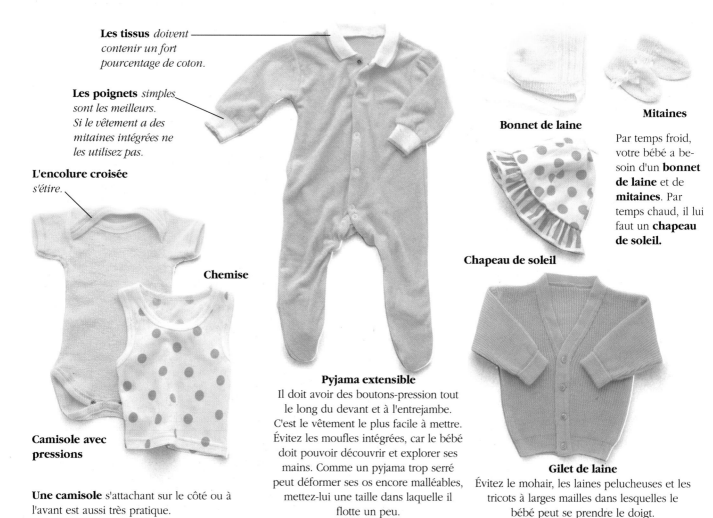

Les tissus *doivent contenir un fort pourcentage de coton.*

Les poignets *simples sont les meilleurs. Si le vêtement a des mitaines intégrées ne les utilisez pas.*

L'encolure croisée *s'étire.*

Chemise

Camisole avec pressions

Une camisole s'attachant sur le côté ou à l'avant est aussi très pratique.

Pyjama extensible
Il doit avoir des boutons-pression tout le long du devant et à l'entrejambe. C'est le vêtement le plus facile à mettre. Évitez les moufles intégrées, car le bébé doit pouvoir découvrir et explorer ses mains. Comme un pyjama trop serré peut déformer ses os encore malléables, mettez-lui une taille dans laquelle il flotte un peu.

Bonnet de laine

Mitaines

Par temps froid, votre bébé a besoin d'un **bonnet de laine** et de **mitaines**. Par temps chaud, il lui faut un **chapeau de soleil.**

Chapeau de soleil

Gilet de laine
Évitez le mohair, les laines pelucheuses et les tricots à larges mailles dans lesquels le bébé peut se prendre le doigt.

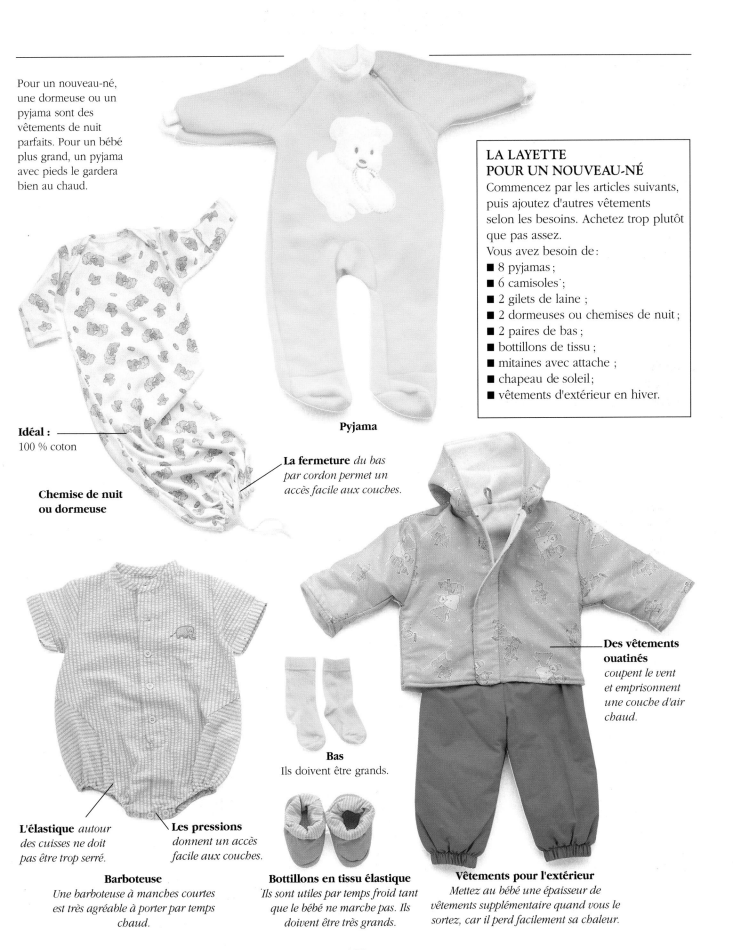

Pour un nouveau-né, une dormeuse ou un pyjama sont des vêtements de nuit parfaits. Pour un bébé plus grand, un pyjama avec pieds le gardera bien au chaud.

Idéal :
100 % coton

Chemise de nuit ou dormeuse

Pyjama

La fermeture *du bas par cordon permet un accès facile aux couches.*

LA LAYETTE POUR UN NOUVEAU-NÉ

Commencez par les articles suivants, puis ajoutez d'autres vêtements selon les besoins. Achetez trop plutôt que pas assez.
Vous avez besoin de :
- 8 pyjamas ;
- 6 camisoles ;
- 2 gilets de laine ;
- 2 dormeuses ou chemises de nuit ;
- 2 paires de bas ;
- bottillons de tissu ;
- mitaines avec attache ;
- chapeau de soleil ;
- vêtements d'extérieur en hiver.

Des vêtements ouatinés *coupent le vent et emprisonnent une couche d'air chaud.*

Bas
Ils doivent être grands.

L'élastique *autour des cuisses ne doit pas être trop serré.*

Les pressions *donnent un accès facile aux couches.*

Barboteuse
Une barboteuse à manches courtes est très agréable à porter par temps chaud.

Bottillons en tissu élastique
Ils sont utiles par temps froid tant que le bébé ne marche pas. Ils doivent être très grands.

Vêtements pour l'extérieur
Mettez au bébé une épaisseur de vêtements supplémentaire quand vous le sortez, car il perd facilement sa chaleur.

COMMENT HABILLER UN BÉBÉ

L'HABILLAGE et le déshabillage sont pour le bébé des occasions délicieuses de découvrir son corps tandis que vous caressez sa peau satinée. Il se peut qu'il déteste l'habillage, mais vous pouvez rendre ce moment agréable en l'agrémentant de câlins. Rassemblez d'avance à portée de main les vêtements dont vous avez besoin et déboutonnez les pressions. Posez le bébé sur le matelas à langer.

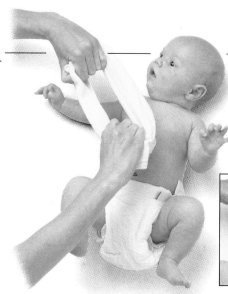

ENFILER UNE CAMISOLE

1 Tournez la camisole, le devant placé vers vous et rassemblez-en toute la hauteur entre vos mains.

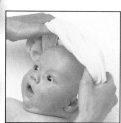

Présentez le **dos de la camisole** à l'occiput du bébé. Placez **le bas de la camisole** sur le haut de sa tête.

2 D'un mouvement rapide et doux, passez le devant de la camisole en avant du visage du bébé jusqu'au menton. Tenez tout le tissu rassemblé entre vos mains, le plus étiré possible pour qu'il ne lui touche pas le visage.

3 Soulevez doucement la tête du bébé et le haut de son corps et glissez le haut de la camisole derrière son cou et ses épaules. Reposez le bébé sur le matelas sans laisser sa tête basculer.

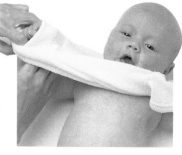

4 Si la camisole a des manches, glissez vos doigts dans une manche par les poignets et étirez-la, puis, de l'autre main, guidez le poing du bébé vers vos doigts.

5 Tenez le poing du bébé dans votre main et, de l'autre, faites glisser la manche sur son bras. Tirez la camisole sur son bras. Faites de même pour l'autre côté en tirant sur la camisole et non pas sur le bébé.

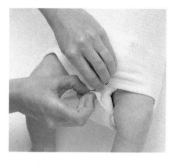

6 Tirez la camisole sur son ventre. Soulevez le bas de son corps en lui tenant les chevilles et faites glisser le dos de la camisole. Fermez les pressions de l'entrejambe.

Étendez le pyjama bien à plat.

METTRE UN PYJAMA

1 Prenez votre bébé pendant que vous étendez le pyjama sur le matelas à langer. Posez votre bébé dessus, son cou au niveau de l'encolure du vêtement.

Il est indispensable
de mettre une camisole sous le pyjama sauf par temps très chaud.

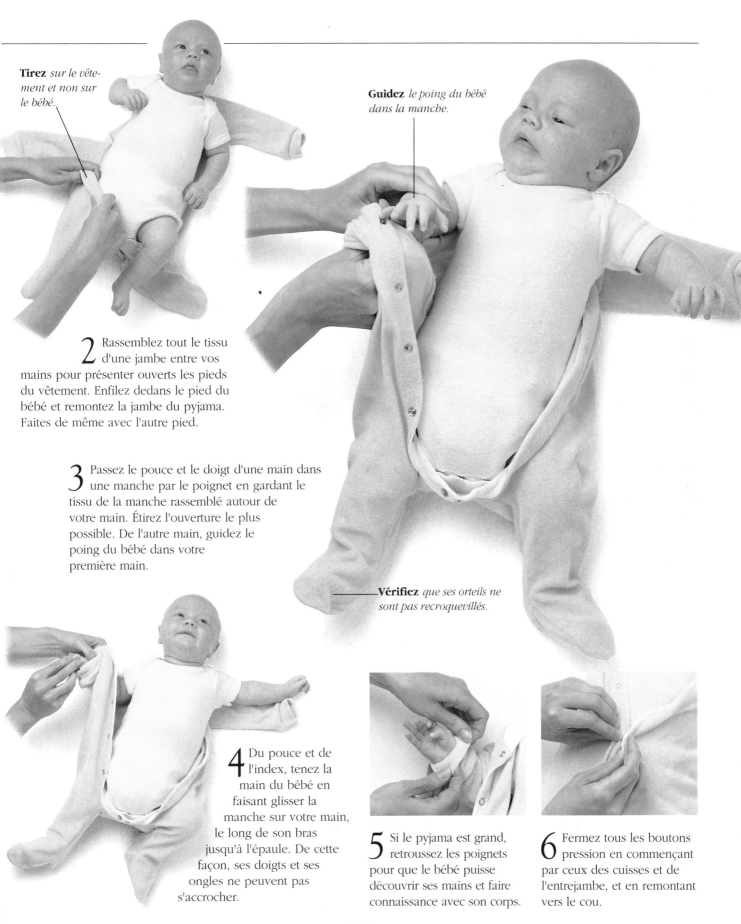

Tirez *sur le vête-ment et non sur le bébé.*

Guidez *le poing du bébé dans la manche.*

2 Rassemblez tout le tissu d'une jambe entre vos mains pour présenter ouverts les pieds du vêtement. Enfilez dedans le pied du bébé et remontez la jambe du pyjama. Faites de même avec l'autre pied.

3 Passez le pouce et le doigt d'une main dans une manche par le poignet en gardant le tissu de la manche rassemblé autour de votre main. Étirez l'ouverture le plus possible. De l'autre main, guidez le poing du bébé dans votre première main.

Vérifiez *que ses orteils ne sont pas recroquevillés.*

4 Du pouce et de l'index, tenez la main du bébé en faisant glisser la manche sur votre main, le long de son bras jusqu'à l'épaule. De cette façon, ses doigts et ses ongles ne peuvent pas s'accrocher.

5 Si le pyjama est grand, retroussez les poignets pour que le bébé puisse découvrir ses mains et faire connaissance avec son corps.

6 Fermez tous les boutons pression en commençant par ceux des cuisses et de l'entrejambe, et en remontant vers le cou.

131

DÉSHABILLER UN BÉBÉ

LA SENSATION de l'air froid sur sa peau peut énerver le bébé quand vous le déshabillez. Profitez-en pour embrasser son ventre nu et multipliez les tendres contacts. Préparez une serviette de toilette pour le couvrir quand il sera déshabillé. Posez-le sur son matelas à langer.

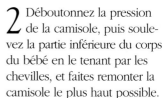

ENLEVER UN PYJAMA

1 Déboutonnez les pressions. Attrapez une cheville et tirez la jambe de l'habit. Faites de même de l'autre côté.

Maintenez *sa cheville pendant que vous tirez sur la jambe du vêtement.*

2 Déboutonnez la pression de la camisole, puis soulevez la partie inférieure du corps du bébé en le tenant par les chevilles, et faites remonter la camisole le plus haut possible.

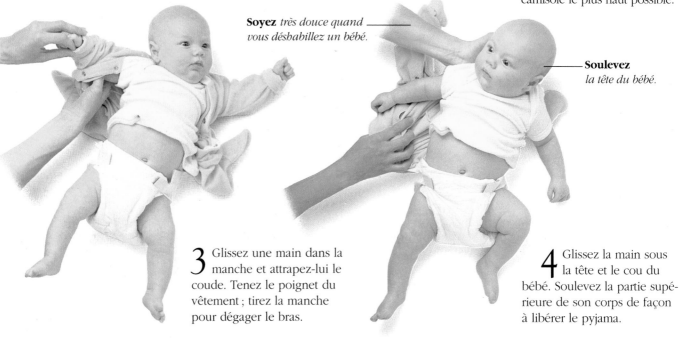

Soyez *très douce quand vous déshabillez un bébé.*

Soulevez *la tête du bébé.*

3 Glissez une main dans la manche et attrapez-lui le coude. Tenez le poignet du vêtement ; tirez la manche pour dégager le bras.

4 Glissez la main sous la tête et le cou du bébé. Soulevez la partie supérieure de son corps de façon à libérer le pyjama.

ENLEVER UNE CAMISOLE

1 Attrapez le coude du bébé par l'intérieur de la camisole, et faites passer tout le tissu par-dessus son poing.

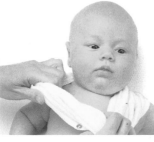

2 Rassemblez tout le tissu de la camisole dans votre main pour que rien ne touche au passage le visage du bébé.

3 Étirez l'encolure le plus possible, puis, d'un mouvement rapide, faites-la passer par-dessus la tête du bébé.

4 Glissez délicatement la main sous la tête et le cou du bébé pour soulever le buste et dégager la camisole.

COMMENT UN ENFANT APPREND À S'HABILLER

VERS 2 ANS, votre enfant se débrouillera sans doute pour enlever ses chaussettes ou son tee-shirt. La plupart des enfants commencent à s'habiller tout seuls vers 3 ans. Vous pouvez faciliter ces progrès vers l'indépendance en achetant à votre enfant des vêtements faciles à mettre et à enlever, et en le laissant faire seul le plus souvent possible.

LA FAÇON DE L'AIDER

Laissez-lui tout le temps si vous n'êtes pas pressée ; ne vous agacez pas de sa lenteur.

■ Étalez ses vêtements dans l'ordre selon lequel il doit les passer.

■ Achetez des jupes et des pantalons à taille élastique.

■ Ne mettez jamais à un enfant un pantalon muni d'une fermeture à glissière : il risque de se pincer le pénis.

■ Choisissez des vêtements à gros boutons, ou à fermeture auto-adhésive.

■ Apprenez à l'enfant à commencer le boutonnage par le bas du vêtement.

■ Laissez-le choisir son pied « préféré » puis marquez la chaussure correspondante de façon qu'il l'enfile au bon pied.

■ Évitez les anoraks avec fermeture à glissière sous rabat.

■ Quand vous l'aidez, faites-en un jeu ; jouez à « coucou » en passant les vêtements par-dessus sa tête.

■ Une fois qu'il est habillé, ne le déshabillez pas – même s'il s'est taché.

LE CHOIX DES CHAUSSURES

Le mieux est de laisser marcher pieds nus les bébés qui apprennent à marcher. Ils gardent plus facilement leur équilibre. De plus, la marche pieds nus est bonne pour les pieds.

Dès que l'enfant marche à l'extérieur, il lui faut des chaussures, mais laissez-le pieds nus quand c'est possible. Les chaussures sont utiles pour protéger les pieds, non pour les soutenir – c'est la fonction des muscles. Faites vos achats chez un marchand spécialisé. Il mesurera la longueur et la largeur du pied. Faites vérifier ces mesures tous les 3 mois.

Achetez des chaussettes neuves en même temps que les chaussures. Des chaussettes trop petites peuvent déformer les pieds autant que les chaussures.

Que contrôler avant d'acheter des chaussures ?

L'espace *entre les orteils et le bout de la chaussure doit être de 0,5 à 1,25 cm.*

Les bouts ronds *sont indispensables pour laisser aux orteils la place de s'étaler.*

Barrette en T avec boucle

Sandalette à bout ouvert

Quelle genre de chaussures dois-je acheter ?

Le cuir ou le tissu conviennent, pourvu que le pied de l'enfant ait été mesuré et que les chaussures soient à la bonne taille, tant en longueur qu'en largeur. Il est à noter que les sandalettes en tissu n'existent pas en demi-pointure ni en différentes largeurs. Les bottillons de caoutchouc non plus. Mais, comme ils sont indispensables, achetez-les de la pointure au-dessus et garnissez-les d'une semelle intérieure.

Bannissez le plastique : au contraire du cuir, le plastique ne se moule pas à la forme du pied. C'est le pied qui doit s'y adapter.

La fermeture *doit maintenir solidement les pieds. Les boucles ou les fermetures auto-adhésives sont commodes.*

Les coutures *doivent être bien finies pour que rien ne frotte sur la peau de l'enfant.*

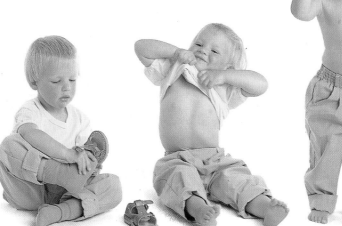

Se déshabiller seul à 2 ans est un défi que votre enfant adorera relever pourvu que vous lui laissiez tout son temps.

LE BAIN ET LA TOILETTE DU BÉBÉ

Une grande partie du temps que vous et/ou votre mari consacrez au nouveau-né est occupé par sa toilette. Sa peau est fragile et délicate, et même sa sueur, son urine, sa salive l'irritent et peuvent léser celle-ci. Quand il grandit, il est nécessaire de lui donner un bain pour d'autres raisons : l'enfant se salit avec la nourriture, il s'en met même dans les cheveux, il explore le monde avec les mains, vous aide à changer ses couches… D'un point de vue hygiénique, soyez vigilante : éliminez rapidement les traces d'urine, de selles et de sueur chaque jour, tout comme le lait et les parcelles de nourriture. Vous n'avez pas besoin de donner un bain quotidien à l'enfant : la toilette du visage, des mains et du derrière ou un lavage complet à l'éponge ou au gant de toilette suffiront, et il sera aussi propre, si cela lui convient mieux. Mais il est probable que votre bébé va vite adorer prendre son bain, et que celui-ci tiendra désormais une place importante dans la vie quotidienne de toute la famille.

LE MATÉRIEL POUR LE BAIN ET LA TOILETTE

IL EXISTE une grande quantité de produits qui rendent le bain plus facile, mais vous pouvez très bien ne pas vous ruiner si vous n'achetez que l'indispensable. Il est cependant un domaine qui ne souffre pas d'économie : celui des produits de toilette. Les shampoings, savons, lotions et crèmes pour adultes contiennent beaucoup trop d'additifs et de produits chimiques pour la peau fragile d'un bébé. N'achetez que des produits spéciaux.

LES USTENSILES POUR LE BAIN

La baignoire

Avant que le bébé n'utilise la baignoire de la salle de bains (entre 3 et 6 mois), une petite baignoire est pratique. Installez-la sur un plan de travail, à bonne hauteur, ou par terre sur une serviette et agenouillez-vous pour donner le bain. Si vous achetez une table spéciale pour le bain, assurez-vous qu'elle met la baignoire à bonne hauteur.

Un bol d'eau bouillie   **Du coton**

Vous aurez besoin d'eau bouillie froide et de coton pour nettoyer les yeux pendant les premiers mois.

Un fond *à reliefs empêche le bébé de glisser.*

Fond antidérapant

Un tablier imperméable en coton est doux pour le bébé.

Un tapis de caoutchouc

Quand le bébé utilisera la grande baignoire, vous placerez au fond un tapis antidérapant qui l'empêchera de glisser. La plus petite taille, qui s'adapte à une baignoire de bébé, peut vous rassurer les premiers temps.

LES PRODUITS DE TOILETTE POUR BÉBÉS

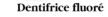

Liquide (bain) **Lotion** **Huile** **Lotion** **Talc** **Shampooing** **Savonnette** **Bâtonnets ouatés** **Dentifrice fluoré**

Les liquides pour le bain remplacent les savons et le shampoing.
La lotion ou un lait sont excellents pour les fesses du bébé, surtout s'il a la peau sèche.
L'huile pour bébé humidifie une peau sèche ou qui se desquame.

Une lotion hydratante peut remplacer l'huile pour bébé.
Le talc absorbe l'humidité résiduelle de la peau, mais il s'accumule dans les plis et peut causer une irritation si vous en abusez. Attention ! la poudre de talc peut déclencher des problèmes respiratoires !

Le shampooing peut être utilisé une fois par semaine.
Le savon n'a d'utilité que si vous n'employez pas de liquide pour le bain. Savonnez entièrement un nouveau-né sur vos genoux, puis rincez-le en le plongeant dans l'eau du bain. Attention ! son corps glisse. Tenez-le bien.

Les bâtonnets ouatés sont utiles pour les espaces situés entre les doigts et les orteils, mais ne les utilisez jamais dans les oreilles, le nez, le coin des yeux ou l'anus.
Le dentifrice utilisé doit être pour enfant et non pour adulte. Veillez à ce que votre bébé n'en avale pas.

Serviette

Utilisez une grande serviette moelleuse qui ne servira qu'au bébé. Tiédissez-la avant utilisation sur un radiateur. Certaines serviettes de bain ont une capuche.

Gant de toilette **Éponge naturelle**

Réservez un gant de toilette neuf ou une éponge pour votre enfant, et lavez souvent le gant à la machine. Ne laissez pas un bébé plus grand manger l'éponge.

LES CHEVEUX, LES ONGLES ET LES DENTS

Une brosse à cheveux doit avoir des poils souples et être assez petite pour que l'enfant s'en serve lui-même à partir de 18 mois. Achetez un petit peigne à dents arrondies et vérifiez que ses arêtes sont bien émoussées.
Les ciseaux à ongles ont des bouts ronds et des branches courtes, pour ne pas blesser le bébé.

Une brosse et un peigne

Les ciseaux

La brosse à dents

La brosse à dents doit avoir une petite tête pour atteindre les recoins de la bouche ; des poils à bouts arrondis en soie ou en nylon conviennent. Laissez un tout-petit jouer avec une brosse à dents pour bébé, mais utilisez une brosse à dents de taille enfant pour lui laver les dents. Changez la brosse souvent et vérifiez avec le dentiste qu'elle nettoie correctement.

CONSEILS PRATIQUES POUR LA TOILETTE

■ Avant 6 mois, utilisez de l'eau bouillie froide pour lui laver les yeux. L'ébullition tue les bactéries contenues dans l'eau.

■ Ne nettoyez que les zones visibles. Essuyez simplement le cérumen ou le mucus qui apparaît avec un morceau de coton humide sans essayer d'atteindre l'intérieur des oreilles ou du nez : vous risqueriez de repousser la saleté à l'intérieur du conduit auditif ou des narines.

■ N'essayez jamais d'écarter les lèvres de la vulve de votre fille pour nettoyer l'intérieur. Vous risqueriez d'empêcher l'écoulement naturel de mucus qui détruit les bactéries.

■ N'essayez jamais de repousser le prépuce d'un garçon pour nettoyer dessous : vous risqueriez de lui faire mal, de déchirer ou de léser le prépuce.

■ Essuyez toujours de l'avant vers l'arrière quand vous nettoyez la région ano-vulvaire d'une fille pour prévenir les infections.

■ Quand vous essuyez les yeux ou les oreilles du bébé, employez un morceau de coton différent pour chaque œil et chaque oreille afin d'éviter de propager une infection mineure.

■ Lavez toujours en dernier les fesses du bébé et utilisez pour chaque passage un morceau de coton propre, mouillé avec une lotion ou de l'eau.

LA « TOILETTE DE CHAT »

CETTE TOILETTE consiste à ne laver que les parties du corps du bébé qui en ont vraiment besoin : ses mains, sa figure, son cou et son derrière. Vous pouvez la faire le matin, ou le soir avant le coucher : elle sera alors une étape de votre rituel. La « toilette de chat » remplace très bien le bain, surtout pendant les 2 ou 3 premières semaines, alors que ni vous ni votre nourrisson n'avez encore tout à fait confiance dans la baignoire. Chauffez bien la pièce. Faites bouillir un peu d'eau pour lui laver le visage et laissez-la refroidir dans un bol. Lavez-vous les mains. Posez le bébé sur son matelas à langer et déshabillez-le.

■ VOUS AUREZ BESOIN ■
d'un petit bol d'eau bouillie refroidie pour la figure du bébé
d'un bol d'eau du robinet tiède
de morceaux de coton
de mouchoirs en papier
d'une serviette de toilette chauffée
d'une couche et des accessoires pour le change
de vêtements propres

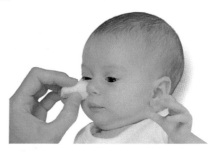

1 Trempez un morceau de coton dans l'eau bouillie et lavez chaque œil, du coin interne vers le coin externe. Utilisez un morceau de coton propre pour chaque passage. Essuyez avec un mouchoir en papier.

Enlevez la poussière et les squames derrière les oreilles.

5. Dépliez *ses poings avec douceur pour lui laver les mains.*

LE NETTOYAGE DU MOIGNON DU CORDON

Le moignon du cordon ombilical va se dessécher peu à peu et tomber vers le 10ᵉ jour (mais il peut tomber plus tôt ou même après 20 jours). Jusqu'à ce qu'il tombe, vous devez le nettoyer chaque jour. Ce nettoyage empêche toute infection et favorise le détachement du moignon. Après avoir lavé le bébé à la débarbouillette, vous devez sécher le moignon avec un morceau de coton.

Une fois le moignon tombé, vous devrez chaque jour nettoyer le nombril du bébé pendant la toilette jusqu'à ce qu'il soit totalement cicatrisé. Avertissez votre infirmière ou le médecin si le nombril vous paraît rouge, enflé, ou s'il coule. Mais ne vous inquiétez pas s'il saigne un peu : c'est normal. Évitez alors d'utiliser de l'alcool.

2 Avec un morceau de coton humide, nettoyez l'extérieur et l'arrière de chaque oreille. N'essayez pas de pénétrer dans le conduit. Utilisez un morceau de coton propre pour chaque oreille. Essuyez avec la serviette de bain.

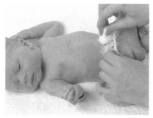

1 Avec un morceau de coton imbibé d'alcool à 70°, essuyez avec soin la peau autour du cordon (après 15 jours, vous pouvez utiliser de l'eau froide).

2 Essuyez avec un coton propre. Mettez un peu de talc sur un morceau de coton et tapotez le nombril comme avec une houppette à poudre pour absorber l'humidité résiduelle.

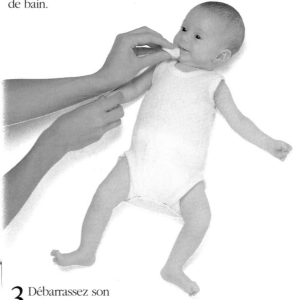

3 Débarrassez son visage du lait et de la salive, puis lavez ses joues et son front. Essuyez avec la serviette de bain.

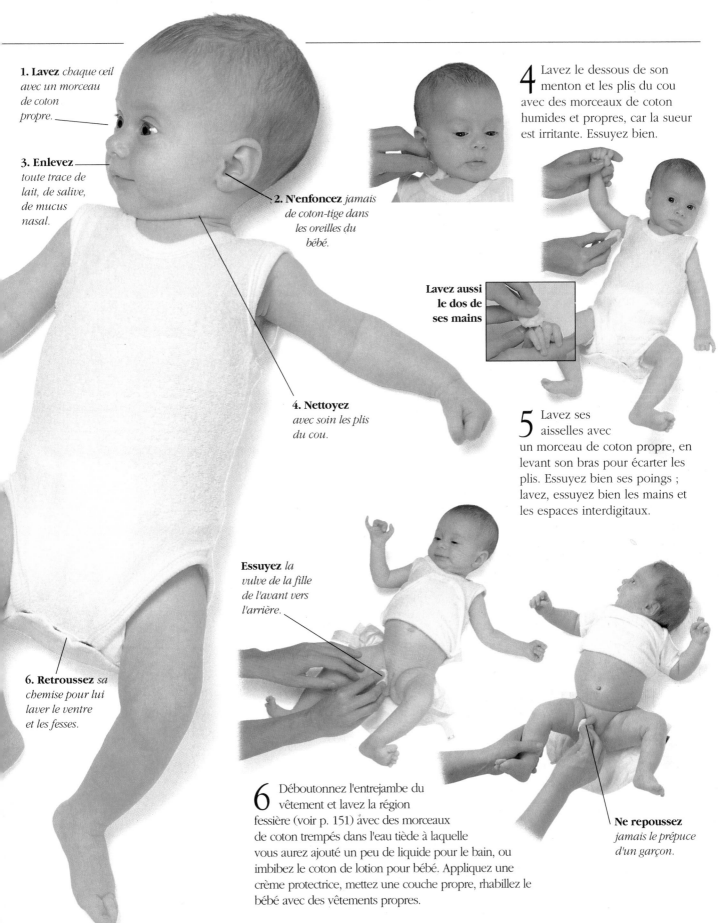

1. Lavez *chaque œil avec un morceau de coton propre.*

3. Enlevez *toute trace de lait, de salive, de mucus nasal.*

2. N'enfoncez *jamais de coton-tige dans les oreilles du bébé.*

4. Nettoyez *avec soin les plis du cou.*

6. Retroussez *sa chemise pour lui laver le ventre et les fesses.*

4 Lavez le dessous de son menton et les plis du cou avec des morceaux de coton humides et propres, car la sueur est irritante. Essuyez bien.

Lavez aussi le dos de ses mains

5 Lavez ses aisselles avec un morceau de coton propre, en levant son bras pour écarter les plis. Essuyez bien ses poings ; lavez, essuyez bien les mains et les espaces interdigitaux.

Essuyez *la vulve de la fille de l'avant vers l'arrière.*

6 Déboutonnez l'entrejambe du vêtement et lavez la région fessière (voir p. 151) avec des morceaux de coton trempés dans l'eau tiède à laquelle vous aurez ajouté un peu de liquide pour le bain, ou imbibez le coton de lotion pour bébé. Appliquez une crème protectrice, mettez une couche propre, rhabillez le bébé avec des vêtements propres.

Ne repoussez *jamais le prépuce d'un garçon.*

LE BAIN DU NOURRISSON

LA PLUPART des nourrissons ne tardent pas à adorer le bain mais, au début, vos sentiments à tous deux seront sans doute mitigés : un nouveau-né déteste souvent être découvert et, vous-même, pouvez vous sentir nerveuse en tenant entre vos mains le petit corps glissant. Les premières semaines, vous pouvez vous contenter de la « toilette de chat » de votre bébé en lui donnant un bain par semaine et un shampoing tous les 15 jours. Pour le baigner, agenouillez-vous ou asseyez-vous à votre gré, mais choisissez une position qui ne vous fasse pas mal au dos.

■ VOUS AUREZ BESOIN ■
d'une baignoire de bébé
d'un matelas à langer
de la serviette de bain du bébé
d'une serviette spéciale si vous lui lavez les cheveux
d'un tablier imperméable
d'un bol d'eau bouillie froide pour son visage
de morceaux de coton
de liquide pour le bain
d'une couche et des accessoires pour le changer
de talc (facultatif)
de vêtements propres

LA PRÉPARATION DU BAIN

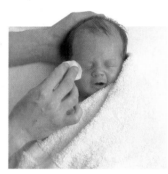

1 Versez l'eau froide dans la baignoire, puis de l'eau chaude et mélangez. Quand vous avez 10 cm d'eau, vérifiez, du coude, qu'elle est bien tiède.

2 Étalez la serviette de bain sur le matelas à langer et déshabillez le bébé. Laissez-lui sa couche.

3 Enveloppez-le bien, puis lavez-lui les yeux et le visage avec des morceaux de coton trempés dans l'eau bouillie.

LE SHAMPOING

1 Tenez-lui la tête dans une main, le dos reposant sur votre avant-bras et les jambes coincées sous votre coude. Aspergez sa tête en prenant l'eau du bain dans le creux de votre autre main. La plupart des liquides pour le bain ne nécessitent pas de rinçage.

Évitez de lui asperger le visage

2 Remettez le bébé sur vos genoux et séchez doucement ses cheveux avec la deuxième serviette.

QUESTION & RÉPONSE

« Mon bébé de 1 mois a de vilaines croûtes sur la tête. Que faire ? »
Ce sont les « croûtes de lait », bénignes, formées de cellules desquamées et de graisse (dermatite séborrhéique). Enduisez le cuir chevelu du bébé d'huile pour bébé et laissez-la 24 heures, puis peignez doucement et lavez les croûtes. Si cela ne s'améliore pas, votre médecin prescrira une pommade spéciale.

LE LAVAGE DU DERRIÈRE

Allongez le bébé sur le matelas à langer. Enlevez sa couche et lavez-lui le derrière (voir p. 151).

METTEZ LE BÉBÉ DANS LE BAIN

Un poignet *soutient sa tête, l'autre la cuisse proche de vous.*

Tenez bien l'épaule la plus éloignée de vous.

1 Ouvrez la serviette sur vos genoux, prenez le bébé en calant sa tête et son cou sur votre avant-bras et en bloquant votre main autour de l'épaule et du bras les plus éloignés de vous. Placez l'autre main sous ses fesses et ses cuisses.

2 Souriez au bébé et, tout en lui parlant, aspergez légèrement son corps d'eau. Placez l'autre main sous ses fesses et ses cuisses. Faites très doucement s'il ne paraît pas tranquille.

Laissez-le *gigoter et apprécier la liberté d'être nu.*

LA SORTIE DU BAIN

1 Pour un tout-petit, 1 ou 2 minutes dans le bain suffisent. Sortez-le de l'eau en glissant votre main libre sous ses fesses : il sera glissant. Tenez-le bien.

Soutenez *sa tête pour qu'elle ne bascule pas.*

2 Enveloppez-le dans la serviette sur vos genoux et cajolez-le tout en l'essuyant. Transportez-le sur son matelas à langer, séchez ses plis.

3 Mettez-lui une couche propre. Si vous utilisez du talc, mettez-en sur vos mains et frictionnez-lui tout le corps avec douceur.

LE BAIN DANS LA GRANDE BAIGNOIRE

VERS 3 OU 4 MOIS, votre bébé sera sans doute prêt à passer dans la grande baignoire – certains le sont même bien avant. Mais, si votre bébé n'aime pas le bain, n'insistez pas et continuez à vous servir de la petite baignoire jusqu'à ce que l'enfant soit vraiment trop grand, ou qu'il ait pris de l'assurance. Pour le bain du bébé de 3 mois, il faut tout préparer à portée de la main. La pièce doit être chauffée. Placez le tapis dans la baignoire, faites couler l'eau froide, puis l'eau chaude. Le mélange doit être tiède. Installez le bébé sur son matelas à langer pour lui laver la figure, les yeux et les oreilles. Déshabillez-le. Lavez-lui les fesses.

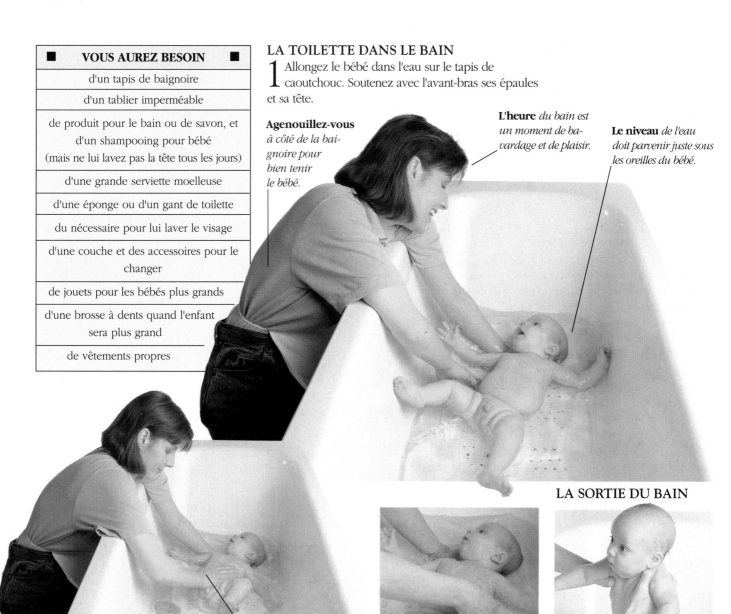

■ VOUS AUREZ BESOIN ■
d'un tapis de baignoire
d'un tablier imperméable
de produit pour le bain ou de savon, et d'un shampooing pour bébé (mais ne lui lavez pas la tête tous les jours)
d'une grande serviette moelleuse
d'une éponge ou d'un gant de toilette
du nécessaire pour lui laver le visage
d'une couche et des accessoires pour le changer
de jouets pour les bébés plus grands
d'une brosse à dents quand l'enfant sera plus grand
de vêtements propres

LA TOILETTE DANS LE BAIN

1 Allongez le bébé dans l'eau sur le tapis de caoutchouc. Soutenez avec l'avant-bras ses épaules et sa tête.

Agenouillez-vous *à côté de la baignoire pour bien tenir le bébé.*

L'heure *du bain est un moment de bavardage et de plaisir.*

Le niveau *de l'eau doit parvenir juste sous les oreilles du bébé.*

LA SORTIE DU BAIN

2 Si vous utilisez du savon, savonnez-vous les mains et passez-les sur tout son corps. Si vous avez utilisé un liquide pour le bain, aspergez simplement le bébé d'eau.

Votre bébé *adorera la douce caresse de votre main.*

3 Rincez-le en l'aspergeant doucement sans cesser de lui parler. Le liquide pour le bain ne nécessite pas de rinçage.

Saisissez-le par les aisselles pour le soulever. Attention ! il va glisser. Enveloppez-le dans sa serviette et essuyez-le bien.

LE SHAMPOOING

1 Lavez-lui les cheveux environ une fois par semaine. Mouillez-les d'abord. Avancez un peu la main qui soutient l'enfant et versez un peu de shampooing dans votre paume.

2 Soutenez la tête du bébé et frottez-lui le cuir chevelu avec le shampooing. Si vous avez mis du produit pour le bain dans l'eau, aspergez simplement sa tête d'eau.

3 Changez de nouveau de main et rincez le shampooing avec une éponge ou un gant de toilette bien essoré.

■ UN BAIN SANS DANGER ■

Respectez ces quelques règles :
▲ ne laissez jamais un bébé ou un jeune enfant vous échapper ou rester seul dans son bain ne serait-ce qu'une seconde. Un enfant peut glisser et se noyer dans quelques centimètres d'eau ;
▲ ne laissez jamais votre enfant se lever seul dans son bain, même s'il se tient bien debout ;
▲ même quand votre bébé se tient bien assis, ayez toujours une main prête pour le retenir s'il glisse ;
▲ le tapis antidérapant est indispensable ;
▲ ne faites jamais couler l'eau chaude quand l'enfant est dans le bain. S'il faut rajouter de l'eau, mélangez l'eau froide et l'eau chaude dans un broc jusqu'à la bonne température avant de verser le mélange dans la baignoire ;
▲ vérifiez la température de l'eau chaude au thermostat de la chaudière ou du chauffe-eau ;
▲ si le robinet de la baignoire chauffe, coiffez-le d'un gant de toilette pour que l'enfant ne se brûle pas ;
▲ si vous vous baignez avec l'enfant, la température de l'eau doit être inférieure à celle de votre bain habituel.

LE PLAISIR DU BAIN

À partir du moment où votre bébé se tient bien assis, le bain devient un plaisir : ce n'est plus seulement une question d'hygiène. Donnez-lui des jouets variés : des objets verseurs (tasse en plastique, entonnoir, seau percé de trous, passoire) qui vont le fasciner, et des jouets qui flottent (bateaux ou canards). Une fois par semaine, servez-vous d'un des objets verseurs, pour lui laver les cheveux, mais ne faites pas couler d'eau sur son visage : il détesterait sans doute cela.

Surveillez *le bain ; ne laissez jamais un bébé seul dans la baignoire.*

LES BÉBÉS QUI DÉTESTENT L'EAU ET LA TOILETTE

LES BÉBÉS QUI DÉTESTENT LES BAINS

Certains bébés ont peur des bains. Parfois, cette aversion apparaît brusquement. Abandonnez les bains pour un temps : la « toilette de chat » quotidienne suffit pour qu'un nourisson soit propre, mais un bébé qui sait se déplacer a besoin d'une toilette complète à l'éponge, sur vos genoux (voir ci-dessous). Après 2 ou 3 semaines, prenez un bain avec lui pour l'aider à surmonter sa peur de l'eau.

Jouer avec l'eau

Asseyez votre bébé à côté d'une cuvette d'eau sur le carrelage de la cuisine et laissez-le jouer et éclabousser. En manipulant des tasses et des objets flottants, l'enfant comprendra vite que l'on peut jouer avec l'eau.

LES BÉBÉS QUI DÉTESTENT QU'ON LEUR LAVE LES CHEVEUX

Les bébés et les jeunes enfants détestent souvent qu'on leur lave la tête, même quand ils aiment le bain. Le moment le plus difficile se situe entre 2 ans et demi et 3 ans. Si votre enfant est dans ce cas, abandonnez les shampoings pendant 15 jours. Respectez son aversion, mais aidez-le à se montrer plus raisonnable. Par exemple, sortez avec lui sous la pluie et montrez-lui combien le ruissellement des gouttes de pluie sur le visage est agréable.

Puis, progressivement, recommencez à lui laver les cheveux au moment où vous lui donnez son bain. Vous pouvez lui donner un gant de toilette qu'il passera lui-même sur ses yeux et sur sa figure, car souvent la sensation de l'eau sur le visage fait horreur aux enfants. Si votre enfant accepte de porter une visière spéciale en plastique qui empêche l'eau de lui couler sur la figure, n'hésitez pas à lui en mettre une.

Le lavage des cheveux à l'éponge

Vous pouvez nettoyer la tête de votre bébé en enlevant avec une éponge ou un gant de toilette humide les parcelles de nourriture et les saletés.

LES BAINS À L'ÉPONGE

SI VOTRE bébé n'aime pas l'eau, ne le baignez pas : dès qu'il tient sa tête, vous pouvez le laver avec une éponge. Commencez par coucher le bébé sur son matelas à langer pour lui nettoyer les yeux, le visage et les oreilles avec des morceaux de coton propre. Puis asseyez-le sur vos genoux en ayant tout le nécessaire à portée de la main.

■ VOUS AUREZ BESOIN ■
d'une cuvette d'eau tiède à laquelle vous aurez ajouté un peu de liquide pour le bain
d'un bol d'eau bouillie froide et de coton pour son visage
d'un tablier imperméable
de l'éponge ou du gant de toilette du bébé
d'une serviette chauffée
d'une couche pour le changer

LE HAUT DU CORPS
1 Enlevez les vêtements du haut. Mouillez l'éponge, essorez-la et lavez le cou du bébé. Essuyez bien avec la serviette.

Mettez *un tablier qui protège votre poitrine.*

2 Plongez de nouveau l'éponge dans l'eau, essorez-la pour qu'elle ne goutte pas, lavez la poitrine du bébé et son ventre. Essuyez-le bien ensuite avec la serviette.

Étalez *la serviette sur vos genoux.*

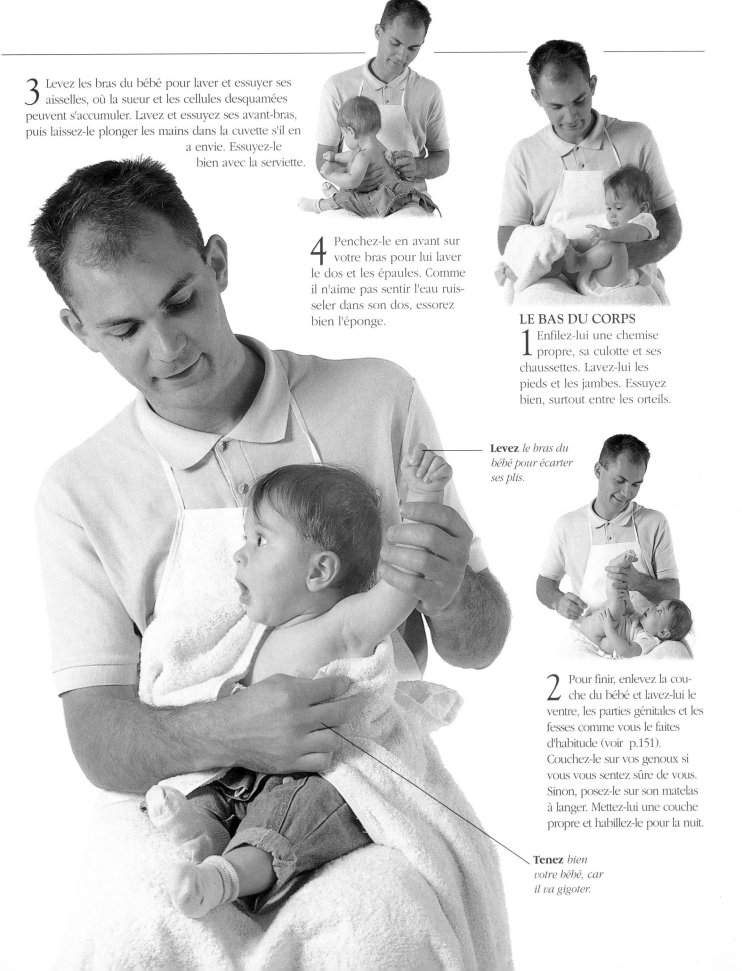

3 Levez les bras du bébé pour laver et essuyer ses aisselles, où la sueur et les cellules desquamées peuvent s'accumuler. Lavez et essuyez ses avant-bras, puis laissez-le plonger les mains dans la cuvette s'il en a envie. Essuyez-le bien avec la serviette.

4 Penchez-le en avant sur votre bras pour lui laver le dos et les épaules. Comme il n'aime pas sentir l'eau ruisseler dans son dos, essorez bien l'éponge.

LE BAS DU CORPS

1 Enfilez-lui une chemise propre, sa culotte et ses chaussettes. Lavez-lui les pieds et les jambes. Essuyez bien, surtout entre les orteils.

Levez *le bras du bébé pour écarter ses plis.*

2 Pour finir, enlevez la couche du bébé et lavez-lui le ventre, les parties génitales et les fesses comme vous le faites d'habitude (voir p.151). Couchez-le sur vos genoux si vous vous sentez sûre de vous. Sinon, posez-le sur son matelas à langer. Mettez-lui une couche propre et habillez-le pour la nuit.

Tenez *bien votre bébé, car il va gigoter.*

LES DENTS DE VOTRE ENFANT

IL N'EST JAMAIS trop tôt pour commencer à surveiller la dentition d'un enfant. Dès qu'un bébé a 2 dents, frottez tous les soirs ses dents et ses gencives avec un mouchoir humide. A 12 mois, vous pouvez très bien lui acheter une brosse à dents pour bébé : lavez-lui les dents après le petit déjeuner et le soir avant d'aller le coucher, mais laissez-le aussi jouer avec une brosse à dents dans son bain. En prenant soin de ses premières dents, les dents de lait, vous lui assurez des gencives saines et des dents définitives – elles poussent vers l'âge de 6 ans – bien rangées. De plus, l'enfant aura acquis de bonnes habitudes.

A tout âge, plus le brossage des dents lui paraît un jeu, plus l'enfant coopère. Jouer au dentiste ensemble, vous brosser les dents en même temps et cracher ensemble dans le lavabo : tout est bon.

LE BROSSAGE DES DENTS

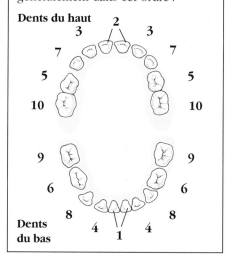

1 Mouillez un mouchoir et asseyez l'enfant sur vos genoux. Enveloppez votre index dans le mouchoir, prenez la valeur d'un petit pois de pâte dentifrice fluorée spéciale enfant, puis passez-le sur ses dents et ses.gencives. Le dentifrice n'est pas absolument nécessaire.

2 Frottez du doigt les gencives et les dents de l'enfant. Laissez-le cracher dans le lavabo s'il a envie de faire comme vous.

COMMENT « SORTENT » LES DENTS

Votre bébé aura sa première dent au cours de sa première année et toutes ses dents de lait seront sorties avant trois ans. Les dents apparaissent généralement dans cet ordre :

Dents du haut

3   2   3
7   7
5   5
10   10

9   9
6   6
8   8
4   1   4

Dents du bas

POURQUOI LES DENTS SE CARIENT-ELLES ?

Les dents se carient parce que les bactéries en contact avec le sucre réagissent pour former un acide qui attaque l'émail les protégeant. Les sucreries et les aliments sucrés augmentent le risque de carie, surtout quand ils sont consommés entre les repas parce que les dents baignent alors dans le sucre une grande partie de la journée. Réservez autant que possible les sucreries aux heures des repas et brossez les dents de l'enfant ensuite. Donnez-lui des collations peu sucrées (voir p. 116).

Le fluor

Le fluor est une substance chimique qui protège les dents des enfants en durcissant l'émail. Il peut même guérir des petites brèches. Un brossage biquotidien avec un dentifrice fluoré protège les dents d'un enfant, surtout s'il ne se rince pas la bouche ensuite. Certaines eaux du robinet sont enrichies en fluor. Vous pouvez aussi administrer le fluor en gouttes ou en comprimés. Consultez votre dentiste.

Le fluor en excès

Si votre enfant avale un peu de dentifrice pendant que vous lui lavez les dents, ne vous inquiétez pas. Mais si le goût lui plaît au point de l'inciter à manger la pâte directement au tube, ne le laissez pas faire. S'il consomme déjà de l'eau fluorée ou des comprimés de fluor, celui que contient le dentifrice pourrait être superflu.

LES VISITES CHEZ LE DENTISTE

Dès qu'un enfant a toutes ses dents de lait (vers 2 ans et demi) vous pouvez l'emmener tous les 6 mois chez le dentiste, qui dispose de traitements préventifs contre les caries et vous donnera des conseils au sujet des suppléments de fluor.

Même si les dents de lait de votre enfant vous paraissent saines, consultez le dentiste : une minuscule carie pourra ainsi être diagnostiquée à temps. De plus, il faut habituer votre enfant à aller chez le dentiste avant qu'il ait besoin de soins. S'il a peur, asseyez-vous sur le fauteuil en le tenant sur vos genoux et expliquez-lui à quoi servent les instruments.

LA TECHNIQUE DU BROSSAGE DES DENTS

À partir de 18 mois, brossez les dents de votre bébé avec une brosse humide et la valeur d'un pois de pâte dentifrice. Brossez aussi longtemps que l'enfant le tolère. À 2 ans, il voudra sans doute le faire lui-même. Surveillez-le pour qu'il se brosse correctement les dents. Apprenez-lui en vous tenant derrière lui, devant une glace, et en guidant sa main.

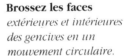

Les dents du haut : *brossez de haut en bas, en partant des gencives.*

Les surfaces qui travaillent : *brossez horizontalement toute la surface aplatie des dents, sur toute la mâchoire.*

Les dents du bas : *brossez de bas en haut en partant des gencives.*

Commencez *par le fond de la bouche.*

Brossez les faces *extérieures et intérieures des gencives en un mouvement circulaire.*

Le brossage des dents : un jeu
À l'heure du bain, apprenez à l'enfant à vous imiter pour jouer et ensuite, lavez-lui vous-même les dents.

Comment brosser les dents d'un enfant
L'enfant est debout sur un escabeau devant le lavabo et vous vous tenez derrière lui, un peu sur le côté. Renversez-lui la tête pour voir l'intérieur de sa bouche quand vous brossez. Laissez-le se rincer seul et cracher : c'est cela qui l'amuse.

LES SOINS DES ONGLES

COMMENT COUPER LES ONGLES DU BÉBÉ

Les ongles d'un nouveau-né poussent rapidement et il faut les lui couper impérativement, car il risque de se blesser, ou de vous égratigner le visage lorsque vous le prenez dans vos bras. Dès que le bout des ongles commence à dépasser des doigts du bébé, vous pouvez couper. Voici quelques conseils sur la façon de procéder et de soigner les ongles de votre enfant :

■ faites-vous aider de votre conjoint. Il maintiendra écartés les doigts du pied ou de la main, pendant que vous couperez les ongles avec des ciseaux à bout rond ;

■ coupez les ongles lorsque votre bébé dort, c'est beaucoup plus facile ;

■ si l'ongle risque de s'incarner, repoussez les chairs sous l'ongle, après le bain, par de petits massages ;

■ coupez ensuite l'ongle à ras et faites tremper les doigts du bébé dans une solution désinfectante ;

■ consultez le médecin immédiatement si un ongle s'incarne.

L'ENFANT

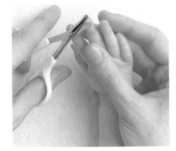

Asseyez-le sur vos genoux, face à vous. Prenez un doigt après l'autre et coupez l'ongle avec des ciseaux pour bébé, en suivant la forme du bout du doigt et sans laisser de pointes.

LES ONGLES DES ORTEILS

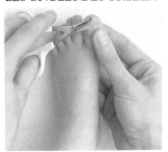

Asseyez le bébé sur son matelas à langer ou, s'il est plus âgé, sur vos genoux. Tenez-lui fermement le pied, car il va gigoter. Coupez l'ongle droit, sinon les bords risqueraient de s'incarner.

LES COUCHES ET LE CHANGE

Pendant les premières semaines de la vie de votre enfant, vous passez votre temps à changer ses couches. Comme la vessie du nouveau-né est petite, il se mouille souvent, et il vous arrive de devoir le changer après chaque tétée, chaque fois qu'il se réveille et, au début, après chaque tétée de nuit. D'une façon générale, il doit être changé dès qu'il est mouillé ou sali pour éviter l'apparition d'un érythème fessier. Mais le change n'est pas toujours prioritaire, et, quand il se réveille affamé le matin, il faut simplement lui enlever sa couche mouillée, l'envelopper dans une serviette et lui donner sa tétée avant de lui mettre une couche propre : il serait cruel de le faire attendre. Le change ne doit pas être pour vous une corvée, mais un moment de câlinerie et de caresses qui vous donne l'occasion de manifester votre amour à votre bébé. Facilitez-vous la vie en préparant tout ce dont vous aurez besoin : si vous habitez un pavillon à l'étage, ayez au rez-de-chaussée un double de votre installation de l'étage. Au cours des mois, vous remarquerez que vous avez de moins en moins besoin de changer les couches du bébé. Vers l'âge de 2 ans, un enfant commence à savoir quand il a envie d'uriner, et il sera bientôt prêt à abandonner ses couches.

LE CONTENU DE LA COUCHE DU BÉBÉ

Vous trouverez ci-après les différents aspects possibles du contenu de la couche d'un bébé.

■ **Substance collante et vert noirâtre (2 ou 3 premiers jours) :** c'est le meconium, qui remplit l'intestin avant la naissance et doit être éliminé avant que la digestion ne commence.

■ **Selles semi-liquides, brun verdâtre, grumeleuses (1re semaine) :** ces selles de transition montrent que le système digestif du bébé s'adapte aux aliments qu'il absorbe.

■ **Selles jaune orangé, à consistance de moutarde, liquides, contenant des grumeaux de lait, très abondantes :** selles normales du bébé nourri au sein.

■ **Selles brun pâle, solides, bien moulées, malodorantes :** selles normales d'un bébé nourri au biberon.

■ **Selles vertes ou striées de vert :** selles normales, mais des selles vertes et peu abondantes plusieurs jours durant peuvent être un signe de sous-alimentation.

Consultez votre médecin si :
■ les selles sont très liquides et malodorantes, si le bébé vomit et donc manque de nourriture, car une diarrhée met en danger la vie d'un jeune bébé ;
■ vous voyez du sang dans les selles.

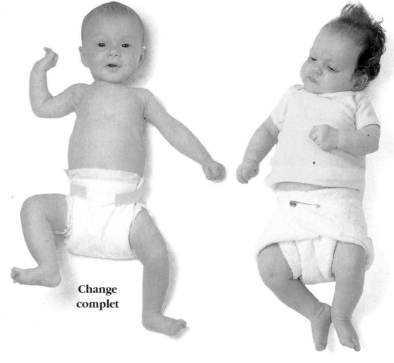

Change complet

Couche en tissu éponge, pliage cerf-volant

QUELLES COUCHES UTILISER ?

Il est indifférent à votre nouveau-né que vous utilisiez des couches à jeter ou des couches en tissu, pourvu qu'elles soient bien ajustées et que vous ne le laissiez jamais avec une couche trempée ou salie. Les couches, quelles qu'elles soient, sont toujours volumineuses. pensez-y lorsque vous achetez des vêtements pour bébé.

Le rebord *d'un matelas à langer n'empêche pas un bébé de tomber.*

COMMENT CHANGER VOTRE BÉBÉ

Puisque vous allez changer très souvent les couches de votre bébé, autant rendre agréable l'endroit où vous le faites; accrochez un mobile au-dessus de la tête du nouveau-né, collez quelques décorations adhésives au mur ou sur les meubles pour le distraire et l'aider à se tenir tranquille. Un matelas à langer est pratique, peu coûteux, et l'enfant bénéficiera d'une totale sécurité si vous le posez sur un coin de plancher propre et sec.

Une table à langer est utile pour ranger les couches propres et les objets de toilette, mais un bébé peut tomber d'une table qui, d'ailleurs, devient vite trop petite. Si vous préférez poser le matelas à langer sur un plan surélevé – plan de travail, table, lit, dessus de commode – ne lâchez pas le bébé, même 1 seconde.

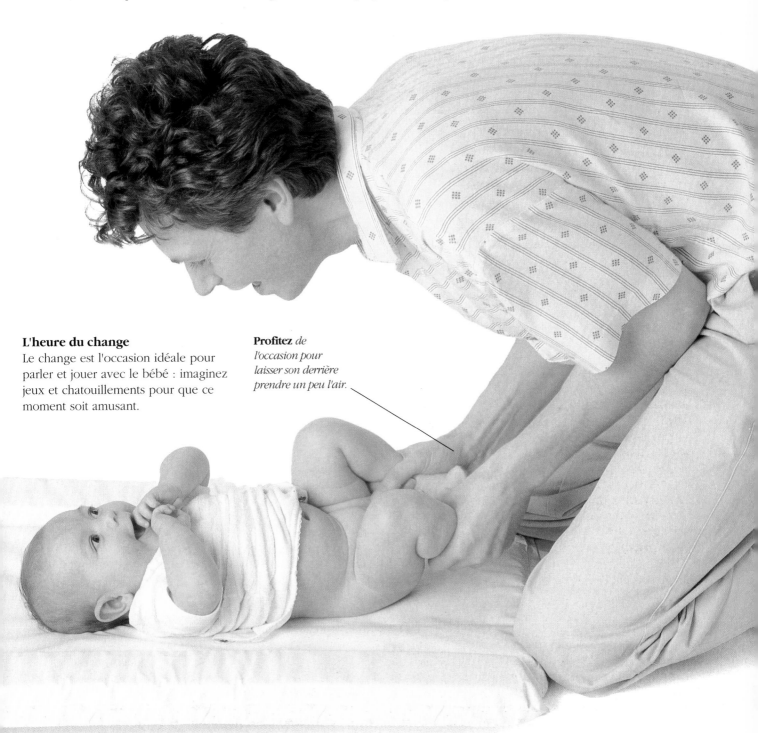

L'heure du change
Le change est l'occasion idéale pour parler et jouer avec le bébé : imaginez jeux et chatouillements pour que ce moment soit amusant.

Profitez *de l'occasion pour laisser son derrière prendre un peu l'air.*

LE NÉCESSAIRE POUR LE CHANGE

AU DÉBUT, VOUS SEREZ peut-être découragée par la quantité d'objets nécessaires, mais si vous les avez tous à portée de la main quand vous en avez besoin, cela vous facilitera grandement la tâche. Vous pouvez jeter les serviettes en papier, les serviettes rafraîchissantes préimprégnées et les garnitures dans les toilettes (si vous êtes reliée au tout-à-l'égout), mais il faut replier les couches sales et les mettre avec les morceaux de coton usagés dans une poubelle équipée d'un sac poubelle en plastique. Placez les couches en tissu dans un seau ou une bassine avant de les laver avec soin (voir p. 153).

LE NÉCESSAIRE POUR LA TOILETTE

Le matelas à langer
Un matelas d'entretien facile, rembourré, à rebords, est précieux. Par temps chaud, dépliez une serviette éponge sous le bébé, car le plastique fait transpirer.

Nettoyez *le matelas, quand il est sale, avec une solution désinfectante.*

Coton. Détachez à l'avance des morceaux pour ne pas avoir à plonger une main sale dans l'emballage.

Serviettes en papier pour essuyer les selles et sécher le derrière du bébé.

Cuvette d'eau tiède
Pour lui nettoyer les fesses, utilisez simplement du coton et de l'eau tiède.

Crème protectrice
Une crème au zinc et à l'huile de ricin forme sur sa peau une barrière protectrice. Ne talquez pas les régions enduites de crème.

Les serviettes rafraîchissantes préimprégnées sont utiles pour nettoyer le derrière du bébé quand vous n'êtes pas chez vous.

Quelques gouttes de **produit pour le bain** dans la cuvette d'eau tiède facilitent la toilette. Un peu de **lotion pour bébé** sur un morceau de coton est tout aussi efficace.

Produit pour le bain

Lotion pour le bébé

LES COUCHES JETABLES
Les couches jetables, qui sont composées d'une couche, d'une doublure et d'une culotte en plastique, sont très pratiques. Quand vous avez trouvé une marque qui convient à votre bébé, achetez-en de grandes quantités : les premières semaines, vous allez changer votre bébé 7 à 10 fois par jour : vous aurez besoin de 70 couches par semaine. Une couche trop petite n'est pas confortable. Achetez la taille au-dessus si elle vous paraît trop serrée.

Les couches "ultra" sont minces et absorbantes; les "standard" sont moins chères et plus épaisses, mais vous devrez changer le bébé plus souvent.

Vous aurez aussi besoin : d'un sac en plastique (ou d'une poubelle garnie d'un sac en plastique) pour y jeter les couches sales. Quand le sac est plein, fermez-le et allez le mettre dans la poubelle collective. Ne jetez pas les couches dans les toilettes : elles boucheraient les tuyauteries.

Il existe *de nombreuses marques de couches.*

L'élastique *autour des cuisses empêche les fuites.*

Essayez *plusieurs marques jusqu'à ce que vous en trouviez une qui absorbe bien et dont les fermetures adhèrent.*

Ruban adhésif ou épingles de sûreté pour tenir des fermetures défectueuses ou resserrer une couche.

Couche jetable

COUCHES EN TISSU

Que vous utilisiez des couches en mousseline ou en tissu éponge, il vous faudra placer une garniture contre la peau du bébé et, par-dessus le tout, une culotte en plastique. Il faudra laver les couches, mais, à la longue, cette solution se révélera moins onéreuse que l'utilisation de couches à jeter. Achetez la meilleure qualité de couches en tissu. Il vous en faut 24 pour commencer. Comme elles font plus de volume sur le bébé que les couches à jeter, la taille 1er âge des vêtements ne conviendra pas longtemps.

Couches en tissu

Garnitures

Ce sont des garnitures qui se placent à l'intérieur d'une couche en tissu. L'humidité les traverse dans un sens, mais ne reflue pas. Certaines peuvent être jetées dans les toilettes avec les excréments qu'elles contiennent.

Les couches en mousseline de coton sont très douces et conviennent bien pour les 6 premières semaines. Ensuite, les couches en tissu éponge sont plus absorbantes, mais les couches de mousseline vous serviront toujours pour essuyer le bébé. Comme la mousseline est moins épaisse que l'éponge, vous pouvez plier les couches pour les ajuster, même à un tout petit prématuré.

Couches en mous-seline

Couches anatomiques

Elles donnent un aspect plus net au bébé et sont faciles à ajuster. Elles peuvent mettre longtemps à sécher.

Épingles de sûreté

Un crochet empêche leur ouverture accidentelle. Dès que vous en enlevez une, fixez-la à votre corsage ; jetez les épingles détériorées.

Couches anatomiques

CULOTTES EN PLASTIQUE

Les culottes en plastique à nouer protègent mieux les fesses contre les irritations, car elles laissent l'air circuler. On trouve aussi une culotte en tissu imperméable permettant à la peau de respirer.

Culotte en plastique à nouer

Culotte à boutons
Déboutonnez les pressions du haut pour laisser l'air circuler.

Culotte fermée
Elle protège contre les fuites, mais favorise l'érythème fessier.

LE MATÉRIEL POUR LE LAVAGE DES COUCHES

Deux seaux

Choisissez des seaux de différentes couleurs ou pourvus de couvercles distincts : un pour les couches mouillées, un pour les couches souillées. Remplissez-les chaque matin de solution désinfectante (voir p. 153).

 Pincettes   **Gants**

La poudre à laver pour les couches

Elle désinfecte les couches et détruit les bactéries responsables de l'érythème fessier. N'utilisez ni poudre à laver biologique classique ni adoucissant, qui irritent la peau des bébés.

Pour une meilleure hygiène, utilisez des pincettes ou des gants de caoutchouc pour manipuler les couches.

LA TOILETTE DE LA FILLE

NETTOYEZ avec soin les fesses du bébé chaque fois que vous le changez, sinon elles seront vite rouges et irritées. Lavez-vous les mains d'abord. Couchez votre fille sur son matelas à langer et enlevez-lui sa couche. Si elle porte une couche en tissu, utilisez un coin pour essuyer le plus gros des excréments. Si elle porte une couche jetable, ouvrez la couche, essuyez le maximum d'excréments avec une serviette en papier et mettez le tout dans la couche. Puis levez les jambes du bébé et repliez la couche sous lui.

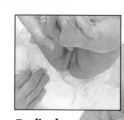

Repliez la couche

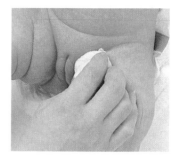

1 Éliminez les selles avec une serviette en papier ; nettoyez le ventre, jusqu'au nombril, avec un coton imbibé d'eau ou de lotion pour bébé.

2 Avec un morceau de coton propre, nettoyez les plis du haut des cuisses, de haut en bas et toujours en partant du corps vers l'extérieur.

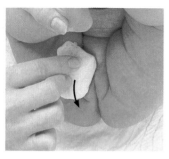

3 Soulevez ses deux jambes en glissant un doigt entre ses chevilles ; essuyez les organes génitaux de l'avant vers l'arrière pour empêcher les germes de l'anus de contaminer le vagin. Ne nettoyez pas l'intérieur des grandes lèvres.

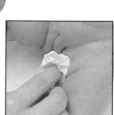

Séchez bien les plis

4 Avec un coton propre, nettoyez l'anus, puis les fesses et les cuisses, en vous dirigeant de l'extérieur vers l'anus. Quand le bébé est propre, enlevez la couche jetable, collez les adhésifs par-devant et jetez-la. Essuyez-vous les mains.

5 Séchez toute la région avec des serviettes en papier, puis laissez le bébé gigoter les fesses à l'air.

6 Étalez de la crème protectrice autour des organes génitaux, sur les lèvres vulvaires, sur l'anus et sur les fesses.

L'ÉRYTHÈME FESSIER

Tous les bébés ont les fesses rouges de temps en temps. Si l'irritation ne cesse pas, voyez votre médecin.

Pour éviter l'érythème fessier :
- changez souvent le bébé ;
- nettoyez et séchez avec soin son derrière et les plis cutanés ;
- laissez l'enfant sans couche le plus souvent possible ;
- utilisez une crème protectrice ;
- si vous vous servez de couches en tissu, utilisez des culottes en plastique qui se nouent ou se boutonnent, car elles laissent l'air circuler ;
- lavez et rincez avec soin les couches en tissu.

A la première rougeur :
- changez les couches plus souvent ;
- utilisez une crème de soin pour l'érythème fessier ;
- laissez le bébé sans couche une grande partie de la journée ;
- si vous utilisez des couches en tissu, prenez une garniture intérieure plus absorbante ;
- ne vous servez pas de culotte en plastique, qui peut aggraver l'irritation en emprisonnant l'urine contre la peau.

LA TOILETTE DU GARÇON

L'URINE D'UN GARÇON coule partout, et il faut nettoyer le bébé avec soin à chaque changement de couche pour lui éviter toute irritation. Lavez-vous les mains. Couchez le bébé sur son matelas à langer et déshabillez-le. S'il porte une couche en tissu, essuyez le plus gros de ses excréments avec un coin de tissu sec et propre. S'il porte une couche jetable, détachez-la, puis attendez un moment (voir à droite).

1 Votre bébé urinera souvent au moment où vous lui enlevez sa couche : attendez quelques secondes en appliquant la couche sur son pénis.

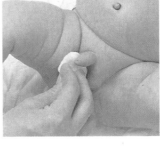

2 Dépliez la couche. Essuyez les selles avec des serviettes en papier et mettez le tout dans la couche, puis repliez-la sous les fesses du bébé. Imbibez d'eau, de lait ou de lotion un morceau de coton et nettoyez la région du ventre au nombril.

Nettoyez avec soin sous ses testicules

3 Avec un morceau de coton propre, nettoyez les plis du haut des cuisses et de la base des organes génitaux en vous dirigeant vers l'extérieur. Écartez ses testicules pour en laver le dessous.

4 Avec un morceau de coton propre, essuyez les testicules et le dessous du pénis, qui peuvent être souillés de selles et d'urine. Écartez le pénis si besoin est, mais sans tirer sur la peau.

5 Nettoyez le pénis en vous dirigeant du bout vers la base : ne tirez pas le prépuce en arrière pour nettoyer dessous, il se nettoiera seul.

6 Soulevez les jambes du bébé en gardant un doigt entre ses chevilles pour lui nettoyer l'anus et les fesses. N'oubliez pas l'arrière des cuisses. Quand l'enfant est propre, enlevez la couche.

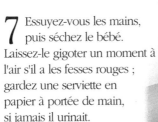

7 Essuyez-vous les mains, puis séchez le bébé. Laissez-le gigoter un moment à l'air s'il a les fesses rouges ; gardez une serviette en papier à portée de main, si jamais il urinait.

Étalez une bonne couche de crème protectrice sur son bas-ventre pour prévenir les rougeurs.

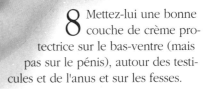

8 Mettez-lui une bonne couche de crème protectrice sur le bas-ventre (mais pas sur le pénis), autour des testicules et de l'anus et sur les fesses.

COMMENT METTRE UN CHANGE COMPLET

NETTOYEZ AVEC SOIN le derrière du bébé et enduisez la région d'une généreuse couche de crème protectrice. Essuyez-vous bien les mains, car les languettes adhésives ne colleront pas si vous mettez de la graisse dessus ou sur le devant de la couche.

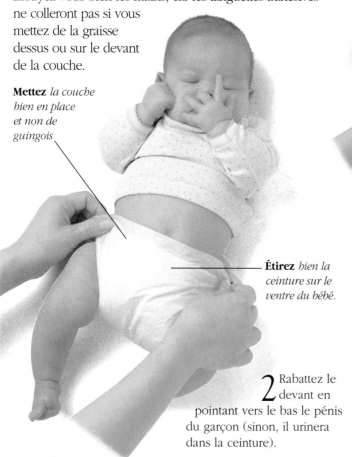

Mettez la couche bien en place et non de guingois

Étirez bien la ceinture sur le ventre du bébé.

1 Déployez la couche, les languettes sur le devant. Soulevez les jambes du bébé en gardant un doigt entre les chevilles et glissez la couche sous les fesses jusqu'à ce que le bord supérieur soit au niveau de sa taille.

2 Rabattez le devant en pointant vers le bas le pénis du garçon (sinon, il urinera dans la ceinture).

3 Tenez un côté de la couche en place ; de l'autre main, enlevez la pellicule de protection de la languette ; tirez et collez cette dernière parallèlement au bord supérieur.

4 Faites de même pour l'autre côté en vérifiant que la couche est bien serrée autour des cuisses et bien en place.

Repliez la ceinture : placée trop haut, elle pourrait irriter le nombril du bébé.

5 La couche doit être serrée à la taille et laissera juste assez de place pour passer un doigt. Vérifiez. Si la ceinture est trop lâche, décollez les languettes et réajustez-les.

QUESTION & RÉPONSE

« Comment puis-je faire tenir tranquille mon bébé de 1 mois pendant que je le change ? Il gigote tellement que je n'arrive même pas à le laver correctement ou à épingler sa couche. »
Tous les petits enfants dignes de ce nom gigotent quand on les change, mais on peut toujours leur laver le derrière. Tout d'abord, remplacez les couches en tissu par des couches jetables : vous les mettrez plus vite et oublierez la corvée des épingles. Souvenez-vous aussi que le moment du change doit être amusant : chatouillez votre bébé et donnez-lui quelques jouets. Si votre bébé est très sale, vous devez pouvoir le laver en l'installant dans la baignoire sur le tapis antidérapant et en lui douchant les fesses avec de l'eau tiède. Séchez-le bien.

LE PLIAGE DES COUCHES EN TISSU

LE PLIAGE TRIPLE ABSORPTION

Cette technique, souvent utilisée pour les nouveau-nés et les petits bébés, donne un aspect très net ; la couche tient peu de place, et le bébé a plusieurs épaisseurs.de tissu entre les jambes.

1 Pliez une couche en quatre. Placez les côtés pliés vers vous et vers la gauche.

2 Saisissez le tissu dessus par le coin droit et rabattez-le.

3 Formez un triangle dont tous les bords se rejoignent exactement en haut.

4 Retournez la couche et tendez les bords.

5 Prenez le côté vertical et repliez-en un tiers vers le milieu.

6 Repliez les épaisseurs du milieu pour former un panneau central épais.

7 Mettez en place une garniture absorbante en repliant son extrémité si nécessaire.

LE PLIAGE CERF-VOLANT

C'est une technique intéressante quand le bébé grandit, à partir de 2 ou 3 mois jusqu'à l'abandon des couches. Quand le bébé se développe, ajustez la taille de la couche en adaptant le repli de la pointe (3ᵉ étape).

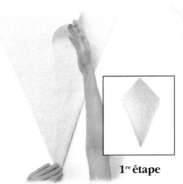

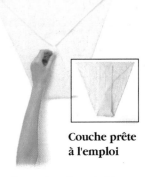

1ʳᵉ étape

Couche prête à l'emploi

1 Dépliez la couche. Rabattez les deux bords vers le milieu jusqu'à ce qu'ils se rejoignent.

2 Repliez la pointe et disposez-la pour former des angles nets.

3 Rabattez la pointe du bas et mettez en place une garniture absorbante.

COMMENT LAVER LES COUCHES

Les couches en tissu doivent être lavées et rincées avec soin : les traces d'urine sont irritantes pour la peau et peuvent causer un érythème fessier (voir p. 149 le matériel nécessaire).

■ Tous les matins, remplissez deux seaux en plastique d'eau froide avec 2 c. à table de bicarbonate de soude.

■ Dans la journée, mettez les couches simplement mouillées à tremper dans le seau qui leur est réservé.

■ Pour les couches souillées, grattez le plus gros dans la cuvette des toilettes, puis mettez les couches à tremper dans leur seau.

■ Mettez toutes les couches salies pendant la nuit dans un sac en plastique ou dans un troisième seau. Comme les couches doivent tremper pendant au moins 6 heures, vous les plongerez au matin dans une solution fraîche d'eau et de bicarbonate.

■ Le matin, placez les couches simplement mouillées dans la machine à laver en la programmant sur chaud avec un rinçage additionnel. Une tasse de vinaigre dans la dernière eau de rinçage permet d'éliminer le savon et l'ammoniaque de l'urine du bébé.

■ Videz les seaux, rincez-les, remplissez-les d'eau froide bicarbonatée. Mettez à tremper les couches souillées pendant la nuit.

METTRE UNE COUCHE
LE PLIAGE TRIPLE ABSORPTION

PLIEZ ET PRÉPAREZ vos couches propres, et placez les garnitures intérieures de façon à ne pas avoir à le faire lors de chaque change. Nettoyez les fesses du bébé, enduisez-les de crème. Mettez la couche sale sale hors de portée du bébé. Vous vous en occuperez une fois le change terminé.

1 Soulevez les jambes du bébé en les tenant par les chevilles et glissez la couche propre sous ses fesses.

Placez bien *l'épaisse bande centrale sous ses fesses.*

2 Relevez le devant de la couche entre ses jambes (orientez le pénis du garçon vers le bas) et maintenez-le tandis que vous repliez un côté pour le raccourcir s'il est trop long.

3 Rabattez ce côté autour de la taille en tirant un peu sur la couche pour l'ajuster. Tenez l'ensemble tandis que vous raccourcissez le second côté.

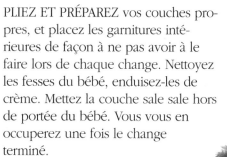

4 En maintenant le premier côté, rabattez le second vers l'avant en serrant la couche : elle se desserre toujours une fois épinglée.

Commencez par replier *le bord sur 7 cm environ pour qu'il s'ajuste mieux autour des cuisses.*

5 Glissez les doigts entre la couche et le ventre du bébé pour ne pas le blesser, et piquez l'épingle horizontalement en prenant toutes les épaisseurs. Fermez-la.

Rentrez la culotte *en plastique à la taille et aux cuisses pour protéger ses vêtements contre les fuites.*

6 Une couche bien mise est bien serrée autour de la taille et des cuisses. Vérifiez en glissant un doigt. Les couches en tissu se détendent toujours ensuite quand le bébé gigote; si la couche est trop lâche, recommencez.

7 Enfilez la culotte en plastique sur la couche. Si votre bébé a les fesses rouges, utilisez une culotte qui se noue ou une culotte à boutons en laissant les boutons du haut défaits de façon que l'air circule.

METTRE UNE COUCHE
LE PLIAGE CERF-VOLANT

PLIEZ ET PRÉPAREZ toutes les couches avec leur garniture absorbante. Nettoyez le derrière du bébé et enduisez-le de crème protectrice. Quand le bébé aura grossi, les deux coins ne se croiseront plus devant et vous les fixerez séparément avec deux épingles.

Tenez solidement *la couche, ne la laissez pas se détendre.*

Mettez le bord supérieur *de la couche au niveau de la taille*

Tirez *sur la couche avant de la rabattre.*

LE BÉBÉ DE PETITE TAILLE

1 Soulevez les jambes du bébé et glissez la couche sous ses fesses. Repliez les deux côtés sur 4 cm environ.

2 Remontez la pointe centrale entre les jambes aussi haut que possible, en rabattant vers le bas le pénis d'un garçon. Maintenez la couche d'une main tandis que vous rabattez le premier côté.

D'une main, *repliez les deux côtés sur 4 cm environ.*

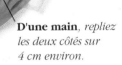

3 Rabattez le second côté sur le premier en tirant bien sur le tissu pour le serrer.

4 Sans laisser la couche se détendre, glissez l'index sous la ceinture et épinglez.

UN BÉBÉ PLUS GRAND

L'étape n° 1 est la même. Ensuite remontez la pointe entre les jambes du bébé le plus haut possible (en rabattant vers le bas le pénis d'un garçon). Rabattez un côté sur le ventre, épinglez horizontalement. Faites de même pour l'autre côté en tirant bien la couche autour de la taille du bébé. Fixez la seconde épingle. Vérifiez qu'elle soit bien ajustée autour des cuisses en rentrant à l'intérieur l'excès de tissu, puis enfilez-lui la culotte en plastique.

Épinglage du second côté

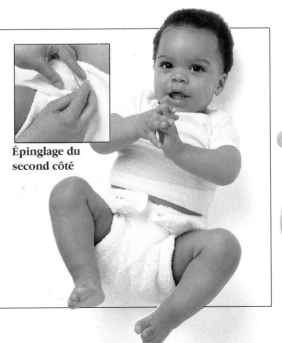

Pour éviter les fuites, *il est essentiel que la couche s'ajuste bien autour des cuisses.*

5 Vérifiez l'ajustement ; recommencez si la couche flotte. Puis enfilez la culotte en plastique par-dessus.

L'ABANDON DES COUCHES

Le contrôle de l'intestin et de la vessie représente une étape importante du développement d'un enfant. On n'a pas à lui enseigner ce contrôle, pas plus qu'on ne lui apprend à marcher : cela fait partie de son développement normal. Il suffit que vous l'encouragiez et que vous lui donniez des occasions de s'exercer. En général, vers deux ans, votre enfant va commencer à reconnaître la sensation de plénitude de son rectum et de sa vessie. L'étape suivante consiste pour lui à sentir qu'il va déféquer ou uriner. Et une fois que cela est assimilé, l'enfant va vite apprendre à se diriger vers un pot au bon moment s'il en a un à sa portée. Ses progrès seront irréguliers : il se peut qu'il contrôle ses intestins avant sa vessie, ou l'inverse, et les mares et les culottes souillées seront au rendez-vous. Mais, même si ses progrès vous paraissent lents, ne perdez pas votre temps à essayer de « l'entraîner » avant que son corps ne soit prêt.

La culotte pour l'apprentissage
En tissu éponge à double fond imperméable, elle est très absorbante.

IDÉES ET RECETTES UTILES

Rappelez-vous qu'exercer une trop forte pression sur l'enfant pourrait créer une certaine confusion, car il s'efforce de comprendre et de faire ce que vous désirez.

■ Choisissez pour l'apprentissage du pot une période où la vie de l'enfant n'exige pas de lui trop d'efforts d'adaptation à de nouvelles situations, et où vous vous sentez capable d'aborder ce problème d'une façon détendue et avec humour.

■ Arrangez-vous pour que l'enfant ait le maximum de chances de faire dans le pot, car s'il ne réussit jamais, il n'essaiera plus.

■ Quand il réussit, montrez votre contentement, mais sans enthousiasme excessif.

■ En cas d'« accident », compatissez, ne soyez ni agacée ni furieuse.

Le pot pour bébé
L'enfant comprendra vite à quoi sert un pot et sera fier d'avoir appris quelque chose de nouveau.

ÊTRE PROPRE DANS LA JOURNÉE

1
Attendez que l'enfant soit prêt
Votre enfant est prêt pour l'apprentissage de la propreté s'il :
■ a 2 ans et demi (les garçons ne sont parfois pas prêts avant 3 ans);
■ sait qu'il a fait quelque chose dans sa couche, vous le montre, crie ou vient vous dire qu'il est mouillé;
■ est souvent sec après la sieste.

2
Proposez le pot
Montrez un pot à l'enfant et expliquez-lui à quoi cela sert. Sans aller plus loin, laissez l'objet quelques jours dans la salle de bains pour que l'enfant s'habitue à lui. Montrez-lui comment s'asseoir dessus, mais sans lui enlever ses couches.

3
Choisissez le bon moment
L'idéal pour l'apprentissage est de prendre une quinzaine de jours, en été, que vous pouvez passer à la maison, et pendant lesquels l'enfant joue dans le jardin, non loin de vous. Si une pareille organisation n'est pas possible, vous pouvez décider de consacrer à un apprentissage intensif une quinzaine de jours paisibles. Ne commencez pas à une période où vos habitudes sont déjà dérangées, notamment pendant des vacances passées loin de la maison.

4
Mettez l'enfant en culotte et rappelez-lui souvent qu'il doit utiliser son pot
Pendant ces 2 semaines, laissez l'enfant en culotte ou mettez-lui une culotte absorbante. Préparez le pot, proposez à l'enfant de s'asseoir dessus après un repas, une boisson, une collation ou une sieste, et dès qu'il manifeste d'une façon quelconque son besoin.

5

Facilitez-lui l'usage du pot

Encouragez-le à s'asseoir dessus, mais ne le forcez pas. Baissez sa culotte et aidez-le à s'asseoir en vous assurant que le pénis d'un petit garçon est bien orienté. Si l'enfant s'arrange pour vous faire comprendre qu'il a envie, remerciez-le.

Si l'enfant se relève aussitôt

Suggérez-lui de rester un peu plus longtemps – 5 minutes – et distrayez-le avec un jouet ou un livre. S'il ne se passe rien, laissez-le se relever et retourner jouer.

S'il fait dans le pot

Complimentez-le, dites-lui qu'il est un amour d'enfant. Essuyez les gouttes d'urine avec du papier toilette ou nettoyez rapidement son anus (essuyez une fille de l'avant vers l'arrière). Maintenez le pot pendant qu'il se lève, remontez-lui sa culotte. Ne montrez pas de dégoût devant le contenu du pot, videz-le dans la cuvette des toilettes, lavez-le, rincez-le avec un désinfectant. Lavez-vous les mains.

6

Quand l'enfant a « un accident », ne le grondez pas

N'attendez pas qu'il se souvienne, à cet âge, d'utiliser son pot. S'il se mouille ou salit sa culotte, ne le grondez pas : c'est à vous de lui rappeler assez souvent de s'asseoir sur le pot. Lavez-lui le derrière sans lui faire de reproches et mettez-lui une couche propre.

S'il n'a pas l'air de comprendre

Si, au bout de 2 semaines, l'enfant ne manifeste aucun signe de compréhension et ne vous dit pas qu'il veut le pot au moins de temps en temps, c'est qu'il n'est pas prêt à abandonner ses couches. Remettez-les-lui pour quelques semaines, puis faites un nouvel essai. Il se peut que ces 2 semaines d'entraînement se renouvellent souvent jusqu'à ce que l'enfant aille s'installer spontanément sur le pot pour y faire ses besoins.

7

Supprimez-lui sa couche pendant la sieste

À partir du moment où l'enfant utilise son pot dans la journée de façon assez régulière *et* si, depuis 1 semaine environ, sa couche est sèche quand il se réveille de sa sieste, supprimez-lui sa couche. D'ailleurs, il va peut-être vous le demander lui-même. Proposez-lui de s'installer sur le pot après la sieste. Faire la sieste sans couche peut l'aider à rester propre la nuit.

8

Si vous sortez

Tant que vous n'êtes pas sûre de lui, mettez-lui une couche quand vous sortez, mais mettez-le sur le pot avant de sortir, sans toutefois le forcer. Si vous partez en voyage en voiture, mettez-lui une couche, sauf si vous êtes certaine de pouvoir vous arrêter sans difficulté. Emportez un pot, des vêtements de rechange et une vieille serviette de toilette.

9

Suggérez-lui d'utiliser les toilettes

Quand il va sur le pot dans la journée depuis quelques semaines, proposez-lui de faire comme vous et d'utiliser les toilettes. Vous pouvez adapter à la cuvette des toilettes un réducteur et placer un marchepied devant lui pour qu'il puisse monter. Au début, aidez-le, jusqu'à ce qu'il se débrouille bien. S'il veut simplement uriner, levez le couvercle et le siège, et apprenez au garçon à diriger son pénis. Aidez-le à baisser sa culotte et à s'asseoir. Faites de même pour une fille. Restez à côté de l'enfant jusqu'à ce qu'il ait terminé ; essuyez-le, aidez-le à descendre ; un enfant ne peut pas s'essuyer avant 4 ans au moins. Laissez-le tirer la chasse d'eau. Ensuite, lavez-vous tous les deux les mains.

ÊTRE PROPRE LA NUIT

1

Attendez que l'enfant reste sec la nuit

Quand, depuis 1 semaine, sa couche est sèche le matin, commencez à la lui enlever pour la nuit

2

Mettez-le au lit le derrière nu

Pendant la première semaine, mettez-le au lit sans couche, sans culotte ou pantalon de pyjama et protégez le matelas avec une grande alèse. Avant de le coucher, emmenez-le aux toilettes. Il devrait dormir toute la nuit sans problème. S'il mouille son lit, c'est qu'il n'est pas encore prêt à abandonner ses couches.

3

S'il recommence à mouiller son lit

Un enfant propre depuis plusieurs semaines qui recommence à mouiller son lit est peut-être perturbé par quelque chose. Ne le grondez pas, ne le punissez pas. S'il se réveille mouillé pendant la nuit, essuyez-le gentiment, mettez-lui un pyjama propre et changez son drap sans vous attarder. Si cela se reproduit plusieurs fois, remettez-lui ses couches jusqu'à ce qu'il reste de nouveau sec pendant au moins 7 nuits de suite. Un enfant peut ne pas être propre la nuit jusqu'à 5 ou 6 ans, cela n'a rien d'inhabituel. Supprimer la boisson du soir au coucher n'a aucun effet.

Un réducteur de cuvette

Cet objet rétrécit l'ouverture de la cuvette des toilettes et rassure l'enfant.

LES PROMENADES ET LES SORTIES

Un landau ou une poussette, ainsi qu'un siège d'auto sont indispensables pour votre nouveau-né. Il vous faut aussi un porte-bébé (voir p. 85) ou un sac à dos quand votre bébé grandit. Un sac à langer avec son matelas indépendant se révélera très utile pour les grands déplacements : remplissez-le de couches jetables et de vêtements de rechange, de sacs en plastique pour les couches sales, et du nécessaire pour les tétées (voir p. 101 la méthode de transport des laits industriels). Emportez une bouteille de jus de fruits dilué ou d'eau bouillie et un biberon ou une tasse, et n'oubliez pas son jouet préféré ou son morceau de couverture. Dès qu'il grandit, le bébé apprécie beaucoup les sorties. Que vous alliez au zoo pour lui montrer les animaux, ou simplement au jardin public ou chez des amis, il trouvera toujours quelque chose à observer – les encombrements de la circulation, les travaux, les vitrines, les gens… Essayez de regarder ce qui vous entoure avec ses yeux, répondez à ses questions et, surtout, ne l'éconduisez pas quand, tout excité, il vous désigne quelque chose qui vous paraît négligeable ou banal : il découvre le monde.

LES MOYENS DE TRANSPORT

LE CHOIX D'UN MOYEN de transport peut être difficile. Si vous voulez le transporter couché, l'idéal est la nacelle fixée sur un châssis, qui pourra plus tard se convertir en chaise haute. Un nouveau-né doit être protégé contre les courants d'air, les gaz d'échappement et les fumées, et une poussette ne convient pas, même si l'enfant vous fait face. Il existe des poussettes à dossier rigide, pour les bébés plus âgés.

UN LANDAU DÈS LA NAISSANCE
- ☑ Isole des courants d'air, des fumées…
- ☑ Assure le confort des promenades.
- ☑ Peut être utilisé jusqu'à 1 an.
- ☒ Ne peut être utilisé dans les transports en commun.
- ☒ Exige un vaste espace de rangement.

UNE NACELLE ET SON CHASSIS (dès la naissance)
- ☑ Elle isole le bébé des courants d'air et des fumées.
- ☑ Elle peut servir de lit à un jeune bébé.
- ☑ Elle peut être garnie d'un couvre-lit douillet de berceau.
- ☑ Elle est dans certains cas convertible en poussette.
- ☑ Son châssis se plie à plat.
- ☒ Elle n'est parfois pas commode à utiliser dans les transports en commun.

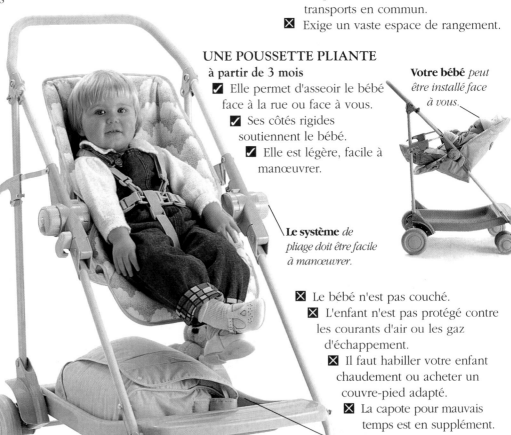

UNE POUSSETTE PLIANTE
à partir de 3 mois
- ☑ Elle permet d'asseoir le bébé face à la rue ou face à vous.
- ☑ Ses côtés rigides soutiennent le bébé.
- ☑ Elle est légère, facile à manœuvrer.

Votre bébé *peut être installé face à vous.*

Le système *de pliage doit être facile à manœuvrer.*

- ☒ Le bébé n'est pas couché.
- ☒ L'enfant n'est pas protégé contre les courants d'air ou les gaz d'échappement.
- ☒ Il faut habiller votre enfant chaudement ou acheter un couvre-pied adapté.
- ☒ La capote pour mauvais temps est en supplément.

Roulettes *pivotantes pour bien manœuvrer.*

Un grand plateau *est utile pour les courses et le nécessaire pour le change.*

POUSSETTE-PARAPLUIE (à partir de 6 mois)

☑ Facile à plier, pratique dans les transports en commun. Son rangement prend peu de place.

☑ La moins chère et la plus légère de toutes les options.

☒ Son dossier mou soutient mal le dos de l'enfant et ne convient pas avant 6 mois.

☒ Elle ne comprend pas de panier intégré pour les courses.

QUAND L'ENFANT MARCHE

Les bretelles de sécurité l'empêchent de vous échapper tout en lui laissant assez de liberté. Emportez toujours la poussette en promenade pour les moments de fatigue.

■ UN LANDAU ET UNE POUSSETTE SÛRS ■

▲ Vérifiez le verrouillage du châssis avant d'installer le bébé.

▲ Dans un landau, utilisez une sangle dès que l'enfant commence à se tenir assis.

▲ Bloquez les freins dès l'arrêt.

▲ Ne laissez jamais le bébé se redresser ou essayer de se tenir debout.

▲ Ne suspendez pas de sac au guidon ou aux poignées, vous pourriez faire basculer l'engin.

▲ Ne laissez jamais un enfant jouer avec une poussette pliée.

▲ Achetez une poussette ou un landau conformes aux normes de sécurité canadiennes.

LES VOYAGES EN AUTOMOBILE

VOUS POUVEZ protéger votre enfant en cas d'accident en l'installant toujours comme il est expliqué ci-dessous lors des voyages en voiture. Un siège d'auto peut paraître coûteux : son prix est pourtant bien faible par rapport au prix d'une automobile et, surtout, sans commune mesure avec les conséquences d'un accident.

DISTRAIRE VOTRE ENFANT EN VOITURE

Rendez-lui un long voyage aussi distrayant que possible

■ Passez-lui ses cassettes d'histoires et de chansons.

■ Chantez avec lui.

■ Montrez-lui du doigt les animaux, les maisons, et les camions.

■ Emportez des petits jouets.

■ Emportez de quoi boire et manger.

■ Arrêtez-vous fréquemment.

DE LA NAISSANCE À 6 OU 9 MOIS

Un siège enveloppant, ou coquille, approuvé, fixé sur la banquette arrière avec la ceinture de sécurité et équipé d'un harnais. Le visage de l'enfant est tourné vers l'arrière : un tel siège est sécuritaire jusqu'à 9 kg.

■ UN VOYAGE SÛR ■

▲ Ne laissez jamais votre enfant, ou un enfant que vous transportez, voyager non attaché.

▲ Attachez toujours l'enfant dans son siège auto avec le harnais.

▲ Ne voyagez jamais en tenant un bébé dans vos bras ou sur vos genoux : vous seriez incapable de le retenir en cas d'accident.

▲ N'attachez jamais 2 enfants avec la même ceinture : elle n'est pas faite pour cela et ne serait pas efficace en cas d'accident.

▲ Après un accident, faites remplacer toutes les ceintures de sécurité de votre véhicule et les points d'ancrage : ils ont pu être endommagés.

▲ Pour la même raison, n'achetez jamais de sièges de voiture, de ceintures ou de points d'ancrage d'occasion.

▲ Installez un rétroviseur vous permettant de surveiller l'enfant à l'arrière sans vous retourner.

DE 9 MOIS À 4 ANS, OU PLUS DE 9 KG

Le siège de l'enfant, tourné vers l'avant, est fixé par un jeu de sangles spéciales, de préférence au milieu de la banquette arrière. L'enfant est attaché avec un harnais. Certains sièges se fixent aux points d'ancrage des ceintures de sécurité des sièges arrière.

APRÈS 4 ANS

L'enfant est assis sur un coussin d'appoint et retenu par la ceinture de sécurité.

CROISSANCE ET APPRENTISSAGE

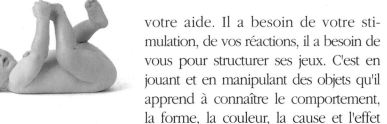

Il est passionnant de regarder son enfant grandir et se développer. Chaque nouvelle étape amène un progrès : au début, le bébé se retourne, se sert de ses mains, s'assoit, rampe, marche... Puis il apprend à parler et à améliorer sa coordination et sa dextérité. Même si vous pensez que ces premières étapes sont les plus fascinantes, l'année suivante va apporter à son tour une moisson de réussites qui, bien que moins visibles, vont vous combler de fierté. Pendant ces années qui précèdent l'entrée à l'école, votre enfant a besoin de votre aide. Il a besoin de votre stimulation, de vos réactions, il a besoin de vous pour structurer ses jeux. C'est en jouant et en manipulant des objets qu'il apprend à connaître le comportement, la forme, la couleur, la cause et l'effet des choses du monde qui l'entoure. Ne réservez pas le jeu à certains moments de la journée parce que, pour un enfant, tout est un jeu. Un jeu merveilleux. S'habiller, déballer les commissions, mettre la table, râteler le jardin, participer aux tâches du ménage, tout cela lui donne l'occasion de participer et d'apprendre.

LES 6 PREMIERS MOIS

DURANT CES 6 mois, vous allez voir votre bébé devenir une personne capable de vous remercier d'un sourire enchanteur et de gazouillements. Bien qu'il existe un grand nombre de jouets pour cet âge, c'est de votre compagnie qu'il a besoin et il la préfère à tout. Quand il est réveillé, prenez le temps de lui parler, de lui sourire, de répondre à ses mimiques. La stimulation lui parvient sous forme d'objets à regarder, de sons à entendre, de consistance à palper. Vous n'avez pas besoin de jouets coûteux: les vieilles photographies, les cartes postales, les surfaces réfléchissantes (mais pas en verre), les hochets, vos vêtements à toucher, concourent tout aussi bien à son éveil.

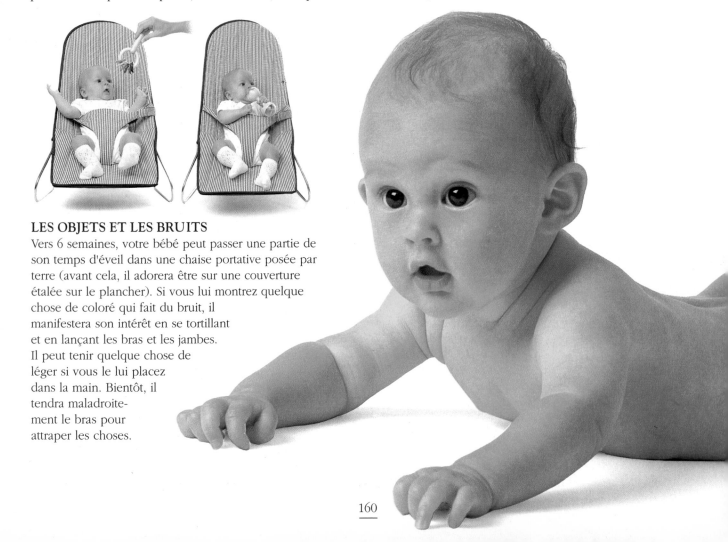

LES OBJETS ET LES BRUITS
Vers 6 semaines, votre bébé peut passer une partie de son temps d'éveil dans une chaise portative posée par terre (avant cela, il adorera être sur une couverture étalée sur le plancher). Si vous lui montrez quelque chose de coloré qui fait du bruit, il manifestera son intérêt en se tortillant et en lançant les bras et les jambes. Il peut tenir quelque chose de léger si vous le lui placez dans la main. Bientôt, il tendra maladroitement le bras pour attraper les choses.

APPRENDRE À SE CONNAÎTRE L'UN L'AUTRE

Durant les 2 premiers mois, votre bébé ne voit pas nettement au-delà de 25 cm. Quand vous lui parlez, approchez votre visage et forcez vos expressions et vos sourires. C'est ce contact des regards qui aide le bébé à devenir une personne et lui montre comment établir une relation d'amour.

ROULER

Dans le courant de ces 6 premiers mois, votre bébé va apprendre à rouler sur lui-même : d'abord du ventre sur le dos, puis du dos sur le ventre. Il sentira qu'il a franchi une étape importante : son corps lui obéit enfin. Même avant de savoir rouler sur lui-même, il peut tomber de l'endroit où vous l'avez posé. Ne le laissez jamais seul sur un plan surélevé, pas même sur un grand lit.

APPRENDRE À SE TENIR ASSIS

Quand le bébé maîtrise mieux son corps, aidez-le à se tenir assis en le calant avec des oreillers. Ils lui seront utiles pour trouver son équilibre et le protégeront s'il venait à basculer.

LES PRÉMATURÉS

Si votre bébé est prématuré, les étapes de son développement se dérouleront avec du retard. Souvenez-vous qu'un enfant a en fait deux dates de naissance : celle de sa naissance réelle, et celle où il aurait dû naître. C'est cette dernière qui compte le plus pendant les premiers mois.

Si vous tenez compte des semaines qu'il n'a pas passées dans l'utérus, vous vous apercevrez que son développement n'est pas si lent que vous le croyez. Amenez-le régulièrement chez votre médecin pour le faire examiner : vers l'âge de 2 ans, il aura rattrapé les autres.

DÉCOUVRIR LE CORPS

Permettez-lui d'apprendre à connaître le fonctionnement de ses membres et de son corps. Couché sur le ventre, il poussera sur ses bras et lancera ses jambes vers l'arrière : il pourra même se balancer sur le ventre. Le masser avec une huile pour bébé lui apprendra des quantités de choses sur son corps.

LE 2ᵉ SEMESTRE

VOTRE BÉBÉ mettra les bouchées doubles durant cette période. Il va se tenir assis sans soutien, ramper et, peut-être même, se tenir debout pour son premier anniversaire. Tous les bébés ne le font pas à cet âge. Ne vous étonnez pas si votre enfant n'essaie pas de ramper : cela ne retarde en rien l'apprentissage de la marche. A cet âge, il explore les objets en les portant à la bouche – c'est pourquoi les aliments à prendre avec les doigts sont intéressants. Dès maintenant, veillez à ce qu'il ne puisse s'emparer de rien de toxique, de coupant ou d'assez petit qu'il pourrait avaler.

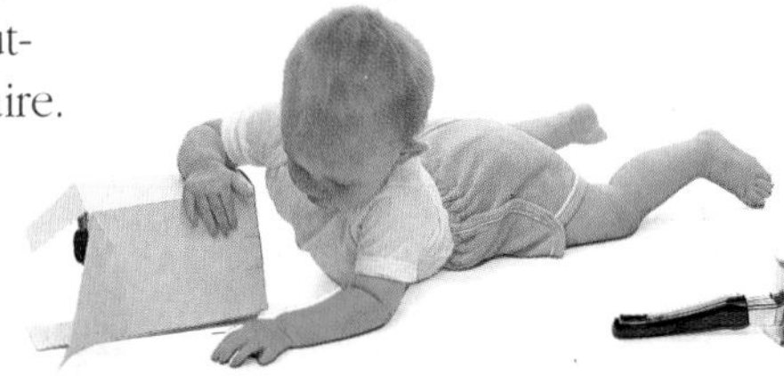

EXPLORER LES BOÎTES

Ne soyez pas surprise si votre bébé s'intéresse autant aux emballages qu'aux jouets eux-mêmes. Examinez les cartons et ôtez les agrafes.

FAIRE DES BRUITS

Avec une cuiller en bois et une casserole, votre enfant va s'inventer un tambour. Les bébés adorent taper et écouter le bruit qu'ils font.

LA STATION ASSISE

Pour se tenir assis en équilibre, le bébé se penchera en avant et écartera les jambes. Tant que sa position n'est pas très stable, calez-lui le dos avec un coussin. Maintenant il a les deux mains libres : un livre en carton est facile à tenir, et encore plus amusant si vous le regardez ensemble et si vous lui décrivez l'action, les objets et les personnages.

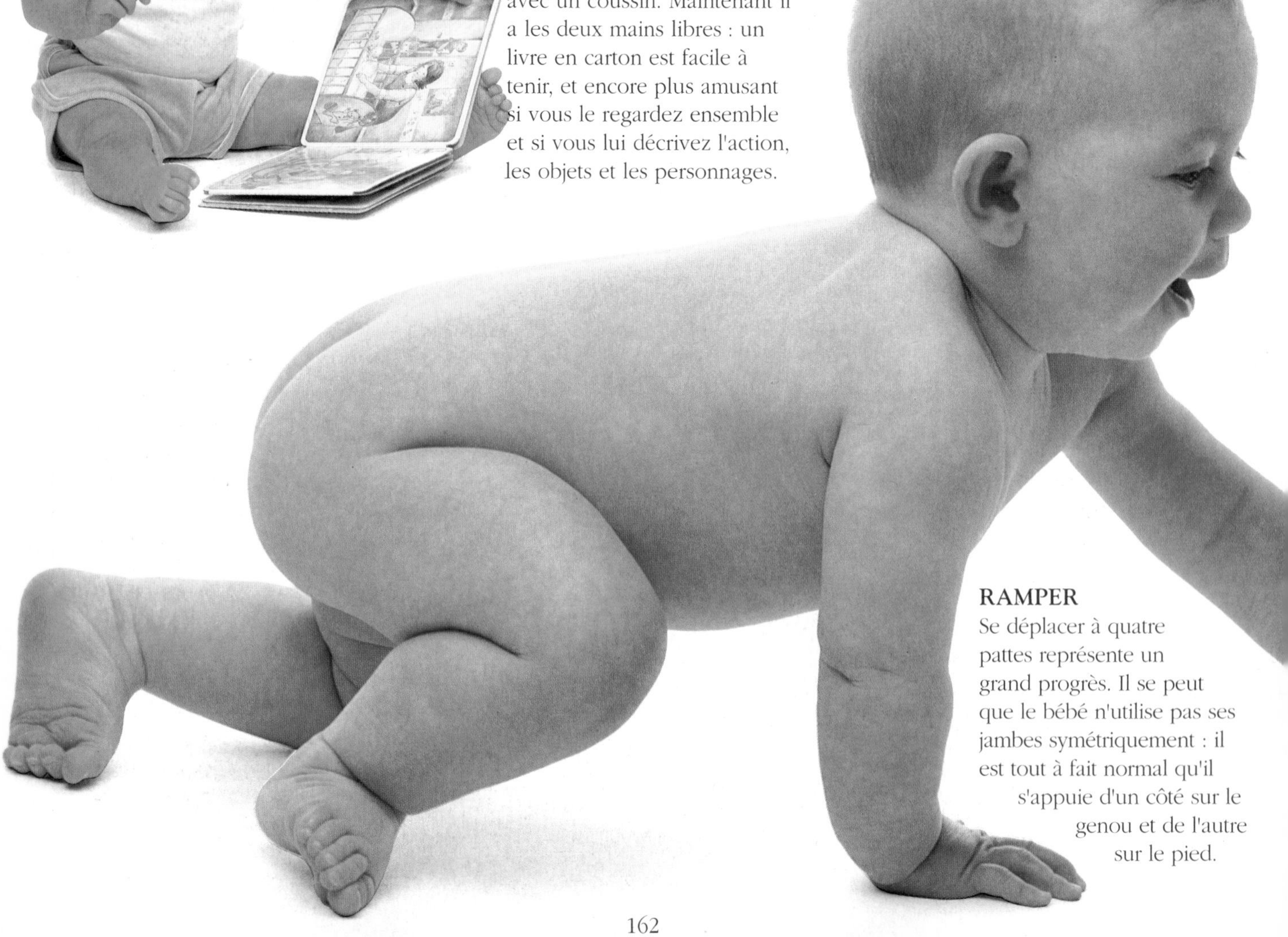

RAMPER

Se déplacer à quatre pattes représente un grand progrès. Il se peut que le bébé n'utilise pas ses jambes symétriquement : il est tout à fait normal qu'il s'appuie d'un côté sur le genou et de l'autre sur le pied.

TAPER DES MAINS
Mettez-lui un cube dans chaque main et applaudissez quand il les tape l'un contre l'autre.

JOUER AVEC L'EAU
Montrez à votre bébé ce que fait l'eau et ce qu'il éprouve quand elle coule sur ses mains. Donnez-lui une passoire ou un pot en plastique.

BOÎTES ET OBJETS
Quand il est un peu plus grand, donnez-lui une boîte contenant quelques bobines de fil vides. Il va les retirer une à une, puis les remettre.

LES JEUX DE BALLE
À 7 mois, votre bébé regardera sa balle rouler avec fascination, mais il se montrera surpris s'il la fait rouler lui-même par hasard. À 1 an, il la ramassera, la lancera, la fera rouler : il aura appris comment une balle peut se mouvoir.

SE REDRESSER ET SE DÉPLACER AVEC APPUI
À 10 mois, le bébé coordonne les mouvements de ses bras et de ses jambes assez précisément pour se redresser en s'accrochant au mobilier (attention aux meubles instables). Le stade suivant consistera à se déplacer de côté en se cramponnant. Il finira sans doute par s'asseoir brusquement.

GRIMPER LES MARCHES
Dès que votre bébé commence à s'intéresser aux escaliers, apprenez-lui à les monter et à les descendre à quatre pattes, face aux marches. Installez des barrières en haut et en bas des escaliers et laissez-les fermées quand l'enfant n'est pas sous surveillance.

PARCS ET MARCHETTES
Un parc crée une aire de sécurité dans laquelle vous pouvez laisser seul un moment un bébé capable de se déplacer – pendant que vous allez répondre à la sonnette de l'entrée, par exemple. N'y laissez jamais un bébé plus de quelques minutes : il s'y ennuierait et se sentirait brimé.
Une marchette est un siège à roulettes que le bébé déplace en poussant par terre avec ses pieds. Elle peut retarder l'apprentissage de la marche en amoindrissant le désir de l'enfant de se déplacer sans aide et elle entraîne de nombreux accidents. N'y laissez jamais le bébé sans surveillance.

LA 2ᵉ ANNÉE

DURANT sa 2ᵉ année, les faits les plus marquants de la vie de votre enfant seront ses premiers pas et ses premiers mots. Des domaines nouveaux s'ouvrent à lui quand il se déplace comme vous et utilise des mots pour communiquer avec vous. Il manifeste sa préférence pour sa main gauche ou droite, et, dès qu'il commence à dessiner, cette prédominance s'accentue. Il s'amuse seul pendant de courts moments, mais vous restez son principal et précieux compagnon de jeu, ainsi que sont meilleur éducateur.

Les premiers pas seront très hésitants

LES ESCALIERS
Vers la fin de cette année, votre enfant aura acquis assez d'assurance pour monter et descendre les escaliers debout.

APPRENDRE À MARCHER
Après les premiers pas hésitants, l'enfant va aller et venir avec enthousiasme. Il n'est pas encore très solide sur ses jambes : il garde les pieds écartés et les bras étendus pour maintenir son équilibre. Laissez-le pieds nus le plus possible : il n'a besoin de chaussures que dehors.

LA MARCHE

Un jouet à tirer développe son sens de l'équilibre.

L'IMITATION

C'est en vous imitant que votre enfant apprend, et vous « aider » reste son jeu préféré. Les jouets facilitent sa collaboration.

CONSTRUIRE UNE TOUR

A partir de 18 mois, votre enfant peut édifier une tour de 4 ou 5 cubes.

LA MOBILITÉ

Vers 18 mois, un jouet stable à enfourcher améliore sa coordination et lui donne confiance. C'est un nouveau défi à relever.

LES CRAYONS

Donnez-lui des crayons non toxiques. Au début, il se contente de gribouiller. Bientôt, il tracera de grands traits vers le bas et le haut.

LES FORMES

Emboîter des formes dans les trous qui leur correspondent est un passionnant défi. Ne soyez pas avare de compliments en cas de réussite.

LE LANGAGE

Un téléphone et une poupée sont deux jouets irremplaçables pour pratiquer l'art de la conversation en vous imitant.

L'APPRENTISSAGE DU CORPS

Apprenez à l'enfant à montrer ses yeux, son nez et ses oreilles, et voyez s'il est capable de désigner les vôtres. Cela enrichira son vocabulaire et l'aidera à se percevoir en tant que personne à part entière.

L'APPRENTISSAGE DE LA PAROLE

Votre enfant va sans doute prononcer son premier mot (« mama », « dada », « papa », ou « baba »), aux environs de son premier anniversaire et, dès lors, il va acquérir 2 ou 3 mots nouveaux par mois. Vers 2 ans, il reliera 2 mots, par exemple «papa parti», et connaîtra 200 mots. Aidez-le à progresser :
■ en lui parlant ;
■ en continuant à lui commenter des livres d'images et à lui chanter des chansons ;
■ en l'écoutant, en vous intéressant à ce qu'il dit, en vous efforçant de le comprendre ;
■ en ne l'interrompant pas pour le faire répéter « correctement » ce qu'il dit. Il n'articule pas toujours bien au début ;
■ en utilisant pour lui répondre un langage adulte de façon qu'il saisisse toujours la prononciation correcte des mots ;
■ en étant claire et directe. « Pose ce cube par-dessus » est moins troublant pour lui que : «Voyons si nous réussissons à poser ce joli petit cube rouge sur l'autre.»

LA 3ᵉ ANNÉE

CETTE ANNÉE, votre enfant va vous surprendre par son imagination débordante, qui lui permet de faire de tout un jeu passionnant. Ne gaspillez pas d'argent en boîtes de jeu et en jouets coûteux qui ne peuvent qu'étouffer sa créativité. Un grand carton devient une maison, une voiture, un bateau, un vaisseau spatial, et, quand il est hors d'usage, on le jette et on lui en donne un autre. Un drap étalé sur 2 chaises est un refuge, une tente, une maison... À la fin de cette année, votre enfant pourra commencer à jouer avec d'autres enfants – peut-être à l'école maternelle ou au jardin d'enfants – d'une façon constructive. Vous remarquerez qu'il s'ouvre aux suggestions et commence à raisonner.

SE DÉGUISER

Jouer à se costumer est excellent. Vos vieilles chaussures, vos vieux vêtements et vos chapeaux démodés, rassemblés dans une malle, sont des déguisements beaucoup plus amusants que tous les travestis pour enfants du commerce.

LES PUZZLES

Ils exigent de la concentration, de la dextérité et de la compréhension visuelle. Si l'enfant abandonne trop vite, donnez-lui-en un plus simple.

LA PEINTURE

La peinture lui permet de se familiariser avec les couleurs et les consistances. Offrez-lui de gros pinceaux et des pots inversables. Pensez à protéger ses vêtements.

LES AMIS IMAGINAIRES

Les poupées et les peluches, vont devenir les meilleurs amis de votre enfant, qui voudra régenter leur vie comme vous organisez la sienne.

SAUTER, COURIR

Apprendre à sauter, à courir, à se tenir sur un pied, sont des défis physiques. Sautez avec votre enfant pour lui montrer comment plier les genoux quand on retombe.

SE SERVIR DE SES MAINS

Aidez votre enfant à rendre ses gestes plus précis. Il peut visser et dévisser de petits objets, utiliser des moules à gâteaux pour modeler des formes en pâte à modeler ou vos tartelettes maison.

JOUER AVEC LES AUTRES

Montrez à votre enfant comment utiliser sa pelle et son seau, et apprenez-lui à ne jamais lancer de sable. Couvrez le bac à sable quand l'enfant ne s'en sert pas pour que les chiens et les chats ne viennent pas le souiller.

PARTAGER SES JEUX

Il faut du temps aux enfants pour apprendre à attendre leur tour et à partager leurs jouets. Entre 2 ans et demi et 3 ans, votre enfant va commencer à jouer avec les autres, à prêter ses jouets et à se joindre à des activités collectives. C'est donc l'âge idéal pour l'introduire dans un groupe de jeu, si vous ne l'inscrivez pas à l'école maternelle ou au jardin d'enfants. Plus l'enfant passera de temps en compagnie des autres, plus vite il apprendra à participer et à s'adapter.

Vous pouvez offrir toutes sortes d'occasions de se joindre à des jeux collectifs : bac à sable, piscine pour patauger, cubes en plastique à reliefs empilables, déguisements, fabrication de décorations pour Noël. Tout cela apprend aux enfants à jouer ensemble. Supervisez toujours les jeux et restez prête à intervenir en cas de heurts.

LE DÉVELOPPEMENT DE LA PERSONNE

Vous connaîtrez vite le tempérament de votre enfant. Il peut être «facile» et placide, il peut pleurer beaucoup et être difficile à consoler, ou il peut se méfier de tout ce qui est nouveau. Ces traits de caractère persisteront au fur et à mesure que l'enfant grandira, mais sa personnalité est aussi façonnée par les événements de sa vie et les gens – et, tout particulièrement, le comportement de ses parents à son égard. Vous pouvez aider votre bébé à se sentir en sécurité, à avoir de l'assurance, à s'ouvrir aux autres, en lui montrant dès le début de sa vie toute l'importance

qu'il a pour vous. Le fait de le traiter en individu, avec ses désirs et ses opinions, lui donnera confiance en lui. Il y aura des moments, au cours de sa petite enfance, où son enthousiasme excédera de beaucoup ses capacités et où vous aurez besoin de tact pour l'aider à réussir dans une entreprise sans lui donner l'impression que c'est vous qui avez tout fait. Toutefois, si vous réussissez à vous mettre à sa place et à comprendre pourquoi la vie est parfois si frustrante, ses années préscolaires seront, pour vous, deux synonymes de bonheur et de découverte.

AVANCER ENSEMBLE

APPRENDRE À PROGRESSER ensemble pendant la petite enfance est pour vous deux un problème d'adaptation. Votre enfant doit apprendre à vous obéir quand c'est nécessaire tandis que de votre côté vous essayez de vous adapter à votre situation de parent, qui ne vous rend pas obligatoirement très tolérant, logique et juste. Un enfant a besoin que vous lui montriez – et pas seulement que vous lui disiez – comment se comporter. Gentillesse, politesse, amabilité, prévenance ne lui viendront qu'en vous imitant, lorsqu'il vous verra en user à son égard.

Comment traiter un enfant

Votre enfant réagira mieux et fera plus volontiers ce que vous lui dites si vous êtes à la fois tendre et ferme. L'équilibre n'est pas toujours facile à trouver.

■ Soyez logique dans tout ce que vous dites et faites. Si votre enfant est giflé quand il se conduit mal, il frappera les autres enfants quand il sera en colère contre eux, même si vous le sommez de ne pas le faire.

■ «Fais» est toujours plus efficace que «Ne fais pas.» «Suspends ton anorak pour qu'on ne marche pas dessus» suscite une réaction plus positive que : «Ne laisse pas traîner ton anorak par terre.»

■ Dites-lui «s'il te plaît» et «merci» quand vous lui demandez quelque chose.

■ Mettez-vous d'accord avec votre conjoint sur ce que vous autorisez. Et soutenez-vous toujours l'un l'autre.

■ Essayez de persuader au lieu de forcer. Si l'enfant est plongé dans une activité absorbante, dites «Finis ça, et puis ce sera l'heure d'aller au lit»; et non «Range tes jouets, et va au lit.»

■ Ne soyez pas trop sévère. Écoutez-vous parler à votre enfant. Découvrez que vous lui donnez presque tout le temps des ordres : «Arrête», «Fais ce qu'on te dit», «Ne touche pas à ça.»

■ Si vous avez eu tort, avouez-le et excusez-vous.

■ N'affirmez pas votre autorité inutilement, évitez les conflits.

■ Expliquez toujours pourquoi l'enfant ne doit pas faire quelque chose et ce qu'il ne doit pas faire, même s'il est encore trop jeune pour comprendre parfaitement vos explications.

Les règles de sécurité

Jusqu'à 2 ans et demi, n'attendez pas de l'enfant qu'il comprenne pourquoi il ne doit pas faire certaines choses ou qu'il se souvienne qu'il ne doit pas les faire. C'est à vous de faire en sorte que sa curiosité ne le mette pas en danger et de lui faire respecter les règles.

Par exemple : «Tu ne dois jamais sortir seul du jardin» est une règle abstraite pour un tout-petit, qui ne peut ni la comprendre ni se la rappeler quand il joue. C'est à vous de le surveiller et de le mettre dans l'impossibilité de sortir en posant un verrou au portillon du jardin.

Équipez votre maison de façon à diminuer les dangers et à ne pas avoir à le réprimander sans cesse, sinon sa curiosité va sans cesse créer des conflits entre vous (voir p. 226–228). Placez votre lecteur de disques hors de sa portée; ne

laissez pas traîner le fil de la cafetière électrique ou de la lampe de bureau. Installez des fermetures de sécurité sur les tiroirs, les portes de placard, le réfrigérateur ; placez des caches sur les prises de courant. La seule solution est parfois d'éloigner l'enfant : équiper la porte de la cuisine d'une barrière peut être la meilleure façon d'assurer sa sécurité.

Aimer et gâter votre enfant

Ne vous inquiétez pas à l'idée de trop gâter votre enfant en l'aimant. Un enfant a besoin d'amour et de beaucoup d'attention. Mais vous le gâterez si vous manifestez trop d'indulgence devant un vilain comportement. Le laisser faire ce qu'il veut en cédant à ses colères ne facilitera pas plus tard ses relations avec ses amis et les adultes de son entourage.

Si vous travaillez, vous pouvez être tentée, pour vous faire pardonner de ne pas être à la maison, de l'inonder de jouets. Or les jouets ne peuvent pas vous remplacer, et, en agissant ainsi, vous donnez à votre enfant l'espérance illusoire que vous pouvez tout vous permettre. Au lieu de cela, quand vous avez la possibilité d'être à la maison, donnez-lui du temps, de l'amour et beaucoup de tendresse.

A idez l'enfant quand il en a besoin, mais ne faites rien à sa place. C'est son jouet, et il a besoin de sentir qu'il peut réussir.

LA BONNE ET LA MAUVAISE CONDUITE

QUAND ILS SONT HEUREUX, quand ils vont bien, les enfants ont en général une conduite tolérable. Mais tous les enfants ont leurs mauvais jours et ont envie de temps en temps d'éprouver leurs limites – et les vôtres – en essayant de voir jusqu'où ils peuvent aller. Se montrer insupportable est souvent un moyen efficace d'attirer l'attention. La période la plus conflictuelle survient avec les bébés de 2 ans : larmes et colères sont au programme .

Que faire devant un comportement difficile ?

La règle d'or est de réagir vite, d'intervenir. Supprimez la cause du trouble. Enlevez l'aliment qui est repoussé, le jouet litigieux ; ou prenez votre enfant et reposez-le avec un « NON » ferme. En même temps, détournez son attention vers une autre activité. Ne vous montrez ni en colère ni peinée. Soyez simplement très ferme afin que l'enfant perçoive votre message, comprenne qu'il ne lui sera jamais permis de se conduire ainsi.

Ignorez les pleurnicheries. Si votre enfant n'éveille jamais en vous de réaction et n'obtient jamais aucune victoire en pleurnichant, il cessera ses caprices et ses pleurs.

Il vaut mieux, de la même façon, éviter de porter attention à ses colères. Vous parviendrez peut-être à détourner son attention si vous percevez un début de colère, mais s'il s'est déjà jeté par terre plein de rage, restez calme et conduisez-vous comme d'habitude. Si cela s'avère nécessaire, faites-le sortir de la pièce jusqu'à ce qu'il soit calmé.

Le récompenser pour sa bonne conduite

La meilleure façon de récompenser un enfant d'âge préscolaire, c'est de lui prodiguer votre attention et votre amour. Des louanges, un câlin, une histoire sur vos genoux, des mots d'admiration lui font sentir qu'il est quelqu'un de bien !

Il est très facile d'accorder davantage d'attention à un enfant s'il se conduit mal, et moins quand il se conduit bien : on a plus tendance à réagir lorsqu'on le voit prendre des boîtes sur les étagères du supermarché que s'il reste bien sage dans le caddie. Mais il est plus efficace, justement, de le récompenser avec des louanges et de la tendresse quand il est sage : « Comme c'est gentil d'avoir été si patient... » En lui disant cela, vous l'encouragez à bien se comporter et lui donnez une leçon très utile : être gentil avec les gens donne de meilleurs résultats que de ne pas l'être.

Les punitions

Quelle que soit la punition, elle doit être immédiate pour avoir un effet. Les menaces concernant le futur – la privation d'un plaisir ou d'un privilège à venir – sont inutiles et injustes, car, le moment venu, l'enfant ne comprendra pas la raison de cette punition à retardement.

Quand vous vous heurtez sans arrêt à un comportement que vous ne pouvez tolérer ou que la situation vous échappe, une punition immédiate, que votre enfant est en mesure de comprendre, peut être légèrement différée pour laisser le calme se rétablir. Un quart d'heure passé dans une autre pièce, en sécurité, mais seul – l'entrée, par exemple, si l'escalier est équipé d'une barrière – suffira pour lui faire oublier ce qu'il voulait faire et vous laisser le temps de vous apaiser.

Puis-je gifler mon enfant?

Une gifle traduit souvent que vous êtes à bout de patience, et ce n'est pas une bonne méthode pour résoudre un problème comportemental. Elle n'empêchera pas l'enfant de recommencer, et, la prochaine fois, vous frapperez sans doute plus fort. De plus, en le giflant, vous lui apprenez que la force physique est un argument valable pour obliger les gens à faire ce qu'on veut.

QUESTIONS & RÉPONSES

« Mon enfant est très timide et craintif. Que faire ? »

Respectez toujours les peurs de votre enfant. Un peu de prudence peut le protéger dans certaines situations – par exemple, avoir peur des chiens et des inconnus est tout à fait naturel. Si votre enfant est anxieux et craintif, discutez de ses peurs avec lui et prenez-les au sérieux. Une veilleuse près de son lit la nuit peut dissiper sa peur du noir et lui redonner confiance. Si vous avez vous-même une phobie, efforcez-vous de la contrôler devant votre enfant.

« Dois-je empêcher mon bébé de 2 ans de jouer avec son pénis quand je le change ? »

Les garçons – et les filles – s'intéressent à leurs organes génitaux comme à toute autre partie du corps, et ils découvrent vite que les tripoter leur procure du plaisir. Il s'agit là d'une attitude normale. Si cela est nécessaire, expliquez à votre enfant que toucher son pénis est quelque chose qui se fait en privé. Sinon, ne vous préoccupez pas de ces attouchements.

« Pourquoi mon bébé de 2 ans est-il tout à coup devenu si difficile ? »

La troisième année est une période capitale de la croissance. L'enfant est en train d'acquérir l'indépendance et veut prendre en charge sa propre vie. Il est cependant limité et fustré par l'insuffisance de son langage et de ses capacités, et, souvent, il ne parvient pas à faire comprendre ce qu'il désire. Si votre bébé traverse une période difficile, accordez-lui le plus d'indépendance possible, mais restez très ferme en ce qui concerne les écarts de conduite.

Comment ne pas se laisser pousser à bout ?

Si habile que vous soyez devenue pour vous occuper de votre enfant, il y a des jours où il est insupportable et où vous sentez que vous allez perdre votre maîtrise.

La solution est simple : sortez avec l'enfant. Quel que soit le temps, une promenade au jardin public, dans les boutiques, ou une visite à une voisine compréhensive vous mettront tous les deux de bonne humeur et vous aideront à retrouver bon sens et sens de l'humour.

Les enfants agressifs

Tous les jeunes enfants se battent de temps en temps, surtout quand ils s'ennuient ou quand ils sont fatigués, et les garçons sont souvent plus agressifs que les filles. Quand les combattants ne se contrôlent plus, intervenez rapidement.

■ Séparez les adversaires.

■ Distrayez-les en leur proposant de jouer à autre chose ou de changer d'endroit.

■ Ne prenez pas parti – il est presque toujours impossible de démêler la situation.

Si votre enfant en a mordu un autre :

■ Accordez toute votre attention à l'enfant qui a été mordu. Par ailleurs, ne réagissez pas à la violence par la violence.

■ Éloignez l'enfant mordeur et laissez-le quelque part en sécurité mais seul, un quart d'heure.

Quand votre enfant commence à jouer avec les autres, il va les griffer et les empoigner, mais, avec votre aide, il apprendra vite à partager et à se montrer plus gentil. Certains enfants cependant restent très brutaux et agressifs, et leur comportement les rend impopulaires et peu appréciés. Pour son bien, apprenez à votre enfant à être gentil avec les autres.

■ Donnez-lui un bon modèle à suivre en essayant d'être toujours douce, tolérante et aimante vis-à-vis d'autrui.

■ Intervenez toujours pour arrêter votre enfant s'il commence à en frapper un autre. Soyez ferme, mais ne criez pas et ne soyez pas vous-même agressive.

■ Ne laissez jamais votre enfant imposer sa volonté en étant agressif ou désagréable, car, s'il obtient un résultat, il aura tendance à recommencer.

LE SENS DU MOI

VERS 18 MOIS environ, un enfant comprend qu'il est une personne à part entière ; il va commencer à parler de lui en s'appelant par son nom, et il aimera regarder des photos qui le représentent. Dorénavant, il va vouloir de plus en plus prendre sa vie en charge et affirmer sa personnalité et ses désirs. Vous pouvez et devez contribuer au développement de ce sens du moi et de son désir d'« émancipation ».

Encourager son indépendance

■ Facilitez-lui les choses. À partir de 2 ans, arrangez-vous pour qu'il puisse se débrouiller seul le plus possible. Achetez-lui des vêtements qui lui permettent de s'habiller et de se déshabiller seul ; mettez un marchepied devant le lavabo pour qu'il se lave seul les mains ; fixez une patère à sa hauteur pour qu'il accroche son anorak.

■ Encouragez-le à vous aider. Vous « aider » est pour lui un jeu, et non une corvée. Déballer les commissions, mettre la table, balayer la cuisine donnent à l'enfant le sentiment d'accomplir quelque chose et lui montrent que l'entraide fait partie de la vie de famille.

■ Laissez-le prendre quelques décisions simples. A ces occasions, il acquiert le sentiment d'exercer un contrôle sur sa propre vie. Laissez-le, par exemple, choisir le tee-shirt ou les chaussures qu'il veut porter, la disposition de sa chambre, le but de sa promenade…

Aider votre enfant à se sentir unique

Comme tous les enfants, votre enfant a besoin de sentir qu'il est unique, que vous l'aimez, qu'il mérite d'être aimé. C'est ce message qui l'aide à devenir fort et à faire face aux difficultés . Vous devez lui montrer de bien des façons à quel point il compte pour vous.

■ N'oubliez pas de lui dire que vous l'aimez, et, même si vous êtes occupée, ne lui refusez jamais le baiser ou le câlin qu'il vous demande.

■ Respectez ses sentiments, répondez à ses besoins. Quand il est malheureux, il a besoin de pleurer et d'être consolé. Lui lancer : « Ne fais pas le bébé ! » lui dénie le droit d'être triste.

■ Félicitez-le quand il réussit quelque chose de nouveau.

■ Écoutez-le quand il vous parle et manifestez-lui votre intérêt.

Devenir une personne

Appréciez les progrès de votre enfant : il est devenu un individu indépendant, intéressant, plein de vivacité.

3

LA SANTÉ DE L'ENFANT

■ ■ ■ ■ ■

*Guide méthodique des problèmes, des affections
et des maladies infantiles, la façon d'y faire face
et de répondre aux urgences*

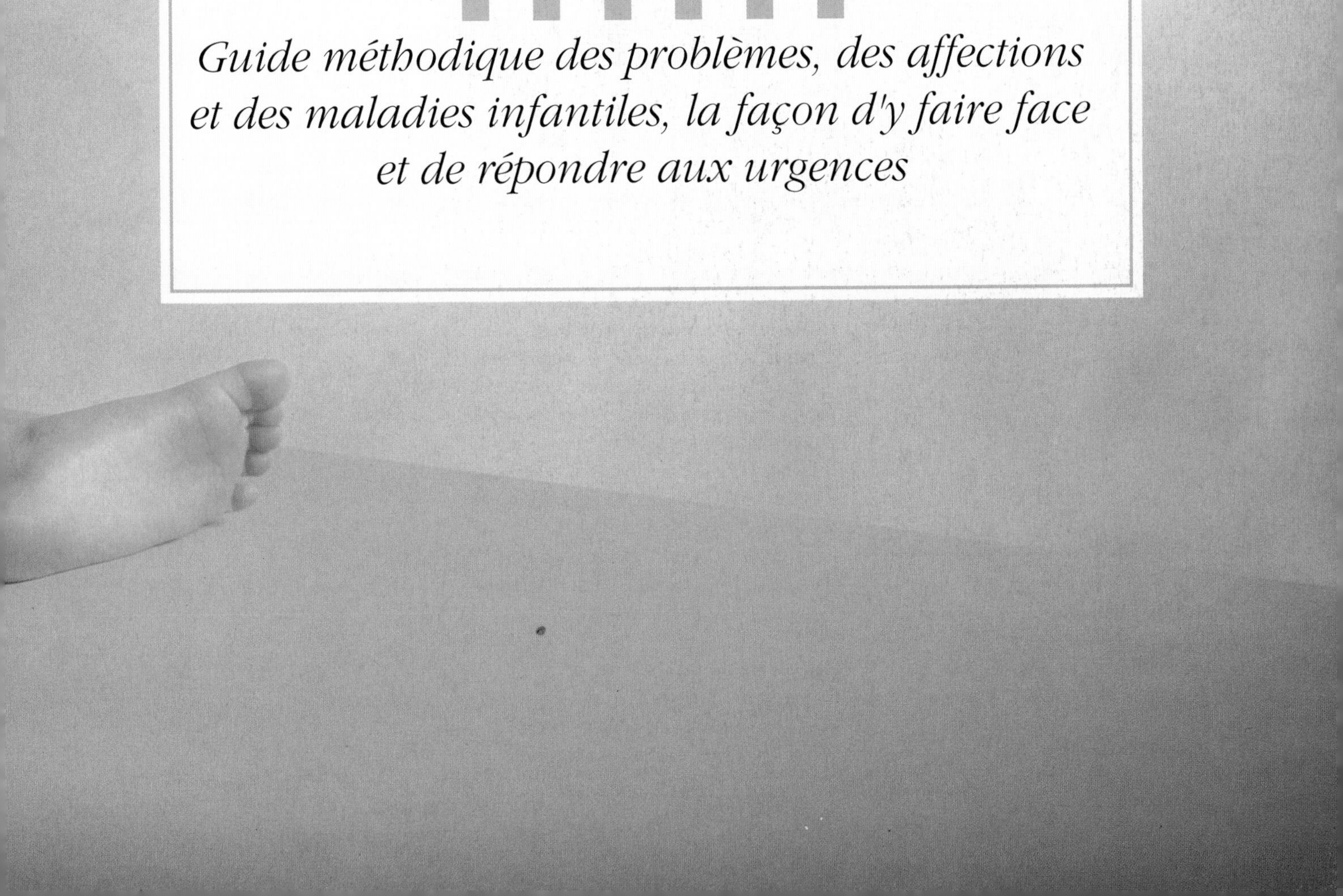

LES TROIS PREMIERS MOIS

Il est difficile de savoir si un bébé est malade. S'il a l'air heureux et se nourrit normalement, sans doute se porte-t-il bien. Mais un bébé tombe vite malade et, comme toutes les infections peuvent mettre sa vie en danger, vous ne devez prendre aucun risque pendant ses 3 premiers mois. Soyez extrêmement prudente et appelez le médecin à la moindre inquiétude. Si vous remarquez un signe anormal, consultez la liste ci-dessous et celle de la page ci-contre : elles décrivent les problèmes de santé plus ou moins graves pouvant affecter les bébés de moins de 3 mois. Les symptômes vous renvoient aux sections correspondantes des pages 176 à 179 mais n'ont pas pour but de vous permettre d'établir un diagnostic : ne vous substituez pas au médecin. Si vous ne trouvez pas le symptôme que présente votre bébé, voyez pages 180 et 181 la liste des maladies qui peuvent frapper les enfants à tout âge. A la naissance, les bébés sont immunisés contre certaines infections car leur mère leur a transmis des anticorps par voie sanguine. Les bébés nourris au sein continuent à recevoir ces anticorps dans le lait maternel. Comme l'immunité conférée dure environ 6 mois, votre bébé n'attrapera sans doute pas avant cet âge les maladies fréquentes de l'enfance.

SIGNES D'URGENCE

Appelez immédiatement les secours d'urgence si votre bébé :

▲ vomit des matières verdâtres ;

▲ a une température de plus de 39 °C pendant plus d'une demi-heure ;

▲ vomit ET crie sans arrêt comme s'il souffrait beaucoup ;

▲ respire bruyamment et rapidement ;

▲ a une fontanelle bombée même quand il ne crie pas ;

Fontanelle

▲ hurle de douleur et devient pâle quand il crie ;

▲ a des selles contenant du mucus et du sang, qui ont l'aspect de la gelée de groseille rouge.

Le manque d'appétit

Si le bébé ne veut pas boire mais paraît heureux et bien portant, ne vous inquiéter pas. S'il refuse 2 tétées de suite, ou ne demande pas à téter pendant 6 heures, appelez le médecin immédiatement.

APPELEZ LE MÉDECIN

Appelez le médecin tout de suite si le bébé :

▲ pleure plus que d'habitude ou si ses cris paraissent différents des cris habituels pendant au moins une heure ;

▲ paraît anormalement tranquille, somnolent ou indifférent ;

▲ refuse 2 tétées de suite ou ne demande pas à téter pendant 6 heures ;

▲ semble particulièrement irritable ou agité.

Les pleurs

Si aucune de vos méthodes habituelles ne parvient à calmer votre bébé au bout d'une heure ou si ses cris vous paraissent inhabituels, appelez le médecin. Si le bébé pleure sans pouvoir être consolé pendant 2 ou 3 heures tous les jours à peu près à la même heure, il peut souffrir de colique (voir p. 118). Une colique peut durer plusieurs semaines ; il existe peu de traitements vraiment efficaces : l'introduction des légumes dans l'alimentation résoudra souvent le problème.

Une prise de poids lente

Si votre bébé ne paraît pas grossir normalement (voir les courbes des pages 246-249), parlez-en au médecin.

LES PRÉMATURÉS

Les bébés de faible poids à la naissance, ou nés avant la date prévue, sont très sensibles aux infections pendant les premières semaines. Tant que votre nouveau-né n'a pas pris de poids, éloignez-le des enrhumés, des personnes qui toussent, ne l'emmenez pas dans les lieux publics, où il peut attraper des infections.

Mains et pieds *froids* voir *Refroidissement (p. 178).*

Peau sèche et desquamée
Appliquez sur les zones desséchées une huile ou une lotion hydratante pour bébés afin d'humidifier la peau.

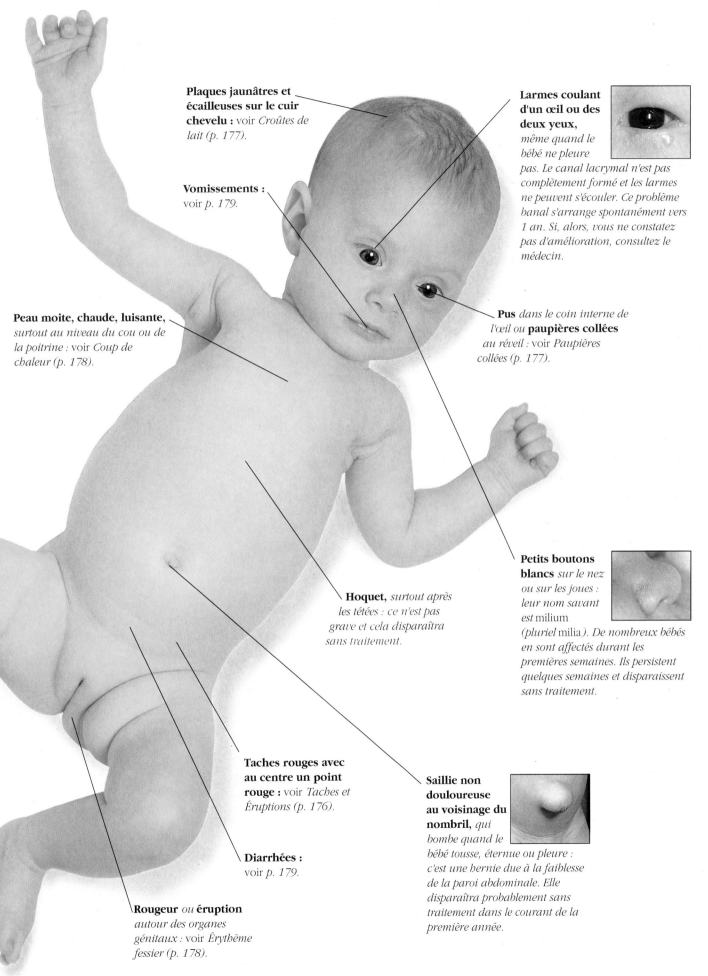

Plaques jaunâtres et écailleuses sur le cuir chevelu : voir *Croûtes de lait (p. 177)*.

Vomissements : voir *p. 179*.

Larmes coulant d'un œil ou des deux yeux, *même quand le bébé ne pleure pas. Le canal lacrymal n'est pas complètement formé et les larmes ne peuvent s'écouler. Ce problème banal s'arrange spontanément vers 1 an. Si, alors, vous ne constatez pas d'amélioration, consultez le médecin.*

Peau moite, chaude, luisante, *surtout au niveau du cou ou de la poitrine :* voir *Coup de chaleur (p. 178)*.

Pus *dans le coin interne de l'œil ou* **paupières collées** *au réveil :* voir *Paupières collées (p. 177)*.

Hoquet, *surtout après les tétées : ce n'est pas grave et cela disparaîtra sans traitement.*

Petits boutons blancs *sur le nez ou sur les joues : leur nom savant est* milium *(pluriel* milia*). De nombreux bébés en sont affectés durant les premières semaines. Ils persistent quelques semaines et disparaissent sans traitement.*

Taches rouges avec au centre un point rouge : voir *Taches et Éruptions (p. 176)*.

Saillie non douloureuse au voisinage du nombril, *qui bombe quand le bébé tousse, éternue ou pleure : c'est une hernie due à la faiblesse de la paroi abdominale. Elle disparaîtra probablement sans traitement dans le courant de la première année.*

Diarrhées : voir *p. 179*.

Rougeur *ou* **éruption** *autour des organes génitaux :* voir *Érythème fessier (p. 178)*.

LES TACHES ET LES ÉRUPTIONS

Qu'est-ce que c'est ?

La plupart des nouveau-nés traversent une période « tachetée ». Ne vous inquiétez pas si quelques taches apparaissent : le bébé n'est pas malade. Une des éruptions les plus fréquentes est l'urticaire néonatale ; elle apparaît au cours des premières semaines et s'efface sans traitement.

Que faire ?

Si votre bébé présente une urticaire néonatale (voir les symptômes dans l'encadré), elle disparaîtra seule en 2 ou 3 jours. Ne mettez dessus ni lotion ni crème. Ne modifiez pas les tétées. Ces taches n'ont rien à voir avec une intolérance au lait.

SYMPTÔMES

▲ Taches rouges avec un point rouge au centre ; elles apparaissent et disparaissent après quelques heures d'un point à l'autre du corps.

APPELEZ LE MÉDECIN

Appelez le médecin immédiatement si les taches sont très étendues et rouge sombre ou cramoisies (éruption pétéchiale). Consultez le médecin dès que possible si :
▲ un centre rempli de pus se forme sur une tache ;
▲ vous pensez qu'une tache est infectée.

ÉRYTHÈME FESSIER

Qu'est-ce que c'est ?

L'érythème fessier est une inflammation de la région fessière. Il apparaît lorsque le bébé a gardé une couche sale trop longtemps, car la décomposition des selles et de l'urine dégage de l'ammoniac qui brûle et irrite la peau. L'érythème peut aussi être causé par une allergie au savon en poudre ou aux produits de rinçage utilisés pour les couches en tissu. Une éruption d'aspect analogue est due à une candidose (qui commence en général dans la bouche, voir Muguet p. 206) mais peut se propager à d'autres régions du corps, en particulier à la peau avoisinant l'anus.

SYMPTÔMES

▲ Peau rouge, tachetée, sensible, dans la région fessière.
▲ Odeur ammoniacale dégagée par les couches.

Que puis-je faire ?

1 Achetez une pommade chez le pharmacien et enduisez-en la région fessière quand vous changez l'enfant.

2 Changez souvent votre bébé, lavez et essuyez son derrière avec soin à chaque change (voir p. 150-151). A l'intérieur de ses couches en tissu, placez une garniture super-absorbante.

3 Dans la mesure du possible, laissez votre bébé le derrière nu, installé sur une couche propre. Tant que l'érythème fessier persiste, ne mettez pas de culotte en caoutchouc par-dessus ses couches en tissu, celle-ci empêche l'air de circuler.

Étendez la crème
sur toute la surface infectée.

4 N'utilisez pas de poudre biologique ou de produit de rinçage pour les couches car ils peuvent causer une allergie. Rincez les couches avec soin.

5 Cherchez les taches blanches dans la bouche du bébé. Si vous en découvrez, il a peut-être un muguet (voir p. 206).

APPELEZ LE MÉDECIN

Consultez le médecin dès que possible :
▲ si l'érythème dure plus de 2 jours ;
▲ si le bébé présente un muguet.

Que pourra faire le médecin ?

Le médecin pourra prescrire une pommade antibiotique si l'érythème est infecté ou une pommade antifongique si le bébé a une candidose.

LES CROÛTES DE LAIT

Qu'est-ce que c'est ?

Les croûtes de lait (dermatite séborrhéique) sont des croûtes jaunâtres qui parsèment la tête du bébé. Elles peuvent se propager au visage, au corps, aux fesses, où elles entraînent une éruption rouge et squameuse. Elles ont un vilain aspect et paraissent fort gênantes, mais elles ne semblent pas importuner le bébé.

SYMPTÔMES

▲ Plaques écailleuses, jaunâtres, sur le cuir chevelu.

APPELEZ LE MÉDECIN

Consultez le médecin dès que possible si l'éruption s'étend et :
▲ semble importuner le bébé ;
▲ paraît s'infecter ou commence à suinter ;
▲ ne guérit pas au bout de 5 jours.

Que puis-je faire ?

1 Enduisez les croûtes d'huile pour bébé pour les ramollir. Laissez l'huile agir 12 à 24 heures puis peignez doucement l'enfant pour éliminer les croûtes. Ensuite, lavez-lui la tête : la plupart des croûtes partiront ainsi.

2 Si l'éruption s'étend, nettoyez bien les zones atteintes. N'utilisez ni savon, ni lotion pour bébé, ni produit pour le bain. Demandez au pharmacien de vous conseiller une pommmade émulsifiante.

Que pourra faire le médecin ?

Si les croûtes de lait persistent ou si l'éruption paraît s'infecter ou suinter, le médecin prescrira une crème spéciale.

LES PAUPIÈRES COLLÉES

Qu'est-ce que c'est ?

C'est une infection bénigne des yeux contractée pendant l'accouchement par la pénétration dans les yeux de sang ou d'un liquide quelconque. Si vous observez un des symptômes suivants, le bébé a probablement une conjonctivite (voir p. 202).

SYMPTÔMES

▲ Cils collés au réveil.
▲ Pus dans le coin interne de l'œil.

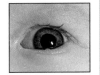

APPELEZ LE MÉDECIN

Appelez le médecin tout de suite si un pus jaune s'écoule des yeux. Consultez-le dès que possible si :
▲ 2 jours après la naissance, le bébé manifeste les symptômes décrits ;
▲ son état ne s'améliore pas au bout de 3 jours.

Que puis-je faire ?

Nettoyez les yeux du bébé (du coin interne vers le coin externe) 2 fois par jour avec un morceau de coton imbibé d'eau tiède. Utilisez un morceau de coton différent pour chaque œil.

Que pourra faire le médecin ?

Si le médecin pense que le bébé a une conjonctivite, il prescrira probablement des gouttes oculaires (collyre) antibiotiques.

Pour mettre les gouttes, enveloppez votre bébé dans une couverture et tenez-lui les yeux ouverts, puis laissez tomber les gouttes avec un compte-gouttes.

LES REFROIDISSEMENTS

Pourquoi les bébés sont-ils sensibles aux refroidissements ?

Un bébé ne peut contrôler sa température avec efficacité. S'il a froid, sa température baisse, et il peut souffrir d'hypothermie, ce qui met sa vie en danger. Les prématurés y sont tout particulièrement sensibles.

Que puis-je faire ?

1 Réchauffez le bébé en le transportant dans une pièce bien chauffée et donnez-lui un biberon. Il ne sert à rien de lui mettre des vêtements ou des couvertures supplémentaires.

2 Prenez sa température (voir p. 187). Si celle est au-dessous de 35 °C, **appelez immédiatement le médecin.**

SYMPTÔMES

Premiers signes
▲ Cris et agitation.
▲ Mains et pieds froids.

Signes d'hypothermie grave
▲ Bébé de plus en plus silencieux et indifférent.
▲ Peau de la poitrine et du ventre froide au toucher.
▲ Visage, mains et pieds congestionnés, rosés.

Comment éviter l'hypothermie ?

Maintenez la température de la chambre où dort le bébé à 20 °C environ, mais déshabillez-le et baignez-le dans une pièce plus chaude. Si vous le sortez par temps froid, couvrez-le bien et ne restez pas longtemps dehors. Ne le laissez jamais dormir dehors dans son landau quand il fait froid.

APPELEZ LE MÉDECIN

Appelez le médecin immédiatement si le bébé :
▲ montre des signes de refroidissement grave ;
▲ a une température inférieure à 35 °C.

Avec un bonnet *sous sa capuche, sa tête reste chaude.*

Par temps froid, enfilez au bébé une combinaison chaude ou enveloppez-le tout habillé dans un châle et mettez-lui des mitaines et des bottillons.

LE COUP DE CHALEUR

Pourquoi les bébés sont-ils exposés aux coups de chaleur ?

Les nouveau-nés ne contrôlent par leur température corporelle. Ils peuvent souffrir aussi bien de la chaleur que du froid.

Que puis-je faire ?

1 Transportez le bébé dans une chambre plus fraîche et enlevez-lui une épaisseur de vêtements.

2 Si sa température est élevée, essayez de la faire baisser en le baignant avec une éponge tiède (voir p. 188).

3 Dès que l'enfant paraît aller mieux, habillez-le légèrement.

SYMPTÔMES

▲ Agitation.
▲ Peau chaude et trempée de sueur.
▲ Températuree élevée.

Comment prévenir un coup de chaleur ?

Habillez le bébé en fonction du temps. Par temps très chaud, il peut dormir en couche et en camisole, mais n'oubliez pas le risque de refroidissement. Ne laissez jamais un bébé dormir au soleil car sa peau brûle facilement. Mettez-le à l'ombre ; surveillez-le car le soleil tourne.

APPELEZ LE MÉDECIN

Appelez aussitôt le médecin si la température d'un nouveau-né dépasse 38 °C.

LES VOMISSEMENTS

Pourquoi les bébés vomissent-ils ?

Tous les bébés rejettent un peu de lait pendant ou juste après la tétée. C'est tout à fait normal et cela ne signifie pas que le bébé est malade. Lorsqu'un nourrisson vomit, il rejette presque toute sa tétée. Un bébé nourri au sein vomit rarement.

Chez les enfants nourris au biberon, des vomissements fréquents, surtout s'ils s'associent à de la diarrhée, peuvent être causés par une gastro-entérite (voir p. 214). Il faut prendre la situation au sérieux parce que la déshydratation peut être rapide.

LES VOMISSEMENTS EN JET

Un bébé peut vomir avec une telle force que la vomissure traverse la pièce. Si cela se produit lors de 2 tétées successives, **consultez un médecin le plus vite possible.**

Le plus souvent, c'est un énorme rot qui lui fait rejeter une partie de sa tétée. Si cela se reproduit à chaque tétée, surtout si le bébé paraît affamé, il peut souffrir d'une sténose du pylore, un blocage de l'orifice de la sortie de l'estomac. C'est un trouble héréditaire qui apparaît entre 2 et 8 semaines et qui nécessite une opération sans gravité.

Que puis-je faire ?

1 Cessez de l'alimenter au biberon pendant 24 heures. Faites-lui boire de l'eau bouillie froide ou une solution glucosée (dissoudre 3 c. à thé de sucre et 1/2 c. à thé de sel dans 200 ml d'eau bouillie refroidie, ou demandez à votre pharmacien une poudre de réhydratation par voir orale). Le bébé a besoin de boire au moins 1/2 l par jour.

2 Donnez au bébé des biberons de lait plus dilués pendant les 3 jours suivants. Offrez-lui à boire toutes les heures.
1er jour. Pour la quantité normale d'eau, mettez 1/4 de la quantité habituelle de poudre.
2e jour. Mettez la moitié de la quantité habituelle de poudre.
3e jour. Mettez les 3/4 de la quantité habituelle de poudre.
4e jour. Mettez la quantité normale de poudre : le lait a retrouvé sa concentration habituelle.

SIGNES D'URGENCE

Appelez les secours d'urgence si le bébé :
▲ vomit toutes ses tétées pendant une période de 8 heures ;
▲ a la bouche sèche ;
▲ a les yeux enfoncés ;
▲ a une fontanelle déprimée (ou anormalement creuse) ;
▲ ne mouille pas ses couches pendant plus de 6 heures.

APPELEZ LE MÉDECIN

Appelez le médecin si le bébé :
▲ vomit et manifeste d'autres signes de maladie ;
▲ vomit la totalité de 2 tétées successives.

Que pourra faire le médecin ?

Le médecin pourra prescrire une poudre à mélanger avec de l'eau à faire boire au bébé. S'il est très déshydraté, le médecin le fera peut-être admettre à l'hôpital.

Comment empêcher les embarras gastriques ?

Les bébés nourris au sein n'ont pas souvent d'embarras gastriques. Si vous nourrissez votre enfant au biberon, stérilisez le matériel et jetez tous les fonds de biberon. Quand vous préparez les biberons à l'avance, refroidissez-les rapidement sous l'eau du robinet et conservez-les au réfrigérateur. Ne gardez jamais longtemps un biberon réchauffé.

LA DIARRHÉE

Qu'est-ce que c'est ?

Tant que les bébés ne prennent pas d'aliments solides, ils ont plusieurs fois par jour des selles assez liquides. Si les selles de votre enfant sont très aqueuses, verdâtres et plus fréquentes que d'habitude, il a la diarrhée. C'est un symptôme à prendre au sérieux.

Que puis-je faire ?

Donnez beaucoup à boire au bébé pour qu'il ne se déshydrate pas. Si vous l'allaitez au sein, offrez-lui des biberons d'eau bouillie entre les tétées. Si vous le nourrissez au biberon, faites comme pour les vomissements : solution glucosée d'abord, puis biberons dilués.

APPELEZ LE MÉDECIN

Appelez le médecin si votre bébé présente un des signes d'urgence énumérés à « Vomissements ». Appelez le médecin si la diarrhée dure plus de 6 heures.

GUIDE
DES DIAGNOSTICS

S i votre enfant vous paraît malade, cherchez les symptômes qu'il présente parmi ceux énumérés ci-après. S'il montre plus d'un symptôme, intéressez-vous surtout à celui qui vous paraît le plus sérieux. Il vous permet d'envisager un diagnostic et vous renvoie à une partie du livre traitant des affections dont peut souffrir un enfant. Cette partie vous donne une liste détaillée des signes des maladies, une explication sur la nature de la maladie, ainsi que des informations qui vous permettent de porter assistance à l'enfant et des conseils concernant le degré d'urgence ou la nécessité d'une consultation médicale. Ce guide n'a pas pour but de vous permettre de poser un diagnostic – seul un médecin peut le faire – d'autant plus qu'un enfant ne présente pas toujours tous les symptômes caractéristiques d'une maladie. Si votre bébé n'a pas 3 mois, consultez les pages 174 et 175 ; elles sont spécialement consacrées aux tout jeunes bébés.

Élévation de la température
Comme l'élévation de la température (fièvre) peut signifier que le bébé a une infection, vous devez chercher d'autres signes de maladie. Cependant, un enfant en parfaite santé peut avoir une légère montée de fièvre pendant des jeux physiques ou par temps très chaud. Reprenez sa température après une demi-heure de repos. Si elle dépasse 38 °C, il a peut-être une infection.

Modification du comportement
Si l'enfant est moins gai que d'habitude, plus grognon, irritable, triste, peut-être est-il malade.

Pâleur anormale
Un enfant plus pâle que de coutume est parfois malade.

Rougeur du visage
Elle peut être un signe de fièvre.

Perte d'appétit
L'appétit d'un enfant varie d'un repas à l'autre mais un brusque manque d'appétit peut être un signe de maladie. Si votre bébé a moins de 6 mois et refuse 2 tétées de suite, ou s'il n'a rien réclamé depuis plus de 8 heures, **appelez votre médecin immédiatement.** Si votre enfant boude ses repas plus de 24 heures, cherchez d'autres signes de maladie (voir p. 183).

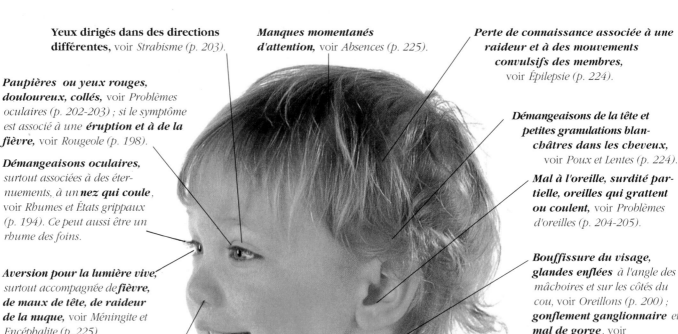

Yeux dirigés dans des directions différentes, voir *Strabisme (p. 203).*

Paupières ou yeux rouges, douloureux, collés, voir *Problèmes oculaires (p. 202-203) ; si le symptôme est associé à une* **éruption et à de la fièvre,** voir *Rougeole (p. 198).*

Démangeaisons oculaires, *surtout associées à des éter- nuements, à un* **nez qui coule***, voir Rhumes et États grippaux (p. 194). Ce peut aussi être un rhume des foins.*

Aversion pour la lumière vive, *surtout accompagnée de* **fièvre***, de maux de tête, de raideur de la nuque,* voir *Méningite et Encéphalite (p. 225).*

Nez qui coule, nez bouché, éternuements, voir *Rhumes et États grippaux (p. 194).*

Ulcérations de la bouche, voir *p. 206.*

Manques momentanés d'attention, voir *Absences (p. 225).*

Perte de connaissance associée à une raideur et à des mouvements convulsifs des membres, voir *Épilepsie (p. 224).*

Démangeaisons de la tête et petites granulations blan- châtres dans les cheveux, voir *Poux et Lentes (p. 224).*

Mal à l'oreille, surdité par- tielle, oreilles qui grattent ou coulent, voir *Problèmes d'oreilles (p. 204-205).*

Bouffissure du visage, glandes enflées *à l'angle des mâchoires et sur les côtés du cou,* voir *Oreillons (p. 200) ;* **gonflement ganglionnaire** *et* **mal de gorge***,* voir *Amygdalite (p. 207) et Rubéole (p. 197).*

Raideur de la nuque, *si elle est accompagnée de* **fièvre et de maux de tête,** voir *Méningite et Encéphalite (p. 225).*

Grosseur rouge avec, parfois, un centre rempli de pus, *sur n'importe quelle partie du corps*, voir *Boutons et furoncles (p. 218).*

Peau rouge et rugueuse voir *Gerçures (p. 221).*

Mal de gorge, voir *Infections de la gorge (p.207)* ; associé à de la **fièvre et à un malaise général,** voir *Rhumes et états grippaux (p. 194–195) ; associé aussi à une éruption, Rubéole (p. 197) ; associé à une* **bouffissure du visage,** *Oreillons (p. 200).*

Boutons ou éruption *en tout endroit du corps, s'ils sont associés à* **un mal de gorge** *ou à de la fièvre,* voir *Maladies infectieuses (p.197-199); sans autre signe,* voir *Problèmes de peau (p.218-223) et Piqûres d'insectes (p. 244).*

Mal de ventre *(p.212) associé à, à des nausées, des vomissements ou de la diarrhée,* voir *Gastro-entérite (p.214).*

Selles d'aspect anormal *(p. 215).*

Diarrhée *(p. 215).*

Constipation *(p. 213).*

Fortes démangeaisons anales, voir *Oxyures (p. 224).*

Douleur en urinant, *urine de couleur anormale, mictions fréquentes,* voir *Infections de l'appareil urinaire (p. 216).*

Extrémité du pénis *doulou-reuse,* voir *Affections génitales chez le garçon (p. 217).*

Grosseur indolore *de l'aine ou du scrotum,* voir *Affections génitales (p. 217).*

Vomissements violents *chez un bébé,* voir *Vomissements en jet (p. 179).*

Vomissements ou nausées *(p. 214).*

Ulcérations autour de la bouche, voir *Herpès bucal (p. 222) et Impétigo (p.223).*

Petite éruption rouge *sur le visage ou dans les plis cutanés,* voir *Boutons de chaleur (p. 219).*

Toux, voir *Toux et infections de l'appareil respiratoire (p. 208-211), et Coqueluche (p. 201) ; associée à une éruption,* voir *Rougeole (p. 198).*

Difficultés respiratoires, souffle accéléré ou bruyant, voir *Infections respiratoires (p. 208-211).*

Zones de peau sèche, rouge écailleuse, *sièges de démangeaisons, en tout endroit du corps,* voir *Eczéma (p. 220).*

Peau rouge et douloureuse *en tout endroit du corps,* voir *Coups de soleil (p. 221) ou Brûlures (p. 237).*

Excroissance coriace de peau sèche, voir *Verrues (p. 222).*

Douleur, rougeur, démangeaison autour de la vulve, *écoulement vaginal,* voir *Affections génitales chez la fille (p. 217).*

Démangeaisons intenses dans la région vaginale, voir *Oxyures (p. 224).*

Tumeur blanchâtre ou brunâtre à la plante du pied, voir *Verrue plantaire (p. 222).*

LES PREMIERS SIGNES DE MALADIE

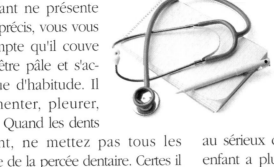

Même si votre enfant ne présente aucun symptôme précis, vous vous rendrez sans doute compte qu'il couve quelque chose. Il peut être pâle et s'accrocher à vous plus que d'habitude. Il peut refuser de s'alimenter, pleurer, pleurnicher, être irritable. Quand les dents de votre bébé percent, ne mettez pas tous les symptômes sur le compte de la percée dentaire. Certes il peut avoir les gencives douloureuses, baver, être plus grognon que d'habitude, mais cela ne peut pas le rendre malade ou lui donner de la température. Si vous pensez que votre enfant est peut-être malade, cherchez un des signes décrits dans la page ci-contre. Chez un bébé de moins de 1 an, tous les symptômes doivent être pris au sérieux car une maladie s'installe très vite. Si votre enfant a plus de 1 an, surveillez-le pendant quelques heures pour voir comment évoluent les symptômes.

L'enfant mal en point
Un enfant qui ne se sent pas bien peut ne pas vouloir quitter vos bras et quémander plus d'attention.

QUAND APPELER LE MÉDECIN ?

Si vous pensez avoir trouvé ce qui ne va pas chez l'enfant, reportez-vous (p. 194 à 225) aux chapitres correspondant aux troubles observés. Vous saurez ainsi s'il faut voir le médecin et quand. En règle générale, plus l'enfant est jeune, plus vite il doit être examiné par le médecin. Si vous ne savez que faire, téléphonez au médecin ou au CLSC et décrivez les signes que présente l'enfant, en précisant bien son âge. Le médecin vous dira ce qu'il faut faire et saura si l'enfant a besoin de soins médicaux.

Estimation du degré d'urgence

Aux symptômes décrits dans ce livre correspond à chaque fois qu'il est nécessaire le recours à une autorité médicale. Voici comment interpréter nos indications :

■ **Appelez les secours d'urgence :** la vie de l'enfant est en jeu. Appelez une ambulance ou Urgences-santé, ou emmenez-le à l'hôpital le plus proche.

■ **Appelez le médecin immédiatement :** votre enfant doit être soigné tout de suite. Appelez votre médecin, même en pleine nuit. S'il ne peut se déplacer, appelez les secours d'urgence.

■ **Consultez le médecin dès que possible :** l'enfant doit être examiné dans les 24 heures.

■ **Consultez votre médecin :** l'enfant doit être examiné dans les jours qui viennent.

■ SYMPTÔMES ■

Les symptômes de maladie les plus précoces chez l'enfant :
▲ l'élévation de la température (38 °C ou davantage) ;
▲ les pleurs et l'irritabilité ;
▲ les vomissements ou la diarrhée ;
▲ le refus de boire ou de s'alimenter ;
▲ le mal de gorge, une rougeur de la gorge ;
▲ une éruption ;
▲ une enflure des ganglions du cou ou des glandes situées derrière l'angle de la mâchoire.

■ SIGNES D'URGENCE ■

Appelez les secours d'urgence si l'enfant :
▲ respire bruyamment, vite, ou avec difficulté ;
▲ a une crise convulsive ;
▲ perd connaissance après une chute ;
▲ souffre beaucoup en permanence ;
▲ a de la fièvre, est anormalement agité ou au contraire somnolent ;
▲ présente une éruption de taches rouge sombre ou ne s'effaçant pas à la pression du doigt (pétéchies).

LA RECHERCHE DES SYMPTÔMES

Que puis-je faire?

1 Si vous avez l'impression que votre enfant n'est pas en forme ou qu'il a de la fièvre, prenez sa température (voir p. 187). Une fièvre de 38 °C ou au-dessus peut être un signe de maladie.

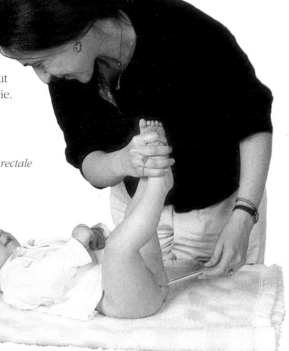

Prenez la température *rectale (ou frontale) de l'enfant.*

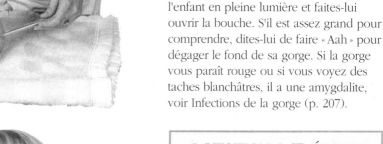

2 Examinez la gorge de l'enfant pour voir si elle est enflammée ou infectée, mais n'essayez pas d'examiner la gorge d'un bébé de moins de 1 an. Placez l'enfant en pleine lumière et faites-lui ouvrir la bouche. S'il est assez grand pour comprendre, dites-lui de faire « Aah » pour dégager le fond de sa gorge. Si la gorge vous paraît rouge ou si vous voyez des taches blanchâtres, il a une amygdalite, voir Infections de la gorge (p. 207).

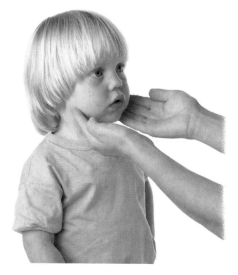

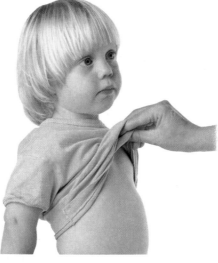

3 Palpez doucement le long des mâchoires et des deux côtés de la nuque. Si vous sentez de petites grosseurs sous la peau ou si ces régions sont enflées et sensibles, votre enfant a une inflammation ganglionnaire, signe fréquent de maladie.

4 Cherchez une éruption, surtout sur le thorax ou derrière les oreilles, c'est souvent là qu'elles apparaissent. Si l'éruption s'accompagne de fièvre, l'enfant a peut-être une maladie infectieuse banale de l'enfance (voir p. 197-199).

QUESTION & RÉPONSE

« Mon enfant souffre-t-il ? »

Quand un bébé ou un petit enfant pleure ou se plaint d'avoir mal, il peut être difficile de localiser la douleur et son intensité réelle. Comme une douleur intense modifie son comportement, en surveillant votre enfant vous pourrez estimer son degré de souffrance. La douleur le fait-elle crier ? L'empêche-t-elle de dormir, de s'alimenter, de jouer ? Ses traits sont-ils tirés ? Son teint change-t-il ? Souffre-t-il même s'il ne vous le dit pas ? Dans le cas contraire, la douleur n'est pas très grave. Sauf pour les maux d'oreille (voir p. 204-205), ne lui administrez aucun médicament analgésique sans demander conseil au médecin, car la douleur est un signe diagnostique important.

L'EXAMEN CLINIQUE

Le médecin vous demandera quels symptômes présente l'enfant, et depuis combien de temps, puis il l'examinera. Si l'enfant est assez grand pour comprendre, expliquez-lui ce qui va se passer chez le médecin. Si ce dernier soupçonne certaines maladies, il désirera peut-être effectuer certains examens en plus ou à la place de ceux qui sont décrits ci-après.

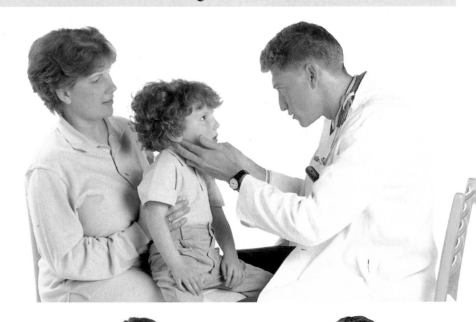

1 Le médecin palpe les ganglions du cou et de la nuque de l'enfant, des aisselles, des aines. Durant une maladie infectieuse, ils peuvent être enflés.

2 Il prend le pouls de l'enfant pour savoir si son cœur bat plus vite que d'habitude : c'est souvent un signe de fièvre. Il peut prendre sa température.

3 En auscultant la poitrine et le dos de l'enfant avec un stéthoscope et en demandant à l'enfant de respirer à fond, le médecin vérifie l'état de son cœur et de ses poumons.

4 Si la gorge de l'enfant est doulou-reuse ou enflammée, le médecin l'examine en braquant une petite lampe et en appuyant sur sa langue avec une spatule.

5 Le médecin peut faire allonger l'enfant sur le lit d'examen pour lui palper le ventre, à la recherche d'un gonflement ou d'une sensibilité anormale d'un organe interne.

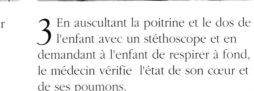

QUESTIONS À POSER AU MÉDECIN

N'hésitez pas à interroger le médecin sur tout ce qui vous inquiète :

■ la durée éventuelle de la maladie et les symptômes ultérieurs ;

■ la contagiosité de l'enfant. Demandez au médecin si vous devez l'isoler, notamment l'éloigner des jeunes bébés ou des femmes enceintes ;

■ la façon d'organiser plus confortablement la vie de l'enfant pendant sa maladie.

UN SEJOUR
À L'HÔPITAL

Un séjour à l'hôpital est toujours source d'angoisse. Si l'enfant est trop jeune pour comprendre pourquoi il est là ou s'il sortira un jour, cela peut être terrifiant pour lui, surtout quand il est, par la même occasion, séparé de ses parents. Lorsqu'on peut expliquer à l'enfant ce qui se passe, c'est plus facile, mais, si votre bébé a moins de 2 ans, il n'y a pas grand-chose à faire : il a avant tout besoin à cet âge de votre présence. S'il a plus de 2 ans, vous pouvez faire de ses jouets préférés vos partenaires : expliquez-lui que son nounours doit aller à l'hôpital pour qu'on lui arrange quelque chose qui ne va pas, que ce n'est pas une punition, que maman restera avec lui ou viendra le voir le plus souvent possible et que bientôt son nounours rentrera à la maison. Que vos explications soient simples mais qu'elles restent toujours proches de la vérité.

LES VISITES

Le personnel hospitalier, qui sait bien à quel point il est important que les parents soient près d'un enfant pour le réconforter et le rassurer, doit faciliter vos visites à n'importe quelle heure. Certains services offrent aux familles une possibilité d'hébergement : renseignez-vous à ce sujet avant l'admission de l'enfant. L'hôpital lui paraîtra moins terrifiant si vous continuez à prendre soin de lui comme à la maison. Demandez aux infirmières si vous pouvez lui donner son bain, ses repas.

Si vous ne pouvez demeurer près de lui, venez le voir le plus souvent possible, avec ses frères et sœurs. Même s'il pleure quand vous le quittez, ne vous imaginez pas qu'il s'adapterait mieux sans vos visites. Il n'en serait que plus anxieux, malheureux et abandonné. Efforcez-vous de rester avec lui, surtout les premiers jours et lorsqu'il doit subir des examens ou des traitements désagréables (piqûres, ablation de points de suture).

LA VALISE

Pendant son séjour à l'hôpital, votre enfant aura besoin de diverses choses. Marquez tout à son nom, en particulier les jouets.

Robe de chambre

3 pyjamas ou chemises de nuit

Pantoufles

Biberons et bavoirs

Ses jouets préférés

Affaires de toilette

Éponge, brosse à dents et dentifrice, brosse à cheveux et peigne, serviette.

UNE INTERVENTION CHIRURGICALE

Si l'enfant est assez grand pour comprendre, vous pouvez lui expliquer à l'avance ce qui va se produire le jour de l'opération. Demandez au chirurgien comment l'anesthésique sera administré et si vous serez autorisée à rester à côté de lui pendant qu'on l'endormira. Essayez d'être là aussi quand il se réveillera après l'opération parce qu'il aura peut-être peur.

1 Prévenez l'enfant qu'il ne pourra ni manger ni boire le jour de l'opération.

2 Dites-lui que pour l'opération il sera vêtu d'une chemise de l'hôpital sur lequel son nom sera inscrit.

3 Avant de quitter sa chambre, l'enfant recevra une injection qui le rendra somnolent.

4 L'enfant, sans bouger de son lit, sera transporté en salle d'anesthésie, où il sera très vite endormi.

5 Prévenez votre enfant qu'il vomira peut-être quand il se réveillera.

6 S'il a des points de suture, empêchez-le de se gratter. Les points ne lui feront mal qu'un bref instant quand on les lui enlèvera.

L'ENFANT FIÉVREUX

La température d'un enfant se situe entre 36 °C et 37,5 °C selon le moment de la journée. Elle est en général plus basse au milieu de la nuit, plus élevée dans l'après-midi. Une température au-dessus de 38 °C peut être un signe de maladie. Quand un enfant est malade, sa température peut grimper très vite, mais une légère élévation de température ne constitue pas un repère fiable de son état de santé, car les bébés et les enfants peuvent être malades tout en présentant une température normale ou inférieure à la normale. De même, certains enfants peuvent être un peu fiévreux sans être malades. De plus, la température d'un enfant peut monter momentanément au cours d'un jeu physique intense, surtout quand il fait chaud. Mais si, après une demi-heure de repos, il a toujours plus de 38 °C, il est possible qu'il soit souffrant et vous devez chercher s'il présente d'autres signes de maladie.

LECTURE DE LA TEMPÉRATURE

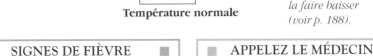

Appelez votre médecin immédiatement : *l'enfant est en danger, sa température est trop basse.*

Votre enfant a de la fièvre. *Attendez 20 minutes et reprenez sa température. Si elle est encore élevée, essayez de la faire baisser (voir p. 188).*

Température normale

Tâtez le front de l'enfant avec votre joue si vous pensez qu'il a de la fièvre. Si son front vous semble chaud, prenez sa température.

■ SIGNES DE FIÈVRE ■

L'enfant a peut-être de la fièvre s'il :
▲ se plaint de ne pas se sentir bien ;
▲ est pâle, a froid, frissonne ;
▲ est rouge, si son front paraît brûlant.

■ APPELEZ LE MÉDECIN ■

Appelez le médecin immédiatement si l'enfant :
▲ a plus de 39,4 °C et plus de 38,3 °C s'il a moins de 1 an et si vous ne réussissez pas à faire tomber sa fièvre ;
▲ a de la fièvre depuis 24 heures.

LE CHOIX D'UN THERMOMÈTRE

Les meilleurs thermomètres pour les bébés et les jeunes enfants sont le thermomètre médical à mercure, le thermomètre à affichage digital et l'indicateur frontal de température.

Le réservoir du thermomètre médical à mercure contient du mercure qui, chauffé, se dilate et monte dans la colonne jusqu'au chiffre indicateur.

Le thermomètre à affichage digital coûte plus cher mais est parfait pour les jeunes enfants. Ayez toujours des piles de rechange.

La bandelette de l'indicateur frontal instantané comporte des panneaux qui s'éclairent l'un après l'autre et s'arrêtent sur le chiffre de la température de l'enfant.

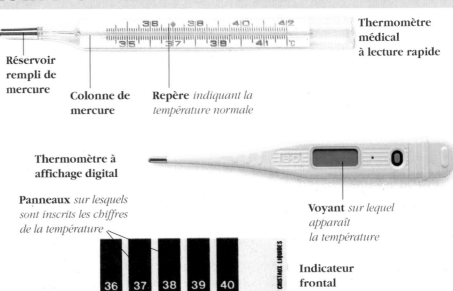

Thermomètre médical à lecture rapide

Réservoir rempli de mercure

Colonne de mercure

Repère *indiquant la température normale*

Thermomètre à affichage digital

Panneaux *sur lesquels sont inscrits les chiffres de la température*

Voyant *sur lequel apparaît la température*

Indicateur frontal

PRENDRE LA TEMPÉRATURE D'UN ENFANT

Quand un enfant est souffrant, il faut prendre sa température au moins 2 fois par jour, matin et soir. La méthode consiste à placer le réservoir du thermomètre dans le rectum de l'enfant. Ne glissez jamais un thermomètre à mercure dans la bouche d'un jeune enfant, qui pourrait le mordre et le casser. Le thermomètre à affichage digital étant incassable, il peut être placé dans la bouche, mais si l'enfant ne le tient pas correctement sous la langue, il vaut mieux le placer dans le rectum. L'indicateur frontal est plus facile à utiliser que le thermomètre à mercure, surtout pour prendre la température d'un jeune enfant, mais le résultat indiqué par la bandelette est moins précis.

LE THERMOMÈTRE MÉDICAL À MERCURE

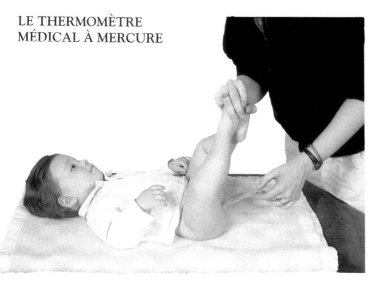

1 Prenez le thermomètre et secouez-le plusieurs fois d'un mouvement sec du poignet pour faire descendre la colonne de mercure. Puis allongez l'enfant et introduisez l'ampoule du thermomètre dans le rectum. Laissez le thermomètre en place le temps nécessaire

2 Enlevez le thermomètre et tournez-le jusqu'à ce que la colonne de mercure soit nettement visible. Toute température dépassant 37,6 °C est anormale. Lavez le thermomètre à l'eau froide, essuyez-le.

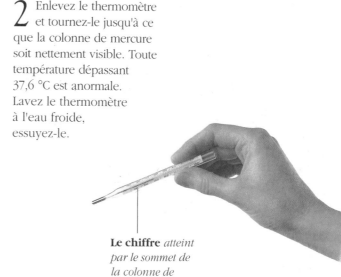

Le chiffre *atteint par le sommet de la colonne de mercure indique la température de l'enfant.*

LE THERMOMÈTRE À AFFICHAGE DIGITAL

Le chiffre inscrit *dans la fenêtre indique la température de l'enfant.*

1 Mettez le thermomètre en marche et demandez à l'enfant d'ouvrir la bouche. Placez le thermomètre sous sa langue puis dites à l'enfant de refermer la bouche. Attendez 3 minutes.

2 Retirez le thermomètre et lisez le résultat. Tout chiffre dépassant 37,6 °C indique de la fièvre. Arrêtez le thermomètre, lavez-le à l'eau froide, essuyez-le.

L'INDICATEUR FRONTAL

Appliquez la bandelette sur le front de l'enfant pendant environ 15 secondes. Le panneau lumineux qui donne le chiffre le plus élevé indique la température. Tout résultat dépassant 37,6 °C est anormal.

COMMENT FAIRE TOMBER LA FIÈVRE

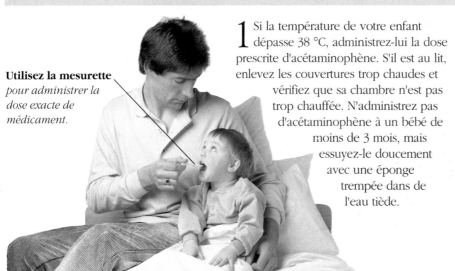

Utilisez la mesurette
pour administrer la dose exacte de médicament.

1 Si la température de votre enfant dépasse 38 °C, administrez-lui la dose prescrite d'acétaminophène. S'il est au lit, enlevez les couvertures trop chaudes et vérifiez que sa chambre n'est pas trop chauffée. N'administrez pas d'acétaminophène à un bébé de moins de 3 mois, mais essuyez-le doucement avec une éponge trempée dans de l'eau tiède.

2 Votre enfant transpirera quand sa fièvre tombera : donnez-lui à boire pour le réhydrater. Changez sa literie et son pyjama dès que la fièvre est tombée pour qu'il se sente plus à l'aise.

L'EMPLOI DE L'ÉPONGE

Si la fièvre dépasse 39,4 °C, essayez de la faire baisser en passant doucement sur le corps de l'enfant une éponge trempée dans de l'eau tiède, tout en le soignant comme il est expliqué ci-dessus.

1 Découvrez l'enfant et enlevez-lui le haut de son pyjama. Glissez une serviette de toilette sous lui pour protéger le draps de dessous, puis trempez une éponge dans une cuvette d'eau tiède et essorez-la.

2 Lavez doucement le visage, le cou, les bras de l'enfant. Enlevez-lui sa culotte de pyjama et lavez-lui les jambes. Laissez sa peau sécher à l'air. Continuez pendant une demi-heure puis reprenez sa température. Si elle dépasse encore 39,4 °C, **appelez immédiatement le médecin.**

LES CONVULSIONS FÉBRILES

Une brusque élévation de température peut, chez certains enfants, déclencher des convulsions fébriles. Ils perdent connaissance, se raidissent, puis tout leur corps s'agite de façon incontrôlable.

Que puis-je faire ?

Allongez l'enfant par terre et restez à côté de lui sans essayer de l'immobiliser. Appelez le médecin dès la fin de la crise convulsive.

Puis-je prévenir les convulsions fébriles ?

S'il y a des antécédents de convulsions dans votre famille, efforcez-vous d'abaisser le plus possible la température de l'enfant quand il est malade. Employez la méthode de refroidissement expliquée ci-dessus, essayez de ne pas laissez la température dépasser 39 °C. Le médecin peut vous recommander de donner de l'acétaminophène à l'enfant au début de toute maladie fébrile pour empêcher la fièvre de grimper.

LES DÉLIRES FIÉVREUX

Certains enfants délirent dès qu'ils présentent une grosse fièvre. Un enfant qui délire est agité. Il peut même avoir des hallucinations et paraître effrayé. C'est impressionnant à voir, mais l'enfant n'est pas en danger. Restez à côté de lui, réconfortez-le. Quand sa fièvre baissera, il s'endormira probablement, et tout rentrera dans l'ordre.

LES MÉDICAMENTS

La plupart des maladies bénignes guérissent avec ou sans traitement et, même si vous consultez votre médecin, il ne prescrira pas forcément un médicament. Toutefois, si un médicament est nécessaire, le médecin vous dira combien de fois par jour et pendant combien de temps votre enfant devra le prendre. Obéissez aux instructions. Agitez la bouteille avant de verser un médicament liquide, mesurez exactement la dose en utilisant la mesurette, ou en achetant une cuiller spéciale (contenance 5 ml), un compte-gouttes, une pipette verseuse. Ne mélangez jamais un médicament à un biberon de lait ou à la boisson du bébé car il pourrait ne pas les finir. Si votre enfant se débat quand vous voulez lui administrer un médicament ou lui mettre des gouttes dans le nez, les oreilles ou les yeux, demandez à un

autre adulte de le tenir pendant que vous le soignez. On peut empêcher un bébé de gigoter en l'enveloppant étroitement dans un châle ou dans une couverture. Si le médecin prescrit des antibiotiques, votre enfant doit suivre le traitement jusqu'au bout, même s'il paraît aller mieux avant que le médicament soit terminé, sinon, l'infection peut récidiver. Les antibiotiques n'agissent pas sur toutes les maladies : les maladies infectieuses sont causées par des bactéries ou des virus, or les antibiotiques détruisent les bactéries mais pas les virus. C'est pourquoi il n'existe pas de véritable traitement contre les rhumes, la rougeole, les oreillons, la varicelle, et ces maladies virales suivent leur cours. Mais de nombreuses autres maladies qui touchent l'appareil respiratoire ou urinaire sont causées par des bactéries et sont donc très sensibles aux antibiotiques.

— L'ADMINISTRATION DES MÉDICAMENTS AUX BÉBÉS —

Pour donner un médicament à votre bébé, commencez par lui mettre un bavoir et gardez des serviettes en papier à portée de la main.
S'il ne tient pas encore assis, installez-le comme si vous vouliez lui donner une tétée.
S'il se tient assis, installez-le sur vos genoux, un de ses bras coincé dans votre dos. Tenez fermement son autre bras pour l'empêcher de se débattre.

Utilisez 2 cuillers
Mesurez les doses puis versez-en la moitié dans une cuiller à thé, ce sera plus difficile à renverser.

À LA CUILLER

Mesurez la dose exacte puis versez-en la moitié dans une seconde cuiller (voir ci-dessus). Posez les cuillers à portée de main. Prenez le bébé. Tenez-le de façon qu'il ne puisse pas se débattre. Prenez une cuiller, placez-la sur la lèvre inférieure du bébé et laissez-le sucer le médicament. Faites de même avec l'autre demi-cuillerée.

AU COMPTE-GOUTTES

Mesurez la dose puis aspirez-en un peu dans le compte-gouttes. Mettez l'embout dans la bouche du bébé et appuyez sur la poire pour vider le compte-gouttes dans sa bouche jusqu'à ce qu'il ait pris toute la dose. N'utilisez pas de compte-gouttes pour un nouveau-né – il pourrait s'étouffer – ni de compte-gouttes en verre si le bébé a des dents.

À LA PIPETTE VERSEUSE

Mesurez la dose voulue, et versez-la dans la pipette verseuse, puis prenez le bébé et placez l'embout buccal sur sa lèvre inférieure. Inclinez légèrement le tube pour faire couler le médicament dans sa bouche, mais agissez délicatement, sinon le médicament s'écoulerait trop rapidement.

DU BOUT DU DOIGT

Si votre bébé refuse de prendre son médicament, faites-le-lui sucer sur votre doigt. Mesurez la dose avec une mesurette, puis prenez le bébé en laissant la mesurette à portée de main. Plongez dedans l'extrémité du doigt et faites-le sucer par le bébé. Continuez jusqu'à ce que la mesurette soit vide.

L'ADMINISTRATION DES MÉDICAMENTS

La plupart des médicaments infantiles ont un goût agréable, mais si votre enfant en déteste le goût, voici quelques moyens de vous faciliter les choses.

■ Préparez la boisson préférée de l'enfant pour faire passer le goût et marchandez : promettez une petite récompense.

■ Dites à l'enfant de se pincer le nez pour ne pas sentir le goût, mais ne le faites pas de force à sa place.

■ Si l'enfant est assez grand pour comprendre, expliquez-lui pourquoi il faut se soigner. S'il sait que c'est pour son bien, il prendra son médicament d'autant plus volontiers.

■ Si vous ne réussissez pas à le lui administrer, demandez à votre médecin si le même produit existe sous une autre forme, ou avec un goût différent.

Donner un médicament
Si l'enfant déteste le goût du médicament, placez-le sur l'arrière de la langue ou les bourgeons du goût sont moins nombreux.

■ LES MÉDICAMENTS ET LA SÉCURITÉ ■

L'enfant ne doit avoir accès à aucun médicament dans la maison.

▲ Gardez tous les médicaments conditionnés dans leurs emballages, hors d'atteinte et dans une armoire à pharmacie.

▲ Ne racontez pas à votre enfant que son médicament liquide est une boisson sucrée.

Les médicaments et la carie dentaire
Lavez les dents de l'enfant après lui avoir donné son médicament, car beaucoup de produits infantiles contiennent du sucre. Si le traitement est de longue durée, demandez à votre médecin s'il existe un produit analogue non sucré.

■ ATTENTION ■

Une maladie très grave, appelée le syndrome de Reye, a été observée chez des enfants qui avaient pris de l'aspirine.

Si, lors d'une maladie, votre enfant vomit brusquement et manifeste une forte fièvre, n'hésitez pas à **appeler les secours d'urgence.**

Le syndrome de Reye est cependant d'une extrême rareté.

METTRE DES GOUTTES DANS LE NEZ

D'UN ENFANT

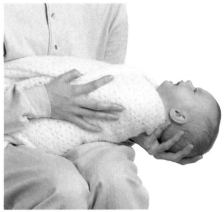

1 Allongez l'enfant sur un lit, les épaules soutenues par un oreiller ou un coussin et la tête basculée en arrière. Si votre enfant s'agite quand vous commencez à mettre les gouttes, demandez à un autre adulte de lui immobiliser la tête.

2 Tenez l'extrémité du compte-gouttes au-dessus d'une narine et laissez tomber le nombre de gouttes prescrit. Ne touchez pas le nez avec le compte-gouttes, sinon, lavez l'instrument avant de vous en servir de nouveau. Ensuite, laissez l'enfant allongé quelques minutes.

D'UN BÉBÉ
Enveloppez le bébé dans une couverture, et couchez-le sur le dos en travers de vos genoux pour que sa tête bascule en arrière sur votre cuisse. Soutenez sa tête et mettez les gouttes en suivant la même méthode que pour un enfant.

— LES GOUTTES DANS L'OREILLE —

D'UN ENFANT

1 Comme la plupart des enfants trouvent les gouttes trop froides, demandez au médecin si vous pouvez les tiédir (certains médicaments ne supportent pas d'être réchauffés). Placez le flacon dans un bol d'eau chaude (mais pas brûlante) pendant quelques minutes puis contrôlez la température sur l'intérieur de votre poignet.

2 Demandez à l'enfant de se coucher sur l'oreille saine et laissez tomber le nombre prescrit de gouttes dans l'oreille malade. Laissez ensuite l'enfant allongé un moment, et placez un petit morceau de coton à l'entrée du conduit auditif externe (sans toutefois l'enfoncer) afin d'empêcher le liquide de couler.

D'UN BÉBÉ
Couchez le bébé sur le côté en travers de vos genoux, l'oreille malade vers le haut. D'une main, soutenez sa tête et mettez-lui les gouttes en suivant la même méthode que pour un enfant plus âgé.

— METTRE DES GOUTTES DANS L'ŒIL —

D'UN ENFANT

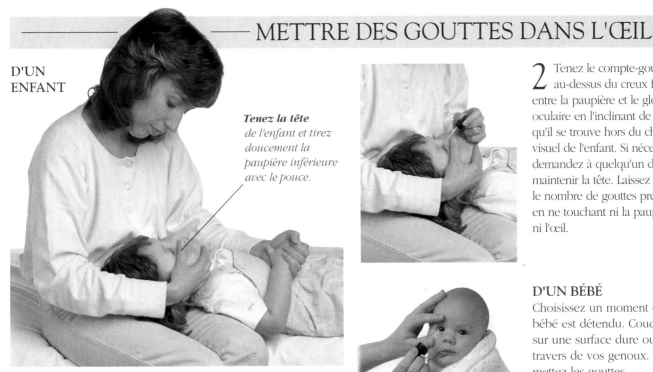

Tenez la tête de l'enfant et tirez doucement la paupière inférieure avec le pouce.

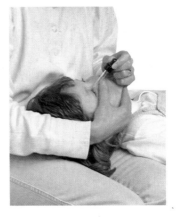

2 Tenez le compte-gouttes au-dessus du creux formé entre la paupière et le globe oculaire en l'inclinant de façon qu'il se trouve hors du champ visuel de l'enfant. Si nécessaire, demandez à quelqu'un de lui maintenir la tête. Laissez tomber le nombre de gouttes prescrit en ne touchant ni la paupière ni l'œil.

1 Lavez l'œil malade avec un morceau de coton imbibé d'eau bouillie tiède, puis demandez à l'enfant de se coucher sur le dos en travers de vos genoux. Immobilisez-lui la tête en l'entourant de votre bras, la paume appliquée sur sa joue, et inclinez-lui légèrement la tête pour que l'œil malade soit plus bas que l'autre. Avec le pouce, tirez la paupière inférieure vers le bas.

D'UN BÉBÉ
Choisissez un moment où le bébé est détendu. Couchez-le sur une surface dure ou en travers de vos genoux. Puis mettez les gouttes.

POMMADES OCULAIRES
Après vous être lavé les mains, mettez sur un doigt un peu de pommade et déposez-la dans le coin externe de l'œil.

LES SOINS
À L'ENFANT MALADE

Un enfant malade est souvent grognon. Il s'ennuie, il exige beaucoup d'attention. La plupart des enfants, quand ils sont malades, se conduisent comme des bébés, et tous ont besoin d'être rassurés et câlinés plus que de coutume. Gardez votre bébé près de vous pendant la journée, dans son landau ou son panier pour pouvoir le surveiller. Faites un lit à un enfant plus grand dans la salle de séjour, près de vous. La nuit, si l'enfant est très malade, dormez dans sa chambre de façon à être là en cas de besoin. Si possible, laissez votre conjoint vous remplacer de temps à autre, et prenez quelques nuits de repos complet. Les enfants malades vomissent facilement ; gardez une cuvette à portée de la main. Un vomissement isolé est rarement un symptôme sérieux ; bien qu'il soit un signe fréquent de maladie, il arrive qu'il ne soit dû qu'à l'excitation ou à une perturbation émotionnelle. Des vomissements répétés ou continuels peuvent être graves et provoquer une déshydratation ; voyez page 214 les cas dans lesquels il faut appeler le médecin et les moyens d'éviter la déshydratation.

LA BOISSON ET L'ALIMENTATION

Malade, votre enfant va sans doute manquer d'appétit. Comme il remue moins, il dépense moins d'énergie. Ne vous inquiétez pas s'il ne mange pas beaucoup pendant quelques jours : cela ne lui fait aucun mal.

Permettez-lui de choisir ce qu'il préfère et proposez-lui sa nourriture en petites portions et sous une forme tentante. Laissez-le libre de manger la quantité qu'il veut : quand il ira mieux, son appétit reviendra.

Il faut nourrir les bébés plus souvent que d'habitude mais ils prennent très peu à chaque tétée. Soyez patiente : votre bébé a besoin de se sentir blotti tout contre vous en tétant.

Quand un enfant est malade, il est plus important de le faire boire que de l'alimenter. Il doit absorber au moins 1,5 l de boisson par jour, pour qu'il ne se déshydrate pas, surtout s'il a vomi ou a de la fièvre ou de la diarrhée.

Comment donner à boire à un jeune enfant ?
Laissez-le choisir ce qu'il veut boire : peu importe que ce soit une boisson gazeuse, un jus de fruits, du lait ou de l'eau.

ENCOURAGEZ L'ENFANT À BOIRE
Si vous avez du mal à convaincre votre enfant de boire suffisamment, préparez-lui des boissons tentantes en utilisant les idées suivantes.

Les petits récipients
Proposez des petites quantités à la fois, dans une dînette de poupée, dans un coquetier.

Les pailles
Une boisson est plus tentante et plus amusante quand l'enfant peut la boire avec une paille.

Les tasses inversables
Proposez la boisson dans une tasse inversable ou dans un biberon si l'enfant a juste passé l'âge de les utiliser.

Les glaçons
Si l'enfant a plus de 1 an, congelez les jus de fruits dans des moules à glaçons et donnez-lui les cubes à sucer.

Les bâtonnets glacés
Les sorbets à l'eau sont souvent très appréciés. Évitez les colorants artificiels.

NAUSÉES ET VOMISSEMENTS

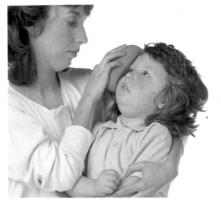

1 Soutenez l'enfant pendant qu'il vomit. N'hésitez pas à lui parler ; rassurez-le, réconfortez-le. Préparez une cuvette à côté de lui. Soutenez-lui le front d'une main et placez l'autre main sur son estomac, sous sa cage thoracique.

2 Quand il a fini de vomir, parlez-lui encore pour le rassurer. Essuyez-lui le visage et nettoyez le tour de sa bouche. Donnez-lui ensuite quelques gorgées d'eau pour se rincer la bouche ou aidez-le à se laver les dents pour se débarrasser du mauvais goût.

3 Laissez-le se reposer au calme ; il va peut-être vouloir s'allonger et dormir un peu. Videz, rincez la cuvette et remettez-la près de lui, pour le cas où il aurait de nouveau des nausées. S'il vomit souvent, il souffre peut-être d'une gastro-entérite (voir p. 214).

LE CONFORT ET LES DISTRACTIONS

L'ENFANT ALITÉ

Vous n'avez pas besoin de forcer un enfant à garder le lit : s'il se sent malade, il voudra rester couché. Mais s'il veut se lever, il faut qu'il ait chaud et qu'il n'y ait pas de courant d'air dans la pièce dans laquelle il joue. Cependant, un enfant malade peut avoir envie de s'allonger et de dormir dans la journée, même si ce n'est pas l'heure de sa sieste. S'il ne veut pas rester seul, laissez-le se pelotonner sous une couette sur le canapé de la salle de séjour, ou installez-lui un lit dans la pièce où vous vous trouvez (un lit de camp est idéal) pour qu'il se sente en famille et ne souffre pas d'être isolé.

Les jeux au lit

Si l'enfant se sent mieux dans son lit mais veut s'asseoir, adossez-le à plusieurs oreillers. Faites-lui une table de malade en plaçant un grand plateau ou une planche sur deux piles de livres.

LES DISTRACTIONS

Essayez d'occuper l'enfant pour qu'il ne s'ennuie pas, mais n'oubliez pas qu'il va se comporter comme un enfant plus jeune. Il ne peut pas se concentrer longtemps et n'a pas envie de faire quelque chose de trop difficile. Apportez-lui un vieux jouet avec lequel il n'a pas joué depuis longtemps. Si vous lui offrez des jeux pour le distraire, ne vous laissez pas tenter par les jouets avancés pour son âge. Les bébés apprécieront un mobile ou un nouveau hochet. Les enfants malades aiment les activités calmes : jeux de contruction, livres en tissu, puzzles simples, dessins aux crayons de couleurs ou aux feutres, kaléidoscope, pâte à modeler… Protégez le lit avec une serviette si l'enfant s'amuse avec un jeu salissant.

RHUMES
ET ÉTATS GRIPPAUX

Tous les enfants attrapent des rhumes et présentent des épisodes grippaux. Dès qu'un enfant fréquente ses petits camarades, il risque d'attraper un rhume après l'autre. Ces affections sont causées par des virus ; plus l'enfant grandit, plus sa résistance à de nombreux virus se multiplie.

SIGNES D'URGENCE

Appelez les secours d'urgence si vous remarquez une éruption de taches rouge sombre ou ne s'effaçant pas à la pression du doigt (pétéchies).

Moucher un enfant

Si son nez coule, essuyez-le avec un mouchoir en papier, sans frotter pour ne pas l'irriter par des essuyages fréquents. Jetez le mouchoir utilisé pour ne pas propager l'infection.

APPELEZ LE MÉDECIN

Consultez le médecin dès que possible si votre enfant a moins de 1 an, paraît mal en point ou mal à l'aise, ou présente un des signes suivants :
▲ température au-dessus de 39 °C ;
▲ respiration sifflante, rapide ou difficile ;
▲ mal d'oreille ;
▲ mal de gorge avec déglutition douloureuse ;
▲ toux intense ;
▲ aucune amélioration au bout de 3 jours.

LES RHUMES

Le rhume est peut-être la plus fréquente de toutes les maladies. C'est une infection qui cause une irritation du nez et de la gorge. Un enfant n'a pas un rhume parce qu'il a « attrapé froid » en sortant sans anorak ou en ayant les pieds mouillés. Bien que ce ne soit pas une maladie grave, un rhume doit être pris plus au sérieux chez le bébé et l'enfant que chez l'adulte à cause des surinfections possibles de l'appareil respiratoire ou des oreilles. Si une éruption est associée à ces signes de rhume, il peut s'agir d'une rubéole ou d'une rougeole (voir p. 197-198).

Que faire ?

1 Prenez la température de l'enfant (voir p.187) et, au besoin, donnez-lui de l'acétaminophène (pour enfants) pour la faire baisser. Donnez-lui beaucoup à boire, mais ne le forcez pas à manger. Une boisson prise avant le coucher peut l'aider à ne pas avoir le nez bouché la nuit.

SYMPTÔMES

▲ Nez qui coule ou nez bouché et éternuements.
▲ Légère élévation de la température.
▲ Mal à la gorge.
▲ Toux.

Que peut faire le médecin ?

Si votre bébé a du mal à téter à cause de son nez bouché, le médecin peut prescrire des gouttes nasales à lui administrer juste avant la tétée. (Recette-maison : 1/2 cuiller à thé de sel dans 250 ml d'eau bouillie refroidie.)

Gouttes nasales décongestionnantes

Ne les utilisez que sur prescription médicale. Au-delà de 3 jours, elles peuvent augmenter la sécrétion de mucus, ce qui boucherait encore plus les narines de l'enfant.

LA SINUSITE

Les sinus sont des cavités de la face normalement remplies d'air. La muqueuse du nez les tapisse également, si bien qu'à la suite d'un rhume, ils s'infectent facilement. Leur infection, la sinusite, cause des douleurs au visage. Mais, comme les sinus les plus souvent infectés ne se développent pas avant 3 ou 4 ans, un petit enfant est peu susceptible de souffrir de sinusite avant cet âge.

LA GRIPPE

Qu'est-ce que c'est ?

La grippe (ou influenza) est une maladie très contagieuse causée par des centaines de virus différents. Elle survient par épidémies tous les 2 ou 3 ans, quand apparaît une nouvelle souche de virus contre laquelle les gens n'ont pas développé d'immunité. Si votre enfant a attrapé la grippe, les symptômes vont apparaître 1 ou 2 jours plus tard, et il sera malade pendant 2 ou 3 jours. Il peut se sentir assez malade pour vouloir rester au lit la plupart du temps et, une fois la fièvre tombée, il peut se sentir faible pendant plusieurs jours. Certains enfants, après une grippe, ont une surinfection de l'appareil respiratoire, comme une bronchite ou une pneumonie (voir p. 210-211).

SYMPTÔMES

▲ Température élevée
▲ Mal de tête
▲ Douleur dans tout le corps
▲ Sensation de froid
▲ Nez qui coule
▲ Toux
▲ Mal de gorge.

Que puis-je faire ?

Prenez la température de l'enfant (voir p.187) et donnez-lui de l'acétaminophène (pour enfants) pour la faire baisser si nécessaire. Donnez-lui beaucoup à boire, surtout s'il a de la fièvre. Donnez à un bébé de l'eau bouillie froide.

QUESTION & RÉPONSE

«Dois-je faire vacciner mon bébé contre la grippe?»

Si votre enfant risque une surinfection pulmonaire après une grippe, cela peut être une bonne idée de le faire vacciner : interrogez votre médecin. La vaccination le protégera pendant environ 1 an. Mais, comme de nouvelles souches de virus apparaissent tous les 2 ou 3 ans, le vaccin (qui ne peut être fabriqué qu'à partir de souches existantes du virus) ne confère pas une protection durable.

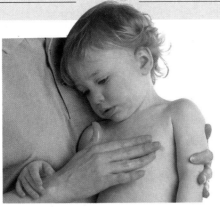

2 Mettez une crème de protection, au zinc ou à l'huile de ricin, sous le nez de l'enfant et autour des narines, si la région est rouge et irritée par le mucus ou les essuyages fréquents.

3 S'il a plus de 2 ans, frictionnez-lui la poitrine avec une pommade au menthol avant le coucher, s'il le désire.

4 Mettez 1 ou 2 gouttes de menthol sur un mouchoir et enfoncez le mouchoir entre le matelas et la paroi, à la tête du berceau ou du lit.

5 Si votre bébé a un rhume, il respirera plus facilement si vous rehaussez la tête de son matelas. Pour ce faire, glissez un petit oreiller ou une serviette pliée sous le matelas pour que sa tête et son thorax soient légèrement surélevés.

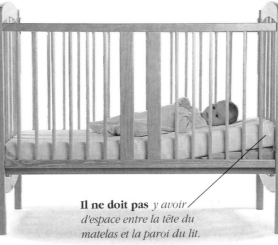

Il ne doit pas *y avoir d'espace entre la tête du matelas et la paroi du lit.*

6 Chauffez bien la chambre, mais assurez-vous que l'atmosphère n'est pas desséchée, car la respiration d'un air sec peut être désagréable. Installez un humidificateur ou suspendez une serviette de toilette mouillée près du radiateur pour accroître l'humidité de l'air. Elle doit être de 40 à 50 %.

LES VACCINATIONS

Quand le bébé atteint 2 mois, vous pouvez commencer à faire effectuer les vaccinations qui l'immuniseront contre la plupart des maladies infectieuses graves. Pour être immunisé, le bébé reçoit un vaccin qui contient les germes de la maladie mais sous une forme atténuée. Les germes du vaccin sont trop affaiblis pour causer la maladie, mais ils déclenchent dans l'organisme la formation d'anticorps, cellules dont la particularité est d'assurer la protection de l'enfant contre la maladie en question. Un calendrier de vaccinations doit être respecté, même si l'enfant attrape la maladie concernée.

Pourquoi vacciner mon bébé ?

Certains parents s'opposent aux vaccinations parce qu'ils ont peur des risques éventuels ou parce qu'ils pensent que la vaccination contre une maladie rare est inutile. Malheureusement, dès que le nombre des enfants vaccinés diminue, la maladie se propage plus vite et plus facilement, et son caractère épidémique réapparaît. En vaccinant votre bébé, non seulement vous le protégez, mais vous participez aussi à l'éradication de la maladie.

Quels sont les risques ?

La vaccination est sans danger, mais elle peut rendre un bébé mal en point pendant quelques jours. Toutefois, si votre bébé a déjà présenté une crise convulsive ou a un proche parent épileptique, il risque de faire une réaction grave au vaccin anticoquelucheux : discutez-en avec votre médecin.

Quels sont les effets secondaires ?

Un bébé peut avoir un peu de fièvre ; surveillez sa température pendant 48 heures et, si elle monte, donnez à l'enfant de l'acétaminophène.

A l'endroit de la piqûre, une petite induration douloureuse peut se constituer. Elle se résorbera en quelques semaines et n'a rien d'inquiétant. Le vaccin contre la rougeole peut déclencher une éruption et de la fièvre dans les 10 jours et le vaccin contre les oreillons peut, 3 semaines plus tard, provoquer un léger gonflement du visage. Si d'autres symptômes apparaissent, si les pleurs du bébé vous paraissent anormaux, si sa température dépasse 38 °C, appelez le médecin immédiatement.

L'injection

Tenez bien le bébé pendant la piqûre pour le réconforter et pour qu'il ne bouge pas. Le médecin fait l'injection dans le haut du bras, dans la fesse ou la cuisse.

CALENDRIER DES VACCINATIONS		
Âge	**Vaccin**	**Voie**
2 mois	DCT • Diphtérie • Coqueluche • Tétanos Sabin • Poliomyélite	Injection Voie orale
4 mois	Idem	
6 mois	DCT • Diphtérie • Coqueluche • Tétanos	Injection
12-15 mois	RRO • Rougeole • Rubéole • Oreillons	Injection
18 mois	1er rappel • DCT • Sabin HIB • Hémophilus influenza type B • Méningite	Injection Voie orale Injection
4-6 ans	2e rappel • DCT • Sabin	Injection Voie orale
14-16 ans	DT • Diphtérie • Tétanos	Injection

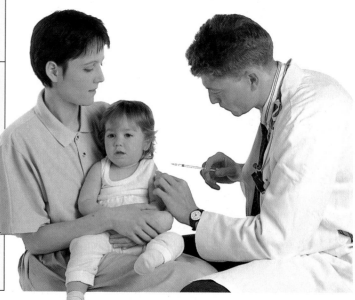

LES MALADIES INFECTIEUSES

Maintenant que la plupart des enfants sont vaccinés, un grand nombre de maladies infectieuses ont pratiquement disparu. Si votre enfant attrape une maladie infectieuse, il sera probablement immunisé à vie. Comme la plupart de ces maladies sont dues à des virus, il n'existe pas de médicament pour les traiter (voir p. 189), mais la grande majorité des enfants s'en remet vite et sans complications. Il est recommandé de prévenir les parents des enfants avec lesquels le vôtre a été récemment en contact, et, dans le cas de la rubéole, il faut le tenir éloigné de toute femme enceinte.

ATTENTION

Si votre enfant présente une fièvre élevée au cours d'une de ces maladies, donnez-lui de l'acétaminophène pour enfants ou nourrissons, en suspension orale par exemple.

SIGNES D'URGENCE

Demandez les secours d'urgence si votre enfant, au cours d'une maladie infectieuse, présente les signes suivants :
▲ somnolence inhabituelle de plus en plus profonde ;
▲ mal de tête, raideur de la nuque ;
▲ convulsions ;
▲ éruption de taches sous-cutanées rouge sombre.

RUBÉOLE

Qu'est-ce que c'est ?

La rubéole est une maladie bénigne au cours de laquelle l'enfant peut se sentir tout à fait bien et ne pas vouloir garder le lit. Les signes apparaissent 2 ou 3 semaines après la contagion.

Que puis-je faire ?

1 Prenez la température de l'enfant 2 fois par jour au moins (voir p. 187) et, si nécessaire, administrez-lui la dose prescrite d'acétaminophène (pour enfants) pour faire tomber la fièvre.

2 Donnez beaucoup à boire à l'enfant, surtout s'il a de la fièvre.

SYMPTÔMES

1er et 2e jour
▲ Signes de rhume bénin ;
▲ léger mal de gorge ;
▲ tuméfaction des ganglions derrière les oreilles, sur les côtés du cou et la nuque.

2e ou 3e jour
▲ Éruption de taches rosées d'abord sur le visage puis s'étendant à tout le corps ;
▲ légère fièvre.

4e ou 5e jour
▲ Disparition de l'éruption, amélioration de l'état général.

6e jour
▲ L'enfant est normal.

9e ou 10e jour

APPELEZ LE MÉDECIN

Appelez les secours d'urgence si vous observez les signes d'urgence énumérés dans l'encadré ci-dessus. Consultez le médecin dès que possible si vous pensez que l'enfant a la rubéole, mais surveillez-le bien : il ne faudrait pas qu'il contamine une femme enceinte.

Que pourra faire le médecin ?

Le médecin confirmera que l'enfant a la rubéole et qu'il n'existe pas de traitement.

La rubéole et la grossesse

Tant que l'enfant est contagieux, éloignez-le de toute femme qui pourrait être enceinte. La rubéole est une maladie bénigne, mais elle cause au fœtus de graves malformations si la mère l'attrape.

LA ROUGEOLE

Qu'est-ce que c'est ?

La rougeole est une maladie très contagieuse qui entraîne une éruption, de la fièvre et de la toux. Les signes apparaissent 1 ou 2 semaines après la contagion.

L'enfant se sent vraiment malade, et il aura sans doute envie de garder le lit tant que sa température sera élevée. Certains enfants ont mal aux oreilles.

■ SYMPTÔMES ■

1er et 2e jour
▲ Écoulement nasal ;
▲ toux sèche ;
▲ yeux rougis et douloureux, larmoiement ;
▲ la température grimpe et reste élevée.

3e jour
▲ Légère baisse de la température ;
▲ toux persistante ;
▲ petites taches blanches dans la bouche.

4e et 5e jour
▲ Élévation de la température – jusqu'à 40 °C ;
▲ éruption de taches rouge sombre légèrement surélevées, d'abord sur le front et derrière les oreilles, et gagnant peu à peu le reste du visage et du tronc.

6e et 7e jour
▲ Effacement de l'éruption et disparition des autres symptômes.

9e jour
▲ Votre enfant n'est plus contagieux.

■ APPELEZ LE MÉDECIN ■

Appelez les secours d'urgence si l'enfant présente un des signes décrits p. 197. Consultez le médecin dès que possible si vous pensez que votre enfant a la rougeole. N'hésitez pas à le rappeler si :

▲ l'enfant ne va pas mieux 3 jours après le début de l'éruption ;
▲ la température grimpe brusquement ;
▲ l'état de l'enfant empire après avoir paru s'améliorer ;
▲ l'enfant a mal à une oreille ;
▲ la respiration de l'enfant est bruyante ou difficile.

Que puis-je faire ?

1 Prenez la température de l'enfant au moins 2 fois par jour et, si la fièvre est forte, les 4e et 5e jours, toutes les 5 ou 6 heures. Restez près de lui s'il se sent mal tant que sa température reste élevée.

2 Efforcez-vous de le soulager. Essayez de faire baisser la température en lui administrant de l'acétaminophène (pour enfants) et, si nécessaire, en le lavant avec une éponge imbibée d'eau tiède.

3 Donnez-lui à boire abondamment, surtout s'il a de la fièvre.

4 Si ses yeux lui font mal, lavez-les avec un morceau de coton trempé dans l'eau froide. La lumière n'est pas nocive, mais laissez sa chambre dans la pénombre s'il le souhaite.

Que pourra faire le médecin ?

Il n'y a aucun traitement médical pour la rougeole, mais le médecin confirmera le diagnostic et surveillera l'enfant jusqu'à ce qu'il soit complètement guéri. Il traitera les éventuelles complications.

LA VARICELLE

Cette maladie très contagieuse provoque une éruption de pustules qui démangent intensément. L'enfant peut ne pas se sentir très malade, mais, s'il a beaucoup de boutons, tout son corps peut le démanger. Les symptômes apparaissent 2 ou 3 semaines après la contagion.

SYMPTÔMES

1er et 2e jour
▲ Floraison de petites pustules rouges très prurigineuses avec un centre rempli de liquide clair apparaissant par poussées, d'abord sur la poitrine, le ventre, le dos, et, ensuite, sur tout le corps ;
▲ le liquide des pustules devient blanchâtre et trouble ;
▲ légère fièvre.

5e au 9e jour
▲ Les pustules éclatent, laissant de petits cratères ;
▲ des croûtes se forment sur les cratères : elles tomberont en quelques jours.

10e jour
▲ La peau de l'enfant est redevenue normale.

11e ou 12e jour
▲ L'enfant n'est plus contagieux.

APPELEZ LE MÉDECIN

Appelez le médecin si l'enfant présente un des signes décrits p. 197. Consultez un médecin le plus tôt possible si vous pensez que votre enfant a la varicelle et n'hésitez pas à le rappeler si :
▲ des démangeaisons intenses apparaissent ;
▲ une zone rouge et gonflée se forme autour de certaines pustules ou si une suppuration se produit ; cela signifie qu'elles sont infectées.

Que puis-je faire ?

1 Prenez la température de l'enfant (voir p. 187) et, si elle est élevée, administrez-lui la dose prescrite d'acétaminophène pour la faire baisser. Donnez-lui beaucoup à boire, surtout s'il a de la fièvre.

2 Essayez de le dissuader de se gratter car il risque d'infecter les boutons qui, dans ce cas, laisseront des cicatrices. Coupez-lui les ongles ras et tenez-les très propres pour que les pustules risquent moins de s'infecter s'il se gratte. Mettez-lui des mitaines.

3 Calmez les démangeaisons. Tamponnez les lésions avec un morceau de coton imbibé d'une lotion à la calamine.

4 Pour soulager la démangeaison, donnez à l'enfant des bains chauds dans lesquels vous dissoudrez une poignée de bicarbonate de soude.

5 Si les démangeaisons sont intenses, les pyjamas flottants en coton sont les plus agréables à porter.

Que pourra faire le médecin ?

Le médecin confirmera le diagnostic. Il peut prescrire une crème ou un médicament antihistaminiques pour soulager les démangeaisons si elles sont intenses, et prescrire une pommade antibiotique à appliquer sur les pustules infectées.

LES OREILLONS

Qu'est-ce que c'est ?

Les oreillons sont une maladie contagieuse qui provoque un gonflement des glandes et, en particulier, des glandes situées en avant des oreilles, ce qui donne au visage du malade un aspect bouffi. Les signes apparaissent 2 à 4 semaines après la contagion.

Il arrive que les oreillons causent une inflammation des testicules, mais c'est un fait très rare avant la puberté.

SYMPTÔMES

1er jour
▲ Douleur à la mastication ou douleur faciale que l'enfant ne parvient pas à localiser ;
▲ élévation de la température.

2e jour
▲ Gonflement et sensibilité d'un côté du visage ;

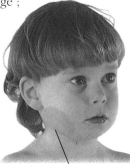

Région du gonflement

▲ douleur à l'ouverture de la bouche ;
▲ fièvre ;
▲ mal de gorge, déglutition douloureuse ;
▲ bouche sèche.

3e jour
▲ Augmentation de l'enflure, en général des deux côtés.

4e au 6e jour
▲ Diminution progressive de l'enflure et amélioration des autres symptômes.

13e jour
▲ L'enfant n'est plus contagieux.

Que puis-je faire ?

1 Si l'enfant se plaint de douleurs faciales, ou si sa figure vous paraît déformée, palpez doucement ses joues (voir p. 183) juste en avant des oreilles : les glandes sont enflées.

4 S'il souffre en avalant, donnez-lui des aliments liquides ou semi-liquides (crèmes glacées, soupes).

APPELEZ LE MÉDECIN

Appelez les secours d'urgence si l'enfant présente des signes d'urgence décrits p. 197. Consultez le médecin dès que possible si vous pensez que l'enfant a les oreillons, et n'hésitez pas à le rappeler s'il a mal au ventre ou une inflammation d'un testicule.

2 Prenez sa température (voir p. 187). S'il a de la fièvre, donnez-lui de l'acétaminophène (pour enfants) pour la faire baisser.

3 Encouragez l'enfant à boire beaucoup et froid en évitant les boissons acidulées (jus de fruits). S'il souffre quand il ouvre la bouche, donnez-lui une paille pour boire. Soyez patiente pour les tétées : il peut beaucoup souffrir.

5 Remplissez d'eau chaude une bouillotte que vous envelopperez d'une serviette : l'enfant posera sa joue dessus pour atténuer l'enflure. Ne donnez pas une bouillotte chaude à un bébé trop petit pour la repousser s'il se brûle : chauffez un tissu doux et appliquez-le sur son visage.

Que pourrra faire le médecin ?

Le médecin confirmera le diagnostic d'oreillons, pour lesquels il n'existe aucun traitement médical. Il traitera d'éventuelles complications.

LA COQUELUCHE

Qu'est-ce que c'est ?

La coqueluche, qui est une des maladies infantiles les plus sérieuses, est caractérisée par une toux intense et persistante. Comme elle est très contagieuse, il faut éloigner votre enfant des bébés et des enfants non vaccinés. Les enfants vaccinés peuvent présenter une forme bénigne de la maladie. Quelques enfants ont des complications (bronchite ou pneumonie, voir p. 210).

■ SYMPTÔMES ■

1re semaine
▲ Toux, signes de rhume ;
▲ légère élévation de la température.

2e semaine
▲ Aggravation de la toux, avec des accès durant jusqu'à une minute, après lesquels l'enfant lutte pour reprendre son souffle ;
▲ si l'enfant a plus de 18 mois, il apprend à reprendre son souffle à la fin de la quinte en forçant l'air à passer : c'est le « chant du coq » ;
▲ vomissements après l'accès.

3e à 10e semaine
▲ La toux s'améliore mais peut toutefois empirer si l'enfant attrape un rhume ;
▲ en général l'enfant n'est plus contagieux après la 3e semaine.

Que puis-je faire ?

1 Restez avec l'enfant pendant les quintes, car il peut être affolé. Asseyez-le sur vos genoux et tenez-le un peu penché en avant. Gardez une cuvette près de lui, pour qu'il crache le mucus ramené par la toux, et pour ses vomissures s'il vomit après l'accès. Lavez la cuvette à l'eau bouillante pour être sûre de ne pas propager l'infection.

2 Si l'enfant tousse et vomit souvent après les repas, proposez-lui de petits repas, très fréquents, si possible tout de suite après une quinte.

3 Autant que possible, distrayez l'enfant – il toussera moins si son attention est occupée – mais empêchez-le de s'énerver ou de se fatiguer, car cela pourrait déclencher une nouvelle quinte de toux.

■ SIGNES D'URGENCE ■

Appelez les secours d'urgence si l'enfant devient bleuâtre pendant une quinte.

■ APPELEZ LE MÉDECIN ■

Consultez le médecin dès que possible si vous pensez que votre enfant a la coqueluche.

4 Dormez dans la même chambre que l'enfant pour l'aider s'il a un accès de toux pendant la nuit.

5 Ne permettez pas qu'on fume en sa présence et ne lui donnez aucun médicament contre la toux sans ordonnance..

Que pourra faire le médecin ?

Il pourra prescrire un médicament contre la toux de même qu'un antibiotique. L'antibiotique ne guérira pas la toux, mais il l'atténuera. L'enfant sera moins infectieux, moins contagieux. C'est particulièrement important si vous avez à la maison un bébé risquant d'attraper la maladie d'un aîné. Toutefois un antibiotique n'est efficace que s'il est administré au tout début de la coqueluche.

LES SOINS AU BÉBÉ MALADE

La coqueluche est grave chez un bébé qui peut être incapable de reprendre son souffle après la quinte. Votre bébé a besoin de soins spécialisés, et il est possible qu'il soit hospitalisé. S'il vomit souvent, l'alimentation peut devenir difficile, et il faut abandonner toute idée d'horaire ou d'organisation pour lui donner une tétée dès la fin d'une quinte ou d'un vomissement.

Glissez *un coussin sous le pied du matelas.*

LES QUINTES DE LA COQUELUCHE

Quand votre bébé a une quinte, couchez-le sur le ventre dans son lit dont vous aurez légèrement surélevé les pieds, ou sur vos genoux, le visage tourné vers le sol. Restez avec lui jusqu'à ce qu'il ait repris son souffle et respire normalement. Câlinez-le pour le réconforter après une quinte ou un vomissement.

LES PROBLÈMES OCULAIRES

Bien que la plupart des affections oculaires guérissent rapidement quand elles sont convenablement soignées, tous les problèmes concernant les yeux doivent être pris au sérieux. Comme les infections oculaires sont très contagieuses, il faut réserver à l'enfant malade des serviettes et des gants de toilette personnels et les changer souvent. Lavez fréquemment les mains de l'enfant, empêchez-le de se frotter les yeux pour prévenir l'infection, mais aussi pour empêcher la propagation d'une infection en cours.

> ### SIGNES D'URGENCE
> Appelez les secours d'urgence si l'enfant s'est blessé à l'œil, ou s'il ne voit plus nettement après avoir été blessé ou après avoir reçu un coup.

LA BLÉPHARITE

Qu'est-ce que c'est ?

La blépharite est une inflammation des bords des paupières qui affecte en général les 2 yeux. Les enfants qui ont des pellicules présentent souvent une blépharite.

> ### SYMPTÔMES
> ▲ Paupières rougies et écailleuses.
>

Que puis-je faire ?

1 Dissolvez une cuillerée à café de bicarbonate de soude dans un verre d'eau bouillie tiède et lavez les paupières de l'enfant. Lavez-vous les mains avant et après les soins et utilisez un morceau de coton différent pour chaque œil. Effectuez ce lavage 2 fois par jour en préparant chaque fois une nouvelle solution.

2 Si votre enfant a des pellicules, lavez-lui la tête avec un shampoing anti-pelliculaire. Pour un bébé, utilisez un shampoing spécial contre les croûtes de lait.

> ### APPELEZ LE MÉDECIN
> Consultez le médecin dès que possible si :
> ▲ les paupières de l'enfant sont collées ;
> ▲ aucune amélioration ne se produit après une semaine de soins à la maison.

Que pourrra faire le médecin ?

Le médecin pourra prescrire une crème adoucissante ou une pommade antibiotique.

LA CONJONCTIVITE

Qu'est-ce que c'est ?

C'est l'« œil rouge », l'inflammation atteignant parfois le blanc de l'œil (la conjonctivite) en même temps que les paupières. Sa forme la plus bénigne est causée par un virus, mais elle peut aussi être causée par des bactéries. Lorsqu'au réveil un enfant a les paupières collées par du pus, il est probable qu'il a une conjonctivite bactérienne. Si votre bébé présente un de ces symptômes alors qu'il n'a que 1 ou 2 jours, voir Paupières collées (p. 177).

Que puis-je faire ?

1 Essayez de découvrir si les symptômes présentés par l'enfant ont une autre cause qu'une conjonctivite, une allergie par exemple (rhume des foins), ou la présence d'un corps étranger dans l'œil (poussière ou cil). Si c'est une allergie, des démangeaisons et un larmoiement peuvent accompagner la rougeur et la douleur.

2 Si vous pensez que l'enfant a une conjonctivite, dissolvez une cuillerée à café de sel dans un bol d'eau tiède. Baignez-lui les yeux avec un morceau de gaze différent pour chaque œil. Commencez par l'œil non infecté et lavez-le en vous dirigeant du coin externe vers le coin interne. Lavez-vous les mains avant et après les soins.

> ### SYMPTÔMES
> ▲ Œil injecté de sang.
> ▲ Sensation de sable dans les yeux.
> ▲ Pus.
> ▲ Paupières collées au réveil.
>

> ### APPELEZ LE MÉDECIN
> Consultez le médecin dès que possible si vous pensez que votre enfant a une conjonctivite, si ses yeux lui font mal, s'ils sont injectés

Que peut faire le médecin ?

S'il y a une infection bactérienne, le médecin pourra prescrire des gouttes ou une pommade antibiotique. Une conjonctivite virale ne nécessite pas de traitement mais peut durer plusieurs semaines.

L'ORGELET

Qu'est-ce que c'est ?

Un orgelet est une petite tuméfaction remplie de pus située au bord de la paupière supérieure ou inférieure. Il est causé par l'infection de la racine d'un cil. Certains orgelets se dessèchent spontanément mais la plupart mûrissent et percent en moins de 1 semaine, ce qui apaise la douleur.

Que puis-je faire ?

SYMPTÔMES

▲ Gonflement rouge et douloureux de la paupière ;
▲ une poche remplie de pus se forme dans la tuméfaction.

APPELEZ LE MÉDECIN

Consultez le médecin dès que possible si :
▲ l'orgelet ne s'améliore pas en une dizaine de jours ;
▲ toute la paupière est tuméfiée ;
▲ la peau de toute la région devient rouge ;
▲ votre enfant a aussi une blépharite.

1 Trempez une compresse dans de l'eau chaude, essorez-la et appliquez-la doucement sur l'orgelet pour accélérer sa maturation. Recommencez 3 fois par jour pendant 2 ou 3 minutes, jusqu'à ce que l'orgelet se vide.

2 Quand l'orgelet perce, la douleur disparaît. Essuyez le pus avec un morceau de compresse trempé dans de l'eau bouillie tiède.

LE STRABISME

Qu'est-ce que c'est ?

Normalement, les deux yeux se dirigent dans la même direction et en même temps. Lorsqu'il y a un strabisme, un œil se fixe sur un objet mais l'autre œil ne le suit pas correctement.

Chez le nouveau-né, les yeux ne travaillent pas toujours parallèlement, et le nourrisson peut présenter un strabisme intermittent. Cela n'a rien d'inquiétant : l'enfant est simplement en train d'apprendre à se servir de ses yeux. Mais si cette imperfection persiste après 3 mois, il peut s'agir d'un véritable strabisme.

Le strabisme peut être permanent, mais chez certains enfants il est intermittent. Comme un strabisme vrai ne se corrige jamais seul, il faut le traiter. Plus l'enfant est soigné jeune, plus le traitement est efficace.

SYMPTÔME

▲ Les yeux regardent dans des directions différentes.

APPELEZ LE MÉDECIN

Consultez votre médecin si vous soupçonnez que votre enfant présente un strabisme.

Comment savoir si mon bébé louche ?

Quand votre bébé atteint 3 mois, approchez un jouet à 20 cm de son visage et déplacez-le lentement d'un côté à l'autre. Regardez si ses yeux suivent bien parallèlement le déplacement de l'objet.

Que pourra faire le médecin ?

Le médecin examinera la vision de votre bébé et prescrira un cache à porter devant son « bon » œil plusieurs heures par jour pour forcer l'œil paresseux à travailler. Un petit enfant devra peut-être porter des lunettes. Si votre enfant a moins de 2 ans, ce traitement guérira sans doute son strabisme en quelques mois. Si le strabisme est causé par une faiblesse musculaire, une opération portant sur un des muscles de l'œil atteint peut corriger le défaut et rétablir le parallélisme des deux yeux.

LES PROBLÈMES AURICULAIRES

La plupart des problèmes auriculaires chez les petits enfants sont causés par une infection de l'oreille externe ou de l'oreille moyenne, ou par l'obstruction du conduit qui relie l'oreille et la gorge. Les infections de l'oreille ne présentent un danger que si elles ne sont pas soignées rapidement. Le risque est que du pus s'accumule derrière le tympan et finisse par le perforer, ou que l'infection cause une mastoïdite.

Anatomie de l'oreille

Chaque oreille est formée de 3 parties. Un canal un peu incurvé conduit de l'oreille externe (seule partie visible) au tympan. Derrière celui-ci se trouve une cavité, l'oreille moyenne, dans laquelle 3 osselets articulés transmettent les sons à l'oreille interne, partie de l'oreille qui contient les structures de l'audition et de l'équilibre.

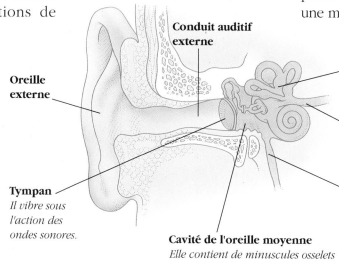

Conduit auditif externe

Oreille externe

Oreille interne
Elle contient les mécanismes de l'audition et de l'équilibre.

Nerf auditif
Il envoie les signaux sonores au cerveau.

Tympan
Il vibre sous l'action des ondes sonores.

Cavité de l'oreille moyenne
Elle contient de minuscules osselets qui transmettent les signaux sonores à l'oreille interne.

Trompe d'Eustache
Elle relie l'oreille moyenne à la gorge. Plus courte chez l'enfant que chez l'adulte, elle s'infecte plus facilement.

LES INFECTIONS DE L'OREILLE EXTERNE

Qu'est-ce que c'est ?

La peau tapissant le conduit auditif externe est enflammée si l'enfant souffre d'une infection du conduit (otite externe). Celle-ci peut être causée par la natation en piscine dans une eau chlorée ou par une égratignure du conduit. Les enfants qui souffrent d'eczéma sont tout spécialement exposés à ce genre d'infection quand ils se mettent de l'eau dans les oreilles.

SYMPTÔMES

▲ Douleur de l'oreille qui empire quand l'enfant touche son oreille ou se couche dessus ;
▲ rougeur du conduit auditif ;
▲ écoulement ;
▲ démangeaisons du conduit.

APPELEZ LE MÉDECIN

Consultez le médecin dès que possible si vous pensez que votre enfant a une infection de l'oreille externe.

Que puis-je faire ?

1 Donnez à l'enfant la dose prescrite d'acétaminophène (pour enfants) pour calmer la douleur.

2 Veillez à ce que l'eau ne pénètre pas dans son oreille pendant le bain et lavez-lui les cheveux avec un gant de toilette. Supprimez la natation tant que l'infection n'est pas guérie.

Que pourra faire le médecin ?

Le médecin prescrira sans doute des gouttes auriculaires contenant un antibiotique ou un anti-inflammatoire.

BOUCHON DE CÉRUMEN

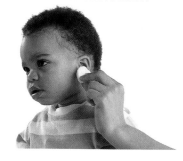

Le cérumen s'accumule parfois dans le conduit auditif externe, provoquant une gêne ou une surdité partielle. Si votre enfant a beaucoup de cérumen, essuyez ce qui apparaît à l'extérieur avec un morceau de coton mais ne l'enfoncez pas dans le conduit.

Mettre des gouttes

Dites à l'enfant de s'allonger sur le côté et de se tenir tranquille pendant que vous mettez les gouttes. Qu'il reste ensuite dans cette position pendant 1 minute.

LES INFECTIONS DE L'OREILLE MOYENNE

Qu'est-ce que c'est ?

Si votre enfant a une infection de l'oreille moyenne (otite moyenne), la cavité située derrière le tympan est infectée ou enflammée, souvent à cause d'une infection provenant de la gorge. Chez l'enfant, la trompe d'Eustache, qui relie la gorge à la caisse du tympan, est courte et étroite, ce qui favorise la propagation des infections. En général, l'otite n'atteint qu'une oreille, surtout lorsqu'elle survient durant ses 2 premières années ; il restera prédisposé aux infections de la même oreille dès qu'il aura un rhume ou une infection de la gorge.

Que puis-je faire ?

1 Essayez d'apaiser la douleur. Remplissez une bouillotte d'eau chaude (mais pas bouillante), enveloppez-la dans une serviette et dites à l'enfant de coller dessus son oreille malade. Ne donnez pas de bouillotte à un bébé trop jeune pour la repousser s'il se brûle : chauffez un tissu doux et appliquez-le sur son oreille.

2 Si l'enfant souffre beaucoup, administrez-lui la dose prescrite d'acétaminophène (pour enfants).

3 Si vous remarquez un écoulement, ne nettoyez pas l'oreille : appliquez dessus un mouchoir propre et dites à l'enfant de se coucher sur l'oreille malade pour évacuer l'écoulement.

Comment prévenir les infections auriculaires ?

Par temps froid, couvrez bien les oreilles d'un enfant. Quand il a un rhume, mettez-lui des gouttes d'eau salée dans le nez (voir p. 194) ; cela facilitera la décongestion des narines et diminuera les risques de propagation de l'infection.

SYMPTÔMES

▲ Douleur vive de l'oreille, qui peut réveiller l'enfant.

▲ Pleurs. L'enfant se frotte l'oreille et la tripote, s'il ne s'exprime pas encore assez bien pour dire qu'il souffre.

▲ Pleurs, manque d'appétit, signes de maladie chez le bébé, surtout après un rhume.

▲ Élévation de la température.

▲ Surdité partielle.

APPELEZ LE MÉDECIN

Consultez le médecin dès que possible si l'oreille de l'enfant est infectée ou si vous remarquez un écoulement.

Que pourra faire le médecin ?

Le médecin examinera les oreilles de l'enfant et prescrira peut-être un antibiotique. Si du pus s'est accumulé derrière le tympan, il pourra prescrire un médicament pour le résorber ou l'éliminer au moyen d'un petit geste chirurgical.

L'OTITE SÉRO-MUQUEUSE

Qu'est-ce que c'est ?

Des otites à répétition peuvent provoquer l'accumulation d'un liquide poisseux dans l'oreille moyenne.

SYMPTÔME

▲ Surdité partielle après des infections répétées de l'oreille moyenne.

APPELEZ LE MÉDECIN

Consultez le médecin dès que possible si vous soupçonnez la présence d'une otite séro-muqueuse.

Que puis-je faire ?

Prenez rendez-vous avec le médecin si, après une otite, votre enfant paraît entendre moins bien.

Que pourra faire le médecin ?

Il pourra prescrire un décongestionnant, mais une petite opération est parfois nécessaire. Sous anesthésie, le médecin perce le tympan et pose un petit tube (un drain). Ce drain aérateur ne cause aucune douleur et ne gêne pas l'audition, mais il ne faut pas que l'enfant aille nager tant qu'il est en place, à moins de mettre des bouchons ou, après la baignade, de mettre les gouttes antibiotiques prescrites.

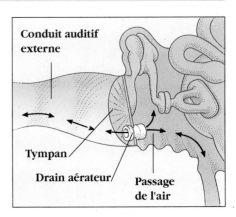

Conduit auditif externe

Tympan

Drain aérateur

Passage de l'air

Le drain égalise la pression de l'air de part et d'autre du tympan et permet à l'oreille de s'assécher. Il s'élimine seul après quelques mois.

LES INFECTIONS BUCCALES

Un bébé ou un enfant qui a une infection de la bouche peut avoir des ulcérations qui le font souffrir, surtout quand il s'alimente. Le muguet est l'infection buccale la plus fréquente chez le bébé. Les enfants de plus de 1 an présentent souvent un herpès buccal (voir p. 222).

Comment soigner un enfant qui a des ulcérations buccales ?

Rendez son alimentation aussi peu douloureuse que possible. Laissez refroidir les aliments avant de les offrir à l'enfant parce que la chaleur le fait plus souffrir que le froid. Faites-le boire frais. S'il refuse de boire ou de manger, essayez les idées suivantes.

Donnez-lui une paille

ou une tasse à bec : c'est moins douloureux de boire ainsi qu'avec une tasse normale.

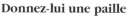

Soupe. C'est un plat nourrissant et facile à avaler qui peut se manger froid. Vous pouvez aussi liquéfier ses aliments ou les réduire en tout petits morceaux.

Boissons froides. Servez les boissons très fraîches, ne donnez pas de jus de fruits : ils sont trop acides.

Crème glacée. L'enfant peut trouver les glaces faciles à avaler.

Eau

Fromage. Encouragez l'enfant à terminer ses repas par un morceau de fromage et un verre d'eau, qui lui nettoient les dents sans qu'il soit forcé de les brosser.

LE MUGUET

Qu'est-ce que c'est ?

Le muguet est une infection causée par un champignon (*Candida*) qui vit dans la bouche et dans l'intestin. Sa multiplication est jugulée par les bactéries normalement présentes, mais elle échappe parfois à tout contrôle, produisant une éruption douloureuse, la candidose, qui, dans la bouche, prend le nom de muguet. Mais, parfois, elle se propage par les intestins et cause une éruption au voisinage de l'anus. Ce n'est pas une affection grave ; elle guérit seule, sans traitement.

Que puis-je faire ?

1 Essuyez très doucement les taches avec une compresse. Si elles ne se décollent pas facilement, il est probable que c'est un muguet. Ne frottez pas trop fort, parce que si vous arrachez la pellicule blanche, vous découvrirez une zone à vif et douloureuse.

2 Donnez à l'enfant des aliments faciles à manger (voir ci-dessus). Si vous l'allaitez au biberon, utilisez une tétine très molle et stérilisez l'ensemble après chaque tétée.

3 Si vous allaitez au sein, prenez soin de vos mamelons pour qu'ils ne s'infectent pas. Lavez-les à l'eau (sans savon) après chaque tétée et n'utilisez pas de coussinets d'allaitement. Si vous remarquez des ulcérations ou des taches blanches sur les mamelons, consultez votre médecin.

SYMPTÔMES

▲ Refus de s'alimenter à cause de la douleur dans la bouche.
▲ Taches blanchâtres ou pultacées, un peu en relief, à l'intérieur des joues, sur la langue et le palais, qui ne se décollent pas facilement quand vous essayez de les racler.
▲ Chez les bébés, éruption autour de l'anus qui ressemble à de l'érythème fessier.

APPELEZ LE MÉDECIN

Consultez le médecin dès que possible si vous pensez que votre bébé a un muguet.

Que pourra faire le médecin ?

Le médecin pourra prescrire des gouttes à mettre dans la bouche du bébé juste avant les tétées ou, pour les enfants de plus de 4 ans, des pastilles à sucer.

LES INFECTIONS DE LA GORGE

Les maux de gorge sont fréquents à tout âge chez l'enfant. Ils accompagnent souvent une autre maladie, comme le rhume ou la grippe. La plupart des maux de gorge bénins guérissent en quelques jours, mais une infection plus sévère, surtout si les amygdales sont atteintes, peut donner de la fièvre à l'enfant et le faire souffrir au point de rendre la déglutition difficile.

■ APPELEZ LE MÉDECIN ■
Consultez le médecin le plus tôt possible si l'enfant :
▲ a très mal à la gorge quand il avale ;
▲ n'est pas bien, a de la fièvre ou une éruption ;
▲ a une infection des amygdales ;
▲ n'est pas vacciné contre la diphtérie.

LE MAL DE GORGE (PHARYNGITE)

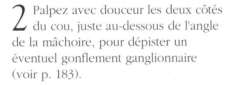

Qu'est-ce que c'est ?
La pharyngite se traduit par une rougeur et une douleur de la gorge. Elle accompagne souvent les rhumes ou la grippe (voir p. 194). Elle peut être un des premiers signes de la rubéole ou des oreillons (voir p. 197 et 200). Un enfant qui a une infection de la gorge a souvent aussi mal aux oreilles (voir p. 204).

■ SYMPTÔMES ■
▲ Refus de s'alimenter parce que la déglutition est douloureuse.
▲ Gorge rouge, paraissant à vif.
▲ Ganglions enflés.
▲ Mal de ventre (chez les jeunes enfants).

Que puis-je faire ?
1 Placez l'enfant en pleine lumière et dites-lui d'ouvrir la bouche. Examinez le fond de sa gorge (voir p. 183). Elle vous apparaît rouge et à vif et parfois parsemée de taches blanchâtres.

2 Palpez avec douceur les deux côtés du cou, juste au-dessous de l'angle de la mâchoire, pour dépister un éventuel gonflement ganglionnaire (voir p. 183).

3 Donnez à l'enfant des boissons fraîches en abondance et liquéfiez ses aliments s'il a du mal à avaler. Il se peut qu'il avale plus facilement les crèmes glacées que les aliments chauds.

4 Prenez la température de l'enfant (voir p. 187) et, si elle n'est pas normale, donnez-lui la dose prescrite d'acétaminophène (pour enfants) pour la faire baisser.

Que pourra faire le médecin?
La plupart des cas sont bénins et ne nécessitent pas de traitement, mais si le médecin soupçonne une infection bactérienne, il pourra prescrire des antibiotiques.

L'AMYGDALITE

■ SYMPTÔMES ■
▲ Mal de gorge intense.
▲ Amygdales gonflées et rouges, parfois parsemées de taches blanchâtres.
▲ Température dépassant 38 °C.
▲ Ganglions du cou enflés.

Qu'est-ce que c'est ?
C'est une inflammation des amygdales. Elle cause, entre autres symptômes, un fort mal de gorge. Les amygdales sont des glandes situés de chaque côté du fond de la gorge : elles se trouvent sur le trajet des infections et les empêchent de se propager.

Que puis-je faire ?
1 Examinez les amygdales de l'enfant. Infectées, les amygdales sont gonflées, rouges et parfois parsemées de taches blanchâtres.

2 Prenez sa température (voir p. 187) et donnez-lui si nécessaire la dose prescrite d'acétaminophène.

3 Donnez beaucoup à boire à l'enfant, surtout s'il est fiévreux. Offrez-lui des boissons fraîches et des aliments liquides ou semi-liquides.

Que pourra faire le médecin ?
Il examinera la gorge de l'enfant et fera peut-être un prélèvement avec un porte-coton. Il pourra prescrire un antibiotique.
Si la fréquence des amygdalites de votre enfant est telle que son état général en souffre, le médecin pourra conseiller l'ablation des amygdales. Cette opération est cependant rarement effectuée avant 4 ans.

LA TOUX ET LES INFECTIONS RESPIRATOIRES

Dans la majorité des cas, la toux chez le petit enfant est un symptôme de rhume ou d'état grippal (voir p. 194-195), qui causent une toux sèche et des chatouillements de la gorge. Une toux peut être aussi le signe d'une infection de l'appareil respiratoire (voir p. 209-211) ou un signe précoce de rougeole (voir p. 198). Une toux persistante peut traduire une coqueluche (voir p. 201).

Votre enfant peut attraper une infection respiratoire à la suite d'un rhume ou d'une grippe, si l'infection s'est propagée à ses poumons. Une infection respiratoire provoque d'autres signes : une respiration difficile, une expectoration. Toutefois, une respiration un peu sifflante est normale chez un jeune enfant qui a un rhume ou un état grippal parce que ses voies respiratoires sont très étroites et se rétrécissent encore si leur muqueuse est gonflée par la maladie.

■ SIGNES D'URGENCE ■

Appelez les secours d'urgence si votre enfant :
▲ a le visage, les lèvres, la langue bleuâtres ;
▲ respire si bruyamment qu'on l'entend dans toute la pièce ;
▲ semble aller brusquement plus mal au cours d'un rhume ou d'un état grippal ;
▲ est incapable de parler ou d'émettre ses bruits vocaux habituels.

INFECTIONS RESPIRATOIRES FRÉQUENTES

Les bébés de moins de 1 an et les enfants qui ont une affection chronique de l'arbre respiratoire (un asthme par exemple, voir p. 210) sont sujets aux infections respiratoires. Si vous fumez, vos enfants seront plus susceptibles de présenter des infections respiratoires que les enfants de parents non fumeurs. Si votre enfant a souvent des infections respiratoires, votre médecin lui fera subir divers examens.

Respiration
Quand l'enfant inspire, l'air, par les voies respiratoires et les bronches, parvient dans les poumons où l'oxygène passe dans son sang. Le sang distribue ensuite l'oxygène à tout l'organisme.

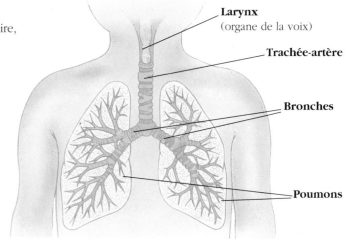

Larynx
(organe de la voix)

Trachée-artère

Bronches

Poumons

LE FAUX CROUP

Qu'est-ce que c'est ?
Le faux croup, ou laryngite striduleuse, est une inflammation du larynx qui cause son gonflement, donc des difficultés respiratoires. Les accès surviennent la nuit et durent environ 2 heures.

■ SYMPTÔMES ■
▲ Respiration difficile.
▲ Bruit inspiratoire fort et rauque.
▲ Toux.

Que puis-je faire ?
1 Gardez votre calme, rassurez l'enfant. Il a sans doute très peur et un accès de panique peut rendre sa respiration encore plus difficile.

2 Humidifiez l'atmosphère en faisant bouillir une casserole d'eau dans la pièce, ou emmenez l'enfant dans la salle de bain, et ouvrez tous les robinets d'eau chaude. L'air humide va assouplir la paroi des voies respiratoires et faciliter la respiration.

3 Adossez l'enfant à des oreillers ou asseyez-le sur vos genoux, il respirera mieux.

■ APPELEZ LE MÉDECIN ■
Appelez le médecin immédiatement si votre enfant a du mal à respirer ou si vous pensez qu'il a un accès de faux croup.

Que pourra faire le médecin ?
Le médecin vous rassurera et vous dira ce qu'il faut faire en cas de récidive du faux croup. Il pourra prescrire un antibiotique et des médicaments facilitant la respiration en cas de nouvel accès. Si l'enfant paraît très malade, le médecin pourra le faire hospitaliser.

LA TOUX

Qu'est-ce que c'est ?

La toux peut être une réaction à l'irritation de la gorge ou de la trachée, ou le résultat d'une infection de l'appareil respiratoire. Une toux sèche d'irritation est rarement grave. Elle traduit, pendant un rhume, l'irritation de la gorge ou de la trachée par un excès de mucus. La gorge d'un enfant peut être irritée par la fumée si les adultes auprès desquels il vit sont fumeurs. Une infection de l'oreille peut aussi provoquer une toux sèche.

Si l'enfant a une toux grasse, et surtout s'il crache, il a probablement une infection respiratoire. En général, cette toux n'est pas grave, mais elle peut aussi être un symptôme de bronchite ou de pneumonie (voir p. 210-211).

APPELEZ LE MÉDECIN

Appelez immédiatement le médecin si l'enfant respire plus vite que d'habitude pendant plus de 1/2 heure, ou si sa respiration est difficile ou très bruyante. Consultez le médecin dès que possible si :
▲ votre bébé de moins de 6 mois tousse ;
▲ sa toux l'empêche de dormir ;
▲ la toux ne s'améliore pas dans les 3 jours ;
▲ l'enfant a des accès de toux à répétition.

Que pourra faire le médecin ?

Le médecin examinera l'enfant et l'auscultera. Si l'enfant a une toux sèche, le médecin pourra prescrire un antitussif pour calmer la gêne de sa gorge. Si c'est une toux « bronchitique », des examens complémentaires peuvent aider son diagnostic. Il peut prescrire des antibiotiques et un médicament facilitant l'expectoration.

Que puis-je faire ?

1 Si votre enfant a un accès de toux brutal, cherchez s'il a avalé de travers un petit objet (bonbon, bouton). Si c'est le cas, essayez de l'en délivrer (voir Étouffement, p. 234), mais ne lui enfoncez pas les doigts dans la gorge pour essayer de le déloger.

2 Si votre enfant a une toux grasse, aidez-le à rejeter le mucus qui encombre ses voies respiratoires. Couchez-le sur le ventre, en travers de vos genoux, et tapotez-lui le dos régulièrement, mais pas trop fort. Préparez un seau ou une cuvette et encouragez-le à cracher le mucus que fait remonter la toux.

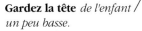

Gardez la tête *de l'enfant un peu basse.*

3 Faites très attention que l'enfant ne prenne pas froid quand il a une toux grasse, car l'infection pourrait se propager plus avant et causer une bronchite.

4 Si l'enfant a une toux sèche, donnez-lui une boisson chaude au coucher pour lui adoucir la gorge. Pour un enfant de plus de 18 mois, vous pouvez dissoudre une cuillerée de miel dans une tasse d'eau chaude additionnée de quelques gouttes de jus de citron.

5 Redressez l'enfant la nuit sur des oreillers pour que le mucus ne lui coule pas dans la gorge. Si c'est un bébé, placez un oreiller sous la tête du matelas.

6 La toux empire dans une atmosphère enfumée ; ne laissez personne fumer en présence de l'enfant.

7 Ne lui donnez pas de médicaments contre la toux sans ordonnance.

LA BRONCHITE

Qu'est-ce que c'est ?

La bronchite est une inflammation de la paroi des bronches, les conduits amenant l'air aux poumons. Elle peut faire suite à un rhume, à une grippe, à un mal de gorge, l'infection s'étant propagée plus bas.

L'enfant ne se sent pas très malade mais il peut avoir des troubles du sommeil et sa toux augmente la nuit.

■ SYMPTÔMES ■

▲ Toux crépitante.
▲ Respiration un peu sifflante.
▲ Légère élévation de la température.
▲ Nez qui coule.

Que puis-je faire ?

1 Pour soulager la gêne respiratoire et faciliter l'expectoration durant les accès de toux, couchez l'enfant sur le ventre en travers de vos genoux et tapotez-lui le dos (voir p. 209).

2 Si sa température est élevée, administrez-lui la dose prescrite d'acétaminophène (pour enfants) et offrez-lui beaucoup à boire.

3 Glissez un oreiller sous la tête du matelas pour le surélever. Si l'enfant est plus grand, ajoutez des oreillers pour le redresser dans son lit (voir p. 209).

4 Jusqu'à ce qu'il aille mieux, gardez-le à la maison dans une pièce bien chauffée (mais sans excès) et bien aérée.

■ APPELEZ LE MÉDECIN ■

Appelez les secours d'urgence si l'enfant présente un des signes d'urgence décrits page 208. Consultez votre médecin dès que possible si vous pensez que votre enfant a une bronchite, et n'hésitez pas à le rappeler si l'enfant :
▲ ne va pas mieux après 48 heures ;
▲ expectore un mucus jaune verdâtre.

Que pourra faire le médecin ?

Le médecin pourra prescrire un antitussif pour aider l'enfant à dormir. S'il pense que l'enfant présente une surinfection, il pourra prescrire un antibiotique.

L'ASTHME

Qu'est-ce que c'est ?

L'asthme est caractérisé par des crises récurrentes pendant lesquelles l'enfant a du mal à respirer – et, surtout, à expirer – à cause du rétrécissement des bronchioles. Il peut être causé par une allergie (en particulier si d'autres personnes de la famille souffrent d'asthme, d'eczéma ou de rhume des foins).

■ SYMPTÔMES ■

▲ Toux, surtout la nuit, ou pendant l'activité physique.
▲ Gêne respiratoire légère, respiration sifflante, surtout pendant un rhume.
▲ Crises de gêne respiratoire intense, avec souffle difficile et superficiel.
▲ Impression de suffocation durant la crise d'asthme.
▲ Pâleur, sueur pendant la crise.
▲ Tour des lèvres bleuâtre durant les fortes crises.

Que puis-je faire ?

1 Restez calme et rassurez l'enfant. S'il a déjà eu des crises, donnez-lui les médicaments prescrits par le médecin. Si le médicament n'agit pas, appelez les secours d'urgence.

2 Asseyez l'enfant sur vos genoux, un peu penché en avant, cela l'aidera à respirer. Ne le tenez pas trop serré. Laissez-le prendre la position qui lui paraît la plus confortable.

Mettez un petit coussin *sur ses genoux pour qu'il s'y appuie.*

3 Si votre enfant préfère s'asseoir seul, installez-le devant une table ou une pile d'oreillers pour qu'il puisse s'y appuyer.

LA PNEUMONIE

Qu'est-ce que c'est ?

La pneumonie est une inflammation des poumons qui entraîne des difficultés respiratoires. Chez les jeunes enfants, elle est presque toujours due à la propagation d'une infection (rhume ou état grippal), et elle est le plus souvent causée par des virus et non des bactéries. Il arrive qu'une pneumonie suive l'inhalation dans le poumon d'un petit morceau d'aliment qui cause une inflammation et une infection locales.

La pneumonie s'observe surtout chez les bébés de moins de 1 an. C'est une maladie grave, mais la plupart des bébés de bonne constitution guérissent en 1 semaine.

■ SYMPTÔMES ■

▲ Aggravation de l'état général chez un enfant déjà souffrant.
▲ Température élevée.
▲ Toux sèche.
▲ Accélération de la respiration.
▲ Respiration difficile ou bruyante.

Que puis-je faire ?

1 Redressez l'enfant dans son lit en ajoutant des oreillers pour faciliter sa respiration. Si c'est un bébé, glissez un oreiller sous la tête du matelas.

2 Si la fièvre est élevée, faites-la tomber en administrant la dose prescrite d'acétaminophène (pour enfants), ou lavez-le avec une éponge d'eau tiède (voir p. 188).

■ APPELEZ LE MÉDECIN ■

Appelez les secours d'urgence si votre enfant présente un des signes d'urgence énumérés page 208. Appelez le médecin immédiatement si vous pensez que l'enfant a une pneumonie.

3 Veillez à ce que l'enfant boive beaucoup, surtout s'il a de la fièvre. Offrez à un bébé de l'eau bouillie froide.

Que pourra faire le médecin ?

Il vous expliquera comment soigner l'enfant et, si l'infection est bactérienne, il prescrira un antibiotique. Si l'enfant est très malade, il pourra le faire hospitaliser.

LA PRÉVENTION DES CRISES D'ASTHME

Essayez de découvrir ce qui déclenche les crises en notant les circonstances de leur survenue. Une activité physique intense, la surexcitation peuvent provoquer une crise. Des facteurs allergisants sont énumérés ci-après.

La poussière
Réduisez au minimum la poussière dans la maison en passant l'aspirateur et en dépoussiérant avec une éponge humide au lieu de balayer et d'utiliser un chiffon à poussière. Enveloppez le matelas de l'enfant d'une housse en plastique.

Les poils d'animaux
Si vous avez des animaux familiers, éloignez-les pendant quelque temps et voyez si l'enfant a moins de crises.

Coussins, oreillers, couettes
Préférez les garnitures synthétiques à la plume ou au duvet.

Le pollen, surtout d'arbres et de graminées
Empêchez l'enfant de jouer dans l'herbe haute, et gardez-le à la maison quand les grains de pollen sont abondants.

La fumée de cigarette
Ne laissez personne fumer près de votre enfant.

■ SIGNES D'URGENCE ■

Appelez les secours d'urgence si l'enfant :
▲ a la langue ou le tour de la bouche bleuâtre ;
▲ respire avec difficulté ;
▲ ne respire pas plus facilement 10 minutes après avoir pris son médicament ;
▲ ne réagit plus.

■ APPELEZ LE MÉDECIN ■

Appelez le médecin immédiatement si c'est la première fois que votre enfant a une crise d'asthme. Consultez-le dès que possible si vous pensez qu'il a de l'asthme.

Que pourra faire le médecin ?

Le médecin pourra prescrire un médicament à prendre au début de sa crise ou avant une activité susceptible d'en déclencher une. Si la crise est grave, il pourra faire hospitaliser l'enfant.

LE MAL DE VENTRE

Toute douleur localisée entre le bas de la cage thoracique et l'aine peut être un signe de nombreuses maladies, dont la gastro-entérite (voir p. 214) et les infections de l'appareil urinaire (voir p. 216). Elle peut aussi être causée par des vomissements, accompagner une amygdalite ou une rougeole. Votre enfant peut se plaindre d'avoir mal au ventre quand il ne se sent pas bien ou quand il a envie de vomir, ou encore quand il a mal quelque part sans pouvoir vous expliquer où.

QUE FAIRE DEVANT LE MAL DE VENTRE

Quelles sont ses causes ?

De nombreux enfants ont mal au ventre quand ils se sentent anxieux ou éprouvent un sentiment d'insécurité pour une raison quelconque. Si la douleur n'est pas intense et ne dure que 1 heure ou 2, ne vous inquiétez pas ; essayez de découvrir ce qui le perturbe et rassurez-le. Cependant, si votre enfant souffre beaucoup pendant plusieurs heures, vous devez prendre le fait au sérieux. Il peut avoir une appendicite (inflammation de l'appendice, petit tube en cul-de-sac appendu à l'intestin), bien qu'elle soit rare chez un enfant de moins de 3 ans.

Une douleur abdominale intense survenant à intervalles de 10 à 20 minutes chez un bébé ou un petit enfant peut traduire une obstruction intestinale (invagination).

Que puis-je faire ?

1 Prenez la température de l'enfant. Si elle est un peu élevée, il peut avoir une appendicite, surtout si la douleur est forte ou paraît localisée dans la région de l'ombilic. Ne lui donnez aucun médicament pour calmer sa douleur ou pour faire tomber la fièvre.

Enveloppez une bouillotte
d'eau chaude dans une serviette.

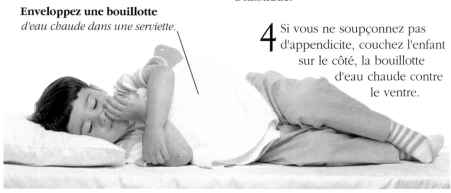

2 Si vous pensez que votre enfant a peut-être une appendicite, ne lui donnez rien à boire ou à manger. Sinon, donnez-lui un peu d'eau s'il a soif, mais rien à manger.

3 Réconfortez-le en le câlinant et en vous occupant de lui plus que d'habitude.

4 Si vous ne soupçonnez pas d'appendicite, couchez l'enfant sur le côté, la bouillotte d'eau chaude contre le ventre.

■ SIGNES D'URGENCE ■

Appelez les secours d'urgence si votre bébé ou l'enfant :
▲ hurle de douleur à des intervalles de 15 à 20 minutes et devient pâle quand il crie ;
▲ a une selle rouge foncé ou des selles qui ressemblent à de la gelée de groseille rouge ;
▲ a mal au ventre pendant plus de 3 heures ;
▲ a très mal au ventre et a de la fièvre.

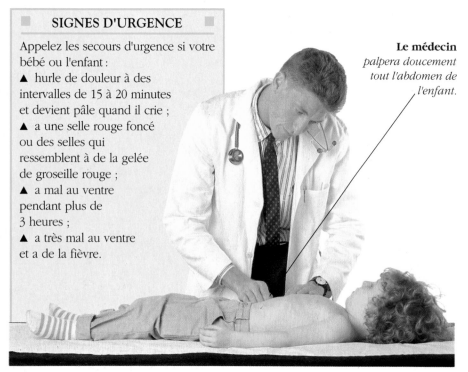

Le médecin
palpera doucement tout l'abdomen de l'enfant.

■ APPELEZ LE MÉDECIN ■

Appelez le médecin immédiatement si l'enfant :
▲ manifeste un nouveau symptôme ;
▲ a mal au ventre pendant plus de 3 heures.
Consultez le médecin si votre enfant a souvent mal au ventre.

Que pourra faire le médecin ?

Le médecin examinera l'enfant pour chercher l'origine de la douleur. Le traitement dépendra de la cause, mais, souvent, les maux de ventre ne nécessitent aucun traitement. Si le médecin soupçonne une appendicite ou une obstruction intestinale, il fera admettre l'enfant à l'hôpital pour une intervention d'urgence.

CONSTIPATION, VOMISSEMENTS ET DIARRHÉE

Une modification minime du régime alimentaire peut causer une constipation ou une diarrhée temporaire. Les vomissements ou la diarrhée peuvent accompagner presque toutes les maladies et peuvent aussi être causés par l'anxiété ou la surexcitation. Si votre enfant vomit ou a une diarrhée légère, cherchez d'autres signes de maladie (voir p. 182). Des vomissements répétés ou une diarrhée profuse déshydratent rapidement un bébé ou un jeune enfant. Cette perte de liquide doit être prise très au sérieux et soignée sans tarder (voir p. 214).

LA CONSTIPATION

Qu'est-ce que c'est ?

Si votre enfant est constipé, il va moins souvent à la selle que d'habitude et ses matières sont plus dures. Chaque enfant a son propre rythme d'évacuation intestinale : certains vont à la selle 2 fois par jour, d'autres tous les 2 ou 3 jours. Quel que soit le rythme de votre enfant, s'il est régulier, il est normal ; ne cherchez pas à le modifier. Il arrive souvent que les bébés soient un peu constipés quand ils apprennent à s'asseoir ou à ramper.

APPELEZ LE MÉDECIN

Consultez le médecin dès que possible si l'enfant :
▲ pleure et se plaint de douleurs quand il va à la selle ;
▲ a des selles striées de sang ou des traînées de sang sur sa culotte ou ses couches ;
▲ est constipé pendant plus de 3 jours.

Que puis-je faire ?

1 Ne vous inquiétez pas si votre enfant est momentanément constipé, cela ne lui fait aucun mal. Ne lui administrez pas de laxatif, qui perturberait le rythme normal de ses intestins. N'ajoutez pas de sucre dans ses biberons.

2 Donnez beaucoup à boire à votre enfant, surtout s'il fait chaud, pour ramollir ses selles. Des jus de fruits ou de l'eau en abondance peuvent faire céder une constipation.

3 Ne pressez pas l'enfant quand il est sur le pot, mais ne l'y laissez pas trop longtemps non plus. S'il paraît constipé, mettez-lui un peu de vaseline autour de l'anus pour faciliter l'expulsion des selles.

4 Ajoutez des aliments riches en fibres à son alimentation (voir quelques exemples ci-dessous). Celles-ci facilitent le transit intestinal.

Que pourra faire le médecin ?

Il pourra prescrire un laxatif léger et vous donner des conseils concernant l'alimentation. Si votre enfant a des traînées de sang dans ses selles, il a peut-être une petite fissure de l'anus et le médecin pourra lubrifier la région avec douceur.

SOURCES DE FIBRES

Donnez des aliments riches en fibres, de préférence frais. Lavez légumes et fruits, ôtez pépins et filaments, épluchez les fruits pour les enfants de moins de 1 an. Réduisez les aliments en purée ou écrasez-les pour un bébé de moins de 8 mois (voir p. 110-111).

Fruits frais. Proposez à votre enfant des tranches de poire, de pêche, de banane, préalablement épluchées.

Pain complet

Céréales complètes

Fruits secs. Pruneaux et abricots sont parfaits pour les jeunes enfants.

Légumes frais. La purée, les brocolis peu cuits sont riches en fibres. Le céleri et les carottes peuvent être servis crus.

LES VOMISSEMENTS

Qu'est-ce que c'est?

Quand votre enfant vomit, il rejette presque tout le contenu de son estomac. Les bébés de moins de 6 mois régurgitent souvent une petite partie de leur tétée : c'est normal, ce n'est pas un vomissement.

■ APPELEZ LE MÉDECIN ■

Consultez le médecin immédiatement si votre enfant :

▲ vomit et paraît anormalement somnolent ;

▲ rejette des vomissures jaune verdâtre ;

▲ manifeste des signes de déshydratation.

Que puis-je faire?

1 Soutenez l'enfant au-dessus d'une cuvette et réconfortez-le pendant qu'il vomit (voir p. 193). Essuyez son visage après l'accès et faites-lui boire quelques gorgées d'eau.

2 L'enfant doit boire 1 à 1,5 l d'eau par jour. Préparez-lui une boisson sucrée-salée (voir la recette dans l'encadré) et offrez-lui une gorgée toutes les heures. Si votre bébé refuse le biberon, essayez de lui donner à boire à la cuiller ou avec une pipette spéciale pour médicaments (voir p. 189).

L'ENFANT DÉSHYDRATÉ

Votre enfant est peut-être déshydraté s'il présente le(s) symptôme(s) suivant(s) :

▲ bouche et lèvres sèches ;

▲ urine foncée, concentrée ;

▲ absence de miction depuis 6 heures ;

▲ yeux enfoncés et cernés ;

▲ fontanelle déprimée ;

▲ somnolence anormale ou léthargie.

Si votre enfant est déshydraté ou risque la déshydratation, préparez-lui une boisson glucosée. Dissolvez 3 cuillerées à thé arasées de sucre et une demi-cuillerée de sel dans 200 ml d'eau bouillie froide. Vous pouvez également acheter chez le pharmacien une poudre pour réhydratation orale.

Que pourra faire le médecin?

Le médecin examinera l'enfant à la recherche de la cause des vomissements et le traitera en fonction du diagnostic qu'il posera.

Si l'enfant est déshydraté, le médecin pourra prescrire une poudre à ajouter à ses boissons. S'il est très déshydraté, le médecin pourra le faire admettre à l'hôpital, où on lui posera une perfusion intraveineuse.

LA GASTRO-ENTÉRITE

Qu'est-ce que c'est?

C'est une inflammation de l'estomac et des intestins, qui peut être causée par des aliments contaminés. Elle est grave chez les bébés, car elle les déshydrate rapidement, mais rare chez les bébés nourris au sein. Chez l'enfant de plus de 2 ans, la gastro-entérite banale n'est pas grave.

■ SYMPTÔMES ■

▲ Vomissements, nausées.

▲ Diarrhée.

▲ Crampes d'estomac.

▲ Manque d'appétit.

▲ Élévation de la température.

Que puis-je faire?

1 Veillez à ce que l'enfant boive entre 1 et 1,5 l par jour. La boisson glucosée (voir ci-dessus) est excellente.

2 Ne donnez rien à manger à l'enfant jusqu'à l'arrêt des vomissements, puis donnez-lui des aliments à saveur douce. Les biberons du bébé doivent être dilués (voir p. 179).

3 Si la température est élevée, donnez-lui la dose prescrite d'acétaminophène (pour enfants).

4 Remettez des couches à l'enfant s'il est propre depuis peu de temps.

5 Faites-lui se laver les mains après avoir utilisé son pot et avant de manger. Lavez-vous les mains après avoir changé ses couches et avant de préparer ses repas. Stérilisez tout le matériel pour les tétées.

LA DIARRHÉE

Qu'est-ce que c'est ?

Si votre enfant a la diarrhée, ses selles sont liquides et fréquentes. Il a pu manger une nourriture trop riche, ou qui contenait plus de fibres que ses aliments habituels.

APPELEZ LE MÉDECIN

Appelez le médecin immédiatement si votre enfant :
▲ a une diarrhée qui dure plus de 6 heures ;
▲ a du sang dans les selles ;
▲ présente des signes de déshydratation (voir page de gauche).

Que puis-je faire ?

1 Donnez abondamment à boire à l'enfant. La boisson glucosée, dont la recette est donnée page de gauche, est excellente.

2 Remettez des couches à l'enfant qui est propre depuis peu de temps.

3 Soyez très attentive à l'hygiène : lavez-vous toujours les mains après avoir changé l'enfant et avant de préparer ses repas. Vérifiez bien que l'enfant se lave les mains après être allé sur le pot, et avant de manger.

Que pourra faire le médecin ?

Le médecin examinera l'enfant pour chercher la cause de sa diarrhée et le soignera en fonction du diagnostic qu'il posera.

Si l'enfant est déshydraté, il pourra prescrire une poudre de réhydratation à ajouter à ses boissons. Si la déshydratation est intense, le médecin pourra faire admettre l'enfant à l'hôpital, où on lui posera une perfusion intraveineuse.

FÈCES D'ASPECT NORMAL

Les modifications de la couleur des selles sont le plus souvent causées par des changements de régime alimentaire : vérifiez si le bébé n'a pas absorbé quelque chose d'inhabituel. Une maladie peut aussi être à l'origine des modifications de l'aspect des selles.
■ **Des fèces très claires, abondantes**, à odeur forte, qui flottent à la surface quand vous tirez la chasse d'eau des toilettes peuvent traduire une intolérance au gluten (maladie cœliaque) caractérisée par l'incapacité qu'a l'enfant de digérer une certaine protéine. Consultez le médecin.
■ **Des fèces acides, mousseuses,** peuvent traduire une incapacité à digérer le lait. Consultez le médecin.

APPELEZ LE MÉDECIN

Appelez le médecin immédiatement si votre enfant :
▲ a moins de 2 ans et a des raisons de souffrir d'une intoxication alimentaire ;
▲ a plus de 2 ans et présente des signes de gastro-entérite depuis plus de 2 jours.

Que pourra faire le médecin ?

Le médecin traitera la déshydratation et vous conseillera de ne donner à l'enfant que des liquides pendant quelques jours. Il peut demander un échantillon de ses selles.

QUESTION & RÉPONSE

«Quelles mesures puis-je prendre pour prévenir les gastro-entérites ?»
Stérilisez tout le matériel servant à préparer les biberons (voir p. 100). Conservez les biberons préparés dans le réfrigérateur. Ne gardez jamais de lait tiédi pour les biberons dans une bouteille isotherme, car les bactéries se multiplient rapidement.

Respectez scrupuleusement les règles d'hygiène quand vous préparez les aliments. Ne gardez pas de nourriture cuisinée plus de 48 heures au réfrigérateur et faites-la bouillir quand vous la réchauffez : l'ébullition détruit les bactéries responsables de la gastro-entérite. Lavez les assiettes et les tasses de l'enfant à l'eau bouillante. Essuyez-les avec un essuie-tout en papier et non avec un torchon en tissu.

Si vous partez en voyage avec un bébé ou un jeune enfant, demandez à votre médecin les précautions à prendre, en particulier en ce qui concerne l'eau, les fruits et les salades.

LES PROBLÈMES RÉNAUX, URINAIRES ET GÉNITAUX

La plupart des affections de l'appareil urinaire sont causées par la présence de bactéries dans l'urètre (voir le schéma ci-dessous), puis dans la vessie. Assez fréquentes chez les jeunes enfants, elles sont en général bénignes. Certains enfants présentent des anomalies congénitales de l'appareil urinaire qui les prédisposent aux infections. Les infections bénignes des organes génitaux sont, elles aussi, fréquentes. Chez les bébés et les jeunes enfants, elles vont souvent de pair avec un érythème fessier (voir p. 176).

L'appareil urinaire
Votre enfant a deux reins qui ont pour fonction de filtrer le sang. Débarrassé de ses déchets, le sang rejoint le flux circulatoire, tandis que les produits de déchet (l'urine) vont s'accumuler dans la vessie, d'où ils seront éliminés lors des mictions.

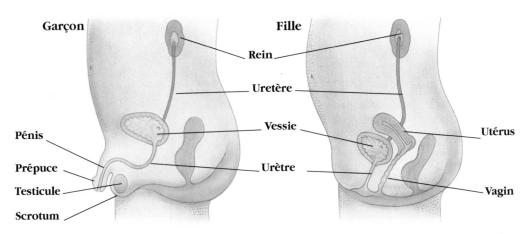

Garçon — Fille — Rein — Uretère — Vessie — Utérus — Pénis — Prépuce — Urètre — Vagin — Testicule — Scrotum

LES INFECTIONS DE L'APPAREIL URINAIRE

Qu'est-ce que c'est ?
Tous les organes de l'appareil urinaire peuvent être infectés par des bactéries. Les filles sont plus sujettes aux infections urinaires que les garçons. En effet, chez la fille, l'urètre (le canal reliant la vessie à l'extérieur) est plus court que chez le garçon et son orifice est plus proche de l'anus, donc plus accessible aux germes.

Que puis-je faire ?
1 Si votre enfant paraît malade, examinez ses urines pour voir si elles sont claires ou troubles, roses ou rouge foncé. Voyez aussi si l'enfant urine plus souvent que d'habitude, et s'il paraît souffrir en urinant. Si votre bébé porte encore des couches, vous ne pourrez sans doute pas savoir si ses mictions sont plus fréquentes et si elles sont douloureuses, mais vous pourrez noter une modification de l'odeur.

2 Donnez abondamment à boire à l'enfant pour drainer ses reins.

3 Prenez sa température. Si elle est élevée, administrez-lui la dose d'acétaminophène correspondant à son âge et à son poids.

SYMPTÔMES
▲ Mictions plus fréquentes que d'habitude.
▲ Douleur en urinant.
▲ Urine rose ou rouge, claire ou trouble.
▲ Modification de l'odeur de l'urine.
  ▲ Élévation de la température.
    ▲ Apathie.
    ▲ Perte d'appétit.
    ▲ Douleur abdominale.

APPELEZ LE MÉDECIN
Consultez le médecin dès que possible si vous pensez que l'enfant souffre d'une infection urinaire.

Que pourra faire le médecin ?
Le médecin examinera l'enfant et vous demandera probablement un prélèvement d'urine (il vous expliquera comment procéder). Il prescrira éventuellement un antibiotique.

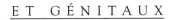

AFFECTIONS GÉNITALES (FILLE)

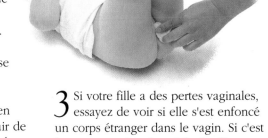

Que peut-il se passer ?

Le vagin d'une petite fille peut être irrité par un érythème fessier (voir p. 176), une candidose (voir p. 205) ou des oxyures (voir p. 224). Si vous remarquez des pertes vaginales malodorantes ou teintées de sang, votre fille peut s'être enfoncé quelque chose dans le vagin. Les nouveau-nées ont parfois des pertes blanches, qui sont tout à fait banales. Plus tard, et jusqu'à la puberté, toute perte vaginale doit être considérée comme anormale.

Que puis-je faire ?

1 Si les fesses de l'enfant sont rouges et irritées, n'utilisez que de l'eau et pas de savon pour la toilette. Séchez ensuite avec soin. Procédez toujours de l'avant vers l'arrière pour que les germes ne se propagent pas à partir de l'anus.

2 Ne lui mettez pas de culotte en plastique, elle empêcherait l'air de circuler. Si l'enfant ne porte plus de couches, utilisez des culottes en coton.

3 Si votre fille a des pertes vaginales, essayez de voir si elle s'est enfoncé un corps étranger dans le vagin. Si c'est le cas, **consultez le médecin dès que possible**.

Que pourra faire le médecin ?

Le médecin examinera votre fille et prélèvera un échantillon de l'écoulement. Si elle a un objet dans le vagin, il le retirera. Si c'est une infection, il prescrira, selon la cause, des antibiotiques à prendre par voie orale ou une pommade à appliquer localement.

■ SYMPTÔMES ■

▲ Brûlures, démangeaisons dans le vagin ou à son voisinage.
▲ Rougeur de la région vaginale.
▲ Écoulement vaginal.

■ APPELEZ LE MÉDECIN ■

Consultez le médecin dès que possible si votre fille :
▲ a des pertes vaginales ;
▲ présente des symptômes malgré vos soins ;
▲ s'est enfoncé un objet dans le vagin.

LES AFFECTIONS GÉNITALES (GARÇON)

Que peut-il se passer ?

Le prépuce, qui recouvre l'extrémité du pénis, peut être le siège d'une inflammation ou d'une infection (balanite), souvent à la suite d'un érythème fessier (voir p. 176).

Si vous remarquez une grosseur dans l'aine ou le scrotum, votre petit garçon a peut-être une hernie (saillie d'une boucle intestinale à travers une zone affaiblie de la paroi abdominale).

Que puis-je faire ?

En cas d'inflammation du prépuce, nettoyez à chaque change, ou au moins une fois par jour, les organes génitaux sans savon et séchez avec soin. Pour laver les couches et les culottes, employez une lessive sans enzymes et rincez bien.

Comment prévenir l'inflammation

N'essayez pas de décalotter le gland en tirant le prépuce – il ne peut se rétracter parfaitement avant 4 ans.

■ SYMPTÔMES ■

Inflammation du prépuce
▲ Prépuce rouge et gonflé.
▲ Écoulement de pus par le méat urinaire.

Hernie
▲ Grosseur molle et indolore de l'aine ou du scrotum, qui peut disparaître quand l'enfant se couche et enfler quand il tousse, éternue ou pleure.

Que pourra faire le médecin ?

En cas d'inflammation du prépuce, le médecin pourra prescrire une pommade antibiotique. Cependant, si votre enfant a une hernie, le médecin recommandera une intervention chirurgicale. En effet, il vaut mieux opérer afin d'éviter un étranglement qui pourrait avoir des conséquences sérieuses.

■ APPELEZ LE MÉDECIN ■

Consultez le médecin dès que possible si :
▲ le prépuce de l'enfant est rouge ou gonfle ou si vous remarquez un écoulement ;
▲ la hernie de l'enfant devient douloureuse ou se modifie d'une façon ou d'une autre.
Consultez le médecin si vous pensez que votre fils a une hernie.

LA CIRCONCISION

Si vous envisagez de faire circoncire (ablation chirurgicale du prépuce) votre fils, parlez-en à votre médecin. La circoncision comporte un risque. C'est pourquoi elle n'est pratiquée en général que pour des raisons religieuses ou médicales.

LES PROBLÈMES DE PEAU

Les troubles cutanés mineurs sont fréquents chez les enfants. La plupart d'entre eux guérissent vite, mais certaines affections très contagieuses doivent être soignées rapidement. Si votre enfant présente une éruption associée à d'autres symptômes, il peut avoir une maladie infectieuse (voir p. 197-199).

GUIDE DE DIAGNOSTIC RAPIDE

Une ou plusieurs taches rouges, ou une éruption, voir Boutons et furoncles, Urticaire, Boutons de chaleur (ci-dessous et page ci-contre), Piqûres d'insectes (p. 244). Si la peau est sèche et écailleuse, voir Eczéma (p. 220).

Zones à vif ou petites fentes autour des lèvres, sur les joues ou les mains, voir Gerçures (p. 221).

Petites cloques ou pustules croûteuses autour de la bouche, voir Herpès buccal ou Impétigo (p. 222-223).

Petites excroissances cutanées sur la peau des mains ou des pieds, voir Verrues (p. 222).

Démangeaisons du cuir chevelu, voir Poux et lentes (p. 224).

Démangeaisons autour de l'anus, voir Oxyures (p. 224).

DÉMANGEAISONS

De nombreuses maladies de peau causent des démangeaisons. Le grattage pouvant infecter la peau, il est important de les apaiser.

■ Faites porter à l'enfant des vêtements en coton, matière moins irritante que la laine ou d'autres tissus.

■ Massez doucement la région avec un coton imbibé d'une solution aqueuse (lotion à la calamine, par exemple) qui calme les irritations et les inflammations.

■ Faites dissoudre une poignée de bicarbonate de soude dans le bain de l'enfant.

LES BOUTONS ET LES FURONCLES

Qu'est-ce que c'est ?

Un « bouton » (ou papule) est une petite éminence rouge qui se forme le plus souvent sur le visage. Un furoncle est une inflammation de la peau se traduisant par un gonflement qui, en mûrissant, laisse apparaître une pointe remplie de pus. Les furoncles surviennent fréquemment sur le visage ou au niveau des zones de pression (fesses, par exemple), mais ils peuvent se former sur tout le corps. Des crises de furonculose à répétition peuvent être un signe de maladie.

SYMPTÔMES

Bouton
▲ Petite saillie rouge et indolore.

Furoncle
▲ Saillie rouge et douloureuse, qui grossit progressivement après 1 ou 2 jours de maturation.

APPELEZ LE MÉDECIN

Consultez le médecin le plus vite possible si :
▲ l'enfant a un bouton qui paraît enflammé ;
▲ l'enfant a un furoncle mal placé ou très douloureux ;
▲ le pus ne se forme pas 3 jours après l'apparition du furoncle ;
▲ des traînées rouges marquent la peau en partant du furoncle.

Que puis-je faire ?

1 Si votre enfant a des boutons de temps en temps, ignorez-les tout simplement. Ils vont disparaître d'eux-mêmes en quelques jours. Si l'enfant bave et qu'un bouton se forme près de sa bouche, appliquez une crème protectrice.

2 Si l'enfant a un furoncle ou un bouton qui paraît enflammé, nettoyez-le, ainsi que le pourtour, avec un coton imbibé d'une solution antiseptique.

3 Couvrez-le avec du sparadrap. Si le sparadrap se décolle ou si le furoncle est situé à un endroit sensible (à la fesse, par exemple), recouvrez-le d'une compresse avant de coller le sparadrap.

4 Un furoncle mûrit et crève de lui-même en quelques jours. N'y touchez pas sous peine de propager l'infection. Quand il a percé, nettoyez-le avec un coton imbibé d'une solution antiseptique et appliquez un pansement adhésif jusqu'à la guérison.

Que pourrra faire le médecin ?

Il pourra percer le furoncle et évacuer le pus pour calmer la douleur et résorber le gonflement. Il prescrira éventuellement une pommade. Il pourra aussi opter pour un traitement antibiotique.

L'URTICAIRE

Qu'est-ce que c'est ?

L'urticaire est une éruption cutanée qui se présente sous forme de taches rouges prurigineuses. Les taches s'effacent en quelques heures, mais sont remplacées par d'autres. Elle peut aussi bien être due au soleil qu'à une allergie à certains aliments ou médicaments.

SYMPTÔMES

▲ Éruption de plaques rouges à centre clair, qui démangent ;
▲ la dimension des plaques varie de 1mm à 1,5 cm ;
▲ les grandes plaques ont tendance à se rapprocher.

Que puis-je faire ?

1 Tamponnez l'éruption avec un coton imbibé d'une lotion à la calamine.

2 Si l'éruption est causée par une allergie, tentez de découvrir l'allergène pour éviter à l'avenir tout contact de l'enfant avec cette substance. L'éruption apparaît en général quelques heures après le contact avec l'allergène ; essayez de vous rappeler, par exemple si l'enfant a récemment consommé un nouvel aliment.

APPELEZ LE MÉDECIN

Appelez le médecin d'urgence si le visage, la langue ou la gorge de l'enfant sont enflés. Consultez le médecin dès que possible si :
▲ l'éruption ne s'efface pas en 4 heures;
▲ l'enfant a des poussées d'urticaire fréquentes.

Que pourra faire le médecin?

Le médecin pourra presrire un antihistaminique. Il pourra aussi faire effectuer des tests pour déceler la cause d'une allergie. Si le visage, la langue ou la gorge de l'enfant sont enflés, le médecin pourra lui faire une piqûre pour faire céder le gonflement.

LES BOUTONS DE CHALEUR

Qu'est-ce que c'est ?

Les boutons de chaleur sont une éruption légère, et sans gravité, causée par la chaleur. Ils sont plus fréquents chez les bébés que chez les enfants plus grands et apparaissent en général sur le visage ou dans les plis de la peau où la sueur s'accumule.

SYMPTÔMES

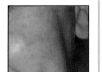

▲ Éruption sur le visage ou dans les plis cutanés.

APPELEZ LE MÉDECIN

Consultez votre médecin dès que possible si l'éruption n'a pas disparu 12 heures après que la température de la pièce dans laquelle vit l'enfant a été rafraîchie.

Que puis-je faire ?

1 Enlevez les dessus-de-lit pesants, ôtez une épaisseur de vêtements à l'enfant, laissez-le en camisole et en couche.

2 Donnez-lui un bain tiède. Tamponnez sa peau pour la sécher légèrement, mais gardez-la humide pour que l'enfant se rafraîchisse pendant qu'elle sèche. Quand il est sec, poudrez-le légèrement avec du talc pour absorber la sueur.

3 Prenez la température du bébé. Si elle est élevée, donnez-lui une dose d'acétaminophène appropriée à son âge. Lavez-le délicatement avec une éponge imbibée d'eau tiède (voir p. 188).

Prévenir les boutons de chaleur.

Habillez légèrement votre bébé quand il fait chaud, avec des sous-vêtements en coton (et non en laine ou en fibres synthétiques). Installez-le à l'ombre ou sous un parasol.

Retirez *une épaisseur de vêtement au bébé qui a trop chaud.*

Que pourra faire le médecin?

Il s'assurera que l'éruption est bien causée par la chaleur. Si c'est le cas, le bébé n'a pas besoin de traitement. Si l'éruption a une autre cause, le médecin la soignera.

L'ECZÉMA

Qu'est-ce que c'est?

L'eczéma est une affection d'origine allergique caractérisée par l'apparition de zones rouges prurigineuses, écailleuses et sèches. Il affecte le plus souvent le visage et les plis cutanés comme le creux du coude ou du genou, mais il peut s'étendre davantage.

Il apparaît en général entre 3 mois et 2 ans, puis s'améliore au fur et à mesure que l'enfant grandit. Quelque 50 % des enfants eczémateux sont guéris vers 6 ans, et la plupart à la puberté. Votre enfant court plus de risques d'avoir de l'eczéma si quelqu'un de la famille est allergique (eczéma, asthme, rhume des foins).

Que puis-je faire?

1 Quand vous donnez son bain à l'enfant, nettoyez la zone atteinte avec un coton imbibé d'huile pour bébé au lieu d'employer de l'eau et du savon. Rincez bien.

Appliquez l'huile *pour bébé avec un coton.*

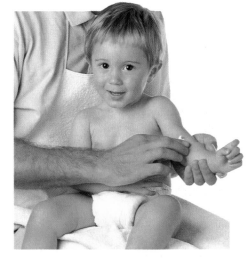

2 Après le bain, appliquez une crème hydratante anallergique et non parfumée sur la peau du bébé, qui est souvent très sèche.

3 Mettez à l'enfant des sous-vêtements en coton et non en laine. Par temps froid, ajoutez par-dessus des épaisseurs de laine.

4 Essayez d'empêcher l'enfant de se gratter. Gardez ses ongles ras.

5 Cherchez la cause de l'allergie, qui est, le plus souvent, alimentaire (produits laitiers, céréales). Mais l'allergie peut aussi être provoquée par des poils d'animaux, des vêtements de laine, de la poudre à laver. L'anxiété peut déclencher une poussée d'eczéma : demandez-vous si quelque chose tourmente votre enfant.

6 Quand la poussée d'eczéma est intense, tenez votre enfant éloigné de toute personne atteinte de varicelle ou d'herpès buccal.

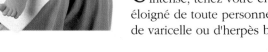

■ APPELEZ LE MÉDECIN ■

Consultez le médecin dès que possible si :
▲ l'eczéma est très étendu ou très prurigineux ;
▲ du liquide suinte des plaques.
Consultez le médecin si vous pensez que votre enfant a de l'eczéma.

Que pourra faire le médecin?

Le médecin pourra prescrire une pommade et, si la zone est surinfectée, un antibiotique. Si l'enfant est allergique à un aliment, le médecin vous expliquera comment équilibrer son régime alimentaire en éliminant l'aliment responsable.

LES COUPS DE SOLEIL

Qu'est-ce que c'est?

Un coup de soleil est une rougeur douloureuse de la peau causée par l'exposition au soleil. C'est une brûlure, à laquelle sont particulièrement sensibles les bébés à la peau claire et aux yeux bleus.

SYMPTÔMES

▲ Zones de peau rouge et sensible.
▲ Apparition de cloques sur les zones les plus brûlées.
▲ 1 ou 2 jours plus tard, desquamation (la peau pèle).

Que puis-je faire ?

1 Installez l'enfant à l'ombre ou à l'intérieur dès que sa peau rosit. N'oubliez pas que les effets les plus nocifs d'un coup de soleil n'apparaissent qu'après quelques heures.

2 Rafraîchissez les zones de peau rougie avec de l'eau froide, puis appliquez une lotion adoucissante après-soleil ou enduisez-les de pâte à l'eau.

LA PRÉVENTION DES COUPS DE SOLEIL

Ne laissez jamais votre bébé dormir au soleil. Tant qu'il n'est pas très habitué au soleil, ne le laissez pas plus de 15 minutes sans protection en plein soleil. Vous pourrez augmenter cette durée de 5 minutes chaque jour. Toutes les heures, appliquez une crème (indice de protection 10-15). Mettez à l'enfant un tee-shirt et un chapeau de soleil. Qu'il garde son tee-shirt quand il nage ou joue au bord de l'eau pour que ses épaules soient protégées. Si, le lendemain, sa peau vous paraît rouge, ne laissez pas l'enfant au soleil.

APPELEZ LE MÉDECIN

Consultez le médecin dès que possible si :
▲ l'enfant a de la fièvre et paraît mal en point ;
▲ des cloques se forment sur une région très étendue.

Que pourra faire le médecin ?

Le médecin prescrira une pommade adoucissante et cicatrisante.

LES GERÇURES

Qu'est-ce que c'est?

Les gerçures sont de petites fentes qui apparaissent sur une peau desséchée après une exposition à l'air sec et froid, ou à l'air chaud. Ce n'est pas grave, mais parfois très douloureux.

Que puis-je faire?

1 Utilisez une crème pour les lèvres, et, pour la peau, une crème hydratante ou de la vaseline.

2 Appliquez une huile ou une lotion pour bébé. Gardez ses mains chaudes et sèches.

3 Si les gerçures saignent, couvrez-les d'un pansement adhésif.

SYMPTÔMES

▲ Fentes de la peau, au niveau des lèvres ou de leur pourtour, des joues, des mains.
▲ Saignement si la gerçure est profonde.

APPELEZ LE MÉDECIN

Appelez le médecin dès que possible si :
▲ la gerçure ne guérit pas après 3 jours;
▲ la gerçure devient rouge et douloureuse, ou s'infecte.

Que pourra faire le médecin?

Si la région gercée s'infecte, le médecin prescrira un antibiotique. Sinon, il n'y a pas de traitement.

L'HERPÈS BUCCAL

Qu'est-ce que c'est?

L'herpès buccal se traduit par de petites vésicules, souvent situées sur les lèvres, mais parfois dans la bouche ou en tout autre point du visage. Il est causé par un virus qui, une fois qu'il a infecté un enfant, reste l'hôte de sa peau et se réactive de temps à autre. Si votre enfant a eu une poussée d'herpès, il en aura probablement d'autres à l'avenir. Le soleil peut déclencher une récidive, ainsi qu'une maladie bénigne, un rhume par exemple, qui cause un peu de fièvre (d'où son nom populaire de « bouton de fièvre »).

SYMPTÔMES

▲ Petit bouton rouge qui picote ou démange, en général autour de la bouche.
▲ Le lendemain, éruption de vésicules jaunâtres douloureuses.
▲ Fièvre et malaise général lors de la première poussée.

Que puis-je faire?

1 Appliquez des glaçons sur la zone atteinte pendant 10 minutes, pour empêcher les vésicules de se développer.

Enveloppez un glaçon *dans un mouchoir propre et appliquez-le sur la lèvre de l'enfant.*

2 Sur les vésicules déjà formées, appliquez de la vaseline ou une crème apaisante.

3 Empêchez l'enfant de toucher son herpès, car il pourrait contaminer ses yeux.

4 Les boutons de fièvre sont très contagieux. Ne laissez pas votre enfant embrasser d'autres personnes. S'il porte des jouets à sa bouche, qu'il ne les partage pas avec d'autres enfants tant que son herpès n'est pas guéri.

5 Si votre enfant a déjà eu un bouton de fièvre, protégez ses lèvres avec une pommade écran solaire s'il s'expose au soleil, parce que celui-ci peut déclencher une nouvelle poussée d'herpès.

APPELEZ LE MÉDECIN

Consultez le médecin dès que possible si :
▲ l'enfant a une première poussée d'herpès buccal;
▲ le bouton suinte ou se propage;
▲ le bouton de fièvre est placé près des yeux.

Que pourra faire le médecin?

Le médecin prescrira une pommade à appliquer plusieurs fois par jour sur les éléments herpétiques pour accélérer leur guérison.

LES VERRUES

Qu'est-ce que c'est?

Une verrue est une excroissance cutanée sèche et dure ; située sous la plante des pieds, elle prend le nom de verrue plantaire. Les verrues sont causées par un virus. Presque tous les enfants en ont de temps à autre.

Elles ne sont pas douloureuses et disparaissent spontanément en quelques mois. Les verrues plantaires sont contagieuses et douloureuses à cause de la pression exercée par les chaussures ou par la marche. Il faut donc les traiter sans attendre.

SYMPTÔMES

Verrue
▲ Excroissance coriace de peau sèche.

Verrue plantaire
▲ Zone douloureuse et dure sous la plante du pied, avec, parfois, un point noir au centre.

Que puis-je faire?

1 Si votre enfant a une verrue, ne vous en souciez pas, sauf si elle est située sur les organes génitaux ou près de l'anus. Elle disparaîtra d'elle-même après quelques mois, 1 an, ou davantage.

L'IMPÉTIGO

Qu'est-ce que c'est?

L'impétigo est une affection de la peau due à une bactérie. Il peut résulter d'un eczéma ou d'un herpès buccal infecté, bien qu'une peau saine puisse parfois présenter un impétigo. Il siège souvent autour de la bouche et du nez, mais peut affecter n'importe quelle région du corps. Ce n'est pas une maladie grave chez les enfants, mais un impétigo très étendu peut rendre un bébé très malade. L'impétigo est contagieux, il faut le traiter rapidement.

Que faire?

1 Séparez le linge de toilette de l'enfant de celui du reste de la famille. Lavez-le souvent pour que l'infection ne se propage pas.

2 Empêchez l'enfant de tripoter ses boutons, de sucer son pouce, de mettre les doigts dans son nez, afin qu'il ne propage pas l'infection.

3 Enlevez les croûtes tous les jours en les ramollissant avec un coton humide. Ne frottez pas trop fort, mais insistez pour que la croûte tombe.

Lavez la croûte *pour l'enlever avec un coton imbibé d'eau tiède savonneuse.*

SYMPTÔMES

▲ Éruption de petites taches rouges.
▲ Formation de bulles sur les taches.
▲ Rupture des bulles, formation de croûtes brun jaunâtre.
▲ Fièvre et malaise général chez le bébé.

4 Séchez en tamponnant avec une serviette en papier que vous jetterez immédiatement pour que l'infection ne se propage pas.

5 Éloignez votre enfant des autres, surtout des bébés, jusqu'à ce qu'il aille mieux.

APPELEZ LE MÉDECIN

Appelez le médecin sans tarder si votre bébé a moins de 3 mois et présente une poussée d'impétigo importante. Consultez le médecin dès que possible si vous pensez que votre enfant a un impétigo.

Que pourra faire le médecin?

Le médecin pourra prescrire une pommade et vous expliquer comment enlever les croûtes avant de l'appliquer. Si l'infection ne cède pas après 5 jours, rappelez le médecin.

Couvrez la verrue *avec un pansement adhésif.*

2 Si l'enfant a une verrue plantaire, recouvrez-la d'un pansement adhésif et ne le laissez pas marcher pieds nus tant que la verrue n'est pas guérie. Elle peut disparaître spontanément. Mettez tout le linge de toilette de l'enfant à part.

APPELEZ LE MÉDECIN

Consultez le médecin si :
▲ l'enfant a une verrue sur les organes génitaux ou au voisinage de l'anus;
▲ l'enfant a une verrue plantaire.

Que pourra faire le médecin?

Le médecin pourra prescrire une lotion à mettre sur la verrue jusqu'à ce qu'elle disparaisse. Éventuellement, il adressera l'enfant à une consultation de l'hôpital ou à un spécialiste. Celui-ci brûlera la verrue ou la détruira par le froid sous anesthésie locale.

LES POUX ET LES LENTES

Qu'est-ce que c'est?

Les poux sont de petits insectes qui parasitent les cheveux et causent des démangeaisons du cuir chevelu. Leurs œufs minuscules (les lentes) se collent à la base des cheveux. Lavez à la machine la literie et les vêtements portés dans les 48 heures précédant le traitement. Passez l'aspirateur sur divans, tapis, matelas, etc.

Appliquez
le shampooing.

SYMPTÔMES

▲ Démangeaisons du cuir chevelu.

▲ Petits grains blancs collés aux cheveux près des racines.

▲ Marques rouges de morsures sur le cuir chevelu.

Que puis-je faire?

1 Demandez un shampooing contre les poux à votre pharmacien. Appliquez-le sur toute la tête de l'enfant, laissez-le agir le temps voulu.

3 Nettoyez la brosse à cheveux, le peigne et les bonnets de l'enfant avec la lotion. Enfermez les chapeaux dans un sac en plastique pendant 10 jours : poux et lentes seront détruits.

2 Lavez et rincez les cheveux, puis peignez-les au peigne fin pour enlever les poux morts et les lentes. Il est souvent nécessaire de recommencer 2 ou 3 fois, pour détruire les lentes. Suivez bien les recommandations du fabricant.

4 Prévenez le personnel de la garderie ou de l'école que votre enfant a des poux ; gardez-le à la maison tant que les parasites et leurs œufs ne sont pas détruits.

LES OXYURES

Qu'est-ce que c'est?

Les oxyures sont de petits vers blancs, d'environ 1 cm de long. Ils pénètrent dans l'organisme par des aliments contaminés et vivent dans l'intestin, sortant la nuit pour pondre leurs œufs sur la marge de l'anus, causant ainsi des démangeaisons intenses. Ils sont fréquents chez l'enfant et sans danger, bien que les démangeaisons puissent être très désagréables. Chez la fille, les oxyures peuvent se diriger vers le vagin.

SYMPTÔMES

▲ Démangeaisons autour de l'anus, empirant la nuit.

▲ Démangeaisons autour du vagin.

▲ Petits vers blancs dans les selles.

Que puis-je faire?

1 Essayez d'empêcher l'enfant de se gratter parce qu'il peut créer une inflammation de la peau périanale ou périvaginale.

2 Coupez ses ongles ras de façon qu'en se grattant il ne puisse pas récolter sous les ongles des œufs qui pourraient le réinfecter ou infecter d'autres personnes.

3 Dites à toute la famille de se laver les mains avec soin après être allé aux toilettes et avant de manger. Utilisez une brosse à ongles.

APPELEZ LE MÉDECIN

Consultez le médecin dès que possible si vous pensez que votre enfant a des oxyures.

4 Si l'enfant ne porte plus de couches, mettez-lui une culotte ou un pantalon de pyjama. Changez sa culotte ou son pyjama tous les jours, stérilisez-les à l'eau bouillante pour détruire vers et œufs. Changez la literie tous les jours tant que dure le traitement et lavez-la à l'eau très chaude.

5 Si votre enfant se gratte, couchez-le en travers de vos genoux et examinez son anus à la recherche de petits vers blancs. Enlevez ceux que vous voyez avec un coton humide et jetez le tout dans les toilettes.

Que pourra faire le médecin?

Il prescrira sans doute un vermifuge à toute la famille, pour tuer les vers. Il peut également prescrire à l'enfant une crème pour apaiser l'inflammation autour de l'anus ou du vagin.

L'ÉPILEPSIE ET LA MÉNINGITE

La méningite est une maladie rare, mais l'épilepsie (une affection qui cause des crises convulsives, et qui peut revêtir plusieurs formes) atteint environ 1 personne sur 200. La cause la plus fréquente des convulsions chez le jeune enfant est la fièvre (voir p. 188). Quant aux convulsions fébriles, elles sont, en général, sans rapport avec l'épilepsie. La méningite peut être la complication d'une autre maladie.

L'ÉPILEPSIE

Qu'est-ce que c'est?

L'épilepsie est un état caractérisé par des crises convulsives résultant d'une activité cérébrale anormale. S'ils sont bien soignés, la plupart des enfants en sont débarrassés lorsqu'ils parviennent à l'adolescence. Il existe plusieurs formes d'épilepsie; les plus communes chez l'enfant sont le « petit mal », où prédominent les absences, et le « grand mal ».

Que puis-je faire?

1 Pendant la crise, allongez l'enfant par terre sur le côté. Restez à côté de lui pour l'empêcher de se faire mal, mais ne tentez pas de l'immobiliser.

2 Après une crise, installez l'enfant en position latérale de sécurité (voir p. 233). Ne le réveillez pas s'il s'endort, mais assurez-vous qu'il respire normalement (voir p. 230).

3 Essayez d'empêcher l'enfant de se mettre dans des situations qui seraient dangereuses en cas de crise. Ne le laissez pas seul dans son bain, barricadez vos escaliers. Mais ne vous montrez pas hyperprotectrice : il ne doit pas se sentir différent des autres.

Que pourra faire le médecin?

Le médecin pourra adresser l'enfant à l'hôpital pour des examens, prescrire un médicament pour empêcher le déclenchement des crises. Si le comportement de l'enfant change tandis qu'il est sous traitement, prévenez le médecin.

SYMPTÔMES

Petit mal (absences)
▲ Immobilité soudaine.
▲ Expression égarée.
▲ Récupération complète après quelques secondes.

Grand mal
▲ Perte de connaissance soudaine : l'enfant s'affaisse.
▲ Raidissement des membres.
▲ Apparition de mouvements rythmés, saccadés.
▲ Miction involontaire.
▲ Sommeil, ou retour progressif à la conscience après immobilisation.

APPELEZ LE MÉDECIN

Consultez le médecin si votre enfant :
▲ a une crise d'épilepsie pour la première fois ;
▲ a une crise qui se prolonge plus de 3 minutes ;
▲ subit un enchaînement de crises.
Consultez le médecin si vous pensez que votre enfant a des absences.

LA MÉNINGITE

Qu'est-que c'est?

La méningite est une inflammation des méninges, membranes qui enveloppent le cerveau. C'est une maladie très grave qui doit être soignée sans tarder. L'inflammation du cerveau lui-même (encéphalite) cause des symptômes analogues.

APPELEZ LE MÉDECIN

Appelez le médecin immédiatement si vous pensez que votre enfant a une méningite ou une encéphalite.

Que pourra faire le médecin?

Le médecin pourra faire admettre l'enfant à l'hôpital, où seront effectués des examens destinés à déterminer le traitement. L'enfant restera peut-être à l'hôpital jusqu'à son rétablissement.

SYMPTÔMES

▲ Fièvre élevée.
▲ Indifférence et somnolence, ou irritabilité et agitation.
▲ Aggravation de l'état d'un enfant au décours d'une maladie infectieuse (rougeole ou oreillons).
▲ Vomissements.
▲ Perte d'appétit.
▲ Mal de tête ou bombement de la fontanelle.
▲ Raideur de la nuque.
▲ Les yeux sont orientés vers le haut et la tête se détourne de la lumière vive.
▲ Convulsions.
▲ Éruption de taches cutanées pourpres ou violacées sur le ventre.

LA SÉCURITÉ
DE VOTRE ENFANT

Un quart des accidents domestiques concerne les enfants de moins de 4 ans, mais il existe de nombreux moyens pour accroître la sécurité dans votre maison. La première précaution est de garder toujours l'enfant sous surveillance. Rappelez-vous que les risques d'accident sont plus grands quand l'enfant est fatigué ou mal en point, quand il a faim, quand vous êtes vous-même surmenée ou soucieuse. Les risques augmentent aussi quand la famille change d'environnement – en voyage, en vacances. Lorsque vous achetez des objets pour l'enfant, choisissez du matériel correspondant aux normes de sécurité ainsi qu'à l'âge et au poids de l'enfant. Le matériel acheté d'occasion doit être robuste, et toutes ses pièces, y compris les harnais de sécurité et les freins, doivent être en parfait état.

LA SÉCURITÉ À LA MAISON

TOUS LES ENFANTS courent le risque d'avoir des accidents parce que leur désir d'explorer la maison et de faire de nouvelles expériences dépasse de beaucoup leur bon sens et leur capacité de prévision. De nombreux accidents sont évitables, et c'est à vous d'assurer la sécurité de votre enfant. Cela ne veut pas dire restreindre ses activités, mais vous assurer que le monde dans lequel il joue et évolue est inoffensif.

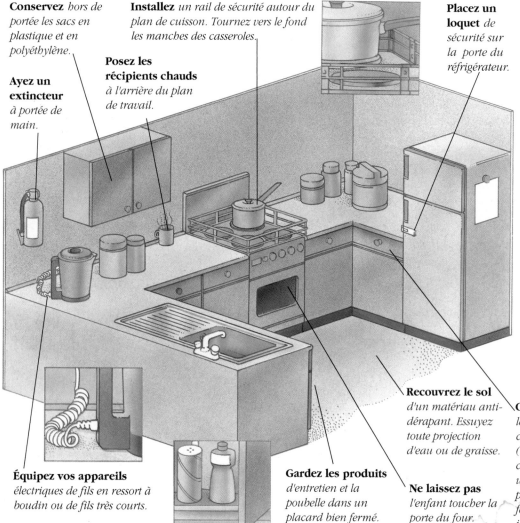

Conservez *hors de portée les sacs en plastique et en polyéthylène.*

Installez *un rail de sécurité autour du plan de cuisson. Tournez vers le fond les manches des casseroles.*

Posez les récipients chauds *à l'arrière du plan de travail.*

Ayez un extincteur *à portée de main.*

Placez un loquet *de sécurité sur la porte du réfrigérateur.*

Recouvrez le sol *d'un matériau anti-dérapant. Essuyez toute projection d'eau ou de graisse.*

Équipez vos appareils *électriques de fils en ressort à boudin ou de fils très courts.*

Gardez les produits *d'entretien et la poubelle dans un placard bien fermé.*

Ne laissez pas *l'enfant toucher la porte du four.*

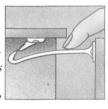

Conservez *les ustensiles coupants (couteaux de cuisine) dans un tiroir pourvu d'une fermeture inviolable.*

LA CUISINE

Votre cuisine recèle un grand nombre de dangers potentiels pour l'enfant qui augmentent encore quand vous êtes préoccupée et soucieuse. Éloignez votre enfant de l'aire de cuisson quand vous faites la cuisine : installez-le dans sa chaise portative ou dans son parc. Rappelez-vous que les plaques de cuisson, la bouilloire, le fer à repasser restent longtemps chauds une fois débranchés. Aux heures des repas, gardez les boissons et les plats chauds au centre de la table, hors de portée de l'enfant. Ne mettez pas de nappe car l'enfant, en la tirant, pourrait renverser des plats chauds sur lui. Votre enfant ne doit pas pouvoir accéder à la poubelle.

PROTÉGEZ VOTRE BÉBÉ

À chaque fois que votre enfant fait des progrès, il s'expose à de nouveaux dangers. Il vous faut donc les prévoir. Tout jeune, il va apprendre à rouler sur lui-même ; donc, si vous devez absolument le laisser seul hors de son lit, posez-le par terre. Vers 2 mois, il sera capable de tenir un objet et, vers 3 mois, il pourra l'attraper. Assurez-vous que tout ce qu'il peut saisir est inoffensif et trop volumineux pour qu'il puisse l'avaler et s'étouffer. Quand votre bébé est dans vos bras, ne mangez pas, ne buvez pas, ne fumez pas, ne transportez rien de chaud. Ne laissez jamais votre bébé seul un biberon à la bouche : il pourrait s'étouffer. Équipez de harnais de sécurité son landau, sa chaise haute, sa chaise portative. Ne posez jamais sa chaise portative sur une table ou sur un plan de travail : elle pourrait se renverser.

Ne laissez jamais sans surveillance un jeune enfant en compagnie de votre bébé : il pourrait le prendre et le laisser tomber, ou lui donner des objets dangereux pour jouer.

LA CHAMBRE

Votre enfant va passer dans sa chambre un temps considérable. Il faut donc qu'il y soit en sécurité. Ne mettez pas d'oreiller dans son lit jusqu'à 2 ans au moins. N'attachez pas ses jouets au lit avec des ficelles, qui pourraient s'entortiller autour de son cou. Laissez les jouets volumineux et les coussins hors du berceau : le bébé pourrait s'en servir pour escalader les côtés. Ne suspendez plus de jouet en travers du lit dès que votre bébé sait se redresser. Ses jouets doivent être en matériau non toxique et ininflammable ; ils ne doivent présenter ni arêtes vives ni petites pièces détachables que l'enfant pourrait avaler.

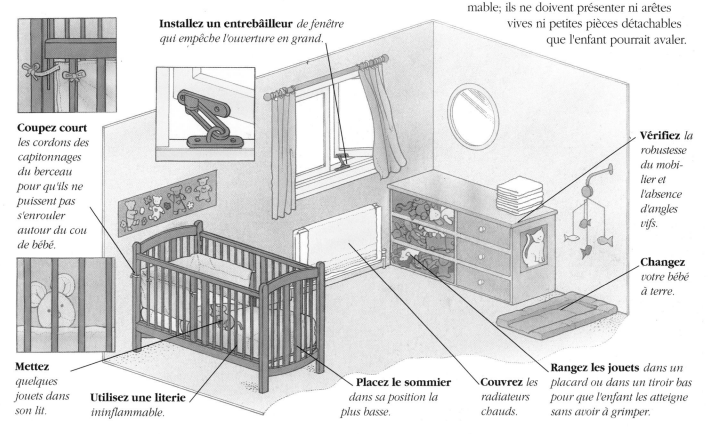

Installez un entrebâilleur *de fenêtre qui empêche l'ouverture en grand.*

Coupez court *les cordons des capitonnages du berceau pour qu'ils ne puissent pas s'enrouler autour du cou de bébé.*

Vérifiez *la robustesse du mobilier et l'absence d'angles vifs.*

Changez *votre bébé à terre.*

Mettez *quelques jouets dans son lit.*

Utilisez une literie *ininflammable.*

Placez le sommier *dans sa position la plus basse.*

Couvrez *les radiateurs chauds.*

Rangez les jouets *dans un placard ou dans un tiroir bas pour que l'enfant les atteigne sans avoir à grimper.*

LA SALLE DE BAINS

Ne laissez jamais votre enfant seul dans la baignoire avant 2 ans et demi, et garnissez le fond d'un tapis antidérapant. Réglez la température de l'eau chaude du robinet à moins de 55 °C et faites toujours couler l'eau froide d'abord. Vérifiez la température avant de plonger l'enfant dans le bain.

D'autres accidents peuvent être aisément évités :
■ conservez les médicaments hors de portée de l'enfant dans une armoire pourvue d'un verrou de sûreté ;
■ gardez les rasoirs et les produits de maquillage hors de sa portée ;
■ couvrez les radiateurs et les sèche-serviettes chauffants avec des serviettes ;

■ les radiateurs électriques doivent être fixés au mur et commandés par des cordons ;
■ entreposez les produits de nettoyage et la balayette des toilettes dans un placard fermé ;
■ si vous avez une douche à paroi de verre, remplacez la paroi par un rideau ou par un panneau de verre de sécurité.

ÉLECTRICITÉ

Les chocs causés par le courant électrique peuvent être graves. Protégez votre enfant :

■ en débranchant les appareils électriques ;

■ en ne laissant jamais un interrupteur en position de marche si aucun appareil, aucune ampoule n'est branché ;

■ en coiffant vos prises de courant de cache-prises ;

■ en inspectant régulièrement les fils des appareils et en remplaçant ceux qui sont endommagés ;

■ en ne laissant jamais un enfant de moins de 4 ans jouer avec des jouets électriques alimentés par le secteur.

LA SALLE DE SÉJOUR

Quand vous achetez des pièces de mobilier capitonné, assurez-vous que le rembourrage ne dégagera pas de fumées toxiques en cas d'incendie. Mettez des garde-feu autour de tous les feux ; n'utilisez pas de radiateurs électriques à rayonnement non grillagés. Placez le téléviseur hors de portée de l'enfant : l'arrière de l'appareil doit lui être inaccessible.

Ne laissez traîner ni cigarettes, ni allumettes, ni alcool, ni matériel de couture, ni pièces de monnaie. Placez les plantes d'intérieur hors d'atteinte.

Si vous avez des portes-fenêtres vitrées, utilisez des vitres armées ou protégez-les par un grillage, ou encore collez des papillons de couleur pour que l'enfant localise la glace.

LES ENTRÉES ET LES ESCALIERS

Placez des barrières de sécurité en haut et en bas des escaliers. Entrées, escaliers, paliers doivent être bien éclairés. Les barreaux doivent avoir un écartement assez étroit pour que l'enfant ne puisse s'y glisser. Ne laissez pas, en attendant de les monter, des jouets, des piles de linge, ou quoi que ce soit d'autre sur une marche d'escalier. Le loquet de la porte d'entrée doit être hors d'atteinte de l'enfant.

Recollez les carreaux disjoints, raccommodez les carpettes déchirées et, si les planchers sont cirés, fixez un tapis anti-dérapant sous les carpettes mobiles. Ne laissez pas l'enfant marcher en chaussettes sur les parquets cirés et vérifiez qu'il ne peut pas s'enfoncer d'échardes dans les pieds s'il marche pieds nus.

LE JARDIN

Surveillez votre enfant quand il joue dans le jardin et, si vous laissez votre bébé dormir dehors, installez sur son landau un filet de protection contre les chats ou une moustiquaire. Ne laissez jamais un enfant jouer dans un bassin ou à côté sans la surveillance d'un adulte et videz le bassin après le jeu. Si vous avez un tonneau, couvrez-le ; barricadez une mare ou une pièce d'eau. Gardez vos allées en bon état : arrachez la mousse et les mauvaises herbes pour que le sol ne glisse pas. Aplanissez les allées si elles sont irrégulières. Ne laissez pas l'enfant jouer dans un endroit que vous avez récemment aspergé d'insecticide, d'engrais ou d'herbicide.

LA VOITURE

Un enfant doit toujours voyager installé à l'arrière de la voiture dans un siège homologué convenant à son poids et à son âge. Bloquez les portières pour qu'il ne puisse pas les ouvrir; ne le laissez pas se pencher par la fenêtre et sortir un bras à l'extérieur pendant le voyage. À l'arrêt, bloquez le frein à main, enclenchez une vitesse, coupez le contact et emportez la clé. Ne laissez jamais seul un enfant dans une voiture. Regardez où se trouve votre enfant avant de claquer une portière ou de faire une marche arrière : s'il est juste derrière le véhicule, nous ne le verrons pas dans le rétroviseur.

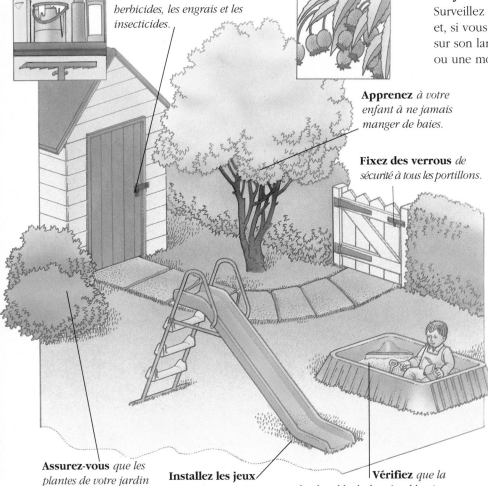

Enfermez *tous vos outils, les herbicides, les engrais et les insecticides.*

Apprenez *à votre enfant à ne jamais manger de baies.*

Fixez des verrous *de sécurité à tous les portillons.*

Assurez-vous *que les plantes de votre jardin ne sont pas toxiques; cueillez les champignons dès qu'ils apparaissent.*

Installez les jeux *de l'enfant sur du gazon et non sur une surface dure.*

Vérifiez *que la couche de sable du bac à sable n'est pas assez profonde pour qu'il s'enterre et apprenez-lui à ne jamais lancer de sable. Couvrez le bac lorsqu'il ne s'en sert pas.*

PREMIERS SECOURS

Si votre enfant est blessé, commencez toujours par traiter la blessure la plus grave. S'il est inconscient, assurez-vous qu'il respire normalement, sinon ranimez-le (voir p. 230-232) avant de soigner ses blessures. S'il respire, occupez-vous d'abord des problèmes qui pourraient être à l'origine d'une gêne respiratoire, comme l'étouffement, la suffocation ou la noyade (voir p. 234-235), puis soignez les saignements (voir p. 238). Si votre enfant est gravement blessé ou en état de choc, vous devez lui dispenser les premiers soins avant d'appeler les secours. Vous trouverez ici des conseils à suivre en cas de besoin et les informations vous permettant de demander les secours au bon moment. Si l'enfant a besoin d'être hospitalisé d'urgence, on perd parfois moins de temps en l'emmenant soi-même à l'hôpital au lieu d'appeler une ambulance. Toutefois, le transport en ambulance est parfois indispensable.

LE TRANSPORT D'UN ENFANT À L'HÔPITAL

Appelez une ambulance ou faites-en appeler une par un témoin si :
- vous pensez que l'enfant a une lésion de la colonne vertébrale ;
- vous estimez qu'il a besoin d'un traitement continu pendant le transport.

Si vous emmenez vous-même l'enfant à l'hôpital, essayez de trouver un conducteur tandis que vous vous installerez à l'arrière avec l'enfant et continuerez à lui prodiguer des soins.

Si vous avez besoin d'une ambulance et que votre enfant a perdu connaissance, continuez de le surveiller pendant que vous appelez les secours. S'il ne respire pas, pratiquez la respiration artificielle avant d'appeler l'ambulance. Ne cessez pas la réanimation tant qu'il n'a pas recommencé à respirer mais, entre les insufflations du bouche-à-bouche, criez pour donner l'alerte.

■ ATTENTION ■

Si votre enfant risque de s'être lésé la colonne vertébrale au niveau du cou ou du dos, par exemple lors d'une mauvaise chute, ne le déplacez pas, sauf si c'est absolument indispensable. Laissez-le dans la position dans laquelle vous l'avez trouvé tandis que vous vous assurerez qu'il respire normalement. Si vous avez besoin de pratiquer la respiration artificielle, essayez de vous faire aider. Installez l'enfant sur le dos très doucement, sans mobiliser sa colonne vertébrale, en lui maintenant la tête, les épaules et les hanches pour que son corps se déplace d'un seul bloc.

LA TROUSSE D'URGENCE

Placez votre matériel de premier secours dans une boîte propre et sèche, et remplacez au fur et à mesure les produits utilisés. Pour une longue promenade, emportez de quoi nettoyer les écorchures.

Adhésif chirurgical
Pratique pour fixer les pansements et rapprocher les bords des longues coupures.

Coton hydro-phile

Lotion à la calamine
Elle calme la brûlure des coups de soleil et des piqûres d'insectes.

Œillère pour bains d'yeux

Compresses stériles absorbantes
Elles n'adhèrent pas aux écorchures.

Une bande de crêpe

Ciseaux

Pince

Bandage triangulaire
Pour poser une écharpe ou consolider un pansement.

Épingles de sûreté

Deux bandes de gaze

Pansements adhésifs
de dimensions variées
Pour les égratignures et les coupures.

Pansement tout prêt
Un pansement et sa bande, prêts à poser.

GUIDE DU SAUVETAGE

FAMILIARISEZ-VOUS avec les gestes décrits ci-après de façon à les effectuer rapidement en cas d'urgence. Chaque seconde compte. Si l'enfant paraît inconscient, ranimez-le avant d'essayer de traiter une blessure éventuelle. S'il ne respire plus, il faut lui insuffler de l'air dans les poumons, pour préserver son cerveau. En lui insufflant votre propre air, vous pouvez empêcher des lésions cérébrales irréversibles et lui sauver la vie. Si son cœur a cessé de battre, vous pouvez le faire fonctionner manuellement pour que le sang continue de circuler. N'abandonnez pas : on a vu des enfants ramenés à la vie après plusieurs heures de réanimation.

> ### URGENCE
> Appelez les secours d'urgence si votre bébé ou votre enfant perd connaissance, ne serait-ce que pendant quelques secondes.

CONSCIENT OU INCONSCIENT ?

Grattez, tapotez la plante du pied de l'enfant, appelez-le par son nom. Voyez s'il réagit.

Ne le secouez pas : cela pourrait aggraver d'éventuelles lésions.

Tapotez-lui *la plante des pieds.*

+ **S'il ne réagit pas**, il est inconscient, assurez-vous qu'il respire normalement.

+ **S'il réagit**, cherchez une blessure éventuelle et soignez-la (voir p. 234–235).

EXAMEN DE LA RESPIRATION

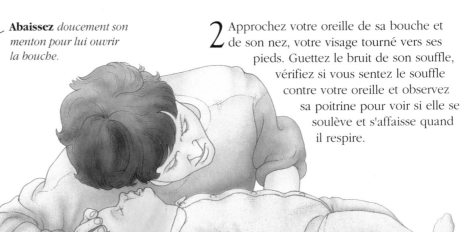

Abaissez *doucement son menton pour lui ouvrir la bouche.*

2 Approchez votre oreille de sa bouche et de son nez, votre visage tourné vers ses pieds. Guettez le bruit de son souffle, vérifiez si vous sentez le souffle contre votre oreille et observez sa poitrine pour voir si elle se soulève et s'affaisse quand il respire.

1 Allongez l'enfant sur le dos sur un plan dur et tenez-vous ou agenouillez-vous à côté de lui. Placez une main sur son front et appuyez doucement pour basculer sa tête en arrière. Ouvrez-lui la bouche.

+ **S'il ne respire pas**, tournez l'enfant sur le côté ou couchez-le sur le ventre en travers de vos genoux. Glissez un doigt dans sa bouche pour la débarrasser de tout obstacle pouvant gêner sa respiration, mais faites attention de ne pas enfoncer l'obstacle plus loin dans sa gorge. Guettez de nouveau la respiration.

+ **S'il n'y a aucun mouvement respiratoire**, commencez immédiatement la respiration artificielle (voir page ci-contre).

+ **Si l'enfant respire**, couchez-le sur le côté ou sur le ventre en position de sécurité (voir p. 233) et appelez les secours d'urgence.

TECHNIQUE DE LA RESPIRATION ARTIFICIELLE POUR UN BÉBÉ

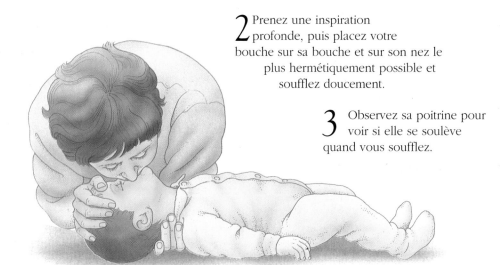

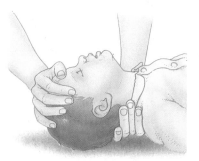

2 Prenez une inspiration profonde, puis placez votre bouche sur sa bouche et sur son nez le plus hermétiquement possible et soufflez doucement.

3 Observez sa poitrine pour voir si elle se soulève quand vous soufflez.

1 Glissez une main sous la nuque du bébé en empaumant l'arrière de sa tête pour la soutenir et la garder basculée en arrière. Placez l'autre main sur son front.

+ **Si la poitrine ne se soulève pas**, quelque chose obstrue probablement sa trachée. Traitez-le comme pour un étouffement (voir p. 234), puis reprenez la respiration artificielle si nécessaire.

+ **Si sa poitrine se soulève**, décollez votre bouche de son visage et laissez sa poitrine s'affaisser. Donnez-lui 2 insufflations rapides et douces, puis écoutez les bruits de son cœur (voir page suivante).

TECHNIQUE DE LA RESPIRATION ARTIFICIELLE POUR UN ENFANT

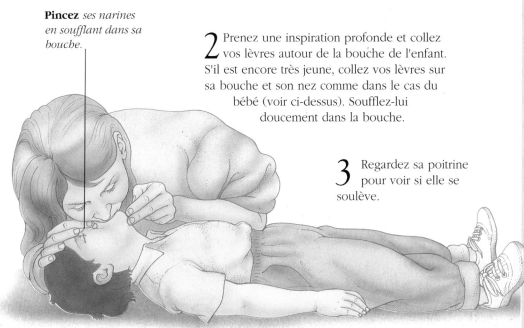

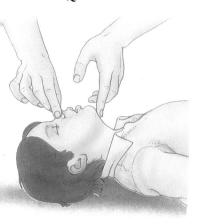

Pincez *ses narines en soufflant dans sa bouche.*

2 Prenez une inspiration profonde et collez vos lèvres autour de la bouche de l'enfant. S'il est encore très jeune, collez vos lèvres sur sa bouche et son nez comme dans le cas du bébé (voir ci-dessus). Soufflez-lui doucement dans la bouche.

3 Regardez sa poitrine pour voir si elle se soulève.

1 Levez le menton de l'enfant pour faire avancer sa mâchoire. Ouvrez-lui la bouche et pincez ses narines.

+ **Si sa poitrine ne se soulève pas,** un obstacle obstrue sans doute sa trachée. Traitez-le comme pour un étouffement (voir p. 234) puis reprenez la respiration artificielle si nécessaire.

+ **Si sa poitrine se soulève**, décollez votre bouche de son visage et regardez sa poitrine s'affaisser. Donnez-lui 2 insufflations rapides, puis vérifiez les bruits de son cœur (voir page suivante).

GUIDE DU SAUVETAGE

EXAMEN DES BRUITS DU CŒUR

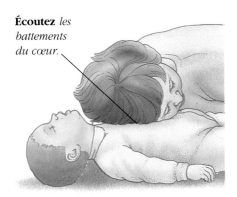

Écoutez *les battements du cœur.*

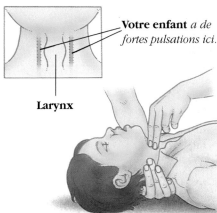

Votre enfant *a de fortes pulsations ici.*

Larynx

Pour un bébé
Appliquez l'oreille sur sa poitrine et écoutez pendant 5 secondes environ afin de percevoir un battement ou une pulsation cardiaque.

Pour un enfant de plus de 2 ans
Placez le bout de votre index et de votre médius sur le devant de son cou, puis glissez-les dans le léger creux à gauche ou à droite. Attendez environ 5 secondes.

Pour le bébé ou l'enfant

+ **Si vous ne percevez ni battement ni pulsation**, son cœur s'est arrêté. Commencez immédiatement le massage cardiaque externe (voir ci-dessous).

+ **Si le cœur bat**, continuez à pratiquer le bouche-à-bouche au rythme d'environ une insufflation toutes les 3 secondes, jusqu'à ce qu'il se remette à respirer seul ou que les secours arrivent. Dès qu'il recommence à respirer, tournez-le sur le côté ou sur le ventre en position de sécurité (voir page ci-contre).

MASSAGE CARDIAQUE EXTERNE
Pour un bébé

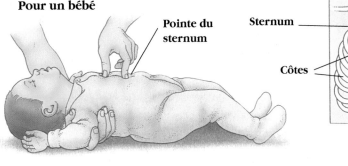

Pointe du sternum

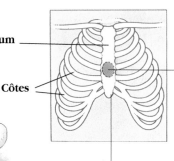

Sternum

Côtes

Appuyez ici

La pointe du sternum *se trouve à l'endroit où la cage thoracique dessine un V inversé : trouvez-la en palpant.*

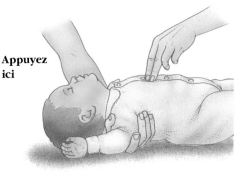

1 Glissez une main sous les épaules du bébé et saisissez-lui le haut du bras. De l'autre main, trouvez la pointe du sternum (voir ci-contre, à droite), puis repérez la mi-hauteur entre cette pointe et la base de son cou.

2 Placez 2 doigts juste au-dessous du milieu du sternum et appuyez pour l'enfoncer d'environ 1,5 à 2,5 cm. Relâchez la pression.

Pour un enfant de plus de 2 ans

Pointe du sternum

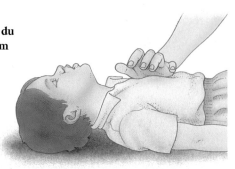

1 Repérez la pointe du sternum de l'enfant (voir le schéma ci-dessus) et mesurez la mi-hauteur entre la pointe et la base du cou.

2 Placez le talon de la main juste au-dessous du milieu du sternum et appuyez pour l'enfoncer de 2,5 à 3,5 cm. Relâchez la pression.

Pour le bébé ou l'enfant

3 Effectuez 5 compressions au rythme d'environ 2 par seconde, puis donnez-lui une insufflation. Continuez au rythme de 5 compressions suivies par une insufflation jusqu'à ce que son cœur recommence à battre. Toutes les 2 ou 3 minutes, regardez s'il a recommencé à respirer et si son cœur a recommencé à battre.

4 Quand son cœur bat, cessez le massage cardiaque, mais continuez le bouche-à-bouche jusqu'à ce que la respiration reprenne seule ou que les secours arrivent.

LA POSITION LATÉRALE DE SÉCURITÉ

PLACEZ VOTRE BÉBÉ ou votre enfant dans cette position s'il est inconscient mais respire. C'est la position la plus sûre parce qu'elle empêche sa langue de basculer en arrière vers sa gorge et d'obstruer ses voies respiratoires et prévient le risque d'étouffement s'il vomit.

■ ATTENTION ■

Ne placez pas un enfant dans la position latérale de sécurité s'il risque de souffrir d'une lésion du cou ou du dos, par exemple après une mauvaise chute ou un accident de voiture.

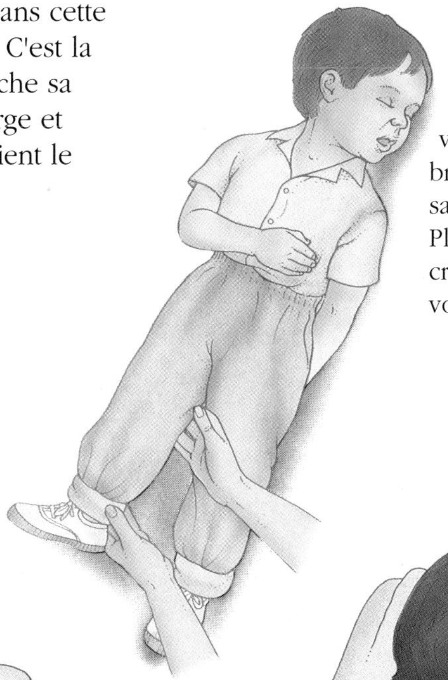

1 Tournez l'enfant face à vous, en gardant son menton tiré vers l'avant. Allongez sur le côté le bras le plus proche de vous en plaçant sa main sous ses fesses, paume en l'air. Pliez-lui l'autre bras sur la poitrine et croisez la jambe la plus éloignée de vous sur l'autre jambe.

Sa tête *doit être tournée sur le côté et bien basculée en arrière, le menton pointant vers l'avant.*

2 Étendez une couverture ou un manteau devant l'enfant, si vous en avez à votre disposition. Placez une main sur son visage pour le protéger, puis saisissez sa hanche avec l'autre main. Faites-le rouler vers vous sur la couverture ou le manteau.

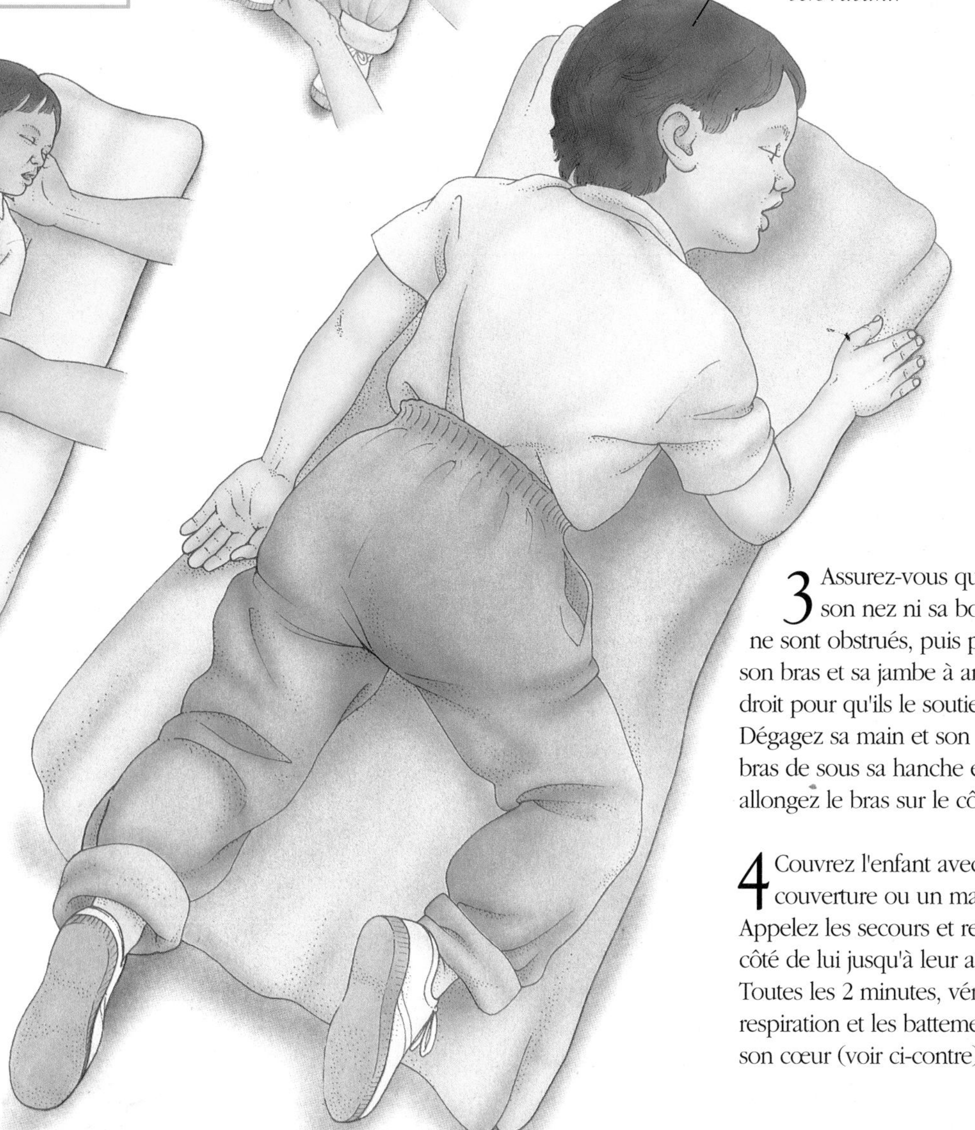

3 Assurez-vous que ni son nez ni sa bouche ne sont obstrués, puis pliez son bras et sa jambe à angle droit pour qu'ils le soutiennent. Dégagez sa main et son avant-bras de sous sa hanche et allongez le bras sur le côté.

4 Couvrez l'enfant avec une couverture ou un manteau. Appelez les secours et restez à côté de lui jusqu'à leur arrivée. Toutes les 2 minutes, vérifiez sa respiration et les battements de son cœur (voir ci-contre).

L'ÉTOUFFEMENT

L'étouffement se produit quand un petit objet ou un débris alimentaire se coince dans la trachée, déclenchant un accès de toux. Il est important de déloger rapidement le corps étranger pour que l'enfant puisse respirer. L'étouffement est très fréquent chez les jeunes enfants, qui ont tendance à tout porter à leur bouche. Ils peuvent avoir du mal à avaler les aliments durs et friables : évitez-les le plus possible.

SECOURIR UN BÉBÉ

1 Mettez votre bébé la tête en bas ou tenez-le en position pliée sur votre avant-bras ou encore suspendez-le par les chevilles. Donnez-lui 3 ou 4 claques entre les omoplates.

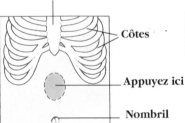

Sternum

Côtes

Appuyez ici

Nombril

SECOURIR UN ENFANT

1 Asseyez-vous et couchez l'enfant le ventre sur votre genou, la tête pendant vers l'avant. Soutenez sa poitrine d'une main et, de l'autre, frappez-le entre les omoplates à plusieurs reprises.

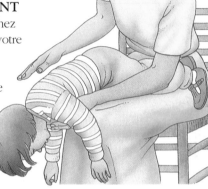

2 Si cette manœuvre ne réussit pas à déloger le corps étranger, passez un doigt dans la bouche de l'enfant et essayez d'attraper l'objet qui se trouve éventuellement dans sa gorge. Faites très attention à ne pas le pousser plus loin.

3 Si l'enfant étouffe toujours, asseyez-le sur vos genoux. Soutenez son dos d'une main et placez l'autre, poing fermé et pouce rentré, à mi-chemin entre le nombril et la pointe du sternum. Appuyez très fort en poussant vers le haut. Répétez cette manœuvre 4 fois.

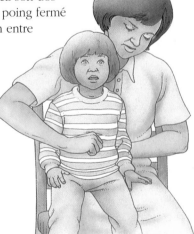

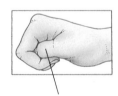

Rentrez *votre pouce en fermant le poing.*

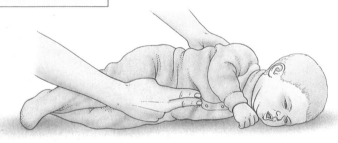

2 Si le bébé étouffe toujours, allongez-le sur le côté et basculez-lui légèrement la tête en arrière. Soutenez son dos d'une main, placez 2 doigts de l'autre main à mi-hauteur entre son nombril et la pointe du sternum (là où la cage thoracique dessine un V inversé). Appuyez vivement en poussant vers le haut.

3 Si votre bébé ne se remet pas à respirer normalement quand le blocage a cédé, commencez immédiatement la respiration aritificielle (voir p. 231-232).

4 Si l'enfant ne recommence pas à respirer normalement quand le blocage est levé, commencez la respiration artificielle (voir p. 231-232).

LA SUFFOCATION

Tout objet recouvrant le visage d'une enfant peut lui obstruer les narines et la bouche, et l'empêcher de respirer.

Que puis-je faire?

URGENCE

Appelez les secours d'urgence immédiatement si votre enfant:
▲ perd connaissance;
▲ cesse de respirer, même pendant quelques secondes;
▲ manifeste tout symptôme inquiétant.

+ S'il ne respire pas, commencez la respiration artificielle immédiatement (voir p. 231-232) et demandez à quelqu'un d'appeler les secours d'urgence.

+ S'il respire, mais qu'il est inconscient, placez-le en position latérale de sécurité (voir p. 233), puis appelez les secours d'urgence.

+ S'il est conscient, rassurez-le, réconfortez-le.

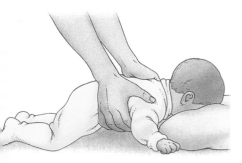

1 Prenez l'enfant et ôtez ce qui couvre son visage.

2 Vérifiez si l'enfant est conscient et respire (voir p. 230).

LA NOYADE

Un bébé ou un enfant peut se noyer dans très peu d'eau. Quand il a le visage sous l'eau, un jeune enfant réagit automatiquement en ouvrant la bouche et en prenant une grande inspiration pour crier. Il ne songe pas à sortir sa figure de l'eau.

Que puis-je faire?
Assurez-vous que votre enfant est conscient et qu'il respire (voir p. 230). S'il tousse, étouffe ou vomit, c'est qu'il respire. Il peut s'être lésé le cou ou la colonne vertébrale, manipulez-le très doucement sans bouger sa colonne vertébrale.

+ S'il ne respire pas, ne perdez pas de temps à essayer de vider ses poumons de l'eau qui les encombre. Débarrassez-lui la bouche des débris (vase ou herbes aquatiques) qui l'encombrent, et commencez la respiration artificielle (voir p. 231-232), si possible pendant qu'on le sort de l'eau. Appelez les secours d'urgence immédiatement. Continuez la respiration artificielle jusqu'à l'arrivée des secours ou jusqu'à ce que l'enfant recommence à respirer. Quand sa respiration reprend, installez-le en position latérale de sécurité (voir p. 233).

Nettoyez-lui *la bouche des débris éventuels avec votre index.*

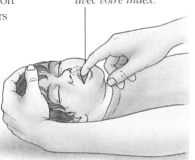

URGENCE

Appelez les secours d'urgence si votre enfant vient d'être sauvé de la noyade, même s'il n'a pas perdu connaissance.

+ S'il respire, mais qu'il est inconscient, installez-le en position latérale de sécurité (voir p. 233) pour que l'eau puisse s'écouler de sa bouche et de ses poumons, et appelez les secours d'urgence immédiatement. Recouvrez-le avec une couverture ou un manteau pour qu'il ait chaud. Transportez-le dans une pièce chauffée dès que possible, parce qu'il peut souffrir de refroidissement, même après un très bref moment dans l'eau froide.

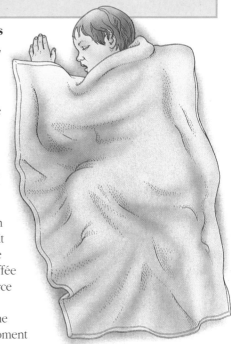

+ S'il est conscient, réconfortez-le, rassurez-le, réchauffez-le.

— LE CHOC —

Le choc est un état de collapsus impliquant un danger de mort, caractérisé par un effondrement de la pression sanguine. C'est une réaction de l'organisme à toute lésion importante, par exemple une brûlure ou une hémorragie graves.

SYMPTÔMES

▲ Peau froide, humide, pâle.
▲ Coloration bleuâtre ou grisâtre de l'intérieur des lèvres ou des ongles.
▲ Respiration rapide et superficielle.
▲ Agitation.
▲ Somnolence ou confusion.
▲ Inconscience.

URGENCE

Appelez les secours d'urgence immédiatement si votre enfant est en état de choc.

Que puis-je faire ?

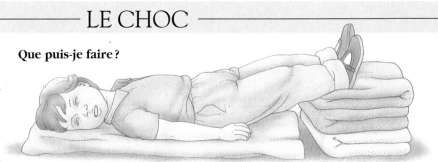

1 Allongez votre enfant sur le dos, si possible sur une couverture ou un manteau. Tounez-lui la tête d'un côté, puis surélevez ses pieds d'environ 20 cm . Ne lui soulevez pas les jambes s'il a une jambe cassée ou s'il a été mordu à un membre inférieur par un animal venimeux.

2 Couvrez-le avec une couverture ou un manteau ou tenez-le dans vos bras pour qu'il ait chaud. N'essayez pas de le réchauffer en lui mettant une bouillotte ou en le couvrant d'une couverture chauffante – qui ne feraient que drainer le sang des organes vitaux vers la peau.

3 S'il se plaint d'avoir soif, humidifiez ses lèvres avec un mouchoir mouillé. Ne lui donnez rien à manger ou à boire. Il n'y a qu'une exception à cette règle : vous pouvez donner à boire quelques gorgées d'eau à un enfant grièvement brûlé.

4 S'il perd connaissance, surveillez sa respiration (voir p. 230).

+ **S'il ne respire pas**, commencez la respiration artificielle (voir p. 231-232).

+ **S'il respire**, installez-le en position latérale de sécurité (voir p. 233).

— L'INTOXICATION —

Comme les bébés et les jeunes enfants sont curieux et imprudents, il faut mettre les substances toxiques hors de leur portée dans un placard fermé à clé. Les intoxications sont les urgences les plus fréquentes chez le jeune enfant.

SYMPTÔMES

Les symptômes diffèrent selon le poison avalé. Vous pouvez noter :
▲ un mal à l'estomac ;
▲ des vomissements ;
▲ des signes de choc (voir ci-dessus) ;
▲ des convulsions ;
▲ une somnolence ;
▲ une inconscience ;
▲ des brûlures ou des taches autour de la bouche si l'enfant a avalé une substance corrosive ;
▲ la présence d'une substance toxique ou d'un récipient vide.

Que puis-je faire ?
1 Si l'enfant est inconscient, vérifiez sa respiration (voir p. 230).

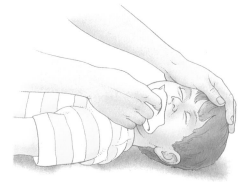

+ **S'il ne respire pas**, commencez immédiatement la respiration artificielle (voir p. 231-232), mais, auparavant, essuyez son visage ou placez un tissu fin sur sa bouche, et soufflez à travers, pour éviter d'avaler vous-même le poison.

+ **S'il respire**, installez-le en position latérale de sécurité (voir p. 233).

URGENCE

Appelez les secours d'urgence si vous pensez que votre enfant a avalé quelque chose de toxique.

2 Si vous voyez des marques de brûlures autour de la bouche de l'enfant, ou si vous avez quelque raison de soupçonner qu'il a avalé un produit chimique, lavez-lui la peau et les lèvres à l'eau courante.

3 Essayez de découvrir ce qu'il a avalé, quelle quantité et quand. Avertissez le médecin ou les ambulanciers et, si possible, fournissez-leur un échantillon du poison ou son emballage.

4 Si l'enfant vomit, gardez un échantillon des vomissures et donnez-le au médecin ou aux ambulanciers. N'essayez pas de faire vomir votre enfant.

LES BRÛLURES

Une brûlure superficielle, petite, causant le rougissement de la peau sur une surface de 2 à 3 cm est une brûlure mineure et peut être soignée à la maison. Une brûlure plus étendue est grave et dangereuse à cause de la fuite liquidienne au niveau de la zone lésée et du risque d'infection. Pour les coups de soleil, voir p. 221.

LES BRÛLURES MINEURES
Que puis-je faire ?

1 Refroidissez la brûlure immédiatement en la passant sous un filet d'eau froide jusqu'à ce que la douleur diminue. Cela va empêcher la formation de cloques.

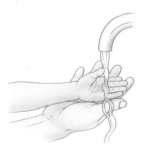

2 Si une cloque se forme, pansez-la avec une compresse propre que vous fixerez avec du sparadrap.
Ne percez pas la cloque, elle protège la zone brûlée pendant que la nouvelle peau pousse au-dessous.
Ne mettez ni crème ni lotion sur la brûlure.

LES VÊTEMENTS EN FEU
Que puis-je faire ?

1 Couchez l'enfant par terre, la zone en flammes sur le dessus. Si possible, ne touchez pas cette zone avec les mains nues ou vos vêtements.

2 Éteignez le feu en l'aspergeant d'eau ou en étouffant les flammes avec un tapis ou un double rideau épais. Essayez de préserver la tête de l'enfant.
N'aspergez pas l'enfant d'eau s'il se trouve près d'un appareil électrique branché.
N'essayez pas d'étouffer les flammes avec un tissu de Nylon ou tout autre tissu inflammable.
Ne laissez pas l'enfant se précipiter au-dehors : l'air activerait les flammes.

3 Quand les flammes sont éteintes, traitez l'enfant pour une brûlure grave (voir ci-contre, à droite).

LES BRÛLURES GRAVES
Que puis-je faire ?

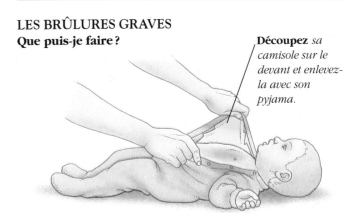

Découpez *sa camisole sur le devant et enlevez-la avec son pyjama.*

1 Enlevez tout vêtement trempé d'eau bouillante, de graisse ou de produit chimique corrosif, en prenant soin de ne pas toucher davantage la peau de l'enfant. Découpez ses vêtements : ne les passez pas devant son visage.
N'enlevez pas les vêtements brûlés et racornis ou collés à la brûlure.

2 Refroidissez la brûlure immédiatement en l'aspergeant d'eau froide : plongez l'enfant dans un bain froid ou trempez une serviette dans l'eau froide et couvrez la brûlure.
Ne frottez pas la peau.

➕ **Si la brûlure est causée par un produit chimique**, lavez-la abondamment à l'eau froide, mais ne laissez pas d'eau couler sur les zones saines.

3 Couvrez la région brûlée avec une compresse. Si vous n'avez pas de pansement stérile, un mouchoir ou une taie d'oreiller conviendront.

4 Cherchez des signes de choc et traitez l'enfant si nécessaire (voir page ci-contre). S'il a soif, vous pouvez lui donner quelques gorgées d'eau.

LES SAIGNEMENTS GRAVES

Quand du sang jaillit avec force d'une blessure ou qu'une hémorragie dure plus de 5 minutes, essayez d'arrêter le flot de sang pour favoriser la formation d'un caillot.

Que puis-je faire ?

1 Levez la zone blessée plus haut que le cœur de l'enfant, pour réduire la quantité de sang qui l'irrigue. Cherchez un éventuel corps étranger dans la blessure. S'il y en a un, suivez les explications ci-desous.

2 Posez sur la blessure une compresse (un mouchoir ou un torchon propres conviendront parfaitement). Appuyez bien sur la blessure pendant 10 minutes. Si vous n'avez rien de propre, appuyez avec les doigts, en rapprochant les lèvres de la plaie.

3 Ajoutez un autre tampon ou un pansement par-dessus le premier, et bandez solidement pour maintenir la pression. Si le pansement s'imbibe de sang, ne l'enlevez pas, ajoutez un autre tampon et une autre bande par-dessus, sans relâcher la pression.

4 Cherchez les signes de choc (voir p. 236) et traitez l'enfant si nécessaire.

> **URGENCE**
>
> Emmenez l'enfant à l'hôpital dès que vous lui avez dispensé les premiers soins s'il saigne beaucoup.

LES CORPS ÉTRANGERS DANS UNE BLESSURE

Les petites saletés qui peuvent se trouver dans une coupure seront facilement entraînées par le sang qui coule. Les fragments les plus importants, à la surface d'une blessure, seront aisément essuyés. Si un objet est enchâssé dans une blessure, voir ci-dessous.

Que puis-je faire ?

1 Si la blessure saigne beaucoup, levez la région blessée au-dessus du niveau du cœur et appuyez autour de l'objet enchâssé, pas directement sur lui. Si cela vous paraît aggraver le saignement, relâchez votre pression.
N'essayez ni de retirer l'objet, ni de sonder ou de nettoyer la blessure.

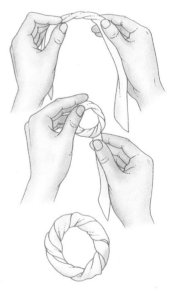

2 Relâchez la pression pendant que vous tordrez un tissu (un mouchoir propre par exemple) pour lui donner la forme d'un anneau.

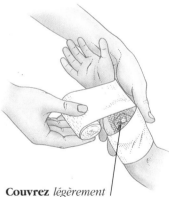

Couvrez *légèrement l'objet enfoncé et l'anneau de tissu avec une bande de gaze.*

3 Posez l'anneau autour de la coupure, recouvrez-la d'une compresse de gaze, puis bandez le tout solidement. Ne serrez pas la bande sur l'objet enclavé.

> **URGENCE**
>
> Après les premiers soins, emmenez l'enfant à l'hôpital si quelque chose est enchâssé dans la blessure.

LES COUPURES ET LES ÉCORCHURES

Vous pouvez soigner la plupart des coupures et les écorchures vous-même. Veillez à ce que votre enfant reçoive bien tous ses rappels de vaccination contre le tétanos, qui peut être causé par la pénétration de terre dans une blessure. Voir p. 244 les morsures d'animaux venimeux.

Que puis-je faire ?

1 Lavez-vous les mains, puis lavez la coupure en la tenant sous l'eau courante, ou nettoyez doucement tout autour avec un antiseptique ou un coton trempé dans de l'eau tiède. Utilisez un coton propre pour chaque plaie. **N'enlevez pas** de corps étranger profondément enfoncé dans la plaie.

+ **Si l'enfant a été mordu par un animal**, lavez soigneusement la blessure à l'eau et au savon.

2 Si la coupure saigne encore après 5 minutes, compressez-la à l'aide d'un tampon fait d'un mouchoir propre pendant quelques minutes.

3 Collez par-dessus du sparadrap ou un pansement tout prêt pour la protéger et pour qu'elle reste propre. **Ne mettez** aucune pommade antiseptique sur les bobos d'un enfant.

4 Laissez un pansement ou du sparadrap sur la coupure jusqu'à sa guérison complète. Le pansement garde la région un peu humide et permet une cicatrisation plus rapide. Changez le pansement tous les jours. Certains adhésifs se décollent facilement à l'eau.

URGENCE

Emmenez votre enfant à l'hôpital dès que vous lui avez administré les premiers soins si :
▲ la coupure est longue ou profonde ;
▲ les lèvres de la plaie sont béantes ou déchiquetées ;
▲ l'enfant s'est gravement coupé au visage ;
▲ la coupure ou l'écorchure sont très sales ;
▲ l'enfant a une plaie peu large, mais profonde, causée par un objet souillé (comme un clou rouillé) ou par une morsure d'animal.
Consultez votre médecin dès que possible si la région entourant une plaie devient douloureuse et rouge : elle peut être infectée.

LE SAIGNEMENT DE NEZ

Le saignement de nez (épistaxis) peut suivre un coup sur le nez ou un mouchage violent. Parfois, il n'a aucune cause apparente. Certains enfants saignent souvent du nez.

Que puis-je faire ?
1 Aidez l'enfant à se pencher en avant au-dessus d'une cuvette et pincez-lui les narines fermement pendant environ 10 minutes. Essayez de l'empêcher de renifler ou d'avaler le sang, encouragez-le à cracher.

Pincez *les narines de l'enfant avec fermeté.*

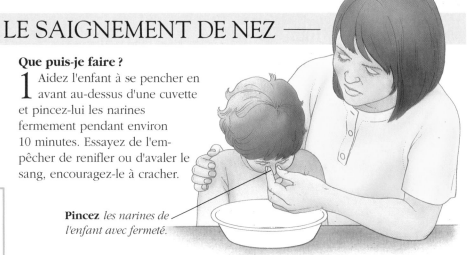

APPELEZ LE MÉDECIN

Appelez le médecin immédiatement si le saignement de nez de l'enfant dure plus de 1/2 heure. Consultez votre médecin si votre enfant saigne souvent et abondamment du nez.

2 Si le saignement persiste, appliquez-lui sur le nez pendant 2 minutes une serviette plongée dans de l'eau très froide ou un gant de toilette rempli de glaçons, puis pincez-lui le nez de nouveau.

3 Ne mouchez pas votre enfant pendant les 4 heures qui suivent l'arrêt du saignement.

LES BLESSURES À LA TÊTE ET AU VISAGE

Les chocs sur la tête sont fréquents chez les jeunes enfants et peuvent entraîner des meurtrissures impressionnantes, mais ils sont rarement graves. Une coupure du cuir chevelu ou du front, même minime, saigne souvent beaucoup.

Si votre enfant a reçu un coup sur la tête, il peut souffrir d'une commotion, ou même d'une hémorragie intracrânienne, qui peut ne pas se manifester avant plusieurs heures. Les signes de ces accidents sont décrits ci-après.

URGENCE

Appelez les secours d'urgence si votre enfant s'est heurté la tête, a un comportement anormal ou manifeste l'un des symptômes suivants dans les 24 heures qui suivent :
▲ Inconscience, même brève ;
▲ vomissements ;
▲ respiration bruyante ou ronflement, alors que l'enfant ne ronfle pas d'habitude ;
▲ difficulté à se réveiller, ou somnolence anormale ;
▲ écoulement de liquide clair ou teinté de sang par les oreilles ou le nez ;
▲ pleurs anormaux ;
▲ mal de tête intense ;
▲ intolérance à la lumière.

DENT CASSÉE
Si l'une des dents de votre enfant se trouve cassée ou déchaussée, couvrez la dent et allez immédiatement chez le dentiste ou à l'hôpital.

Que puis-je faire ?
1 Si l'enfant a une contusion à la tête, appliquez sur la meurtrissure un gant de toilette trempé dans de l'eau glacée ou rempli de glaçons. Cela l'empêchera de gonfler. Surveillez la peau attentivement et ôtez la glace si une tache rouge avec un centre blanc apparaît.

2 Si la tête de l'enfant saigne, posez un tissu propre sur la blessure et appuyez dessus, comme sur toute plaie siégeant ailleurs sur le corps (voir p. 238).

3 Surveillez votre enfant pendant 24 heures pour voir si un des signes énumérés dans le tableau des urgences apparaît. S'il s'est cogné vraiment très fort, réveillez-le toutes les 3 heures – et s'il ne se réveille pas, appelez les secours d'urgence.

4 Si un liquide clair ou teinté de sang s'écoule par l'oreille ou par le nez de l'enfant, placez-le en position latérale de sécurité, un tampon de tissu propre sous l'oreille ou le nez. Si le liquide vient de l'oreille, couchez-le sur le côté lésé pour que le liquide puisse s'évacuer. N'essayez pas de l'empêcher de couler.

LES ECCHYMOSES ET LES ENFLURES

Un bleu (une ecchymose) apparaît quand une chute ou un coup cause un épanchement de sang dans les tissus sous-cutanés, ce qui provoque un œdème (la «bosse») et une coloration anormale. Les ecchymoses s'effacent peu à peu et disparaissent en une semaine.

CONTUSIONS DES DOIGTS ET DES ORTEILS
Quand un enfant se prend les doigts dans une porte ou une fenêtre, ou laisse tomber quelque chose de lourd sur son pied, faites couler un filet d'eau sur la contusion pendant quelques minutes. Si celle-ci est très enflée, ou reste très douloureuse après 1/2 heure, allez à l'hôpital.

Que puis-je faire ?
1 Placez sur la contusion pendant 1/2 heure une compresse trempée dans de l'eau très froide ou un gant de toilette rempli de glaçons. Cela doit apaiser la douleur et réduire l'enflure.

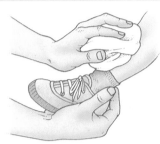

2 Si l'enfant semble avoir très mal ou s'il souffre en se servant du membre accidenté, surtout si l'enflure est importante, cherchez les signes de fracture ou d'entorse (voir page ci-contre).

LES ENTORSES

Une entorse est une lésion des ligaments (les fibres résistantes qui maintiennent les articulations). Les symptômes de l'entorse ressemblent parfois à ceux d'une fracture. Si vous ne savez pas très bien les différencier, traitez l'entorse comme une fracture.

Que puis-je faire ?

SYMPTÔMES

▲ Région lésée douloureuse.
▲ Gonflement, puis bleuissement.
▲ Difficulté à bouger l'articulation.

URGENCE

Emmenez l'enfant à l'hôpital dès que vous lui avez donné les premiers soins.

1 Déchaussez l'enfant avec douceur, enlevez-lui sa chaussette et tout ce qui pourrait comprimer le gonflement articulaire.

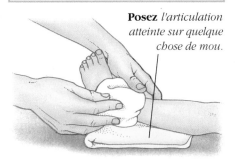

Posez l'articulation atteinte sur quelque chose de mou.

2 Placez l'articulation atteinte dans une position confortable, puis enveloppez-la d'un linge trempé dans de l'eau glacée ou avec une vessie de glace entourée d'un tissu humide, pour apaiser la douleur et réduire l'enflure.

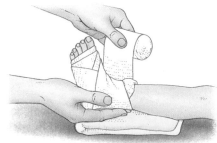

3 Placez une épaisse couche de coton sur l'articulation, puis faites un bandage ajusté mais pas serré au point que les ongles de ses orteils (ou de ses doigts si c'est le coude ou le poignet qui est blessé) deviennent blancs ou bleu pâle.

LES FRACTURES ET LES LUXATIONS

Les fractures sont rares chez les bébés et les jeunes enfants dont les os sont flexibles et se courbent au lieu de se casser. Ils sont parfois le siège de fractures partielles qui guérissent facilement (souvent appelées fractures «en bois vert»). Une articulation est luxée lorsque l'extrémité d'un ou de plusieurs os est sortie de son logement.

Si vous pensez que le cou ou le dos de votre enfant sont atteints, ne le déplacez pas et ne modifiez sa position que s'il cesse de respirer (voir p. 229-230).

SYMPTÔMES

▲ Douleur de la région blessée.
▲ Enflure et, plus tard, ecchymose.
▲ Mobilisation difficile de la région blessée.
▲ Déformation de la région blessée – un membre peut être dans une position bizarre ou paraître plus court que le membre indemne.

Que puis-je faire ?

1 Otez la chaussure et la chaussette, ou tout ce qui peut comprimer l'enflure.
Ne déplacez l'enfant que si c'est absolument nécessaire.

2 Installez la région blessée dans la position la plus confortable possible pour l'enfant.
Si c'est le poignet, le bras ou la clavicule qui est fracturé, placez un coussinet autour de la région lésée et, si l'enfant vous laisse faire, pliez-lui le bras sur la poitrine et immobilisez-le avec une écharpe. N'essayez pas de placer le bras de force dans cette position.

Attachez le côté blessé au côté indemne avec des bandes.

Si c'est la jambe ou la cheville qui est cassée, allongez l'enfant et placez un rembourrage entre ses genoux et ses chevilles avant d'attacher la jambe blessée à la jambe indemne, au-dessus et au-dessous de la fracture. Placez aussi un rembourrage sous les nœuds.

3 Cherchez les symptômes de choc et traitez-les si nécessaire (voir p. 236). Si vous pensez que l'enfant a une jambe cassée, ne surélevez pas ses jambes.

URGENCE

Donnez les premiers soins et appelez les secours d'urgence.

UN CORPS ÉTRANGER DANS L'ŒIL

Des cils ou des poussières pénètrent souvent dans les yeux. Si l'œil de votre enfant paraît irrité mais que vous n'y trouvez aucun corps étranger, il a peut-être une infection oculaire (voir p. 202).

SYMPTÔMES

▲ Œil douloureux
▲ Œil rouge et larmoyant
▲ L'enfant se frotte l'œil.

PRODUITS CHIMIQUES DANS LES YEUX

Si votre enfant a reçu des projections d'un liquide chimique ou corrosif, lavez-lui les yeux immédiatement sous l'eau courante en écartant bien ses paupières avec les doigts. Si un seul œil est atteint, inclinez-lui la tête de façon que l'œil blessé soit plus bas que l'autre et que l'eau de rinçage ne puisse couler dans l'œil sain. Puis recouvrez l'œil et emmenez l'enfant à l'hôpital. Si possible, emportez la bouteille de produit incriminé.

Que puis-je faire ?

1 Attendez quelques minutes pour voir si les larmes entraînent le corps étranger. Essayez d'empêcher l'enfant de se frotter l'œil.

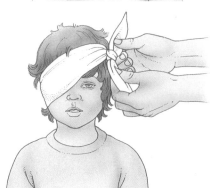

2 Si le corps étranger est toujours là, examinez l'œil sous une forte lumière. Dites à l'enfant de regarder vers le haut tandis que, du pouce, vous tirez vers le bas sa paupière inférieure.

3 Si vous pouvez voir le corps étranger sur la partie blanche de l'œil de l'enfant, essayez de l'en enlever en effectuant délicatement un mouvement de balayage avec le coin d'un mouchoir propre ou un peu de coton entortillé.

4 Si vous ne voyez rien, prenez la paupière supérieure et tirez-la sur la paupière inférieure. Si le corps étranger est logé sous la paupière supérieure, cette manœuvre peut le déloger.

5 Si la gêne ou la douleur persistent et si le corps étranger n'est pas sur le blanc de l'œil, ou si vous ne parvenez pas à le déloger, couvrez l'œil avec une compresse fixée par un bandage et emmenez l'enfant à l'hôpital. Empêchez-le de se frotter l'œil.

N'essayez pas d'enlever un objet placé sur la partie centrale, colorée, de l'œil, ou enchâssé dans le blanc de l'œil.

UN CORPS ÉTRANGER DANS L'OREILLE

Des insectes peuvent pénétrer dans le conduit auditif externe, où les enfants s'enfoncent souvent aussi de petits objets. Ne laissez pas votre enfant jouer avec des perles, des billes ou autres petits objets tant qu'il n'est pas assez grand pour comprendre qu'il ne doit pas se les enfoncer dans les oreilles.

SYMPTÔMES

▲ Chatouillement dans l'oreille.
▲ Surdité partielle.
▲ L'enfant se frotte ou se tire l'oreille.

Que puis-je faire ?

Inclinez doucement le récipient pour ne verser que quelques gouttes dans l'oreille.

1 Mettez une serviette de toilette sur les épaules de l'enfant, puis faites-lui pencher la tête du côté sain et versez un peu d'eau tiède dans l'oreille atteinte.

2 Penchez-lui la tête de l'autre côté pour que l'eau qui coule de l'oreille atteinte puisse entraîner le corps étranger. Si vous n'y parvenez pas, emmenez l'enfant à l'hôpital.

UN CORPS ÉTRANGER DANS LE NEZ

Les enfants s'enfoncent parfois des débris d'aliments ou de petits objets (perles, par exemple) dans le nez.

SYMPTÔME

▲ Écoulement malodorant et teinté de sang par les narines.

Que puis-je faire ?

Si votre enfant sait le faire, dites-lui de se moucher, une narine à la fois. Si cela ne déloge pas l'objet, n'essayez pas de l'enlever vous-même et emmenez l'enfant à l'hôpital.

L'ÉLECTROCUTION

Un choc électrique d'intensité légère ne produit qu'une sensation brève de fourmillement. Un choc grave peut jeter l'enfant à terre et lui faire perdre connaissance, interrompre sa respiration et ses battements cardiaques. Le courant électrique peut aussi causer des brûlures.

Si votre enfant touche un appareil électrique défectueux avec les mains mouillées, le choc sera d'autant plus important.

URGENCE

Donnez les premiers soins à l'enfant et emmenez-le à l'hôpital s'il :

▲ a perdu connaissance, ne serait-ce que quelques secondes ;
▲ présente des brûlures électriques.

BRÛLURES ÉLECTRIQUES

L'électricité brûle à ses points de pénétration et de sortie du corps, et l'enfant peut avoir des brûlures là où il a touché la source de courant électrique et en tout point qui était en contact avec le sol. Ces brûlures paraissent petites, mais elles sont souvent très profondes.

Que puis-je faire ?

1 Coupez le courant, au compteur si possible.

+ Si c'est impossible, placez-vous sur un matériau isolant (tapis de caoutchouc, pile de journaux très secs) et séparez l'enfant de la source de courant électrique au moyen d'un objet sec et non conducteur, comme un manche à balai ou une chaise en bois.

+ Si vous ne trouvez aucun instrument, écartez l'enfant de la source électrique en enveloppant vos mains d'un vêtement sec ou d'un journal. Agrippez l'enfant par ses vêtements. Ne touchez pas à sa peau.

Repoussez *le fil plutôt que le bras de l'enfant.*

2 Assurez-vous que l'enfant est conscient (voir p. 230).

+ S'il est inconscient, assurez-vous qu'il respire, sinon commencez la respiration artificielle (voir p. 231-232). S'il respire, installez-le en position latérale de sécurité (voir p. 233).

+ S'il est conscient, réconfortez-le, rassurez-le. Cherchez les signes de choc (voir p. 236).

3 Les brûlures affectent les zones qui ont été en contact avec la source de courant et celles qui ont touché le sol. Elles paraissent rouges ou roussies, et peuvent enfler. Soignez-les comme des brûlures graves (voir p. 237).

LES PETITES MORSURES ET PIQÛRES

La plupart des plantes et des insectes, les méduses, infligent des piqûres bénignes qui, bien que parfois très douloureuses, ne présentent aucun danger. Cependant, certains sujets ont des réactions allergiques aux piqûres et ont donc besoin d'un traitement urgent.

■ SYMPTÔMES ■

▲ Douleur aiguë.
▲ Rougeur.
▲ Léger gonflement.
▲ Démangeaisons.

■ URGENCE ■

Donnez les premiers soins à l'enfant et emmenez-le à l'hôpital s'il :
▲ a du mal à respirer ;
▲ présente une éruption très étendue avec des traînées ;
▲ a des vertiges ou est prêt à s'évanouir ;
▲ a des signes de choc (voir p. 236) ;
▲ a une piqûre dans la bouche.

Que puis-je faire ?

1 Si l'enfant a été piqué par une abeille, cherchez le dard et grattez-le avec le dos d'une lame de couteau ou avec l'ongle, ou enlevez-le avec une pince à épiler en prenant soin de ne pas faire éclater le petit réservoir de poison.

2 Placez sur la piqûre un tissu trempé dans l'eau glacée.

✚ Si l'enfant a été piqué dans la bouche, donnez-lui une boisson froide ou, s'il a plus de 2 ans, donnez-lui un glaçon à sucer. L'enflure sera moins importante.

3 Tamponnez doucement la zone entourant la piqûre – qui va rapidement rougir, gonfler et démanger fortement – avec un coton imbibé d'alcool. Vous pouvez également appliquer un peu de pommade antihistaminique autour de la piqûre.

LES MORSURES DE SERPENTS ET D'ARAIGNÉES

Les morsures de serpents et d'araignées venimeuses sont toujours dangereuses pour les jeunes enfants. Les morsures de serpents comportent un risque de tétanos, mais, normalement, votre enfant doit être vacciné. Au Canada, les seuls serpents venimeux sont les crotales, mais il n'y en a pas au Québec.

■ SYMPTÔMES ■

Les symptômes dépendent de l'animal responsable de la morsure ou de la piqûre. Certains symptômes apparaissent après quelques heures.
▲ Douleur intense.
▲ Une ou deux marques ponctuelles.
▲ Nausées ou vomissements.
▲ Difficultés respiratoires.
▲ État de choc (voir p. 236).
▲ Convulsions.
▲ Somnolence.
▲ Inconscience.

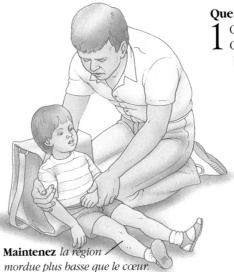

Maintenez *la région mordue plus basse que le cœur.*

■ URGENCE ■

Emmenez votre enfant à l'hôpital dès que vous lui avez donné les premiers soins s'il a été mordu par un serpent ou par une araignée.

Que puis-je faire ?

1 Calmez l'enfant, aidez-le à s'asseoir. Gardez la région mordue ou piquée immobile et au-dessous du niveau de son cœur.

2 Lavez avec soin la région avoisinante, mais ne **sucez** pas la morsure ou la piqûre.

3 Cherchez les signes de choc (voir p 236). S'il a été mordu ou piqué à la jambe ou au pied, ne surélevez pas ses jambes.

4 S'il perd connaissance, surveillez sa respiration (voir p. 231-232).

✚ S'il ne respire pas, commencez la respiration artificielle (voir p.231-232).

✚ S'il respire, installez-le en position latérale de sécurité (voir p. 233).

5 Essayez d'identifier l'animal ; gardez-le pour le montrer au médecin.

— LES PIQÛRES GRAVES DE MÉDUSES ET DE PHYSALIES —

Dans les mers d'Europe, le contact avec la physalie (appelée caravelle ou «vive» portugaise) et certaines méduses inflige des piqûres cuisantes. La physalie apparaît entre deux eaux comme un flotteur bleu pâle et translucide. Si votre enfant se fait piquer, il faut qu'il soit médicalement traité.

SYMPTÔMES

▲ Douleur cuisante.
▲ Rougeur.
▲ Respiration superficielle.
▲ Syncope.

Que puis-je faire ?

1 Si des tentacules restent collés à la peau de l'enfant, grattez-les avec une poignée de sable mouillé. Ne touchez pas aux tentacules.

2 Installez l'enfant en position latérale de sécurité (voir p. 233) et couvrez-le avec un vêtement ou un tissu sec.

URGENCE

Donnez les premiers soins à l'enfant et emmenez- le à l'hôpital s'il a été gravement piqué par une physalie.

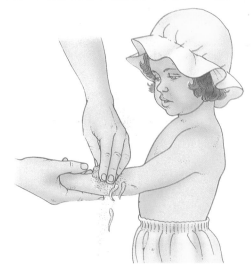

LES ÉPINES ET LES ÉCHARDES

Les épines et les échardes s'enfoncent sous la peau des mains ou des pieds. Au pied, elles ne font pas mal, mais au bout des doigts, elles sont douloureuses.

APPELEZ LE MÉDECIN

Consultez le médecin dès que possible si :
▲ la zone environnant une écharde devient rouge, enflée, sensible dans les 48 heures;
▲ vous ne pouvez pas retirer une grosse écharde douloureuse;
▲ l'écharde est un éclat de verre ou de métal.

Que puis-je faire ?

Saisissez *l'extré-mité de l'écharde avec la pince.*

1 Si l'extrémité de l'écharde sort de la peau, stérilisez à la flamme une pince à épiler et retirez doucement l'écharde. Lavez la zone affectée à l'eau et au savon.

2 Si vous ne pouvez attraper son extrémité, mais que vous voyez nettement l'écharde, elle est sans doute logée juste sous la peau. Stérilisez une aiguille à la flamme et laissez-la refroidir sans toucher la pointe. Puis, en passant par l'orifice d'entrée de l'écharde, fendez délicatement la surface de la peau le long de l'écharde. Soulevez l'extrémité de l'écharde avec la pointe de l'aiguille et saisissez-la avec la pince, puis lavez toute la région à l'eau et au savon.

3 Si une épine ou une écharde de petite taille s'est enfoncée sous la peau et n'est pas douloureuse, n'y touchez pas. Elle sortira sans doute d'elle-même.

LES AMPOULES

Une ampoule se forme quand une brûlure, un échauffement ou une friction ont lésé la peau. L'ampoule, remplie de liquide, protège la nouvelle peau qui se forme en dessous.

Que puis-je faire ?

1 Ne percez pas l'ampoule. Elle se résorbera seule en quelques jours. Évitez le frottement des vêtements.

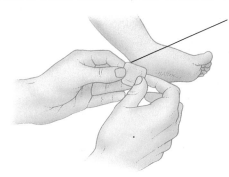

Couvrez *l'ampoule avec un pansement adhésif pour éviter les frottements de la chaussure.*

2 Si l'ampoule perce, laissez-la à l'air, sauf si elle est exposée à la friction (par exemple, si elle est située au pied). Dans ce cas, protégez-la avec un pansement adhésif.

LES COURBES
DE CROISSANCE
FILLES

LES COURBES ET LES CHIFFRES ci-dessous indiquent la croissance moyenne des enfants (trait plein). Vous pouvez surveiller le développement de votre bébé en le pesant et en le mesurant régulièrement et en notant ses courbes sur les graphiques qui reflètent un taux de croissance normal.

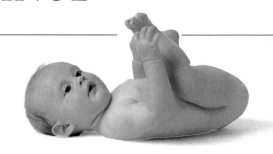

PÉRIMÈTRE CRÂNIEN

Âge (en mois)

cm — 0 1 2 3 4 5 6 7 8 9 10 11 12

50
48
46
44
42
40
38
36
34
32

PÉRIMÈTRE CRÂNIEN D'UN BÉBÉ DE SEXE FÉMININ

L'infirmière ou le médecin mesurera le tour de tête de votre bébé avec un mètre de couturière, juste au-dessus des sourcils et des oreilles (voir p. 81).

GUIDE POUR L'ACHAT DES VÊTEMENTS

0-3 mois	60 cm	jusqu'à 4,5 kg
3-6 mois	70 cm	jusqu'à 6,5 kg
6-12 mois	60 cm	jusqu'à 8,5 kg
12-18 mois	85-90 cm	
18-24 mois	90-100 cm	

moyenne

mesures d'un enfant qui se développe normalement ;
94 % des filles s'y conforment.

COURBE DE TAILLE

Âge (en mois)

cm — 12 18 24 30 36

104
100
96
92
88
84
80
76
72
68

LA TAILLE DE VOTRE FILLE

Tous les 6 mois, mesurez votre fille contre le même mur. Elle doit se tenir droite, adossée au mur, sans chaussures, pieds joints. Placez une règle perpendiculairement au mur pour marquer sa taille, puis mesurez la distance de la marque au sol. L'enfant a des périodes de croissance lente alternant avec des poussées. Si les résultats de deux mesures consécutives vous paraissent insuffisants, consultez votre médecin.

COURBE DE POIDS D'UN BÉBÉ

kg — **Âge (en mois)**

0 1 2 3 4 5 6 7 8 9 10 11 12

13
12
11
10
9
8
7
6
5
4
3
2

LE POIDS DE VOTRE BÉBÉ

La prise de poids de votre petite fille est un bon indicateur de son état de santé durant la première année. Demandez à l'infirmière ou au médecin de la peser tous les mois, vêtue simplement d'une couche propre, et plus souvent si vous craignez qu'elle ne grossisse pas normalement.

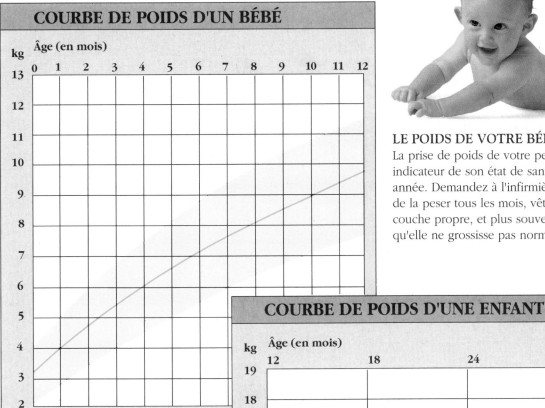

COURBE DE POIDS D'UNE ENFANT

kg — **Âge (en mois)**

12   18   24   30   36

19
18
17
16
15
14
13
12
11
10
9
8
7

LE POIDS DE VOTRE FILLE

Après son premier anniversaire, pesez votre fille nue environ tous les 6 mois. Elle ne prendra pas régulièrement du poids, mais les périodes de croissance rapide et lente s'équilibreront. Elle ne doit pas perdre de poids : même si elle est très grasse, sa croissance en taille rattrapera celle de son poids. Consultez votre médecin si elle maigrit ou si les résultats de 2 mesures consécutives vous paraissent insuffisants.

LES COURBES
DE CROISSANCE

GARÇONS

LES COURBES ET LES CHIFFRES ci-dessous indiquent la croissance moyenne des enfants (trait plein). Vous pouvez surveiller le développement de votre bébé en le pesant et en le mesurant régulièrement et en inscrivant ses courbes sur les graphiques qui reflètent une croissance normale.

PÉRIMÈTRE CRÂNIEN

Âge (en mois)

cm | 0 1 2 3 4 5 6 7 8 9 10 11 12
50
48
46
44
42
40
38
36
34
32

PÉRIMÈTRE CRÂNIEN D'UN BÉBÉ DE SEXE MASCULIN

L'infirmière ou le médecin va mesurer le tour de tête de votre bébé avec un mètre de couturière, juste au-dessus des sourcils et des oreilles (voir p. 81).

GUIDE POUR L'ACHAT DES VÊTEMENTS

0-3 mois	60 cm	jusqu'à 4,5 kg
3-6 mois	70 cm	jusqu'à 6,5 kg
6-12 mois	80 cm	jusqu'à 8,5 kg
12-18 mois	85-90 cm	
18-24 mois	90-100 cm	

---

moyenne

mesures d'un enfant qui se développe normalement ; 94 % des garçons s'y conforment.

COURBE DE TAILLE

Âge (en mois)

cm | 12 18 24 30 36
104
100
96
92
88
84
80
76
72
68

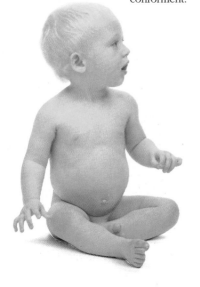

LA TAILLE DE VOTRE ENFANT

Tous les 6 mois environ, mesurez votre fils contre le même mur. Il doit se tenir droit, adossé au mur, sans chaussures et pieds joints. Placez une règle perpendiculairement au mur pour marquer sa taille, puis mesurez la hauteur entre la marque et le sol. Ne vous inquiétez pas si des périodes de croissance lente alternent avec des poussées; mais si 2 résultats consécutifs vous paraissent insuffisants, consultez le médecin.

COURBE DE POIDS D'UN BÉBÉ

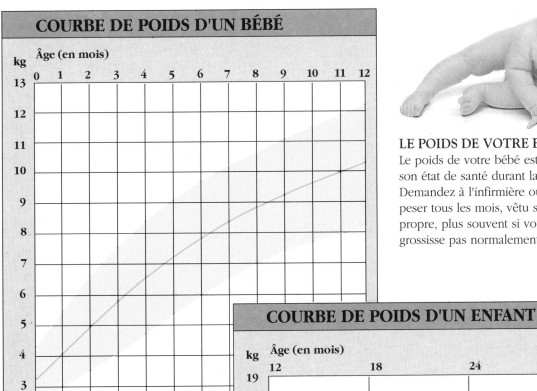

kg   Âge (en mois)

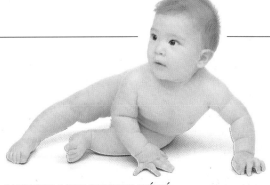

LE POIDS DE VOTRE BÉBÉ

Le poids de votre bébé est un bon indicateur de son état de santé durant la première année. Demandez à l'infirmière ou au médecin de le peser tous les mois, vêtu seulement d'une couche propre, plus souvent si vous craignez qu'il ne grossisse pas normalement.

COURBE DE POIDS D'UN ENFANT

kg   Âge (en mois)

LE POIDS DE VOTRE FILS

Après son premier anniversaire, pesez votre enfant nu tous les 6 mois. Il ne prendra pas du poids régulièrement, mais les périodes de croissance rapide et lente s'équilibreront. Il ne doit pas perdre de poids ; même s'il est très gras, il suffit d'attendre que sa croissance en taille rattrape celle de son poids. Consultez le médecin s'il maigrit ou si les résultats de 2 mesures consécutives vous paraissent insuffisants.

INDEX

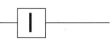

REMERCIEMENTS

Nous remercions tous ceux qui ont contribué à la réalisation de l'édition originale du présent ouvrage :

Direction artistique
Carole Ash, Rowena Halsey, Tina Hill

Direction éditoriale
Sarah Pearce, Tanya Hines, Claire Le Bas, Daphne Razazan

Fabrication
Michel Blake

Illustrations
Coral Mula, et Jim Robins pour les pages 226 à 228

Consultants
Christine Williams, Janice Leighton, Alan MacLaughlin

CRÉDITS PHOTOGRAPHIQUES

Abréviations
b : bas, h : haut, c : centre, g : gauche, d : droite.

Genesis Film Productions Ltd / Neil Bromhall : 23 ; Lesley Howling : 43b ; Ron Sutherland : 67c ; Sue Ford, Western Ophtalmic Hospital : 175hd, 177bg, 202d ; National Medical Slide Bank : 175bd, 198g, 202hg, 206 bg, 218g, 219cg, 224g ; St John's Institute of Dermatology : 220hg, 223hd ; St Mary's Hospital : 177hg, 199hg, 199bg ; Dr I. Williams : 174bd, 175cd, 176h et cd, 197d, 203g, 207b, 219bg, 221bd, 222h, bc et b.

Antonia Deutsch assistée de Pamela Cowan : 2hg, 6 : 1ʳᵉ colonne, 11-14, 16-22, 24-31, 32b, 33-42, 43h, 44-49, 53h, 56h et bd, 57-61, 64, 65h, 67cd, 70, 71-73, 90hd et bd, 91hg, hc et cd, 92bg et bd, 94, 95 tout sauf bg, 96h, cd et bg, 97 ;

Dave King : 2cg, 4 : 1ʳᵉ colonne photos 2-4, 2ᵉ colonne photos 1-4 ; 6 : 2ᵉ colonne h et c en bas, 7 : 1ʳᵉ colonne, 2ᵉ colonne tout sauf bg,

8-9, 32h, 50-52, 53b, 54-55, 74-75, 76-81, 83hd, 85, 88hg, 95bg, 98-99, 101hg, hd et bd, 103-105, 108 tout sauf h, 109-111, 112hg, 114-116, 117h, 2ᵉ rangée d, 119, 120bg et bd, 121, 124bg, 125hd et b, 128-133, 134h, 138-141, 142 hd, 145h, cg et bg, 146h, 149 tout sauf encadré, 156, 160bg et bc, 161-167, 169, 171-173, 174h et g, 176b, 177hd, cd et bd, 178-196, 197d, 198h, cd et b, 199hd et bd, 200-201, 202bd, 203hd et b, 204-205, 206hg, hd et cd, 207h, 209-217, 218c et d, 219h et bg, 220cg, cd et b, 221hg, hd et bg, 222hg et cd, 223hg, cd et b, 224c et d, 226h, 229, 246b, 247b, 248-249 ;

Ray Moller : 6 : 2ᵉ colonne en haut cd, 100, 101cg et bg, 106cg, cd, bg et bd, 107, 136h, cd et bd, 137 tout sauf bd, 142 bg et bd, 143, 146bg, 175c ;

Stephen Oliver : 4 : 1ʳᵉ colonne photos 1 et 5 ; 10, 15, 56bg, 108h, 134 tout sauf h, 135, 148, 149 encadré bd ;

Susanna Price : 1, 2-3 photo principale, 6 : 2ᵉ colonne en haut cd et b ; 7 : 2ᵉ colonne bg, 67b, 68-69, 82, 83hg et c, 84, 86-87, 88hd,

bg et bd, 89, 90hg et c, 91hd et bg, 92hg et hd, 93, 96bg, 106h, 112hd, c et bd, 117 2ᵉ rangée g, 3ᵉ rangée g et d, 4ᵉ rangée g, c et d, 118, 120h, 123, 124 tout sauf bg, 125hg et c, 127, 136bg et bc, 137bd, 142hg, 144, 145cd, bc et bd, 146bd, 147, 150-155, 160h et bd, 168, 246h, 247h ;

Steve Shott : 2 : 2ᵉ colonne photo 5 ; 157-159 ;

Anthea Sieveking : 62-63 ; 65b ;

S.R.D. / J.P. Germain : 4 : 4ᵉ photo à droite ; 50 : haricots secs ; 51 : salades ; 54 : brumisateur ; 98 : biberon sur serviette ; 99 : stérilisateur et goupillon ; 100 : trois photos de stérilisateurs ; 109 : chaise haute en bois naturel verni transformable avec tablette pivotante ; 186 : thermomètre classique ; thermomètre à cristaux liquides ;

PETIT FORMAT / A. Chaumat : 61 : femme en position d'accouchement ;

PRÉNATAL (photo aimablement prêtée par) : 109.